# 简明潍坊通史

任怀国　杜传深／主编

齐鲁书社
·济南·

**图书在版编目（CIP）数据**

简明潍坊通史 / 任怀国, 杜传深主编. -- 济南：齐鲁书社, 2024.1

ISBN 978-7-5333-4781-9

Ⅰ. ①简… Ⅱ. ①任… ②杜… Ⅲ. ①潍坊 - 地方史 - 史料 Ⅳ. ①K295.23

中国国家版本馆CIP数据核字(2023)第182896号

封面题签　张其亮
责任编辑　孔　帅
装帧设计　赵萌萌　刘羽珂

**简明潍坊通史**

JIANMING WEIFANG TONGSHI

任怀国　杜传深　主编

---

主管单位　山东出版传媒股份有限公司
出版发行　齐鲁书社
社　　址　济南市市中区舜耕路517号
邮　　编　250003
网　　址　www.qlss.com.cn
电子邮箱　qilupress@126.com
营销中心　（0531）82098521　82098519　82098517
印　　刷　山东益好定制品牌管理有限公司
开　　本　720mm × 1020mm　1/16
印　　张　31.5
插　　页　3
字　　数　458千
版　　次　2024年1月第1版
印　　次　2024年1月第1次印刷
标准书号　ISBN 978-7-5333-4781-9
定　　价　260.00元

山东省社科规划优势学科项目（19BYSJ59）
阶段性成果

# 《简明潍坊通史》编委会

顾　　问　王志民　孙敬明

主　　编　孙文亮

执行主编　任怀国　杜传深

学术编审　徐义华　王伟波　朱　英　王宪明
　　　　　马道远　孙延波　陈新岗　张增国

# 序

大家知道，潍坊命名于新中国成立前夕，是一座年轻美丽的城市。这块神奇的土地渊源古老，古称“潍县”，又名“鸢都”，历代先民为中华民族的繁荣发展都作出了突出贡献，她深深地印在中华大地上，涓涓地流淌在中华文明历史长河中，数不清的风流人物，道不尽的佳话美谈，历代典籍有载，千古颂赞咏传。寻觅潍坊在中华文明发展中的足迹，理清潍坊在中华文化发展中的脚步，时代需要一部《潍坊通史》，时代造就一部《潍坊通史》，它在历史上首次以“通史”体裁叙说潍坊往事古今。

潍坊地处山东半岛的中部，南揽沂山首镇，北掬渤海金项链，东邻黄海，西链华北平原，人文昌盛。潍、弥、胶莱，三水灌千里沃野；青、密、北海，多地引中华古风。市区东部、潍水西岸现存前埠下遗址，蕴含着8000年前的人文发展成就，为潍坊地域文化之最早；境内的寿光边线王城堡，是迄今已发现的全国最大的龙山文化城堡，孕育着4000多年的城市文明。今天潍坊的社会经济，赓续历史的文脉传承，行政区域治理，早在汉代北海郡（国）与今天潍坊的治理范围大致接近；手工纺织生产，早在史前潍坊地域的纺织业就高度发达，到了汉唐时期成为“丝绸之路”的东方源头；海盐工艺制造，也应发端于史前，诸如此类，不可具举。

“世界风筝之都”潍坊，内敛8000多年文化修养，今天已经成长为知名的国际开放城市、全国文明城市、中国画都，城市综合实力排名稳定在全国前五十名。潍坊发生的历史书写，潍坊发展的历史叙说，都需要更多的史学家和史学爱好者一起参与、一起探索，秉笔直书，鉴古知今。

时有中共潍坊市委宣传部委托潍坊学院担纲纂修《潍坊通史》，生于兹、长于兹以及播撒到全国各地的潍坊籍史家干才，怀着对潍坊这片厚土的热爱和治学责任担当，数易寒暑，穷稽古籍、调查田野，删繁订伪，以时间为序，通古达今，终成奠基之作。全书洋洋八卷三百二十万字，其中有两卷叙述新中国成立之后的历史，以1979年为时间点分界，分为第五卷和第六卷，编委会另有出版计划安排。简本一卷，主要是对前四卷的再梳理，依托全本的篇章结构，舍弃边缘章节，核心内容分立四章二十四节，条理清楚，一气呵成。《简明潍坊通史》不单是对多卷本《潍坊通史》的缩略，主纂者还集思广益，进行了纲领性、系统性的思考，通过详略编辑手法，弥补了全本在某些内容上的轻重失衡，行文更为简洁明了。开卷《潍坊通史》，读者可以抓住潍坊这座青春城市的人文精神精髓，进而引发对潍坊的城市文化乃至齐文化、莱文化若干方面的深层次探索欲望，进而思而有得，这是我们的期待。

一部地方史，是对无数在这块土地上生活过的古圣先贤、仁人志士为自然界、为社会、为自己和众生的探索和总结，代代薪火相传，已经凝结进中华民族的文化血脉，成为人们不自觉的道德规范和行为准则。在史家讲究的真与信上，地方史具有良好的先天禀赋，细微之处源于身边，易分辨真实，去伪存真；再加编者的仁忍之心，心怀传于天下的希冀，一旦成书则可实现价值，教化民风。元代于钦撰《齐乘》、明代杜思修《青州府志》，前后相继，承接潍坊地域的史学传统，膏泽至今，成为影响全国史学界的重要地方史著作。《潍坊通史》汲取古著菁华，开地方史研究风气之先，传信发微，研究所获被列入山东省社会科学规划优势学科项目阶段性成果。一部好的史书，必定文风朴实而笔法精妙，选材恰当而逻辑严实，史料精到而思想熟稔。作地方史，必通俗顺畅，不太容易展示编者的才学和珍贵的学术思考。展卷概览，这里尚可以洞见编者的史学学术视野和治学修文作风，开卷有益。

潍坊，人文涵养厚重，我们期待着在这里产生一部更加优秀的、创新发展的经典地方史著作。

癸卯丙辰之首，《潍坊通史》成书之际，主编任怀国教授求序于余，时下万象更新，潍坊人正在书写更为波澜壮阔的历史篇章。余不揣浅陋，落笔纸端，聊为序言。

中国先秦史学会会长

序于癸卯仲夏

# 目　录

# 总 论

潍坊市位于山东半岛连接内陆的通衢地带，东与青岛、烟台连接，西邻淄博、东营，南连临沂、日照，北濒渤海莱州湾。全市总面积 1.62 万平方千米，有潍城、寒亭、坊子、奎文 4 个区，青州、诸城、寿光、安丘、高密、昌邑 6 个县级市，临朐、昌乐 2 个县，另有高新技术产业开发区、滨海经济技术开发区、峡山生态经济开发区、综合保税区。到 2021 年末，全市常住人口 940 万人，户籍人口 920.3 万人，常住人口城镇化率为 65.2%，国内生产总值 7010.6 亿元。

## 一

距今约 8000 年前，先民们就在潍坊这片土地上生息、繁衍。潍坊新石器时代文化的发展脉络清晰：由后李文化肇始，中经北辛文化—大汶口文化—龙山文化，绵延 4000 余年。

五帝时代，虞舜成为部落联盟的首领。据《孟子·离娄下》载："舜生于诸冯……东夷之人也。"史学界一般认为"诸冯"在今诸城。[①] 虞舜励精图治，发展生产，推行"五典"，为政以德，被后世尊为"道德始祖"。

---

① 关于虞舜故里：一说在今山东省诸城市舜王街道诸冯村，一说在今山东省菏泽市诸冯村，一说在今山西省垣曲县诸冯山下。

潍坊夏代境内有斟灌、斟鄩、寒、平寿、杞等方国。夏初，东夷族有穷氏后羿取代太康，自立为帝，其后寒浞杀羿继之，取代夏政权达四五十年，直至少康联合斟灌、斟鄩等灭寒浞而复国。益干启位、羿浞代夏、少康中兴，展现了中华民族发展史上东方诸部族之间交融的轨迹。

潍坊商代境内有薄姑、逄、莱、纪等方国。青州苏埠屯商代大墓的形制与规模，足可与殷墟商王大墓相媲美。苏埠屯一号墓出土的两件体型巨大的青铜钺，是安阳殷墟王陵之外所见最大者，其中一件带有“亚丑”铭文。钺为军事与王权的象征，尽管“亚丑”方国尚未见于任何历史文献，但从考古发现已足以证明其为商代东方实力强大的东夷古国，地位非同一般，对潍坊区域商代古国族有举足轻重的影响。

周初分封，姜尚成为姜姓齐国的始封者。《史记·齐太公世家》载：“武王已平商而王天下，封师尚父于齐营丘。”营丘即今昌乐营丘，为姜尚首封之地。姜尚就国后，修明政治，因俗简礼，煮盐垦田，发展工商业，富国强民，奠定了姜齐数百年的基业。潍坊周初仍有从商代沿袭下来的纪、莱、逄等国。

春秋时，今潍坊版图分属齐、鲁、纪、莒等国，其中以齐为主。管仲相齐，在政治、经济、军事等方面大力改革，辅佐齐桓公“九合诸侯，一匡天下”，助齐国首霸。春秋末，夷维（今山东高密）人晏婴辅佐齐灵公、齐庄公、齐景公 50 多年，对内匡扶国政，对外不辱使命，使齐国保持了春秋大国的地位。

战国初，除诸城南部先后属鲁、楚外，潍坊大部属齐国管辖。

秦统一中国，废除分封制，推行郡县制，潍坊分属齐、胶东、琅邪 3 郡。

西汉郡国并行，潍坊市境分属北海、齐、琅邪 3 郡：北海郡为当时潍坊的核心区域，属青州刺史部，最初辖境大致包括今潍坊市市区、寿光、安丘、昌邑、昌乐，后来菑川、高密、胶东 3 国并入；齐郡所辖钜定、广、临朐、台乡等县，琅邪郡所辖东武等 14 县，均在今市境内。东汉，北海郡为北海国。此后北海郡国行政建制虽屡有兴废，但基本与今潍坊区域一致。

魏晋南北朝时期，先是曹魏政权建立，潍坊所在的青州属其治下。西晋末，曹嶷镇守青州 12 年，建广固城，将青州、齐郡、临淄县三级府治迁入城内。后赵灭亡，鲜卑人段龛割据青齐，归附东晋，在山东半岛强盛一时。东晋、前燕对峙之际，前秦政权迅速崛起，北海剧县（今寿光纪台）人王猛辅佐前秦苻坚兴邦强国，荡平西陲，翦灭前燕，统一北方。淝水之战后，前秦政权瓦解，东晋恢复对青州的控制，任命青齐土著辟闾浑为青州别驾，镇守广固。其间，后燕在与鲜卑拓跋氏北魏政权的兵戎相见中走向衰落，宗室元老慕容德击败辟闾浑，入据广固，建立南燕，疆域一度扩及青、徐、兖、幽、并“五州之地”，后为东晋刘裕所灭。南朝时，潍坊地属刘宋，其间北魏大将慕容白曜攻东阳（今山东青州）获胜，封青州刺史，采取“平齐民”政策，迁徙青齐豪强大姓、降将、僚属及居民于“平齐郡”（今山西朔州），形成了潍坊历史上一次人口大迁徙。北魏分裂后，东魏占据山东，北齐代东魏，北周灭北齐。至 589 年，隋结束了南北分裂局面，潍坊重新纳入一统政权中。

隋朝裁并郡县，实行州县制，仍保留青州总管府，辖齐、北海、高密、东莱 4 郡。开皇十四年（594）废府为州，州治青州；开皇十六年（596）设立潍州，州府、县治同城（今潍城）。隋炀帝继位后，青州改为北海郡，潍州改为北海县。

唐初，北海郡改为青州，天宝元年（742）再改为郡，后又改为青州。安史之乱后，设北海节度使、青密节度使、淄青节度使，置平卢军，李正己及其子李纳、其孙李师古和李师道割据此地 50 多年，形成了以青州为中心的独立王国。唐朝末年，王敬武接手平卢军，自称“留后”。五代时，潍坊依次为后梁、后唐、后晋、后汉、后周所控制。

宋朝，潍坊属京东东路青、潍、密 3 州，青州为路治，辖北海郡，益都、寿光、临朐 3 县属之；潍州领北海、昌邑、昌乐 3 县；密州辖高密郡，隶诸城、安丘、高密等县。

金朝，潍坊属山东东路，置益都府及潍、密 2 州。

元朝，潍坊为山东东西道宣慰司益都路管辖，置益都总管府，分潍、胶、密 3 州。

明洪武元年（1368）废北海县并入潍州。洪武九年（1376）改“行省”为承宣布政使司，益都、临朐、寿光、昌乐、诸城、安丘地属青州府；明洪武十年（1377）降州为县，潍县与昌邑归莱州府平度州管辖，高密属莱州府胶州管辖。

清朝，潍坊为山东省所辖，分属青州、莱州二府；潍县、昌邑、高密仍属莱州。

中华民国初年，潍坊各县属胶东道，后分属莱胶道、淄青道。1927 年，各县直属省辖。1948 年，成立潍坊特别市，潍坊自此正式成为行政建制名称。[①]

中华人民共和国成立后，行政建置主要为昌潍专区、昌潍地区、潍坊地区，驻地先后在昌乐、益都、潍坊市（县级），曾辖管今潍坊各县市及周边博山、临淄、胶南、胶县、黄岛区、平度、五莲等县（区）市。1983 年，改建省辖（地专级）潍坊市，实行市管县体制，原潍坊市（县级）和潍县析置潍城、寒亭、坊子 3 区。1986 年，改益都县为青州市，随后诸城、寿光、安丘、高密、昌邑相继撤县设市，为省辖县级市，由潍坊市代管，并增设奎文区；后又设立潍坊高新技术产业开发区、潍坊滨海经济技术开发区、潍坊峡山生态经济开发区、综合保税区 4 个市属开发区。

## 二

潍坊区域的自然条件得天独厚。南部为山地、丘陵，有丰富的林业资源；中部为冲积平原，土壤肥沃；北部沿海多沼泽、滩涂，适合发展渔盐业；气候四季分明，气温、日照宜物宜人。

---

① 潍坊作为地名，取“潍县城”与“坊子”的首字而成。“潍”字溯源自东夷族，作为水名最早见诸《尚书·禹贡》。“坊子”作为地名，缘自“坊子店”。

潍坊垦殖历史悠久，形成了内涵丰富、特色鲜明的农耕文化。

春秋时期，管仲推行“四民分业”，实行“相地而衰征”的税赋政策，促使井田制瓦解；同时兼顾工商，实施中国历史上最早的盐铁专卖制度——官山海，通过宽政、毁关、去禁、薄敛而使齐国“通货积财，富国强兵”。两汉时期，推行重农抑商政策，人口规模和耕田面积扩大，铁农具得到推广，生产力水平获得较大提高。魏晋至唐宋时期，先后实行屯田制、占田课田制、均田制及两税法，生产工具进一步创新，耕—耙—耱技术已经普及，田间管理及施肥、育种更加精细化，这都在一定程度上促进了农业生产的发展。北魏贾思勰编著的《齐民要术》就是对 3 至 6 世纪潍坊乃至中国北方农业的总结。

11 至 14 世纪，潍坊战乱频仍，人口数量急剧下降，农业生产难以为继。明初，朝廷通过移民屯垦为经济发展注入活力，至明代中期经济逐渐得到恢复。明清时期，农作物种植结构发生较大变化，主要粮食作物为粟谷、小麦、高粱、大豆，经济作物有烟草、花生、棉花。高密、昌邑、潍县种有少量水稻，安丘等地引种了产量较高的番薯、玉米。耕作制度从一年一熟转向两年三熟，提高了单位面积产量。清雍正年间实行“摊丁入亩”，废除了人头税，农业生产环境得到进一步改善。

20 世纪上半叶，由于天灾人祸，潍坊农业生产遭到严重破坏。中华人民共和国成立后，经过土地改革、互助合作、人民公社化，加强农田基本建设，兴修水利基础设施，农业得到恢复。1978 年之后，潍坊农村经济取得全面、快速发展。随着农村家庭联产承包责任制的推行，农民生产积极性空前高涨，粮食产量连年攀升。政府通过发展多种经营，广开流通渠道，活跃了农村经济；通过创新引领农业发展，农民分散经营的生产方式逐步转为产业化经营，形成转型升级的鲜明特色，创造性地走出了一条因地制宜的县域农业改革发展之路。在优势特色农业产业发展模式、农业产业化经营、对外开放和农村改革等方面，探索形成“诸城模式”“潍坊模式”“寿光模式”，引领全国现代农业综合改革。潍坊作为国家农业开放发展综合试验区，积极打造乡村振兴的“齐鲁样板”，具有重要的示范意义。

潍坊自古为桑蚕产地，是丝绸之路的东方源头。

潍坊植桑养蚕、纺缚织纴由来已久，《尚书·禹贡》“（青州）厥贡盐絺……莱夷作牧，厥篚檿丝，浮于汶，达于济”，类似的还见于《史记·夏本纪》“莱夷为牧，其篚酓丝”，就是对潍坊出产、进贡蚕丝情况的历史记载。青州苏埠屯商墓中曾出土过晶莹剔透、形态逼真的玉蚕，反映了当时人们对蚕的喜爱和崇拜。汉代，青州是全国最大的丝绸产地，“其俗弥侈，织作冰纨、绮绣、纯丽之物，号为冠带衣履天下”[①]。隋唐时期，青州多务农桑，贡品中的“仙纹绫”质地优良，图案精美，驰名天下。开元年间，朝廷在青州设立织锦院，专门织造高端丝织品，出现了杜甫《忆昔》诗中所描绘的“齐纨鲁缟车班班，男耕女织不相失”的繁荣局面。明中期以后，柞蚕人工放养及山茧绸的织造技术日臻成熟，柞蚕放养技术普及诸城、昌邑、青州、临朐等地，并在清康熙、乾隆年间开始向省内外广泛传播。

丝绸等手工业的发达，促进了潍坊区域的商业繁荣和对外贸易。汉唐时期，潍坊盛产丝绸，成为丝绸之路的东方源头。为了便于潍坊生产的丝绸西运，秦朝建有一条由咸阳直达燕齐的驰道，西汉中期又连续修通了三条运输干道，最后都以进入潍坊区域的青州、诸城为目的地。由此，包括潍坊区域在内的山东丝绸便成为丝绸之路贸易的主要商品。青州傅家庄北齐线刻画像石，真实地再现了当时中外商贸往来、文化交流的场景，是古代丝绸之路的重要实物见证。

潍坊与海上丝绸之路的开辟亦有渊源。隋唐时期，向西积极经营丝绸之路，还跨海向东扩张，试图开辟一条通向日本、朝鲜及东南亚的海上丝绸之路。尤其是五代以后，海上丝绸之路发挥了更大作用。清代，以昌邑柳疃为中心，形成了覆盖国内、辐射东南亚的海上丝绸之路基地。

柞蚕养殖技术先进，丝织品加工与贸易兴旺发达。清代中期，昌邑商

---

① 《汉书·地理志下》。

人率先开辟了山茧绸的国内市场，推动了山茧绸商品化的进程。鸦片战争后，昌邑茧绸迅速占领了国内市场。清末民初，随着口岸开放，寿光羊口、昌邑下营成为东海关分口，潍坊诞生了近代意义上的海关，昌邑茧绸作为中国茧绸的代表，走出国门，成为近代海上丝绸之路的代表商品。

海盐业自古以来就是潍坊的特色产业。

潍坊北部莱州湾沿岸，地势低平，浅层地下卤水资源丰富，是发展海盐业的天然平台。《尚书·禹贡》载“厥土白坟，海滨广斥。……厥贡盐絺，海物惟错”，就是对潍坊滨海地带地理特征及物产的形象概括。潍坊先民很早就懂盐业资源的开发利用。《世本·作篇》：“宿(夙)沙作煮盐。”[①]传说中居住在胶东半岛上的夙沙氏是炎帝神农氏的诸侯，因发现煮海为盐的生产工艺而被后世奉为“盐宗”。《管子》中多次提到“齐有渠展之盐”与“煮沸水为盐”。“渠展”就是勃海，即今渤海，“沸水”就是卤水。近年潍坊区域的寿光、寒亭、昌邑北部沿海发现了众多商末至东周时期的古盐业遗址，表明该区域彼时已经形成了规模较大的卤水制盐产业。先秦杂家著作《尸子》记载“北海之盐”为当时向商王朝进贡的珍稀特产。齐国以渔盐立国，姜尚、管仲、晏婴等都注重将盐业作为支撑齐国强盛的重要战略资源，利用“负海潟卤”的天然优势发展海盐业，使齐国富甲天下、傲视群雄。此后历代政权重视盐业，多置盐官，实行包商抽税、官营专卖政策。汉武帝元狩四年（前119），为增加国家赋税，进行盐铁改革，“募民自给费，因官器作煮盐，官与牢盆”，实行盐铁官营，在都昌（今山东昌邑）、寿光设盐官。[②]唐宪宗元和十四年（819），在青州设立北海榷盐院及盐监，负责管理北部沿海盐业生产和税收。元明时，寿光官台盐场和潍县固堤盐场规模较大，制盐方法主要是取碱淋卤的“釜煎法”。清代前期，潍坊北部盐场灶地星罗棋布，制盐工艺改为纳潮制卤的“滩晒法”，出盐

---

① 〔东汉〕宋衷注，〔清〕秦嘉谟等辑：《世本八种》，商务印书馆1957年版，第25页。

② 《史记·平准书》。

成色和产量大幅提高，经营规模进一步扩大。至清光绪二十七年（1901），位于今寿光官台村附近的官台盐场逐渐成为山东第一大盐场。新中国成立后，羊口盐场名闻海内外，以海盐和纯碱、溴素为代表的海洋化工产业在国内外占有重要地位，依托盐业资源建立的潍坊纯碱厂是国家进口替代战略的重点项目。海洋生物医药、盐化工、海洋精细化工、海洋装备制造等已构成潍坊海洋高新技术产业体系的特色。

农业、纺织业、盐业的发展，为潍坊商业发展奠定了基础，独特的地理位置和优越的交通条件更为潍坊的商贸繁荣带来了便利。

自汉武帝时期青州刺史部驻广县后，青州在山东的政治中心地位得以确立。南北朝时期，青州为齐东之重镇，南燕时立为国都，“京都殷盛，户口众多”[①]。隋唐时期，青州丝绸、冶铁、制盐业比较发达，集市贸易兴盛一时，且与东北海上互市贸易频繁；海外贸易则通达朝鲜和日本，故而又是东亚经济交流的枢纽。宋代，青州为京东路治所，是当时中国北方的核心城市，也是南北通衢的重要枢纽，沿青沂古道向南经穆陵关通达南京，沿燕青驿道向北经棣州（今山东惠民）直抵北京，商贸发达，民熙物阜，人文辐辏，被誉为“三齐重镇，海岱都会”。明初，以青州为山东“行省”省会，洪武九年（1376）改设山东布政司，衙署迁济南，青州长达千年的“州治省会”地位才告结束，但明代青州作为衡王藩据之地，仍不失其辉煌气派。

潍县兴盛于明清。

明初，迁徙到潍县的农民，垦田创业，力农致富，部分人家进入县城从事手工业、商业，形成了“民务农商”之风，城池渐具规模。至万历年间，潍县已成为莱州府最为繁华的工商重镇，故有“东莱首邑”之誉。清乾隆年间，潍县城商铺、票号、典当行、客栈林立，商贸发达，市场一片繁荣。郑板桥《潍县竹枝词》盛赞：“两行官树一条堤，东自登莱达济西。若论五都兼百货，自然潍县甲青齐。”“三更灯火不曾收，玉脍金齑满市楼。云外清歌花

---

① 《晋书·慕容超载记》。

外笛，潍州原是小苏州。”清末，潍县手工业有“二百支红炉，三千砸铜匠，九千绣花女，十万织布机”之称，除普通农产品加工外，潍县刺绣、嵌银漆器、青铜仿制、桑皮纸、丝绸等手工艺产品蜚声海内外。潍商将本地特产远销盛京、吉林、上海、苏州等地，还在多地建立了“东齐会馆”“山东会馆”。1902 年，胶济铁路通车至潍县，潍县交通地位更显重要，成为横连济青，纵贯黄海、渤海的交通锁钥。1904 年，潍县开埠，即“华洋公共通商之埠”，由此迈出了从封闭走向开放的第一步。

潍坊立市之后，尤其是改革开放以来，涌现出潍柴动力、歌尔声学等一大批优秀企业。机械装备制造、海洋化工及电子信息、新型材料、生物医药等新兴产业不断壮大，供应链物流、金融服务、信息消费等也呈现出新的活力，形成了具有地方特色的现代工业体系。

## 三

潍坊物华天宝，人文底蕴深厚。在经学、史学、金石学、文学、艺术等领域，俊才辈出，成就辉煌。

经学是中国古代学术的主体，潍坊的学术氛围浓郁。

潍坊区域地兼齐鲁，上承稷下之风，博采洙泗神韵，随齐学东渐，汉代经学名擅天下，极一时之盛。西汉菑川（今山东寿光）布衣公孙弘以治《春秋》而位至宰相，在汉武帝“尊崇儒术”的过程中起了主导作用，为儒学国学地位的确立作出突出贡献。菑川田何是汉代《易》学的最初传人，其弟子琅邪东武王同曾为《易》作传。琅邪诸县梁丘贺是《易》学六大流派之“梁丘易”的创始者，安丘郎宗、郎颉改父子是“京氏易”的重要传人。琅邪东武人师丹、伏理开创了《齐诗》的师氏、伏氏之学；伏理之后，伏凤、伏湛、伏黯、伏隆、伏恭、伏无忌、伏曼容、伏暅、伏挺等世代传经，显赫于两汉魏晋南北朝，时间长达五百多年，这在中国经学发展史上实属罕见。

潍坊区域经学的发展，到东汉进入最为繁盛的时期。高密郑玄传承当地经学一脉，得到杜密的奖掖、孔融的推崇。西行京兆，师事名门，博采众长，遍注群经。他融会贯通今古文经义，“括囊大典，网罗众家，删裁繁诬，刊改漏失”[①]，因而被誉为“经神”，成为中国经学发展史上的里程碑。其嫡孙郑小同，“少有令质，学综六经，行著乡邑”，曾为曹髦讲经授业，在承传家学基业上颇有造诣。[②]郑玄门生、安丘甄宇传承衣钵，聚众讲学，弘扬师门。北海刘熙所著《释名》，与《尔雅》《方言》《说文解字》并称为汉代四部重要的训诂学著作。东汉末年，安丘人邴原、管宁为避战乱移居辽东，传经授业，对经学的传播、民族的融合及辽东文化的发展起到了推动作用。

清代，山东“宋学”独树一帜，形成了以潍县为中心、以刘源渌为宗师的“山左学派”，主要成员有昌乐阎循观，潍县姜国霖、刘以贵、韩梦周，德州梁鸿翥，胶州法坤宏。韩梦周、阎循观并称“山左二巨儒”，又与曾在潍县著书讲学的法坤宏被誉为“山左三贤”。其他如郭圲、高守训、王延年、宋书升等，均为名著一时的硕学鸿儒。在汉学考据方面，安丘王筠独辟蹊径，以金石文字及方言资料为证据，归纳分析《说文解字》的体例，探索规律，著成《说文释例》等著述5种，与段玉裁、桂馥、朱骏声并称“说文四大家”。

潍坊自古多良史之材。

先秦，《晏子春秋》开潍坊史学之先河。东汉，诸城人伏无忌参撰的编年体史书《东观汉记》，与《汉书》并行。北魏时，客居青州的郦道元著《水经注》，全面介绍了天下的河流、人文等内容，具有很高的史料价值。元代，青州人于钦编撰的《齐乘》，为研究山东历史提供了丰富的史料，是后世方志之典范。明末，临朐人傅国撰修《昌国艅艎》，采辑广博，考证翔实，为后世修临朐方志保留了大量原始史料。明清之际，方志纂修盛极一时，仅《青州府志》和《益都县志》就达十几部之多，精审者有钟羽正总纂的明万历《青州府志》、张贞与安致远合纂的康熙《青州府志》、法伟堂与孙文楷合纂的光绪《益都县图志》。安致远主纂的康熙《寿光县志》、李文藻等

① 《后汉书·张曹郑列传》。

② 《三国志·魏书·少帝纪第四》。

纂的乾隆《诸城县志》，均属上乘之作。安丘修志世家马文炜家族，先后修成万历《安丘县志》、《安丘新志乘韦》、《安丘新志》、《安丘县乡土志》等系列志书。清末，曾长期居潍县的孙葆田两度总纂宣统《山东通志》，皇皇200卷。柯劭忞少时随父母柯蘅、李长霞居潍县，曾以一人之力纂成《新元史》257卷。

潍坊金石学称盛天下。

潍坊自古为文物之邦，素有藏古传古之风。潍坊金石学的兴起，远承宋代赵明诚《金石录》之余绪，近得明末潍县县令周亮工的推掖。到清代，潍县陈介祺的出现，将潍坊金石学研究推上了巅峰，潍县成为金石学研究中心。潍县周近的诸城、益都、安丘及莱阳、福山、利津、海丰（今山东无棣）等地，金石学家也层出不穷，研究内容各具特色。

清代，潍坊金石学迎来第二次辉煌，称盛天下。潍坊在拓展传统金石学领域方面贡献突出，从青铜器铭文研究，到碑版、玺印、封泥与陶器文字考释，以及金石传拓刊布，均臻盛境。一大批金石学家涌现出来。安丘张贞、张在辛父子，集金石学、印学、碑学之大成，创立了安丘印派，与浙派、皖派比肩海内。益都李文藻、段松苓、孙文楷等，于金石考据、收藏、经史著述、古诗文辞等方面造诣极高。诸城刘喜海收藏广富，著述良多，是学界公认的中国钱币学奠基人之一。诸城李仁煜、李璋煜兄弟富藏图书、碑版、金石彝器，且考据精详；王玮庆、王锡棨家族多缙绅名流，在古泉、碑版、甲骨文搜集和研究方面堪称巨族。潍县高庆龄、高鸿裁父子，尤擅古印谱和瓦当砖甓的收藏和研究，著称海内。

在金石学领域，潍县陈介祺是公认的收藏大家、金石巨擘，其收藏之丰富，抉择之精严，雠勘之审慎，古今罕俦，其“十钟山房”“万印楼”所藏商周钟鼎、秦汉印玺，均为绝世珍品，其中最负盛名的是国之重器毛公鼎。陈介祺学养深厚，著述宏富，在考经补史、名物训诂、校勘著录、摹刻传拓、鉴古辨伪等方面作出了卓越的学术贡献，被誉为“前无古人后无来者”的一代宗师。

潍坊文学硕果累累。

《诗经·齐风》是齐地民间歌谣，对潍坊文学具有开山意义。《晏子春秋》是一部内容丰富的史传，也是一部文采斐然的散文集。汉魏时期，文以经立，潍坊经师儒生大都立足“圣贤之鸿谟，经籍之通矩”[①]，阐发经学原旨和治国理政方略，字里行间透逸出浓郁的经学沉香。“建安七子”中，孔融曾为北海相，诗文“体气高妙”；北海徐幹“清玄体道”，诗赋文辞“时有齐气”，他的《中论》凸显出汉末骈丽文风。[②]“竟陵八友”中，任昉擅长辞章，后人以“任笔”誉之，其诗为律诗绝句的先驱，其《文章缘起》被奉为文章学经典。

隋唐五代，平寿唐氏文学数代绵延。《潍县志稿·艺文志》载：“自平寿唐氏崛起宇文周代，父作子述，绵延至唐，而文风斯盛。”青州崔信明的五言古体诗是唐诗律化的典范，其孙崔国辅擅长五言绝句，与李白、王维、孟浩然的五绝并列为“正宗”。五代南唐司空孙晟、后汉宰相苏禹珪及其子苏德祥，皆唐末遗才，有诗文传世。籍出潍坊而流寓外地的韩熙载、史虚白、高辇、刘保乂也声名远播。

北宋富弼、范仲淹、欧阳修先后知青州，留下了脍炙人口的名篇佳句。苏轼知密州，创作了包括《江城子·十年生死两茫茫》《江城子·密州出猎》《水调歌头·明月几时有》等传诵千古的篇章，开创豪放词风。一代“词宗”李清照，寓居青州期间创作了大量不朽词作，锤炼出了风格独具的“易安体”。南宋金元时期，制诰高手綦崇礼的骈文辞章、词家侯寘的《孄窟词》、王廷秀的杂剧和套数、刘庭信的散曲小令，都能在中国文学的演进中一展风采。

明清时期，潍坊文学呈现出一些新特点：一是世家望族文学成就斐然。诸城邱氏、丁氏、王氏，临朐冯氏，安丘曹氏，高密单氏、李氏，昌乐阎氏，潍县郭、陈、张、丁四大家族，均以诗文传家，享誉文坛。二是社团流派大量出现。“海岱七子”引领山左诗坛数十年，东武西社开晚明“东林”“复

---

① 〔南朝梁〕刘勰：《文心雕龙》第三十八卷《事类》。

② 〔三国〕曹丕：《典论·论文》。

社”之先河，诸城“九老会”标榜高雅情调、名士风流，“诸城放鹤园耆老文人社群”“普庆三黄”等诸城遗民文人的社事活动和文学创作极具特色。以李宪噩、李宪暠、李宪乔为领袖的高密诗派，影响远及越南、朝鲜。清末民初，潍县先后有西园诗社、兰社、来鹤社、端阳诗社、十笏园惜余春诗社、潜社等文人社团。三是仕宦者引领文坛风尚。黄福、刘珝、钟羽正、刘应节、刘统勋、刘墉、窦光鼐、刘鸿翱等明清名宦，诗文兼善，有的还主持文运。清初，安丘刘正宗由明仕清，官至文华殿大学士兼吏部尚书，曾为济南诗派盟主。周亮工曾于明末任潍县县令，清康熙年间任青州海防道，对潍县及周边昌炽文风的形成发挥了重要作用。

现当代，王统照是五四文学革命和新文化运动的先驱者之一。王统照、王意坚（姜贵）、王希坚叔侄三人的三部农村长篇——《山雨》《旋风》《地覆天翻记》，前后相承，展现了清末到1947年土地改革北方农村（潍水流域）的史诗长卷，是一个极其罕见的现象。王愿坚被称为“短篇小说之王”，是著名电影剧本《闪闪的红星》《万水千山》等的编剧；女作家沉樱最早关注现代知识女性的生存状态和性别自觉；张眺（笔名耶林）从推广白话文走进文坛，成为“左联”的领导人之一；“泥土诗人”臧克家是中国现实主义新诗的开山者之一。人民艺术家王大化、著名导演崔嵬，为现代电影和戏剧艺术的创新作出了贡献。陶钝的曲艺、峻青的小说、马萧萧（马振）的长篇叙事诗、黄裳与田仲济的随笔散文、孟超的杂文和昆曲、陈炳熙的散文和小说，在20世纪中国文学史上都占有一席之地。当代作家莫言创作了《红高粱家族》等小说，2012年获得诺贝尔文学奖，“高密东北乡”由此成为世界文坛上的文学地理坐标。

潍坊书画艺术成就辉煌。

潍坊钟灵毓秀，历代不乏书法名家。魏晋唐宋时期，出现了像郑道昭、李邕、苏轼等影响深远的书坛领袖人物，他们在潍坊的艺术实践活动，对当地书法艺术经久不衰起到了推动作用。明清两代，潍坊地域的书法名家辈出、流派纷呈，在篆书、隶书、草书、楷书、行书等领域都取得了不俗的成就。

青州的刘翊、赵秉忠，潍县的陈介祺、曹鸿勋，诸城的刘墉、窦光鼐、徐会沣、孟昭鸿，安丘的刘正宗、张贞、张在辛、王讷，高密的单书田、单为鏓、单为濂、傅丙鑑，他们的墨迹有的至今被后学奉为圭臬，视若珍宝。

安丘董家庄、昌乐东肖、诸城前凉台（今属潍坊市峡山生态经济开发区）汉墓出土的汉画像石，内容丰富，雕刻精美，蕴含着独特的文化内涵，是罕见的汉代艺术杰作。青州龙兴寺佛教造像题材丰富，造型生动传神，刻绘技法高超，色彩富丽，体现了青齐地域的文化传统，具有极高的艺术水准，是中国佛教艺术史上的瑰宝。五代南唐郭乾晖、郭乾祐的花鸟画，技艺精湛；韩熙载“分书及画名重当时，见者以为神仙中人”，又以顾闳中所作《韩熙载夜宴图》增彩。宋代李成、李雄均为北海丹青圣手，其中李成以画平远寒林著名，他独创的营丘山水林画法为后世所宗。青州燕肃精通天文物理，工诗善画。密州张择端的《清明上河图》是中国风俗画的里程碑，是中国十大传世名画之一。

明清时期，潍坊丹青翰墨氛围比前代更加活跃。自明末起，周亮工、张端亮、郑板桥、招子庸先后任潍县县令，都留下了不少垂范后世的墨宝，使潍坊书画渗入了浓郁的文人气息和金石韵味，对潍坊画风的形成影响深远。尤其“扬州八怪”之一的郑板桥知潍县七年，领异标新，诗书画并称“三绝”。益都冯起震、杨涵，潍县于祉、刘嘉颖，对潍坊画坛文脉的形成功不可没。民国时期，以丁锡纶、刘秩东、丁启喆为中心成立的潍县同志画社，开启近现代画风，凝练形成深植传统、感悟时代、自由独立的精神品质。新中国成立后，郭味蕖、于希宁、陈寿荣、赫保真、徐培基、郭兰村等在不同领域探索创新，完成了中国画的现代转型。1978 年以后，潍坊画家群体注重地域文化传统，汲取民间绘画的精华，创作具有鲜明地域风格和时代特色的艺术精品，开拓了绘画艺术的新境界。

潍坊文化事业的发达与敦本重学、尊贤尚儒的传统密不可分。

春秋时期，孔子弟子公冶长、有若曾在安丘设帐授徒，传经论道，被尊为儒学圣贤。汉代潍坊经师各秉师说，递相授受，尤其是经学大师郑玄，门下受学者众多。隋唐以后，科举教育成为潍坊世家望族崛起和复兴的重要门径，也是寒门弟子晋身社会上层的主要渠道，读书治学为世人所重视且风习相染。北宋时期，青州松林书院名扬海内，宰相王曾青少年时在此读书。明清时期潍坊各地设有府学、州学、县学以至社学、私塾，同时又盛行书院，青州海岱书院、旌贤书院，潍县麓台书院、潍阳书院等，均产生了较大影响。整个科举时代，潍坊历史上出过苏德祥、王曾、张唐卿、普颜不花、马愉、赵秉忠、曹鸿勋、王寿彭等状元，这与潍坊崇文重教的社会风气和深厚的文化积淀息息相关。

此外，清末民初，随着基督教、天主教在潍坊地域的传播，青州的培真书院、广德书院、崇道书院，潍县的广文学堂、文华书院、文美书院等一批教会书院相继建立。这些教会学校在传播文化知识，推动潍坊教育、医疗事业的发展和培养人才方面，客观上产生了较大影响。

## 四

潍坊面山负海，控扼半岛，军事战略地位十分重要。

沿泰沂山脉修筑的齐长城，是春秋战国时期重要的军事防御设施，齐国以此与鲁、莒、楚等诸侯列强对峙。至今沿线城墙、关隘、堡寨、烽燧在临朐、安丘、诸城南部仍断续可见。

汉初楚汉相争，韩信在诸城一带的潍河囊沙壅水，水淹齐楚联军，斩杀楚大将龙且，扭转了战争局势。

青州“四塞之固，负海之饶，可谓用武之国。东道之雄，号称富衍”①，“大弁南盘，振翼而临徐兖；岠嵎左贯，抵掌而控登莱；面穆陵十二之层关，凭渤海三千之巨浸”②，长期是山东政治、经济、文化中心和军事重镇，为兵家必争之地。历史上，后赵石虎、东晋刘裕、南燕慕容德、北魏慕容白曜、

① 〔清〕赵祥星修，钱江等纂：康熙《山东通志》卷五《疆域附形胜》，清康熙十七年（1678）刻本。
② 〔清〕岳浚、法敏修，杜诏等纂：乾隆《山东通志》卷七《形胜》，清道光十七年（1837）补刻本。

后梁朱全忠、金朝完颜宗弼、元代察罕帖木儿、明朝徐达，都曾在此征战。历代政权在青州驻防或设立掌管军事的机构，隋设总管府，唐设都督府置平卢军，宋改镇海军，金设山东东西路统军司，元设益都路统军元帅府，明设山东都卫及都指挥使司、青州兵备道、“藩卫”衡王府，清设山东提督、分巡道、海防道、驻防满洲旗兵城。

在古代社会，潍坊民众曾经利用山河之险，举行武装起义。西汉末，琅邪人樊崇率领赤眉起义军转战诸城、青州山区，最终与绿林军共同推翻了王莽政权。明永乐年间，唐赛儿发动农民起义，在青州西南山区筑寨为营，声势浩大。清朝太平天国时期，太平军及捻军攻入潍县及周边，与清军血战于胶莱河、弥河。

历史上，潍坊人民在反对外来侵略和民族压迫的斗争中，尽显民族大义和英雄本色。南宋初年，青州杨安儿、杨妙真兄妹与潍州李全领导的红袄军，屡次击溃金军，阻遏了金兵南下。明万历年间，日本两次发动侵略朝鲜的战争，兵部尚书兼蓟辽总督邢玠受命率军出战。为支援前线，驻守青州的明军士兵承担运送“山东粮”的任务，千户田浩等“浮海运粮”，英勇牺牲，在中朝关系史上留下了光辉的一页。鸦片战争中，驻青州八旗兵奉命南下，抗击沿江入侵的英军。青州兵死守镇江城，直至展开巷战肉搏。恩格斯在《英人对华的新远征》中，高度赞扬镇江抗英战役中青州旗兵“决不缺乏勇敢和锐气”。19世纪末，西方列强掀起了瓜分中国的狂潮，高密孙文等率领胶济铁路沿线民众掀起抗德阻路斗争，沉重打击了德国侵略者及国内封建势力。

辛亥革命时期，高密刘冠三、昌邑陈干等是辛亥革命在山东的杰出领导人。革命党人在寿光、青州、高密、诸城等地秘密筹划、发动起义，高密、诸城相继宣布独立。

1919年五四运动中，潍坊各县市民众开展了轰轰烈烈的游行示威、请愿、抵制日货活动。诸城人王尽美接受了马克思列宁主义，他与同乡王翔千等创立励新学会、马克思学说研究会、济南共产党早期组织，是山东党组织最早的组织者和领导者，后以山东代表身份参加了中国共产党第一、第二次全国代表大会，是中国共产党的创始人之一。国民革命时期，潍坊建立了山东省第一个中共县委——潍县县委，此后在寿光、高密、益都也建立了县委（地执委）。大革命失败后，潍县县委书记庄龙甲、益都县委书记宋伯行先后被捕遇害，但潍坊一带的革命活动并未停止。

抗战爆发后，国共两党开始第二次合作，潍坊社会各界积极开展抗日救亡运动。1938 年初，日军相继侵入潍坊各县。国民革命军在城顶山战役、孙家口伏击战中英勇抗敌。由中共领导的抗日武装是敌后抗日的中流砥柱，中共地方党组织在寿光牛头镇、昌邑瓦城、安丘、青州等地发动武装起义，创立了国民革命军第八路军鲁东游击队第七支队、第八支队、第九支队、第十支队，逐渐发展成为抗日劲旅，是后来组建八路军山东纵队的主力来源。他们离开家乡支持胶东抗日，转战鲁中开创鲁中南、清河抗日根据地，建立了益（都）寿（光）临（淄）广（饶）四边县政府等抗日民主政权。

抗战胜利后，国民党军队从青岛沿胶济铁路大举进犯解放区，潍坊境内人民配合解放军野战部队，经过胶河战役、胶高追击战等苦战，最终转入战略反攻。1948 年 4 月，在许世友、谭震林的指挥下，华东野战军山东兵团发起潍县战役，经过浴血奋战，将红旗插上了潍县城头，使渤海、胶东、鲁中三大解放区连成一片，为解放济南创造了条件，成为解放战争史上的一座丰碑。

# 第一章　先秦秦汉时期

本章叙述潍坊地域文明的源头和政治、经济、文化、社会诸方面的发展概况。

## 第一节　文明初曦

潍坊市域的先民在与自然界的相处中，逐渐学会了种植、养殖、渔猎、制陶，以氏族为单位形成了村落，后来出现了城市的雏形并创造了文字。从弥河流域开始，向东发展到潍河流域、胶莱河流域，形成了早期的文明社会，成为中华文明的源头之一。

### 一、原始社会形态

生活在距今二三十万年的九山猿人是潍坊市境内最早的古人类。

从距今8000年开始，潍坊先民在这块丰饶的土地上生息繁衍，留下了“古文化遗址1800多处”[①]。从后李文化开始，历经北辛文化—大汶口文化—龙山文化，形成了史前文化的完整序列。

原始社会末期，潍坊市境先是属于东夷太昊伏羲部落，后属东夷少昊、

① 潍坊市地方史志编纂委员会编：《潍坊市志》，中央文献出版社1995年版，第1页。

蚩尤部落。前埠下先民正是东夷部落的代表。距今7300年前，在今青州市桃源村一带居住的先民是当时山东最大的三个东夷部落之一。寿光边线王城堡遗址的发现，表明早在4000多年前的潍坊先民已经跨入了文明时代的门槛。

夙沙氏，另写作宿沙氏，是炎帝神农氏（另说是黄帝）的一支，是一个发明煮海为盐的古老部族。《世本·作篇》："夙沙氏煮海为盐。"《说文·盐部》："古者，宿沙初作煮海盐。"夙沙部族长期与海为邻，首创煮海为盐的方法。商周之际，煮海水为盐的技术得到推广，后人遂把夙沙氏部族与盐业生产联系在一起，尊奉为"盐宗"。一般认为，夙沙氏部族主要活动在今山东北部弥河两岸的沿海地带。最新的考古发现佐证了潍坊先民首创海水煮盐，从而把夙沙部族的活动范围界定在了潍坊市境，时间距今4600—4000年。

黄帝有子昌意，有孙颛顼高阳氏。相传昌乐是昌意的封地，被颛顼高阳氏继承，所以现在有昌邑、昌乐的地名。《史记》载，黄帝"登丸山"，丸山又称凡山、丹山，即今昌乐县城西面的尧山。东夷部落的首领蚩尤，姜姓，"出自羊水"，就是今天的弥河。据《禹贡》《周礼》《史记》等文献记载，东夷部落联盟的首领少昊、五帝之一的舜、协助大禹治水的伯益等，都曾在今潍坊市境留下了足迹。黄帝在涿鹿之战中杀蚩尤，安排自己的儿子进驻东夷，出任部落联盟首领，这就是少昊（少皞），号有穷氏、金天氏，名挚（鸷），以鸟为图腾。

少昊以鸟名为官员命名，以爽鸠鸟的名字命名了主管治安的部族，相当于少昊时代的"司寇"，主管击杀盗贼，维护治安。居住在今潍坊市一带最早的莱夷先民，是少昊鸟部落中以鹰（亦名爽鸠、鹈鸠）为图腾的一支，叫爽鸠氏。少昊时代，东夷爽鸠氏部落已居营丘[①]。爽鸠氏部落，是少昊部落联盟的一支，早期的活动范围东至潍河，西到淄河，南靠沂山，

① 营丘，位于今山东省昌乐县营丘镇古城村。

北界渤海，正是现在潍坊市的核心辖区。

尧有个儿子叫朱，最初封地在丹渊（丹水），所以又称“丹朱”。丹朱封国在今山东省临朐县境内。[①] 临朐境内有丹山，是丹水的发源地，分为东丹水、西丹水。据古籍记载，这里是丹朱练兵的地方。尧在位的时候，巡视天下，带领丹朱来到大丹河流域，领导人们挖沟排水。人们为了纪念尧的丰功伟绩，就把他曾挖过的沟叫尧沟，曾经疏通的河叫尧河，曾经驻过的山叫尧山。丹朱死后葬在了临朐，当地有丹朱塚。[②]

黄帝子昌意有七世孙姓姚，名重华，尊称为舜，又称虞舜。孟子认为：“舜生于诸冯，迁于负夏，卒于鸣条，东夷之人也。”[③] 司马迁也说：“舜耕历山，渔雷泽，陶河滨，作什器于寿丘。”[④] 一般认为，舜生于今山东省诸城市区北郊的诸冯村[⑤]。亦有专家认为孟子所言之“诸”就是今天的诸城市前寨村，“冯”就是现在的莒县陵阳河。[⑥] 虞舜，距今 4200 年至 4300 年在世，在位 50 年。[⑦]

禹，名文命，字密。相传高密是大禹的封国。今高密市的名字来源于大禹的名字及其封国。

尧舜禹时期，潍坊市西境的弥河流域聚居有伯益族，图腾为“益”，是亦鸟亦凤的“燕”字。伯益部族逐渐向东扩大到潍河流域，控制了今山东半岛及河南东部等地区。今青州市由益都县易名而来。

尧年高，想传位给舜，可是丹朱觉得自己应该继承王位，再加上一些别有用心的人鼓动，丹朱决心用武力夺取王位。

---

① 根据典籍记载，称为“丹水”的地方另有：湖北省十堰市房县有丹江，古称丹水；河南省南阳市内乡县有丹水；陕西省商洛市商州区有丹水，又称丹江、商州河。

② 另有两处：一在山东昌乐，一在河南范县。

③ 《孟子·离娄下》。

④ 《史记·五帝本纪》。

⑤ 冯，音 píng，由“凴”字演化而来。凴，今简化为“凭”。

⑥ 郝桂尧：《山东人的酒文化》，新华出版社 2014 年版，第 33 页。

⑦ 《尚书·舜典》。

图 1-1-1　临朐丹朱陵

据《竹书纪年》记载，舜代理尧执政后，囚禁了尧，为了不让丹朱知道事情真相，阻止丹朱看望尧。尧崩后，丹朱回到华夏部落去奔丧，因舜的“谦让”，丹朱曾称帝三年。舜即位后，丹朱率三苗之兵伐舜，结果丹朱失败。后来，丹朱被描绘成“凶神”或主管灾祸的“邪神”。

## 二、原始经济

从考古实证的角度看，早在 8300 年前，居住在今潍坊市寒亭区朱里街道前埠下村的一支先民已经开始制作陶器。陶器的制作方法主要为泥条盘筑法，器壁较厚，火候较低，是陶器制作史上的较早代表，但这在世界范围内来看，也属于极高的文明程度了。①

在距今 8300 年前，前埠下一带为大河入海处的森林——草甸环境，气候暖湿，气温可能比今天高出 2—3 度左右，大致与现在的福建一带相似，降水充沛，先民们在这滨河临海的埠丘附近过着渔猎和农耕生活。这时，他们已经学会了农作物栽培，食物来源主要靠谷物种植，辅以渔猎。

距今五六千年前，居住在今潍坊市区南姚官庄村一带的先民，使用多种改进的生产工具，大面积地种植粟类，大量饲养家猪。养猪的数量标志着

① 孙敬明：《潍坊古代文化通论》，齐鲁书社 2009 年版，第 3 页。

人们财富的多少。由于农业的发展，姚官庄一带的潍坊先民已经开始酿酒、用酒。标志是他们使用的陶鬶，制作形象生动，宛如一只短尾触地、引颈向天、张口长鸣的大鸟。

距今4000多年前，姚官庄附近的潍坊先民的陶器制作，已由手工制陶发展到利用慢轮制陶。随着轮制技术的发展和提高，又开始使用快轮制陶的新技术。可以说，当时的黑陶技艺代表了山东乃至全国的最高水平，也是迄今所见人类制陶发展史上的最高峰。[①] 蛋壳黑陶酒杯，是当时贵族权力、地位和财富的象征。这类器物，黑如漆，亮如镜，薄如纸，硬如瓷，掂之飘忽若无，敲之铮铮有声。这时，正是司马迁所说的舜"陶河滨"的时代。

距今4000多年前，生活在今寿光市边线王村以东2000米处的潍坊先民，为我们留下了一座城堡，这是中国东方一座重要的早期城堡。其规模、建制，

图 1-1-2　潍坊市博物馆藏龙山文化陶鬶

图 1-1-3　潍坊市博物馆藏龙山文化镂孔蛋壳陶高柄杯

① 孙敬明：《潍坊古代文化通论》，齐鲁书社2009年版，第176页。

昭示着潍坊在大约4000年前已经进入文明时代。

## 三、原始文化

距今五六千年前，生活在今诸城市枳沟镇潍河北岸前寨村一带的潍坊先民，延续时间长达2000余年，可能已经在这里形成了城堡的雏形，快要步入文明社会的门槛了。这里的潍坊先民刻画下疑似中国最早的文字——陶文“旦”。在一块大口陶尊的残片外壁上刻有涂朱的“五峰山形”图画和形似字的笔画，经确认是我国最早的文字。

图1-1-4 诸城市博物馆藏前寨遗址出土陶尊残片

“南风之薰兮，可以解吾民之愠兮；南风之时兮，可以阜吾民之财兮。”《南风》歌为虞舜所作。[①] 虞舜完善了原始的天文历法，创造了以《大韶》为代表的音乐文化。《大韶》用于祭祀礼仪，参加舞蹈的人能文能武。

仓颉是黄帝的史官，被尊为“造字圣人”。《荀子》最早记录了仓颉，“仓颉作字”的记载另见《吕氏春秋·君守》《淮南子·本经》等。南宋郑樵《通志》的记载最为全面：“苍颉石室记有二十八字，在苍颉北海墓中，土人呼为藏书室。周时自无人识，逮秦李斯始识八字，曰‘上天作命皇辟迭王’。汉叔孙通识十二字。”[②] 今天可考的仓颉遗迹主要有仓颉墓、仓颉台（藏书台）、仓颉祠，在今寿光市。

---

① 《礼记·乐记》载“昔者，舜作五弦之琴以歌南风”。《孔子家语·辩乐》记载了这段歌词。

② 〔宋〕郑樵：《通志·金石略》。

# 第二节　夏商周时期

夏商周三代，青铜器的铸造和使用代表了文明的发达程度。政治经济生活的进步使更多的先民住进了城郭，催生了潍坊境内众多的古国。

## 一、三代古国

### （一）夏初统治集团的内讧

禹传位给儿子启，实现了权力的世袭。启的儿子太康骄奢淫逸、治国不力，给了东夷族首领后羿掌权的机会。

后羿在主政期间，不治理国家，却对打猎有着浓厚兴趣。他疏远武罗、伯因、熊髡、龙圉等良臣，而重用谗臣寒浞。寒浞，出生于寒国（今寒亭区），趁后羿荒于政事，杀掉后羿及后羿的儿子，逐步掌握实权。公元前 2021 年，寒浞改国号为寒。寒浞将儿子浇封到过（昌邑与莱州交界处），将儿子豷封到戈（今寒亭区政府驻地附近）。

前 2004 年，寒浞派其子浇出兵灭斟灌氏；前 2003 年，寒浇攻打斟鄩氏，双方大战于潍河，浇指挥军队设法倾覆斟鄩氏的战船，斟鄩氏战败灭亡。斟鄩、斟灌二国被灭，夏王相被杀死。继而，寒浞攻陷了夏都帝丘。

在寒浞代夏的战争中，已有身孕的相妻后缗逃奔到娘家有仍氏（今山东金乡境内），生下遗腹子少康。少康长大后，在有仍氏充当牧正。少康积极招募夏的余众，一面畜牧耕织，一面练兵习武，做光复夏朝的准备。

少康在有虞氏和老臣靡的扶持下，从纶邑（今河南虞城）起兵，在靡及斟灌、斟鄩两国遗民的帮助下，发动了对寒浞的战争。[①] 少康先率大军突然攻打寒浞分封于过的浇，大败浇的军队。又命其子季杼领兵于戈地击败豷军，杀死豷。接着，少康乘胜追击，在前 1962 年攻克寒国的都城斟鄩，处

---

① 《左传·哀公元年》。

死寒浞。少康重新恢复了夏朝的统治。少康从政后，采取了一系列休养生息的政策，社会经济得到了长足发展，史称“少康中兴”。

图 1-2-1　寒浞冢

（二）夏代古国

夏代，今潍坊市境内有斟鄩、斟灌、寒国、平寿国、杞国、密国、郚国、州国（淳于）等古国，这些古国既有夏禹后裔建立的，也有炎帝神农氏后裔建立的，还有东夷族群建立的。

1. 斟鄩、斟灌

祝融部落原为少昊联盟的一支，是颛顼的后裔，因发明了陶鬲，故以鬲为图腾。夏朝初年，渐次东迁，到了淄河、弥河、潍河流域，建立斟灌国。都城位于今天的寿光市洛城街道斟灌村。苏埠屯出土的铸有“融”字徽的青铜器是商代末年祝融部落的遗物，“融”字徽由“鬲”和“虫（龙）”组成，标志着由夷、夏两族融合而成。

斟郡，又作斟寻、鄩；斟灌，又作斟戈。《世本》有“斟郡……夏同姓”[1]的记载。斟灌在今寿光市东北部，斟郡在今寒亭区西南部。在少康复兴的战争中，以斟郡、斟灌为主力，一直打到后羿和寒浞的发迹之地——今寿光、昌乐、寒亭一带，最终灭其国。为了加强镇抚，少康将斟郡、斟灌氏的全部或部分留在了羿、浞核心聚居区建国。到周武王灭商，迫于大势，斟郡国归顺，成为西周附庸国。成王时，斟郡国与奄、蒲姑、斟灌等国起兵反周，被成王所灭。春秋时，斟郡、斟灌并入了齐国。

2. 寒国

夏初，伯明任国王。寒浞即为寒国人，因其奸诈为伯明所厌恶，投靠后羿。故址在今寒亭区一带。

3. 平寿国

夏代立国。在今潍坊市区西南 15 千米处。

4. 杞国

姒姓立国。杞国立国之初，爵位为伯。杞国地位虽高，但实力不强。至商代，政治地位很不稳固，时封时绝，居处不定。

5. 密国

密国是太昊后裔风姓国。故地在今潍坊市区东南 25 千米附近区域。

6. 州国（淳于）

州国为炎帝神农氏姜姓国之一，都淳于。淳于故城在今山东省安丘市东部区域。

7. 娄国

出自姒姓，是禹的后裔。周武王灭商，追封先代贤王的后裔，把少康的后裔东楼公封于杞（今河南杞县），遂为杞国。春秋时，杞国迫于周围大国的压力东迁，定居于淳于（今安丘市域的东北部）。杞君有一支子孙封在娄邑（今诸城市域的西南部），建立娄国。

---

① 〔东汉〕宋衷注，〔清〕秦嘉谟等辑：《世本八种》，商务印书馆 1957 年版，第 261 页。

图 1-2-2　杞国故城遗址残留城墙

（三）商代古国

1. 薄姑国

关于薄姑国的早期状况，《竹书纪年》有“太戊五十八年，城薄姑”的记载。可见，薄姑国最迟于太戊五十八年（前 1580）建立都城。至周公东征平定管蔡之乱，薄姑国灭亡，存在了 460 多年。薄姑国在商朝末年崛起，打败了强大的逄国，逄国被迫西迁到济阳，于是薄姑国成为山东北部地区最强大的方国。在政治上，薄姑国忠于商朝，因参与反周叛乱而被灭。周公对薄姑国采取了灭祀毁社的残酷镇压，土地赏给姜尚，成为齐国的一部分。

2. 逄国

逄氏是炎帝后裔，夏代后期东夷部落的盟主。部族事业传到逄伯陵[①]已

① 逄国第一代国君，名陵。因商初受封于逄（今山东临朐），建立逄国，爵位为伯，史称逄伯陵。

是夏代末年，面对各地揭竿而起、反抗夏桀暴政的局势，逄伯陵果断倒戈，带领东夷各部落，在对桀的战争中立了大功。商汤灭夏后，把逄地分封给逄伯陵，逄国建立。逄国得以延续东夷部落盟主地位，成为东方大国。虽然商代初年才受封，但逄氏早在夏初就是这里的实际控制者，逄国的势力范围包括现在的青州、寿光、临朐以及临淄、周村、张店等地，几乎囊括了齐地的核心区域。逄国作为商王朝的同盟，与薛国、奄国、吕国、申国一起构成了商王朝经略东方的网络。商朝末年，薄姑国崛起，逄国被迫西迁到济阳。周公东征后，分封天下，逄国的故土又从薄姑国转到了齐国手中。逄国在齐文化的形成中发挥了重要作用，逄伯陵也因忠孝成为百姓祭拜的对象。

3. 诸（者）国

文献中为彭姓之国，出土文物为妘姓之国。诸之为城时代极早，在夏代以前的五帝时代，即舜生于“诸冯”之“诸”。既然舜生于“诸冯”，那么“诸冯”作为地名出现的时代，显然比舜出生的时代还要早。我们依据有关考古资料推测，诸冯出现的时代约为考古学上的大汶口文化晚期或龙山文化早期。有学者认为，诸（者）是商代潍淄之间国力雄厚之大国；[①] 更有学者认为，州、淳于、诸实为一国（音转）。杞、州、淳于、诸，在商代或实为一国。[②] 诸城都吉台一带是商周时期诸国的古城。考古与文献合证，三代之前已有“者”（诸），三代则有诸国，后则置诸邑与诸县，今日则仍存诸城、诸冯之名。

（四）周代古国

1. 齐国

齐国是西周初年建立的姜姓封国，于前1051年立国，都营丘（今山东省昌乐县营丘镇驻地）[③]。开国之君为姜尚，又称吕尚。吕尚死后，子丁公

---

① 孙敬明：《潍坊古国》，济南出版社2020年版，第20页。

② 王献唐：《山东古国考》，齐鲁书社1983年版，第196页。

③ 昌乐营丘，地处四河中央，故有城处脉中之说。今昌乐古皇城（古城村）东南隅数步有丘，今称石埠，长宽里许，因水土流失，现标高63.1米。

吕伋立；丁公死后，子乙公得立；乙公死后，子癸公慈母立；癸公死后，子哀公不辰立。哀公在位期间，荒淫废政，因纪侯谮之于周而被周夷王烹杀，其弟静被立为齐侯，是为胡公，并把国都迁到了蒲姑（今山东博兴寨卞村北）。这次君位的变动引发齐国长达 30 多年的内乱。哀公的同母少弟山怨恨胡公，伙同党羽率营丘人攻杀胡公自立，是为献公。献公即位后，将胡公的儿子尽逐出国外，把国都迁回临淄。献公死后，子武公寿立；武公死后，子厉公无忌立。厉公暴虐无道，引起齐人不满。前 816 年，胡公之子趁机潜回齐国，攻杀了厉公，胡公之子在混战中被杀。齐人立厉公之子赤为君，是为文公。文公即位后，平定了内乱。文公死后，其子成公脱立。成公死后，其子庄公购立。庄公二十五年（前 770），周平王东迁洛邑，进入春秋时期。

2. 鲁国

鲁国是西周初年建立的姬姓封国，今潍坊南部临朐、安丘、诸城的部分地区为鲁国所辖。

周初，周公旦受封后，因辅佐年幼的周成王，由其子伯禽就国。伯禽死后，子考公酋继立。前 992 年考公酋死后，其弟炀公熙继立。炀公熙与奄等东方土著部族进行了殊死的战争，最终征服奄和其他东夷部族，得以定都曲阜。炀公熙因此在曲阜筑“茅阙门”以纪念。孝公三十七年（前 770），周平王东迁洛邑（今河南洛阳），历史进入春秋时期。随着周王室政治地位的下降，鲁国逐渐衰落，最终于前 256 年为楚国所灭。鲁国存续历时 870 余年，凡 34 世。

3. 莱国

商族以玄鸟为图腾，商的始祖契被称为玄王，而莱人被归为玄族，契的子孙中有以“来”为国号者，“来”即莱。“周代莱国的中心地带，是在潍淄区域，国都大抵在昌乐外延区域，东部直到黄县沿海一带。”[①] 莱国的

---

① 王献唐：《山东古国考》，齐鲁书社 1983 年版，第 174 页。

爵位为侯爵，后改为公爵。西周时期，莱国实力非常强大，淄潍流域及其以东，乃至整个胶东半岛的东北部区域都在它的实际控制之下。

周公东征后，将吕尚封于齐地，引起莱国不满，莱国与齐国进行了长期的战争。春秋之前，面对强大的莱国，齐国总体采取防御态势。后来，随着齐国在政治、经济、军事上一系列改革措施的实施，莱国渐趋下风。前567年，齐国派晏弱率重兵灭莱，莱民残余退守棠邑城（今山东平度东南部唐田）。同年冬，晏弱率军破棠，棠从此成为齐邑。

莱国灭亡后，一部分莱民被迁到牟人居住的边缘地带，即今淄博市的淄川区、博山区东部的莱芜谷和今济南市莱芜区的常庄、和庄一带，被称为莱牟，后转音为“莱芜”。

4. 莒国

莒人是少昊后裔，夏代有莒部落，在商代属青州姑幕国。莒人参加了周武王对商作战，对西周的建立有大功。周公东征后，分封诸侯，莒人首领兹舆期被封为子爵，国都介根（今山东胶州南关城子村）[1]。春秋初，莒国迁都莒（今山东莒县）。莒国自周初始封至鲁隐公元年（前722）的历史记载空缺。

前720年至前673年，莒国国力逐步强大，它南入向国（今山东莒县南35千米处），北伐杞国，灭郲国。莒国的西疆与鲁国接壤，西北与州国、纪国接壤，成为仅次于齐、鲁的东方大国，拥有介根、夷维、牟娄、诸、琅邪、郓、密、向、余丘、纪障等31个城邑，势力范围东临黄海，北到胶州、高密，西到蒙阴，南到江苏赣榆。

前584年，莒国参加了晋国主盟的马陵之盟。前577年，渠邱公死，子密州即位，史称黎比公。

鲁成公十五年（前576）至鲁襄公三十一年（前542）是莒国最活跃的时期。前565、前563、前561年，莒国三次进攻鲁国。黎比公死后，莒国渐衰。

---

① 介根，亦有于计、计斤、计亓、计基、计等别称。

鲁昭公元年（前 541）至鲁哀公二十七年（前 468），莒国在残酷的列国斗争中逐渐衰落，屡遭征伐，疆域日蹙。国君去疾死后，蒲余侯杀公子意恢，从齐国迎回去疾之弟庚舆为国君，此后莒国成为齐国的附庸。

战国时期，莒国内外交困，疆土日削。周考王十年（前 431），莒国为楚国所灭。

5. 纪国

纪国，早在商代即已立国。西周时期，在齐、鲁建国后，纪国生存环境渐差。齐国一直伺机吞并纪国，灭纪是齐国扩张的必由之路。纪国选择与鲁国结好，借齐鲁两国的矛盾以自保。鲁国力图保存纪国，抑制齐国的扩张。纪、齐、鲁三国这种错综复杂的关系贯穿春秋时期纪国的始终。

庄公三年（前 691），纪国分裂，纪侯之弟纪季以纪国的酅地投降齐国，做了齐国的附庸。庄公四年（前 690），“纪侯不能下齐，以与纪季。夏，

图 1-2-3 纪国故城保护标志

纪侯大去其国，违齐难也”[①]。据此记载，齐国军队攻破纪国都城，纪侯将剩下的国土交给弟弟纪季，出国逃亡，一去不返。纪国在今寿光一带存在了300多年。

## 二、经济

### （一）农业

潍坊是中国最早进入农业社会的地区之一。夏商西周时期，潍坊境内的大部分土地还没有开发，谷物产量低。姜尚治齐，土地归公室所有。春秋时期，井田制逐步瓦解，土地所有权下移，土地私有制产生。到战国初期，齐国田氏拥有的土地大幅度超过了齐王，走上了代齐行政的道路，地主土地所有制形成。

春秋战国时期，潍坊境内的种植业有了较大发展，主要粮食作物有麦、黍、稷、稻、粱，称为“五谷”。其中，麦又分为大麦、小麦，小麦又有春小麦、冬小麦。麦的种植很普遍，这种农业生产习惯相沿至今。人们使用耕牛开垦荒地，齐国把垦殖荒地的数量作为考核官员政绩的重要标准。经过数百年的农田改造，到战国末年，潍坊境内的土地熟化程度已经很高。

齐地适宜栽植桑麻，为丝织手工业的发展提供了条件。周代，“原产于潍坊西南部山区的株体高大的原桑经过嫁接改良，被培育成适合平原栽培的低矮地桑”[②]。齐桓公时，管仲相齐，扶持桑蚕生产，“民之通于蚕桑，使蚕不疾病者，皆置之黄金一斤，直食八石”[③]。

### （二）手工业

在农业发展的基础上，潍坊境内的手工业部门不断增加，制陶、冶炼、织染、建筑、制盐、酿酒等技术水平空前提高。

---

① 杨伯峻：《春秋左传注》，中华书局2009年版，第165页。

② 王伟波：《潍坊丝路文化》，济南出版社2019年版，第7页。

③ 黎翔凤：《管子校注》，中华书局2004年版，第1309页。

1. 制陶业

夏商周时期，制陶业是最主要的手工业。陶器是人们主要的生活用器，即使是贵族，也只在礼仪活动中才使用青铜器。陶器烧制技术从慢轮转向快轮制作。昌乐后于刘遗址发现的商周陶窑遗址分为窑室和操作间两个部分。窑室直径约 1 米，周围有 6 个近似三角形的火道，中间是圆形的排气孔，火门位于西侧，呈方形，火膛为椭圆形，结构简洁。

夏商周时期，潍坊先民生产的陶器种类有甗、罐、盆、鬲、杯、瓮、鼎、尊，大多属于炊具、饮器，更加注重生活器皿的实用性。陶器多饰以绳纹，再就是弦文、素面。质地一般为夹砂陶、灰砂红陶、泥质灰陶等。外观颜色以红褐陶占绝大多数，其次为黑褐陶、灰褐陶，常见一器多色。有一种素面鬲，侈口、深腹、袋足硕大，造型粗犷，最具特色，是商周时期素面鬲的代表作。

图 1-2-4　潍坊市博物馆藏商素面陶鬲

2. 冶炼业

夏商周时期，冶金业的发达程度从考古发现的实物可以得到证实。1977 年，在诸邑故城西南 1500 米处发掘了一处春秋时期的贵族墓陵，出土鼎、壶等青铜器，器型厚重，纹饰精美。在坊子区院上遗址发掘出土商代末年的青铜酒器，卣、觯、爵各一件，纹饰以云雷纹和涡纹为主，配以夔纹、饕餮纹，造型稳重、大方。潍坊市博物馆收藏有战国时期齐国铸造的青铜剑 10 件、青铜戈 10 件，其铸造要经过作胎、制范、合范、浇铸与整形五道主要工序。青州市境内，曾多次发现战国时齐国的刀币铭范。1887 年，在范王庄出土刀币铭范，用石屑陶冶而成，铸有“齐法化”字样。1965年，在范王庄出土“齐法化”砖面范2块、背范1块，“范王庄”这个名字是由发现钱范而得。这些钱币范是从异地取来，在墓葬封口处冶炼铁汁以灌注砌石缝隙，这些齐国刀币范是被作为废品运到现场作二次使用的。[①]

3. 织染业

潍坊是中国桑蚕丝织技术的发源地。早在大汶口文化时期，潍坊先民就掌握了纺织技术。青州苏埠屯商墓出土的青铜器上附着丝织遗物，证明商代已有桑蚕丝织生产。周代，姜尚治齐，因循当地原有的生活生产习俗，“劝其女功，极技巧”；从事染织业的主要劳动力是“女工”，桑蚕丝织生产持续发展，“冠带衣履天下”，[②]齐国成为中国最早的丝织业中心。

丝织印染业是齐国最为重要的手工业。据《考工记》所载，一方面从事丝织行业的人分工明确，有专门负责湅丝帛的，有“染人”负责染色，有“画缋”负责加工花纹图案，等等。另一方面，织染丝织品工序细腻。比如“湅丝”工序，也称“水湅”，就是把原料蚕丝通过煮制而使其达到质地柔软、洁白，“兑水沤其丝，七日，去地尺暴之。昼暴诸日，夜宿诸井，七日七夜”[③]。

齐国织造的纨、绣，异常纯美华丽。其中“冰纨”是一种白色的细绢，闻名天下。齐襄公及妃嫔们“衣必文绣”，“文绣”是一种刺绣花纹的丝织服装。齐景公时，人们“衣之衣，素绣之裳，一衣而五彩具焉”[④]，生活富裕的人“无不被绣衣而食菽粟者”[⑤]。晋愍帝建兴年间（313—316），青州刺史曹嶷盗掘齐桓公墓，发现“金蚕数千”“缯彩不可胜数”[⑥]，足可佐证

① 孙敬明：《海岱古钱新解》，齐鲁书社2016年版，第9页。
② 《史记·货殖列传》。
③ 《周礼·考工记》。
④ 吴则虞：《晏子春秋集释·谏下》，中华书局1982年版，第135页。
⑤ 《战国策·齐策四》。
⑥ 《册府元龟》卷九四六《厚葬》。

齐国丝织业的发达程度。

4. 制盐业

盐是人们日常生活的必需品，潍坊先民在原始社会就开始制盐。莱州湾南岸的滩涂广阔平坦，自古就有发展盐业的资源和条件。夏代，潍坊产的海盐成为贡品。《尚书·禹贡》载："海滨广斥，厥田惟上下，厥赋中上，厥贡盐絺。"商代，盐依然被作为贡品。西周时期，在诸侯国向周王缴纳的物贡中，盐贡为其一。周朝还专门设置管盐的官员。《周礼·天官冢宰下》载："盐人掌盐之政令，以共百事之盐；祭祀共其苦盐、散盐；宾客共其形盐、散盐；王之膳羞，共饴盐，后及世子亦如之。凡齐事，煮盐以待戒令。"其中，"散盐"被认为是海盐，弥足珍贵。

夏商周时期，潍坊制盐采用煮盐或煎盐方式：一是煮海水成盐，二是煮地下高浓度卤水成盐。当时制盐流程是：首先，盐工从井内取出高浓度卤水放在坑（或盔形器）内加以净化提纯，以提高卤水的浓度；然后，把过滤好的高浓度卤水放到中口、圆底的大型瓮中储存，慢火熬煮、蒸发成盐。在此过程中，还要刮去杂质。最后，熬煮完备后停火，将盔形器打破，取出粉块状的盐。

自20世纪50年代开始，文物部门对潍坊北部莱州湾南岸地区进行系统考古调查。在寿光发现双王城盐业遗址、大荒北央盐业遗址群；在昌邑市发现鄑邑故城遗址、唐央遗址、瓦城遗址等盐业遗址群；在滨海经济开发区央子街道丰台村南部发现周代、汉代和金代的盐业遗址群。这些遗址大至20万平方米，小至5000平方米，集中分布在潍坊北部距海岸线较近的沿海地区，大都出土商周时期制盐用的盔形器、罐、盆等器物，还发现了卤水井、盐灶、墓葬等遗存。这些盐业遗址位置比较集中，规模较大，展现了盐业生产的集体劳动场面。

商周时期，"每处制盐作坊单元一次举火就能获盐上千斤，殷墟时期，双王城就有同时共存制盐单元约50处，东北坞也有20多处。仅双王城每年就要达四五万斤，整个渤海南岸区，不下10余处大规模的盐业遗址群，年产至少几十万斤，数量相当惊人。如果每一制盐单位有盐工 10 人，仅双王城就有盐工四五百人，而整个渤海南岸地区，直接参与盐业生产的人数应在数千人以上”①。潍坊北部地区的盐业生产呈现出繁荣盛况。

图 1-2-5 丰台盐业遗址群

周初，姜尚推行“便鱼盐之利”的政策，大力发展渔盐业，为后来齐国的强盛奠定了坚实基础。春秋时期，齐国兼并了盐业资源丰富的纪国，管仲推行“官山海”政策，推动了齐国盐业的发展。

5. 建筑业

夏商周时期，潍坊的建筑方式、建筑材料、建筑技术主要体现在都城、墓穴、齐长城等方面。潍坊市境内在夏代时古国都城众多，夏启、太康、仲康、相、寒浞的居住与活动主要在这个区域。斟鄩是夏代太康时的国都，在今浮烟山一带。斟灌是夏代早期的方国都城，在今寿光市东北部的斟灌村。另外还有杞、戈、平寿等古国都邑。这些城堡的建造规模与形制，今天只能

① 燕生东：《渤海南岸地区商周时期盐业考古发现与研究》，载《齐鲁文化研究》2009 年第 00 期。

想象了。单就这些城堡的军事防御功能来讲，其取材与设计应是当时建筑工程的代表作。

今天能够看到的商周时期的建筑主要以墓葬为主，最著名的是青州苏埠屯商代晚期大墓。其中一号墓建设规模最大，仅次于安阳殷墟王陵。墓室呈长方形，南北长 15 米，东西宽 10.7 米。墓室底小于墓口，南北长 9.45 米，东西宽 5.9 米，墓深 8 米。共有四条墓道，呈斜坡形，直达墓室底部，底长 26.1 米，宽 2.7—3.2 米。墓室及墓道内填土均经夯打，夯窝为“小馒头夯”[①]，直径 4 厘米。夯层厚度不均，厚度一般为 4—10 厘米。墓室及墓道壁面整治光平，似是在挖成之后又经刮磨。墓室中部有“亚”字形椁室，椁室底下有“T”字形腰坑。建造规模如此巨大的陵墓，需要设计、施工、监督指挥等方面的专门人才。周代，墓穴建筑小于商代而欠精致，但地面上的生活建筑有较大发展，工匠们建造了城池宫殿、超高度的台坛阁楼。

商周时期，商业经济发达，人们注重城市的营建。春秋战国时期，潍坊市境内的城邑数量为最多，有数十座，比今天的县级城市还要多出数倍。主要有纪国国都、高密城阴城、安丘杞城、诸城平昌城等。[②]

春秋战国时期，潍坊境内城郭林立、都邑相望。青州市境内有座臧台城，在这里发掘出一座半地穴式圆形房屋基础遗址，南北长 2.2 米，东西宽 2 米，地面坚硬光滑；有一炕坑，设在南壁上，呈圆角方形，东西长 67 厘米，南北宽 50 厘米，有明显的火烧痕迹。灶坑开挖在南面的墙壁上，这与今天潍坊农村的灶连炕如出一辙。东周时，人们的住宅土墙完全用土夯筑，采取版筑技法，即用木桩固定两道木质夹板，中间留出标准宽度，逐层填土夯筑而达到标准高度，刮削成墙。

齐长城建于春秋战国时期，建筑借山势地形，填低就高，土石结合，夯筑垒砌而成，闻名海内外。

---

① 馒头夯，建筑业俗语，采取逐层夯筑的方式，使地层经过打压而积实。

② 孙敬明：《潍坊古代文化通论》，齐鲁书社 2009 年版，第 214 ~ 215 页。

### （三）商业

夏商周时期，潍坊市境内农业与手工业的进步，促进了商业的发展。周初，姜尚治齐，以工商业立国，“通商工之业，便鱼盐之利”[①]。潍坊境内的工商业从此兴盛起来。

春秋时期，齐桓公任管仲为相改革商业制度，将齐国分为21个乡，其中6个乡专门从事工商业，允许国民“伐菹薪，煮水为盐。正而积之……以令粜之”[②]。齐国的鱼盐畅销天下，从潍坊北部沿海地区开始，“通齐国之鱼盐于东莱，使关市几而不征”[③]，或通过穆陵关南下销售。管仲还建议齐桓公将齐国的盐通过黄河和济水的水道运到梁、赵、宋、卫等国销售。到战国时期，今潍坊市境内“出现了陆上丝绸之路贸易的先声”[④]。

货币的使用是商业贸易繁荣的标志。早在商代，潍坊先民已经使用货币以方便商品流通。考古所见，出土海贝数量最多的是安阳殷墟妇好墓，共出土6880枚；其次是青州苏埠屯商墓，发现3790枚。在今天青州的范王庄、西辛村发现了数量不少的齐国刀币铭范。在今潍坊市区、昌乐、寿光、青州、临朐、诸城、安丘、昌邑、高密等地都有古钱币发现，这些钱币以齐刀币数量最多。这些遗存“由北向南呈扇形分布流通”[⑤]。齐国货币的铸造与流通，方便了交易，活跃了经济。

## 三、文化

### （一）钟鼎文

青铜器铭文又称钟鼎文或金文，是古人在青铜器上铸刻的文字。青铜器铭文创作从商代中晚期一直延续到战国晚期。青铜器铭文从铭刻记号到记

① 《史记·齐太公世家》。
② 《通典·食货十》。
③ 《国语·齐语》。
④ 王伟波：《潍坊丝路文化》，济南出版社2019年版，第7页。
⑤ 孙敬明：《潍水集》，齐鲁书社2014年版，第19页。

载历史事件，再到抒发个人感受，一步步走向文学，在西周中期形成创作高峰，铭文创作从此超出了实用功能，具有了审美意义。

潍坊出土青铜器数量众多，质量上乘，其中铸有铭文的青铜器约有上百件，主要出土于青州苏埠屯商墓和寿光纪国遗址，其他如临朐、诸城等地也有零星出土。这些青铜器铭文大多比较简短，少者一两字，多者二三十字。

“陈胎之右户戈”，现藏于青州博物馆。在援部和胡部刻有铭文一行“陈胎之右户戈”。这件铜戈是陈胎这辆战车上右侧的战士姓户的人所配备的兵器。短短六字包含了驾车人名、持戈人姓氏、站立方位和器物名四个要素。

族徽铭文是商周青铜器上用以表示族氏名号的文字。潍坊市境的族徽铭文主要出土于苏埠屯商墓，包括“融”和“亚丑”铭文。“亚丑”铭文多铸于青铜器的口、盖、底、把手等位置，器型有“鼎、甗、簋、爵、觚、尊、卣、觯、罍、觥、盉、彝、铙、钺、矛等十五类五十六器”[①]。这些铭文不

图 1-2-6　青州苏埠屯商墓出土亚丑钺

① 殷之彝：《山东益都苏埠屯墓地和“亚丑”铜器》，载《考古学报》1977 年第 2 期。

是单纯的文字，更多带有图案性质，起到标识作用，打上了原始图腾崇拜的印记。族徽铭文与青铜器上威严的饕餮纹相呼应，反映了商代晚期潍坊先民的审美观念。

## （二）齐文化的形成与发展

潍坊是舜的出生地与主要活动区域，也是夏王朝早期的活动中心之一。羿、后羿、嫦娥神话的产生、流传，寒浞代夏打破“禅让”的温情传说，杞、斟灌、斟鄩、纪与“亚丑”方国是东夷文化的典型，为齐文化的发展奠定了良好基础。

姜尚分封至齐后，因地制宜，发展经济，允许当地夷民信奉本部族的宗教，祭祀本部族的神祇，“减缓了不同地域的民众与新政权的心理对立，避免了过多内耗”[①]，在吸收殷周文化和东夷文化的基础上，形成了齐文化。齐国毗邻重礼乐的鲁国，又与周王室关系密切，深受礼乐文化的影响，表现

图 1-2-7　营陵故城址

① 王志民主编：《齐文化概论》，山东人民出版社 1993 年版，第 399 页。

出重人文、尚实用的特点。管仲和晏婴拥有深刻的民本思想，其政治实践昭示着齐文化趋于成熟，为儒家思想体系的创立演绎出了多彩的前奏。

战国时期，随着齐国成为诸侯大国，齐文化的内涵更加丰富，诸如发达的农业文化、因地制宜的渔盐与丝织文化、兼容创新的青铜文化以及务实开放的商业文化。

（三）原始儒学在潍坊的传播

孔子周游列国，曾到过齐、杞等国，履及今潍坊市域。鲁昭公二十五年（前517），鲁昭公率师攻伐季孙氏，昭公兵败奔齐。孔子因鲁乱带弟子适齐，到齐国后为高昭子家臣，借以进见齐景公。

齐景公首次见到孔子，对其政治理念非常赞赏。第二次见面后，准备任用孔子为政，但遭到晏婴等重臣的反对。此后，齐景公对孔子的态度发生转变，礼遇程度大不如从前。后来齐国大夫欲加害孔子，孔子告诉了景公，景公以"吾老矣，弗能用也"婉辞，孔子被迫离开齐国。

前516年，孔子在齐国期间，到杞国考察夏礼。孔子考察的杞国应该在缘陵（今昌乐县的营丘）。

孔门弟子中，公冶长与潍坊的渊源较为密切。据《史记》载："公冶长，齐人。"[①] 公冶长祠在今安丘市城顶山南麓，墓在今诸城市贾悦镇近贤村。

公冶长品德高尚，能忍辱负重，孔子将自己的女儿嫁给他。在潍坊，"公冶长解鸟语"的故事流传非常久远。在今安丘市石埠子镇西南城顶山前坡的公冶长书院旧址有两颗银杏树，距今已有2500多年历史。相传这两棵银杏树是当年孔子来此看望女儿时，在众学子的帮助下挖好树坑，依照民间男左女右的习俗，按左雄右雌顺序，由孔子与公冶长夫妇一同栽植。

有子（前518—？），名若，字子有，春秋时期鲁国人，"孔门七十二贤"之一，被尊称为"有子"。有子是孔子思想的优秀继承者，因其相貌举止极像孔子，故有"似圣人"的美誉。有子思想深邃，"其为人也孝弟，而

---

① 《史记·仲尼弟子列传》。

图 1-2-8　公冶长墓

好犯上者，鲜矣！不好犯上，而好作乱者，未之有也。君子务本，本立而道生。孝弟也者，其为仁之本与！”[1] 有子在孔门后学中有较高的地位和影响力。

有子曾长期在今安丘市境的有子山研经讲学，将儒家“礼之用，和为贵”“信近于义”“孝悌为本”等思想发扬光大。安丘市辉渠镇境内的有子山、有子庙、有子官庄村和有子沟，都是为纪念有子而得名。

## 第三节　秦汉时期

### 一、秦代郡县

前 221 年，秦统一六国，置 36 郡，在齐地初置齐郡和琅邪郡。

齐郡，治所在原齐国国都临淄（今淄博市临淄区北）。辖地为原齐国大部，今潍坊大部分地区属齐郡。

① 《论语·学而》。

琅邪郡，“秦始皇二十六年灭齐以为郡”，治所在琅邪县（今青岛市黄岛区琅邪镇），“城即秦皇之所筑也”。[①]秦始皇五次东巡，到过琅邪台三次。今潍坊的诸城、安丘、临朐等县市的全部或部分地区属琅邪郡。

后来，析琅邪郡置琅邪郡和胶东郡；分齐郡置临甾、济北、博阳、城阳、胶西五郡。今潍坊分属临甾、琅邪和胶东三郡。

分置后的临甾郡治所在临甾。置县可考者有临甾、博昌、狄城、缪城、乐安、昌国、千乘、临朐、高宛、东安平，共10县，其辖地相当于今山东北部、中部。今寿光、昌乐、青州、临朐等市县全部或部分地区属临甾郡。

分置后的琅邪郡，治所在琅邪县，领琅邪和莒县两县，其辖区大致相当于今青岛市黄岛区、日照、潍坊南部以及临沂东北部。今潍坊南部的诸城、安丘、临朐等地的全部或部分地区属琅邪郡。

分置后的胶东郡治所在即墨县（今山东平度东南部），辖区为原琅邪郡的东部地区，大致相当于今胶莱河以东地区，今潍坊东部的高密、昌邑大部属胶东郡。

## 二、潍水之战

楚汉战争，刘邦与项羽争霸。汉高祖三年（前204）八月，刘邦派韩信攻打齐国。韩信在袭取临甾后，一面亲率部分兵力向东追击田广，进至潍水西岸。项羽派主将龙且、副将周蓝，率领20万大军援齐，与田广军在高密会师，很快到达潍水东岸。

楚汉两军隔潍水而峙。从楚汉两军力量对比来看，汉军属连胜之师，兵锋强劲，士气高涨，但汉军转战大半个北方，兵员、给养不足，难以持久作战。齐楚联军中的齐军虽属溃败之师，但与楚军会师后，士气有所提振。楚军虽远道而来，但一路并无大战。同时，齐楚联军是本土作战，粮草、兵马供应充足。在兵力对比上，西楚援军达20万，韩信当时所率曹参、灌婴

① 〔北魏〕郦道元：《水经注》之《潍水》卷。

等军不过数万。

从两军主将用兵指挥上，韩信明显高于龙且。齐楚联军兵力明显优于汉军，但作为此次大战的主将，龙且却犯了“骄兵”大忌，决定尽快与汉军决战，以建立功勋。

因兵力明显劣于对手，韩信考察地形后，决定采取水攻，以奇制胜。韩信派兵到潍水上游，趁夜色以万余沙袋截住水流，然后率领一半部队渡河去袭击龙且，稍触即溃，退回河西岸。龙且见此情景，以为汉军怯战，便率军全力追击。当半数楚军进入河床后，韩信命令上游汉军决坝放水，龙且的军队立刻被汹涌的河水断为首尾难顾的两截。此时，韩信指挥汉军主力猛烈回击，曹参斩龙且于阵前，灌婴擒获副将周蓝及司马、连尹各 1 人，楼船骑将十余人，潍水西岸的楚军亦全部被歼。停留在东岸，尚未渡河的楚军溃散。韩信率汉军急渡潍水，乘胜追击，在城阳俘获齐王田广，又向胶东进军，斩杀齐将田既。

潍水之战后，韩信占领三齐，斩断西楚右臂，实现了迂回到西楚后方，对其实施战略包围的目的。

韩信壅水坝在潍河与浯河的交汇处，当地百姓称“韩信坝”。距韩信

图 1-3-1　韩信坝遗迹

坝 10 千米的潍水下游，有一座古墓，相传是龙且冢。

## 三、西汉郡县与王侯国

### （一）西汉郡县

西汉建立后，汉高祖刘邦采取郡国并行制度。今潍坊属青、徐二州刺史部所辖，分属北海、齐、琅邪三郡和菑川、高密、胶东三国。

西汉青州刺史的监察范围为齐郡、乐安郡、菑川国、千乘郡、北海郡、胶东国、长广郡、东莱郡、高密国、济南郡、平原郡，青州刺史部驻齐郡广县。广县在今青州市五里镇下圈村。今潍坊市区及青州、临朐、寿光、昌邑、昌乐、高密、安丘等县市的全部或部分地区分别被北海郡、高密国、菑川国、齐郡所管辖，由青州刺史监察。

徐州刺史部监察范围为楚国、临淮郡、广陵国、泗水国、东海郡、鲁国、琅邪郡。汉武帝元封五年（前 106），琅邪郡治所自琅邪县（今青岛市境内）移治东武（今山东诸城）。今潍坊市域内的诸城、安丘、临朐、青州等全部或部分地区属于琅邪郡，由徐州刺史监察。

西汉时期，今潍坊市分属北海、琅邪和齐郡。汉景帝中元二年（前 148），汉廷分齐郡置北海郡，郡治营陵（今山东昌乐营丘镇）。这是推行郡县制以来，在今潍坊市境设置的首个地方一级政区。北海郡辖 26 县：营陵（又称营丘）、剧魁侯国、安丘、瓡侯国、淳于公国、益、平寿、剧侯国、都昌（附设盐官）、平望侯国、平的侯国、柳泉侯国、寿光（附设盐官）、乐望侯国、饶侯国、斟、桑犊、平城侯国、密乡侯国、羊石侯国、乐都侯国、石乡侯国、上乡侯国、新成侯国、成乡侯国、胶阳侯国。

琅邪郡治所在东武（今山东诸城），辖 51 县，其中东武、朱虚、诸、梧成、灵门、姑幕、虚水、临原、琅邪、缾、邞、稻、平昌、横、东莞、昌、兹乡、箕、丽、武乡、折泉、安丘全部或部分地区在今潍坊市境内。

齐郡治所在临菑（今山东淄博境内），辖 12 县。今潍坊西部临朐、青州、寿光等县市的全部或部分地区属齐郡。

## （二）西汉王国

### 1. 胶西国

汉文帝十六年（前 164），分齐为六国，刘印及其兄弟六人同日俱立为王，刘印被立为胶西王。前 154 年，胶西王刘印参与“吴楚七国之乱”，失败自杀，胶西国除。

前 154 年六月，汉景帝又封自己的儿子刘端为胶西王，即第二代胶西王。刘端为人残暴凶狠，在位 47 年。汉武帝元封四年（前 107），刘端病死，无后，封国被除，封地复为胶西郡。

### 2. 高密国

汉宣帝本始元年（前 73），封汉武帝刘彻第四子广陵王刘胥的小儿子刘弘为高密王。刘弘在位九年，谥号“哀”。汉宣帝元康元年（前 65），刘弘之子刘章继承王位。刘章在位 34 年，谥号“顷”[1]。汉成帝建始二年（前 31），刘章子刘宽为第三代高密王。汉成帝鸿嘉元年（前 20），刘宽子刘慎继承王位。公元 9 年，废高密国，刘慎为最后一位高密王。

高密国都位于今高密市境西部的田庄村东约 1000 米处，被称为“城阴城”。

### 3. 菑川国

前 201 年，汉高祖刘邦将庶长子刘肥封为齐王，都临菑，是当时全国最大的诸侯王国。汉文帝十六年（前 164），把齐国分为齐国、济北国、济南国、胶东国、胶西国、菑川国。刘肥第三子武城侯刘贤被封为菑川王，置菑川国。菑川王刘贤参加了“吴楚七国之乱”，兵败被杀。

刘肥第十子、济北王刘志，在七国之乱平定后，改封为菑川王。西汉菑川国传九世。王莽篡汉后，废除菑川国。

西汉菑川国疆域大致在今寿光市南、青州市东部、北部及淄博市临淄区东北一带。西汉菑川国国都在剧县（今山东省寿光市纪台镇纪台村）。

西汉时期，郡的最高行政长官为太守，秩级为两千石。太守除治民、进贤、

---

① 刘章的墓，即“顷王冢”，在今高密市逄戈庄村东约 2000 米处。

决讼、检奸外，还可以自行任免所属官员。地方诸侯王国也设有一套职官，重要的职官有傅和相。傅辅佐王的个人行为；相负责王国内的民事，其职权及秩级相当于郡一级的太守。傅和相均由朝廷任命。西汉时期，有诸多名人贤士在今潍坊境内任太守或相、傅，比如董仲舒和孔霸。他们任职潍坊，作为著名的经学大师，对身边人的经学研习必然产生影响，从而推动汉代经学在潍坊地区的传播。他们亲政爱民，品性高尚，留名青史。

（三）西汉侯国

西汉列侯分为功臣侯、王子侯、外戚侯、恩泽侯、归义侯、宦者侯、丞相侯七种类型。列侯在汉代社会结构中地位显赫，对潍坊西汉时的政治、经济、文化、教育、军事等各方面都产生了非常重要的影响。现列表如下：（见西汉侯国表）

## 四、东汉郡县与王侯国

（一）东汉郡县

东汉的行政区划沿袭西汉郡国并行制度。一方面采取“封列侯，奉朝请”举措，使列侯不掌实权，只食租税，封地较小；另一方面减去西汉时期的400余县，恢复被王莽改过的郡县原名。汉灵帝时，改刺史为州牧，州牧成为地方最高行政长官，原来的郡、县两级制变为州、郡、县三级制。东汉时期，今潍坊市境属青、徐二州刺史部管辖，分属北海、齐、琅邪三个王国。

东汉青州刺史的监察范围为北海国、齐国、平原郡、东莱郡、济南国、乐安国，共计65县、邑、侯国。刺史部治所由广县（今山东青州）迁至临淄（今山东临淄）。今潍坊市区及青州、临朐、寿光、昌邑、昌乐、高密等县市的部分或全部属北海国、齐国管辖，为青州刺史所监察。

徐州刺史的监察范围为琅邪郡、东海郡、广陵郡、彭城国、下邳国，共计62个县、邑、侯国。刺史部治所由东武（今山东诸城）迁至郯（今山东郯城北）。今潍坊市域的诸城、安丘、临朐、青州等部分或全部属琅邪郡，为徐州刺史所监察。

## 西汉侯国表[①]

| 序号 | 侯国名称 | 分封时间 | 受封人 | 代际传承 | 废除时间 | 国都所在 |
|---|---|---|---|---|---|---|
| 1 | 广侯国 | 汉高祖六年（前201） | 召欧 | 传三世：壮侯召欧、戴侯召胜、恭侯召嘉。 | 汉文帝后元七年（前157） | 今青州市五里镇。 |
| | | 汉武帝元朔三年（前126） | 河间献王刘德之子刘顺 | 刘顺被免去爵位。 | 汉武帝元鼎五年（前112） | |
| | | 汉元帝竟宁元年（前33） | 菑川孝王刘横子刘便 | 传二世免，国除为县。 | —— | |
| 2 | 东武侯国 | 汉高祖六年（前201） | 郭蒙 | 传二世：贞侯郭蒙、郭它 | 汉景帝六年（前151） | 今山东诸城。 |
| 3 | 都昌侯国 | 汉高祖六年（前201） | 朱轸 | 传五世：庄侯朱轸、刚侯朱率、夷侯朱诎、恭侯朱偃、朱辟强。 | 汉景帝中元元年（前149） | 今昌邑市都昌街道驻地以西。 |
| 4 | 昌侯国 | 汉高祖八年（前199） | 卢卿 | 传两世：圉侯卢卿、卢通。 | 汉景帝三年（前154） | 今诸城市东北昌城镇昌城村。 |
| | | 汉武帝元狩元年（前122） | 城阳王子刘差（羌） | 刘差（羌）被免去爵位。 | 汉武帝元鼎五年（前112） | |
| 5 | 安丘侯国 | 汉高祖八年（前199） | 张说 | 传五世：懿侯张说、恭侯张奴、敬侯张执、康侯张䜣、张指。 | 汉武帝元鼎四年（前113） | 今安丘市西南。 |
| | | 汉成帝鸿嘉元年（前20） | 高密顷王刘章子刘常 | 刘常被免去爵位。 | 公元8年 | |
| 6 | 营陵侯国 | 汉高祖十一年（前196） | 刘泽 | 改封刘泽为琅邪王。 | 高后六年（前182） | 今山东昌乐县营丘镇古城村。 |

（续表）

| 序号 | 侯国名称 | 分封时间 | 受封人 | 代际传承 | 废除时间 | 国都所在 |
|---|---|---|---|---|---|---|
| 7 | 纪信侯国 | 汉高祖十二年（前 195） | 陈仓 | 传三世：匡侯陈仓、夷侯陈开、陈阳。 | 汉景帝三年（前 154） | 今寿光市纪台镇纪台村。 |
| 8 | 朱虚侯国 | 高后二年（前 186） | 齐悼惠王刘肥子刘章 | 改封刘章为城阳王。 | 汉文帝二年（前 178） | 今临朐县东南城头村附近。 |
| 9 | 平昌侯国 | 汉文帝四年（前 176） | 齐悼惠王刘肥子刘卬 | 徙胶西王。 | 汉文帝十六年（前 164） | 今诸城市西北石桥子镇都吉台村。 |
| | | 汉宣帝地节四年（前 66） | 王无故 | 传四世：节侯王无故、考侯王接、釐侯王临、王获。 | 公元 8 年 | |
| 10 | 缾侯国 | 汉文帝十四年（前 166） | 孙卬子孙单 | 孙单被免去爵位。 | 汉景帝三年（前 154） | 今山东临朐东南。 |
| | | 汉武帝元狩元年（前 122） | 菑川靖王刘建子刘成 | 传四世：敬侯刘成、顷侯刘龙、原侯刘融、刘闵。 | 公元 8 年 | |
| 11 | 葛魁侯国 | 汉武帝元朔二年（前 127） | 菑川懿王刘志子刘宽 | 传二世：刘宽、刘戚。 | 汉武帝元鼎三年（前 114） | 今潍坊主城区西南。 |
| 12 | 寿梁侯国 | 汉武帝元朔二年（前 127） | 菑川懿王刘志子刘守 | 刘守被免去爵位。 | 汉武帝元鼎五年（前 112） | —— |
| 13 | 益都侯国 | 汉武帝元朔二年（前 127） | 菑川懿王刘志子刘胡 | 传三世：敬侯刘胡、原侯刘广、刘嘉。 | 汉昭帝元凤三年（前 78） | 今寿光市古城街道古城村。 |
| 14 | 剧侯国 | 汉武帝元朔二年（前 127） | 菑川懿王刘志子刘错 | 传六世：原侯刘错、孝侯刘广昌、戴侯刘贵、质侯刘吉、节侯刘嚣、刘胜客。 | 公元 8 年 | 今寿光县南纪台乡纪台村。 |

（续表）

| 序号 | 侯国名称 | 分封时间 | 受封人 | 代际传承 | 废除时间 | 国都所在 |
|---|---|---|---|---|---|---|
| 15 | 平望侯国 | 汉武帝元朔二年（前127） | 菑川懿王刘志子刘赏 | 传六世：夷侯刘赏、原侯刘楚人、敬侯刘光、顷侯刘起、孝侯刘均、刘旦。 | 公元8年 | 在今寿光市羊口镇东黑村附近。 |
| 16 | 剧魁侯国 | 汉武帝元朔二年（前127） | 菑川懿王刘志子刘墨 | 传六世：夷侯刘墨、思侯刘昭、康侯刘德、孝侯刘利亲、釐侯刘婴、刘向。 | 公元8年 | 今山东昌乐县西北部。 |
| 17 | 临原侯国 | 汉武帝元朔二年（前127） | 菑川懿王刘志子刘始昌 | 传七世：敬侯刘始昌、康侯刘革生、顷侯刘广平、原侯刘农、节侯刘理、釐侯刘贤、刘商。 | 公元8年 | 今临朐县东。 |
| 18 | 平的侯国 | 汉武帝元朔二年（前127） | 菑川懿王刘志子刘强 | 传六世：戴侯刘强、思侯刘中时、节侯刘福、顷侯刘鼻、釐侯刘利亲、刘宣。 | —— | 今潍坊市的安丘、昌乐、寿光附近。 |
| 19 | 临朐侯国 | 汉武帝元朔二年（前127） | 菑川懿王刘志子刘奴 | 传六世：夷侯刘奴、戴侯刘乘、节侯刘赏、孝侯刘信、安侯刘祎、刘岑。 | —— | 今临朐县境内。 |
| 20 | 稻侯国 | 汉武帝元朔四年（前125） | 齐悼惠王刘肥之孙齐孝王刘将闾之子刘定 | 传五世：夷侯刘定、简侯刘都阳、戴侯刘咸、顷侯刘阅、刘永。 | 公元8年 | 今高密市西南城子村南。 |

（续表）

| 序号 | 侯国名称 | 分封时间 | 受封人 | 代际传承 | 废除时间 | 国都所在 |
|---|---|---|---|---|---|---|
| 21 | 众利侯国 | 汉武帝元朔六年（前123） | 郝贤 | 郝贤被免去爵位。 | 汉武帝元狩二年（前121） | 今诸城市西北。 |
| | | 汉武帝元狩四年（前119） | 匈奴王伊即轩 | 传三世：伊即轩、伊当时、伊辅宗。 | 汉昭帝始元五年（前82） | |
| 24 | 陆侯国 | 汉武帝元狩元年（前122） | 菑川靖王刘建子刘何 | 传三世：陆元侯刘何、原侯刘贾、刘延寿。 | 汉宣帝五凤三年（前55） | 今寿光市境内。 |
| 25 | 挟侯国 | 汉武帝元狩元年（前122） | 城阳顷王刘延子刘霸 | 传五世：釐侯刘霸、夷侯刘戚、爵侯刘贤、顷侯刘思、孝侯刘众。 | —— | 今临朐县城东。 |
| 26 | 俞闾侯国 | 汉武帝元狩元年（前122） | 菑川靖王子刘毋害 | 传三世：炀侯刘毋害、原侯刘况、刘疄。 | —— | 今寿光市境内。 |
| 22 | 臧马侯国 | 汉武帝元狩四年（前119） | 匈奴降王雕延年 | 雕延年死后，国除。 | 汉武帝元狩五年（前118） | 今山东临朐县境内。 |
| 23 | 瓡侯国 | 汉武帝元狩四年（前119） | 城阳顷王子刘息 | 传两世：节侯刘息、质侯刘守。 | —— | 今潍坊市寒亭区河滩镇南部。 |
| 27 | 挟术侯国 | 汉武帝元鼎元年（前116） | 城阳顷王子刘昆吾 | 刘昆吾无后，国除。 | 汉武帝天汉元年（前100） | 今临朐县东部。 |
| 28 | 柳泉侯国 | 汉宣帝地节四年（前66） | 胶东戴王刘通平子刘强 | 传四世：节侯刘强、孝侯刘建、炀侯刘万年、刘永昌。 | 公元8年 | 今青州市弥河镇七里河村。 |
| 29 | 乐望侯国 | 汉宣帝地节四年（前66） | 胶东戴王刘通平子刘光 | 传三世：孝侯刘光、釐侯刘林、刘起。 | 公元8年 | 今山东寿光市稻田镇王望村。 |

（续表）

| 序号 | 侯国名称 | 分封时间 | 受封人 | 代际传承 | 废除时间 | 国都所在 |
|---|---|---|---|---|---|---|
| 30 | 羊石侯国 | 汉元帝永光三年（前41） | 胶东顷王刘音子刘回 | 传三世：顷侯刘回、共侯刘成、刘顺。 | 公元8年 | 今昌乐县境内。 |
| 31 | 石乡侯国 | 汉元帝永光三年（前41） | 胶东顷王刘音子刘理 | 传两世：炀侯刘理、刘建国。 | 公元8年 | —— |
| 32 | 新城侯国 | 汉元帝永光三年（前41） | 胶东顷王刘音子刘根 | 传两世：节侯刘根、刘霸。 | 公元8年 | —— |
| 33 | 上乡侯国 | 汉元帝永光三年（前41） | 胶东顷王刘音子刘歙 | 刘歙被免去爵位。 | 汉哀帝元寿元年（前2） | —— |
| 35 | 平城侯国 | 汉成帝建始二年（前31） | 胶东顷王刘音子刘邑 | 传三世：釐侯刘邑、节侯刘珍、刘理。 | 公元8年 | 今昌邑市饮马镇饮马村。 |
| 34 | 密乡侯国 | 汉成帝建始二年（前31） | 胶东顷王刘音子刘林 | 传三世：顷侯刘林、孝侯刘钦、刘敞。 | 公元8年 | 今昌邑市围子镇古城村。 |
| 38 | 乐都侯国 | 汉成帝建始二年（前31） | 胶东顷王刘音子刘训 | 传三世：炀侯刘训、缪侯刘临、刘延年。 | —— | 今潍坊市坊子区九龙涧街道罗都屯村及周边。 |
| 36 | 武乡侯国 | 汉成帝建始二年（前31） | 高密顷王刘章子刘庆 | 传二世：刘庆、刘劲。 | 公元8年 | 今潍坊市西南部地区。 |
| 37 | 丽兹侯国 | 汉成帝建始二年（前31） | 高密顷王刘章子刘赐 | 传二世：共侯刘赐、刘放。 | 公元8年 | 今诸城市境南部。 |
| 39 | 成乡侯国 | 汉成帝建始二年（前31） | 高密顷王刘章子刘安 | 传二世：釐侯刘安、刘德。 | —— | 今安丘市境东北部。 |

（续表）

| 序号 | 侯国名称 | 分封时间 | 受封人 | 代际传承 | 废除时间 | 国都所在 |
|---|---|---|---|---|---|---|
| 40 | 胶阳侯国 | 汉成帝建始二年（前 31） | 高密顷王刘章子刘恁 | 刘恁被免去爵位。 | 公元 8 年 | 今昌邑市南部的高阳村。 |
| 41 | 台乡侯国 | 汉成帝元延二年（前 11） | 菑川孝王刘横子刘畛 | —— | 公元 8 年 | 今寿光市杨家庄子北。 |

①资料来源：《史记·高祖功臣侯者年表》《史记·惠景间侯者年表》《史记·建元已来王子侯者年表》《史记·建元以来侯者年表》《史记·卫将军骠骑列传》《汉书·异姓诸侯王表》《汉书·高惠高后文功臣表》《汉书·景武昭宣元成功臣表》《汉书·王子侯表》《汉书·卫青霍去病传》。

（二）东汉王国

1. 菑川国

东汉建立后，光武帝刘秀于建武二年（26），封其枣阳同乡刘终为菑川王。当时青州尚为张步所据，刘终并未就国。光武帝建武十三年（37），撤菑川国。

2. 北海国

光武帝建武二十八年（52），刘兴[①]迁为北海王。

北海国自52年立国到206年国除，历154年，共传七世。

东汉北海国辖今潍坊市大部分地区，国都为剧，在今寿光市境内。

董宣（生卒年不详），字少平，陈留郡圉县（今河南杞县圉镇）人。因不畏权贵，被称为“卧虎”“强项令”。东汉光武帝时曾任北海相。

杜密（生卒年不详），字周甫，颍川阳城（今河南登封）人。汉桓帝时任北海相。

霍谞（生卒年不详），字叔智，魏郡邺（今河南安阳北部、河北临漳西部一带）人。曾任北海相。

孔融（153—208），字文举，鲁国（今山东曲阜）人，孔子二十世孙。东汉末年任北海相，人称“孔北海”。

（三）东汉侯国

1. 高密侯

光武帝建武十三年（37），封邓禹[②]为高密侯，食邑高密、昌安、夷安、淳于四县。

汉明帝永平元年（58），邓禹去世。汉明帝将邓禹的高密侯封地分为高密、昌安、夷安三个侯国。第六子邓训，死后追封平寿侯，亦因与昌安、夷安、高密地缘相近。且邓训之女“和熹皇后”邓绥，摄政十六年，社会安定，为中国历史上少有的女性政治家、经学家。

---

① 刘秀同母长兄刘縯之子。

② 邓禹，字仲华，南阳郡新野（今河南新野）人，东汉开国功臣，列云台二十八将之首。

邓禹长子邓震为高密侯，置高密侯国。邓震去世，其子邓乾袭爵。邓乾去世，其子邓成袭爵。邓成去世，其子邓褒袭爵。邓褒娶汉安帝妹妹舞阴长公主为妻，汉桓帝时任少府一职。邓褒死后，其长子邓某继承爵位。

高密侯国都城在今高密市西部寨庄村南的城阴城故城。

图 1-3-2 城阴城遗址

2. 昌安侯国

邓禹次子邓袭被封为昌安侯，邓袭死后，其子邓藩继承爵位。汉献帝建安二十一年（216），曹操废除昌安侯国。

昌安故城在今安丘市城区东南王家庄乡李家古城村。

3. 夷安侯国

邓禹三子邓珍被封为夷安侯，置夷安侯国。邓珍死后，其长子邓良继承爵位，无后。汉安帝永初六年（112），朝廷封邓康为夷安侯。汉献帝建安二十一年（216），曹操废除夷安侯国。

夷安侯国国都在今高密市区古城社区附近。

4. 寿光侯国

光武帝建武二年（26），封更始帝刘玄的儿子刘鲤为寿光侯。建武二十八年（52），刘鲤派刺客将刘盆子的兄长刘恭刺杀，寿光侯国因此被除。汉安帝永初元年（107），邓太后复封北海王刘睦之孙、寿光侯刘普为北海王，寿光侯国再次被废除。

寿光侯国故治在今寿光市东北部。

5. 安丘侯国

光武帝建武五年（29），刘秀封张步[①]为安丘侯，张步与家属迁居洛阳。建武八年（32），关东叛乱，张步携亲眷逃回临淮，与其弟张弘、张蓝商议趁机起事，被琅邪太守陈俊得知，陈俊派兵追杀了张步。

6. 益侯国

东汉置益侯国。《后汉书》中仅记载东汉置益侯国，并未记载封侯者为何人。益侯国立国至东汉末年，曹操改益侯国为益都县。

东汉益侯国故城在今寿光市区南益城村。

## 五、经济

### （一）农业

秦汉时期，“自泰山属之琅邪，北被于海，膏壤二千里，其民阔达多匿知”[②]。牛耕和铁制农具在农业生产中广泛使用，提高了农耕能力。耕作技术和水利灌溉技术显著提高。潍坊先民种植的主要粮食作物与之前变化不大，五谷丰裕，六畜兴旺。桑麻仍是最重要的经济作物。汉武帝时，耕地使用“耦犁”，采用二牛三人的耕地办法。播种采用“耧犁”，翻地使用二齿耙、三齿耙、铁铧犁等新式工具，这是耕种技术的一大进步。

西汉后期，铁犁开始大面积使用，配合牛耕，极大地提高了农业生产

① 张步，字文公，琅邪郡不其县（今山东即墨）人。

② 《史记·齐太公世家》。

力水平。东汉时，已普及了牛耕、铁犁技术。铁犁脚的木制播种耧犁，在20世纪80年代的潍坊农村仍然广泛使用。

汉代，山东有三大农田灌溉工程，其中北海（今潍坊市境）就有两处[①]：

一处是汉武帝时，在今寿光市牛头镇村附近的弥河巨淀湖流域兴建的农田水利灌溉工程，灌溉“万余顷”。汉武帝征和四年（前89），武帝东巡，躬耕于巨淀湖畔，奖劝农桑。

第二处是今高密市境内的稻城潍水灌溉工程。人们在稻县城的潍水上游筑堰蓄水，灌溉稻田，丰产稻米，号称“万匹粱”。其他水利工程，还有建设在浯河、汶河上的塘堰，引河水灌溉，修齐畦畛，发展成为稻田。渠河—潍水堰—高密城南方二十里之水塘—夷安泽—胶河—渤海，这个庞大的水运、灌溉体系，加之汉代气候较今暖湿，潍胶中下游平原在汉代曾为鱼米之乡，且商贸发达。

豪强地主占有大量土地，大多采取田庄的经营形式。田庄种植小麦、大麦、春麦、粟、黍、稻、大豆、小豆等粮食作物，种植胡麻、蓝等经济作物，种瓜、韭菜、葱、蒜、姜、芋、苜蓿等蔬菜，种植艾草、白术、冬葵等药用植物，种植松、柏、榆树、柳树、桑树、竹子等经济林木以及杏、桃、枣等果品林木。在副业方面，田庄自产饴糖、酒、醋、酱等，采集动植物药材，自己配制药品。在养殖业方面，饲养马、牛等耕畜和家畜。在手工业方面，养蚕、缫丝、制絮、纺织，生产麻布、帛、练等丝织品，自己印染，自己生产衣服、鞋子、农具，甚至制作兵器等。

豪强地主聚族而居，田庄里主要的劳动者是宗族亲戚、宾客、徒附和奴隶。

### （二）手工业

秦汉时期，潍坊境内的手工业种类丰富，纺织、冶铁、制盐业较为发达，

---

① 王恩田：《中华文化通志·齐鲁文化志》，上海人民出版社1998年版，第277页。

处于全国领先地位。

1. 纺织业

秦汉时期，潍坊境内桑蚕生产区继续扩大，“一夫不耕或受之饥，一女不织或受之寒”[①]，农民家家户户植桑养蚕。由于丝织业需要，桑树的栽培技术有了进步。新品种的桑树，树形高大、叶子肥，被称为“荆桑”。在诸城、安丘、临朐境内的丘陵地区，人们利用柘树叶子养殖柞蚕。“齐部世刺绣，恒女无不能”[②]，潍坊民间的纺织业发达，形成了全国最大的丝绸布帛生产基地。

秦汉时期，官营丝织业很发达。西汉时，朝廷在青州设置“三服官”，用工数千人，负责制作供皇室使用的专门服装，一年的费用支出就过亿万钱，可见产业规模之大。织出的丝织品薄如蝉翼，透明如水。青州香山汉墓出土的陶马背上绘有颜色艳丽、花纹考究的织品。先秦齐地的丝织技术与消费传统一直沿袭到汉代。

汉代的织机是脚踏提综斜织机，比战国时的纺织机增加了脚踏和提花的装置。这种纺织机零件较多、组合复杂，需要专业人员生产、维修。[③]

2. 冶炼业

秦汉时期，地方冶铁由郡县统辖。冶炼技术在某些方面甚至令现代的冶金专家叹服。比如为了防止合金生锈，会使用铬酸盐或重铬酸盐氧化处理合金表面。这是德国在 1937 年才研制成功的新技术，美国在 1950 年才掌握这一工艺。后来，在全球被广泛认可、采用。[④]

汉代，铁器制作被视为国民经济的支柱和政治稳定的关键，建立制度推动冶炼业、铁器制造业的发展。铁器加工越来越简便、高效与精巧，使得农业器具、手工业器具、兵器，以及生活器具、装饰性器具应运而生，甚至

---

① 《汉书·食货志》。

② 〔东汉〕王充：《论衡·程材》。

③ 李恒全：《试论汉代农业领域中的商品生产问题》，载《中国农史》2005 年第 4 期。

④ 《高超的秦代冶金技艺》，载《学科教育》1991 年第 4 期。

在社会礼仪与祭祀活动中的礼器也是铁质的。

汉代，潍坊是全国重要的冶金手工业基地，汉武帝时设立铁官，实行铁业官营，为铁制农具的改进和推广创造了条件。

在兵器铸造方面，秦代之后进入了铁质兵器为主的时代，到东汉，铁兵器完全取代了青铜兵器。

3. 制盐业

秦始皇统一六国后，继承了以往的盐业政策。随着社会生产力的提高，潍坊盐业有了较大发展。秦始皇东巡，曾在齐国盐业生产基地的旧址盐城以东筑望海台。进一步开发这一地区的海盐资源，成为海盐生产中心。

西汉初，北海郡的滨海地区盐业得到较快发展，有许多私营盐商因经营盐业而致富，齐人刀间、东郭咸阳经营煮盐业，富比王侯。

元狩四年（前 119），盐的生产及销售完全收归官府。朝廷在都昌（今山东昌邑境内）、寿光设有盐官，管理盐业生产和盐制品外运。海盐业发展带来了财税收入的增长，潍坊盐产区几乎承担了西汉王朝三分之一的赋税额。

西汉时，海盐生产主要采用煎盐法，即先将海水淋灰制卤，然后将卤收起放在铁锅或铜锅中煎熬，使其结晶成盐。此法需用大量海水，煮盐器也需较大容量，因盐业官营，煮盐必用“官器”，被称为“牢盆”。官府招募劳动力建立大型盐场，对操作煮盐的工匠按煮盐之盆数付工值。

东汉时期，采取官营与民营相结合的盐业政策，潍坊的制盐中心地位依然不变，盐业生产繁荣发展。徐幹《齐都赋》：“若其大利，则海滨博诸，溲盐是钟，皓皓乎若白雪之积，鄂鄂乎若景阿之崇。”赋中描写齐地所产之盐，白若积雪，堆积如山。青齐盐业生产之盛况，于此可见一斑。

伴随着社会生产力的发展，潍坊的盐业生产技术亦得到发展。海盐生产均采用煎煮法制取，颗粒散碎细，称为“末盐”。“右主盐官”为收取盐税和监督私盐贩卖，盐官用铜印在盐坨上盖印。

三国时，社会动荡，人口及经济中心的转移，造成潍坊制盐中心地位的衰落。

图 1-3-3　东利渔村盐业遗址群出土的标本

4. 建筑业

在潍坊市域，现在可见的秦汉建筑主要有墓穴、高台和瓦当三大类。

汉代的房屋建筑遗址仅在青州市的臧台发现一处。为了保存该建筑的原貌，没有进行全面发掘。臧台残存房基，呈长方形，墙体厚 55—80 厘米，东西长 5.5 米，南北宽 3.1 米，残存高度为 85—95 厘米。墙皮使用厚约 1 厘米的黄土加少量的灰泥抹成，地面平整、坚硬。在 20 世纪 80 年代之前，潍坊境内的农村，人们在建造房屋时，仍可见用灰泥抹墙、按比例以石灰掺土（称“混合土”）打压地面的工艺。使用灰泥抹墙，平整坚固，耐用美观。

汉墓建筑是汉代潍坊先民生活状态的影像，表现了汉代建筑业的发展水平。安丘董家庄汉墓于 1959 年发掘，占地 70.15 平方米，墓穴甬道以青砖平铺，墓室地面以石板铺砌，墙壁以条石或石板砌成，顶部为盝顶、平顶、券顶三种结构。该墓使用青砖、条石、石板建造，使用石灰粘缝，异常坚固。大青石材质的石板选材规整，几乎每一块石板上都有精美的汉画雕刻，使董家庄汉墓名闻天下。

另外，在昌乐、青州等地也发现了汉代依山开凿的竖穴洞式墓葬，说明当时开山凿石已经达到了相当高的技术水平。

汉代的瓦当比春秋战国时期直径要大，大都在20—30厘米，瓦的筒部半径和长度比汉代之前的瓦当都要长。汉瓦采用模制，云朵纹，铸有“长乐无极”“长乐未央”“千秋万岁”等吉祥语。在青州、昌乐、诸城等地，发现有陶质雕塑的阁楼、粮仓以及猪圈等。其中，有的阁楼高三四层，四面坡顶，层层叠立，每层均有回栏环护，门窗的花格纹样雕镂得极为精美，工艺细腻；檐下设斗拱，弧形的斗拱更为精巧。设动物圈舍，与厕所相连，展示了汉代人居建筑的环保理念。

潍坊市区西北30千米有禹王台，又称“观台”“望海台”，前人考证为夏代建筑，今被专家否定，认为建筑时间大致为汉代，应属于军事设施，用于观敌瞭望、驻军。[①] 禹王台采用层层夯筑的方式起筑，每层为15—20厘米，

图1-3-4　安丘董家庄汉画像石墓内景

① 孙敬明：《潍坊古代文化通论》，齐鲁书社2009年版，第217～218页。

采取“馒头夯”技法，直径为20厘米左右，夯窝密集。现场发现战国至汉代的陶片，是盆、筒瓦的残片。

在位于昌邑市区的都昌故城遗址，多次发现汉代陶器和卷云纹瓦当，发掘出一口用陶圈砌成的水井。在位于昌邑市围子镇古城村的密乡故城遗址，也有同样发现。

（三）商业

两汉是中国古代商品经济发展的一个高峰期。富商大贾携带潍坊特产周游天下，交易活跃。北海、琅邪等地不少商人因经营海盐、铁器、丝织品致富。一些郡治、县治，因为交通便利、人口密集而发展成为商品集散地。剧县、广县、平寿、东武、安丘等，已经是具有一定经营规模的商业城市。

从汉初至唐代，今青州市一直是山东的政治中心。由于交通便利，青州也成为山东的丝织业中心，丝织品西运长安后，沿着丝绸之路远销西域各国。这样，以青州为中心形成了“陆上丝绸之路的东方货源地”[①]。

汉代农业生产具有商品生产的因素，出现了专门为了交换而生产的大地主。大地主的田庄“是汉代农业商品生产的重要组成部分”[②]，是从事商品生产的主体。

## 六、文化

（一）两汉经学

两汉时期，今潍坊辖区范围大致与当时的北海郡（国）重合。此地经学氛围浓厚，经学大师频出，奠定了潍坊一地的人文传统。此后，“北海”成为潍坊市的地域文化代名词。

公孙弘（前200—前121），菑川国（今山东寿光南）薛人[③]，到40多

① 王伟波：《潍坊丝绸之路》，济南出版社2019年版，第12页。

② 李恒全：《试论汉代农业领域中的商品生产问题》，载《中国农史》2005年第4期。

③ 一说薛邑在今青州市北部，参见张达民《薛邑新考》，载《管子研究》1990年第2期。

岁时才开始学习《春秋》。师从《公羊》学大师胡毋生，传《公羊》学。公孙弘为官后，以儒学干政，将儒家思想与政治实践相结合，建议博士弟子学成之后择优任官，被汉武帝采纳。从此，将儒学学习与功名利禄挂钩，大大增强了儒学对士人的吸引力，儒学尊崇地位愈加巩固。公孙弘因治《春秋公羊传》，在古稀之年，以一介布衣位登三公之列、封侯拜相，成为当时“以儒术取贵”的代表人物，极大地激发了普通士人研习儒学的热情。元狩二年（前 121），公孙弘以 80 岁高龄卒于相位，葬于麓台（今潍城区浮烟山东麓）。其著作有《公孙弘》10 篇，已佚。

图 1-3-5　公孙弘墓

梁丘贺（生卒年不详），复姓梁丘，字长翁，琅邪诸（今山东诸城）人。主要活动在汉宣帝时，是西汉时今文《易》学“梁丘《易》”的创立者。梁丘贺为宣帝讲《易》，得到赏识而被任命为郎官，官至少府。梁丘贺开创的《易》梁丘学，与施雠、孟喜之《易》学同被列于学官，是西汉今文《易》学的重要流派。其子梁丘临，从父及施雠学《易》，汉宣帝时入朝说《易》，为黄门郎。梁丘临授《易》于五鹿充宗，五鹿充宗授士孙张、邓彭祖、衡咸等人。由是，梁丘《易》学形成了士孙、邓、衡三家支派。

贡禹（？—前44），字少翁，琅邪（今山东诸城）人，“以明经洁行著闻”，传《齐论语》。初元五年（前44），贡禹迁御史大夫，位列三公。贡禹去世后，元帝“追思其议，竟下诏罢郡国庙，定迭毁之礼”①，宗庙制度自此开始了儒家化的进程。

琅邪东武（今山东诸城）伏氏，为西汉传今文《尚书》的伏生之后。汉武帝时，伏生后人伏孺客居东武讲学，后世子孙遂居于此。伏孺孙伏理，字斿君②，亦为一时名儒。起先，伏理跟随后苍弟子匡衡学《齐诗》，因以名家，被称为“伏氏之学”。伏理曾以《诗》教授汉成帝，官至高密太傅。伏理子伏湛，汉成帝时，因父荫任博士弟子。东汉光武帝即位，以伏湛为“名儒旧臣”，任为尚书，命其典定旧制。建武三年（27），任大司徒，封阳都侯。伏湛的经学造诣颇受时人称许。

伏湛弟伏黯，字稚文，明《齐诗》，曾改定《齐诗》章句，作《解说》9篇，位至光禄勋。伏黯无子，以兄子伏恭为后。伏恭字叔齐，传习伏黯之学。永平四年（61），拜伏恭为司空。元和元年（84）伏恭卒，90岁，章帝赐葬。伏湛玄孙伏无忌，传习家学，博学多识。永和元年（136），奉诏与议郎黄景校定五经、诸子百家及艺术类书籍。桓帝元嘉年间，受诏与黄景、崔寔等共撰《汉记》。伏无忌又自采古今史料，删订编成《伏侯注》（一名《伏侯古今注》）8卷。伏氏一族，“自伏生已后，世传经学，清静无竞，故东州号为‘伏不斗’云”③。

师丹（？—3），字仲公，琅邪东武（今山东诸城）人。与伏理同受《诗经》于匡衡，后《齐诗》亦有师氏之学。师丹通过举孝廉任郎官，累官至大司空。元始三年（3）封义阳侯，不久去世，谥“节侯”。

---

① 《汉书·贡禹传》。

② 《后汉书·伏湛传》注引《汉书·儒林传》伏理之字作“君游”。

③ 《后汉书·伏湛传》。

甄宇（生卒年不详），字长文，东汉北海安丘（今山东安丘西南）人。为人“清净少欲”，通《公羊春秋》严氏学，所教生徒常有数百人之多。甄宇传其学于子甄普，甄普又传其子甄承。甄家三代以经术名家，时儒无不叹服。

牟融（？—79），字子优，东汉北海安丘（今山东安丘西南）人。牟融少年博学，东汉初年居家教授《尚书》大夏侯（夏侯胜）之学，是今文《尚书》学的代表人物，门徒众多。

图 1-3-6 原故宫南薰殿藏《至圣先贤半身像》册中的郑玄像

郑玄（127—200），字康成，北海高密（今山东高密）人。受杜密赏识，到洛阳入太学，开启了长达十数年的游学生涯。郑玄先在京兆（今陕西西安）人第五元先门下学习《京氏易》《公羊春秋》《三统历》《九章算术》等经学与历算之学，跟随东郡人张恭祖学习《周官》《礼记》《左氏春秋》《韩诗》《古文尚书》，还从陈球学习《律令》，又拜马融为师。桓帝延熹九年（166），郑玄40岁，学成东归。此后，郑玄之名更盛，弟子达数千人之多。他融合今古文经学，遍注群经，使经学进入了一个“小一统时代”，在中国经学史上具有重要地位。人称“纯儒”，被誉为“经神”。郑玄创立的郑学，尤其是礼学，历代传习不绝。郑玄生前身后，备受尊崇。汉献帝初平年间，北海相孔融命高密县为郑玄特设一乡，称“郑公乡”，兴建“通德门”以示褒崇。建安三年（198），朝廷征召郑玄为大司农，赐安车，郡县迎送，可谓礼遇备至。唐太宗贞观二十一年（647），诏令郑玄从祀孔子。北宋真宗大中祥符元年（1008），诏封郑玄为“高密伯”[1]。清雍正二年（1724），

①〔元〕马端临：《文献通考》卷四三《学校考四·祠祭褒赠先圣先师》。

配享孔庙。郑玄去世后，初葬于剧东（今青州市郑母镇）[1]，后因墓坏而归葬今峡山区郑公街道后店村西。

刘熙（又作刘熹），字成国，北海人。灵帝中平年间被征为博士，曾任安南太守，后避乱交州，三国吴赤乌年间卒。刘熙著有《释名》《谥法注》《孟子注》等书，唯有《释名》流传至今。《释名》分27篇，阐明事物名称之由来，所释从天地、阴阳到四时、邦国，无所不包。今本《释名》共8卷，体例仿《尔雅》，第一卷分《释天》《释地》《释山》《释水》《释丘》《释道》，第二卷分《释州国》《释形体》，第三卷分《释姿容》《释长幼》《释亲属》，第四卷分《释言语》《释饮食》《释采帛》《释首饰》，第五卷分《释衣服》《释宫室》，第六卷分《释床帐》《释书契》《释典艺》，第七卷分《释用器》《释乐器》《释兵》《释车》《释船》，第八卷分《释疾病》《释丧制》。《释名》是我国第一部训诂学词典，分类比《尔雅》细密，所涉内容更为广泛，对研究古音、考证汉代名物等均有重要价值。

管宁（158—241），字幼安，北海国朱虚县（今安丘市官庄镇管公村）人，与华歆、邴原并称为“一龙”[2]。东汉末，管宁与邴原及王烈等人避乱辽东。在当地只谈经典而不问世事，做讲解《诗经》《书经》，谈祭礼、整治威仪、陈明礼让等教化工作，人们都很乐于接受他的教导。魏文帝黄初四年（223）返乡，辽东太守公孙恭亲自送别。此后曹魏几代帝王数次征召管宁，他都没有应命。正始二年（241），管宁去世，享年八十四。著有《氏姓论》。

邴原（生卒年不详），字根矩，北海朱虚（今山东临朐东）人。家贫、早孤，与管宁皆以节操高尚著称。东汉末，与管宁等人一道避乱辽东。后因受到辽东太守公孙度的猜忌，听从管宁的建议回归本乡，以教授为业，与同郡大儒郑玄齐名，曾与郑玄争论礼学。后为北海相孔融所举，进入曹操阵营。曹操为司空时，任邴原为东阁祭酒。建安十五年（210），邴原担任丞相征事，

---

① “郑墓”之名后来被当地乡民音传为“郑母”，沿用至今。

② 《三国志·魏志·华歆传》裴松之注引《魏略》。

后又代凉茂为五官将长史，闭门自守，非公事不出。随曹操征东吴，病逝于军中。

（二）方仙渊丛

汉前期（武帝以前）统治思想为方仙道，而潍水流域为其中心，本东夷海洋文化自然崇拜之遗存。无论儒学、道教，两汉时期的中心都在胶西，足以辉映千古。方仙道史上有数的人物安期生、卢敖、乐瑕公、乐臣公、盖公（曹参拜为师）、孙恩、宫崇、于吉、葛洪（祖籍琅邪）都曾在这一带游居；老子的八世孙李解，为胶西王太傅，后代居齐地。

安期生，一称安期先生，或安期，秦汉间齐人，一说琅邪（今山东诸城）阜乡人。传说他从河上丈人习黄帝、老子之说，兼通医药，卖药于东海之滨，时人皆言其千岁。或言秦始皇东巡琅邪，曾与语三日夜；汉武帝时术士李少君自称“尝游海上，见安期生”。“安期生仙者，通蓬莱中，合则见人，不合则隐。”盖道术之士为抬高自己身价而夸张之。一说安期生与蒯通友善，项羽欲封之，卒不肯受。后来的方士、道家称其为居于海上的神仙。[①]

卢敖（前275—前195），字雍照，居范阳（今河北省定兴县固城镇）。秦代博士，本齐国（一说燕国）方士。曾为秦始皇寻求古仙人及长生仙药，后避难隐遁，居于故山（今诸城市区东南13千米处）。故山后改名卢山，山前有卢山洞，内置卢敖像。

《史记·乐毅传》：乐氏之族有乐瑕公、乐臣公，“亡之齐高密”。乐臣公[②]，宋国（今河南商丘）人，宋国的公族，其后别从赵国。其族乐毅，显名于诸侯。而乐臣公独好黄老之学，恬静不仕。及赵国为秦昭王灭，乐臣公东居齐国，以《老子》显名，齐人尊之，号称贤师。

盖公是乐臣公的学生，善治黄、老言。齐丞相曹参师从盖公，“盖公为言‘治道贵清静而民自定’，推此类具言之。参于是避正堂，舍盖公焉。

① 见《史记·乐毅传》《史记·封禅书》《汉书·郊祀志上》《汉书·蒯通传》《列仙传》等。
② 〔西晋〕皇甫谧：《高士传·乐臣公》。

其治要用黄、老术，故相齐九年，齐国安集，大称贤相”[①]。

潍坊秦汉儒学与方仙学相互渗透，《易经》为共同经典。潍水流域是儒家《易学》经师密度最高的地区。道家《易》学也发源于本地区。以《参同契》传承史上重要人物北海徐景休、淳于叔通师徒为代表。

《周易参同契》是一部重要的易学著作。徐景休，亦称徐真人，青州从事，北海（今山东昌乐）人也。淳于叔通受术于青州徐从事，魏伯阳又得到淳于叔通的传授或是受到他的影响。

淳于翼（109—？），字叔通，北海郡（今山东安丘）人。少年时聪明过人，有圣童之称。年十七，能讲说宓氏《易经》，贯洞《内事》万言，兼治《春秋》。[②]后从同郡人徐从事景休习学术教，时年已近四十。淳于叔通所从学之术为“仰观乾象，以处灾异”，学成之后，因“数有效验”，远近知名，故“以知术做，郡举方士，迁洛阳市长”[③]。后退隐上虞。

（三）文学艺术

1.《晏子春秋》

《晏子春秋》简称《晏子》，是一部记录晏婴思想言行的著作，可能是战国时期齐国稷下先生中的一部分人集体编纂而成。《晏子春秋》的成书，有一个演化的过程。早在战国中后期，晏子的故事已基本定型，至西汉刘向开始收集相关材料，校雠整理，《晏子春秋》一书的内容才基本固定下来。

《晏子春秋》共8卷，分为内篇和外篇，内篇六卷为《谏上》《谏下》《问上》《问下》《杂上》《杂下》，外篇两卷为《重而异者》和《不合经术者》。全书215章，长者数百字，短者几十字。这些篇章既有晏子的言行事迹，又糅合了大量民间传说。

---

① 《史记·曹相国世家》。

② 《太平御览》卷三百八十五引吴谢承所撰之《会稽先贤传》。

③ 见〔东晋〕葛洪《抱朴子》、陶弘景《真诰》引《周易参同契》序。

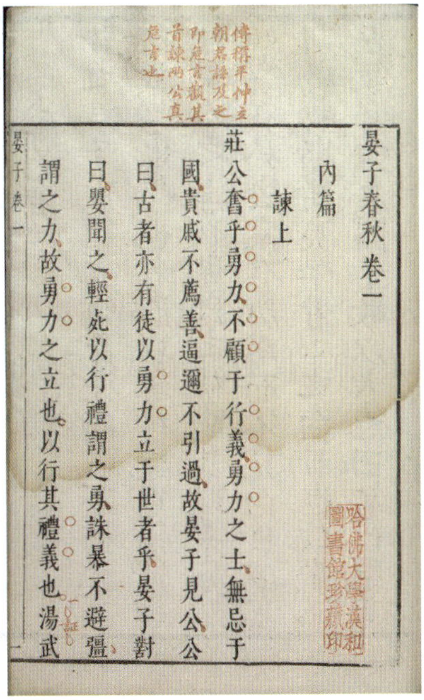
晏子春秋卷一
內篇
諫上
莊公奮乎勇力不顧于行義勇力之士無忌于
國貴戚不薦善逼邇不引過故晏子見公公
曰古者亦有徒以勇力立于世者乎晏子對
曰嬰聞之輕死以行禮謂之勇誅暴不避彊
謂之力故勇力之立也以行其禮義也湯武
晏子卷一
哈佛大學漢和圖書館珍藏印

图 1–3–7　明凌澄初刻朱墨套印本《晏子春秋》（哈佛大学汉和图书馆藏）

《晏子春秋》通过简练的小故事，反映晏婴的思想言行和政治才能，立体地塑造了一个品德高尚、才能突出、勤政爱民的齐国贤相形象。作者运用了比喻、对比、夸张、烘托等艺术手法，有较高的文学成就，使《晏子春秋》这部书在先秦文学中独树一帜。

2. 孔融的文学成就

孔融（153—208），字文举，鲁国（今山东曲阜）人，孔子第二十世孙。

孔融在政治上缺乏远见，建树不多，其成就主要体现在文学创作方面。孔融没有赋作传世，今仅存诗作 7 首，成就不高。他的文学成就主要表现在散文方面，出任北海相期间写给属下的教令，高雅隽永，别具一格。如《告高密县立郑公乡教》《缮治郑公宅教》等，寥寥数语便把那种求贤若渴、急人所难的心情表露无遗，其气度风采令人倾慕。

孔融的散文最为人称道的是《论盛孝章书》《荐祢衡表》《难曹公表制禁酒书》《汝颍优劣论》等。这类文章或陈述己见，或驳斥敌论，皆感情充沛，锋芒毕露。如《难曹公表制禁酒书》云：

> 酒之为德久矣。古先哲王，类帝禋宗，和神定人，以济万国，非酒莫以也。故天垂酒星之耀，地列酒泉之郡，人著旨酒之德。尧不千钟，无以建太平。孔非百觚，无以堪上圣……由是观之，酒何负于治者哉！[①]

① 俞绍初辑校：《建安七子集》，中华书局 2005 年版，第 24 页。

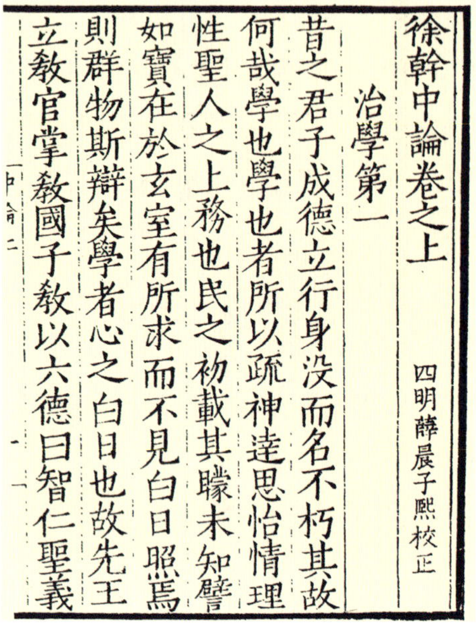
徐幹中論卷之上
四明薛晨子熙校正
治學第一
昔之君子成德立行身没而名不朽其故
何哉學也學也者所以疏神達思怡情理
性聖人之上務也民之初載其矇未知譬
如寶在於玄室有所求而不見白日照焉
則群物斯辯矣學者心之白日也故先王
立教官掌教國子教以六德曰智仁聖義

图 1-3-8 《四部丛刊》影印明嘉靖杜思刻本《中论》

针对曹操推行的禁酒令，孔融首先表明自己的观点，行文流畅，情感丰沛，有浓厚的文学色彩。在语言上骈散结合，连续运用排比句式，使文章节奏抑扬顿挫，劲挺有力，这一特点的形成与孔融高迈刚毅的性格密切相关，“孔融体气高妙，有过人者；然不能持论，理不胜辞，至于杂以嘲戏”[①]。

3. 徐幹的文学成就

徐幹（171—218），字伟长，北海剧（今山东寿光）人。著有《中论》20篇，“阐发义理，原本经训，而归之于圣贤之道”[②]。此书思想倾向大体遵奉儒家旨趣，以中庸思想为立论基点，祖述先王孔孟之言。《中论》理论性很强，但不乏文学色彩，主要表现在两个方面：一是充满感情，语言带有抒情意味；二是善用比喻，论述形象。如《亡国》：

> 故人君苟修其道义，昭其德音，慎其威仪，审其教令，刑无颇僻，狱无放残，仁爱普殷，惠泽流播，百官乐职，万民得所，则贤者仰之如天地，爱之如亲戚，乐之如埙篪，歆之如兰芳。[③]

运用四字句和比喻句，把褒贬抑扬的感情倾向淋漓尽致地渲染出来，

① 〔南朝梁〕萧统：《文选》卷五十二《魏文帝典论论文》。

② 《四库全书总目·子部·儒家类一》。

③ 〔东汉〕徐幹：《中论》下卷《亡国第十八》。

使文章既具有雄辩滔滔的论证力量，又富有艺术感染力。

徐幹诗赋创作也颇有成就。今存诗作四首，分别为《答刘桢诗》《情诗》《室思诗》《为挽船士与新娶妻别诗》。曹丕的《典论·论文》把他和王粲相提并论，可惜没有一篇完整的赋流传下来，仅从现存的《齐都赋》《序征赋》等作品中，大致可窥其辞采壮丽的特点。

4. 汉画像石

汉画像石是雕刻在墓室、祠堂、石椁、石阙上的一种石刻装饰，其图像多以人物车马、奇禽异兽、神仙传说、历史故事为主，属于丧葬礼制性建筑。潍坊区域的汉画像石数量众多，保存完好，主要分布在昌乐、诸城、安丘、临朐、青州等县市。根据出土画像石的形制规格、图案内容以及雕刻技法的不同，可把潍坊汉画像石的发展分为早、中、晚三个时期。

西汉末年到东汉初期是潍坊汉画像石发展的早期阶段。这一时期的墓葬多为石椁墓，画像刻在石椁四壁，有的甚至在石椁板两面都有刻画。雕刻方法是先把石料凿平，不经打磨，用阴线刻出轮廓，然后对细部稍加修正。内容以写实为主，图案简单，常见的题材为房屋、圆日、常青树、十字穿壁等。画面布局紧凑，造型规范。这一时期以昌乐潘家庄汉画像石墓、官地汉画像石墓、东山李汉画像石墓为代表。

东汉中期是潍坊汉画像石的中期发展阶段。这一时期的墓葬形制由石椁墓转变为石室墓，墓葬规模较小。雕刻技法较以前有了很大进步，出现了浅浮雕、阴线刻等雕刻技法。题材内容也丰富起来，出现了有完整情节的图画，如拜谒议事图、宴饮讲经图、髡刑舞乐图等，其中以辛山汉画像石墓、前凉台汉画像石墓为代表。

前凉台汉画像石以写实手法再现了汉代社会的生活面貌。从庖厨图中我们可以了解汉代人的饮食结构和屠宰烹调酿造等生活知识和技术；从歌舞图中可以了解当时乐队的配置和歌舞杂技的实际表演形式；从谒见图中可以了解当时达官贵族的排场和拜谒的礼节；从献俘图中可以了解其场面的布置以及髡刑刑法的实施。五组大型画面将汉代社会生活面貌具体生动地展现出来，为后人留下了不可多得的形象资料。

东汉后期是潍坊汉画像石的晚期发展阶段。这一时期雕刻技法进一步成熟，高浮雕、透雕手法的运用使汉代画像石的艺术水平达到了最高峰。画

图 1-3-9　诸城前凉台汉墓画像石——拜谒议事图

面内容更加丰富，生活场景、神话传说、历史故事、生殖崇拜等元素都成为画像石雕刻的原始素材。这一时期的代表为昌乐东肖汉画像石墓和安丘董家庄汉画像石墓。

董家庄汉画像石有 103 块，面积 146.14 平方米，内容丰富，结构复杂，形象生动，技法多样，被誉为“石刻之首”“汉画之魁”，是研究汉代政治经济、社会生活、文化艺术的珍贵史料，在史学界、文物界、美术界都具有较高的历史价值和文化艺术价值。

图 1-3-10 安丘董家庄汉画像石墓·乐舞百戏图拓片

# 第二章 魏晋至宋元时期

自曹魏至宋元的1000多年的时间里，政权更迭频繁，青州一直是山东的政治中心。就地理位置而言，潍坊是山东半岛和内陆的结合部，亦是南北政治势力竞相争夺的战略要地。

## 第一节 政 治

### 一、建置沿革

（一）曹魏时期[①]

三国时期，曹魏行政制度承袭汉制，实行州、郡（国）、县三级制。今潍坊市境当时为魏国地，属青、徐2州，分属北海、乐安、城阳3郡，齐国、琅邪两国，共20县。

1. 北海郡

北海郡属青州。三国魏太和六年（232）徙封曹丕子阳平县王曹蕤为北海王，青龙元年（233）薨，无子。青龙二年（234）以琅邪王敏子曹赞奉蕤

① 《三国志》无地理志，该部分内容主要参考今人梁允麟《三国地理志》；本节其他部分参考中央文献出版社1995年版《潍坊市志》。

后，封昌乡公。北海郡治剧，领县10，其中剧、营陵、平寿、都昌、下密、朱虚6县在今潍坊市境内。

（1）剧，今山东寿光东南。

（2）营陵，今山东昌乐东南。

（3）平寿，今山东潍坊市区西南。

（4）都昌，今山东昌邑西。汉于潍水下游置都昌县，至宋改昌邑县[①]。

（5）下密，今山东昌邑东，至东晋废。

（6）朱虚，今山东临朐东，至北齐废。

2. 乐安郡[②]

乐安郡治高苑，领县9，其中益、寿光在今潍坊境内。

（1）益，今山东寿光化龙镇丰城村一带，至晋废。

（2）寿光，今山东寿光东。

3. 城阳郡[③]

城阳郡治东武，领县10，其中东武、姑幕、安丘、淳于、平昌、昌安、夷安、高密在今潍坊境内。

（1）东武，今山东诸城，至隋改诸城县。

（2）姑幕，今山东诸城西南，南朝宋废。北魏复置，北齐废。

（3）安丘，今山东安丘西南，魏属城阳，晋属东莞郡。

（4）淳于，今山东安丘东北，魏属城阳。建安十一年（206），曹操东征海贼管承，至淳于。北齐废。

（5）平昌，今山东安丘南。魏文帝分城阳郡置平昌郡，后废。晋惠

---

① 此昌邑县与秦置昌邑县不同，秦置县后废入金乡县。

② 中央文献出版社1995年版《潍坊市志》：乐安郡，郡治高苑（治今邹平县东北苑城镇），属青州。辖8县，其中寿光县在今市境内。

③ 中央文献出版社1995年版《潍坊市志》：城阳郡，郡治东武，属青州。辖10县，其中9县在今市境内，即东武、诸、平昌、姑幕、昌安、安丘、淳于、高密、夷安。诸县有时在城阳郡，有时在琅邪郡。

帝复置，后省。东晋废。

（6）昌安，今山东安丘，魏属城阳，东晋废。

（7）夷安，今山东高密，魏属城阳。

（8）高密，今山东高密西部。

4. 齐国

三国魏分置益都、新沓、新汶、南丰 4 县，以安置辽东流民。又从北海郡划入东安平，共领 11 县，治临淄。黄初二年（221），魏文帝封皇子叡为齐公。三年（222）徙为平原王，齐国复为郡。青龙三年（235）明帝立养子芳为齐王。景初三年（239），芳嗣位，齐国复为郡。嘉平六年（254）芳归藩于齐，复为齐国。

齐国的益都、广、临朐、南丰 4 县在今潍坊境内。

（1）益都，今山东寿光市。三国魏置，以安置辽东流民；晋废。北齐于今青州市复置益都县。

（2）广，今山东青州西南，晋属东莞郡。

（3）临朐，今山东临朐。

（4）南丰，今山东寿光西，魏分置，以居辽东北丰县流民。

5. 琅邪国

魏之徐州领郡国 5：东海国、琅邪国、彭城国、广陵郡、下邳郡，县 43，治下邳。魏初为琅邪郡，太和六年（232）封曹敏为琅邪王，琅邪郡改为国，治开阳；辖今山东沂水、日照以南，枣庄南及郯城北之地。琅邪国所辖之诸县在今潍坊境内。

诸县，今山东诸城西南。晋改属城阳郡，北齐天保七年（556）并入东武县，隋改诸城县。

（二）两晋十六国

晋代地方实行州、郡、县三级制。今市境属青、徐 2 州，北海、乐安 2 国，城阳、东莞 2 郡。

北海国，国治平寿，属青州，辖 5 县，其中平寿、都昌、下密 3 县在今潍坊市境内。

乐安国，国治高苑，属青州，辖 10 县，其中寿光、益都 2 县在今潍坊市境内。

城阳郡，郡治东武，属青州，辖 11 县，其中诸、东武、平昌、姑幕、昌安、淳于、高密、夷安 8 县在今潍坊市境内。

东莞郡，郡治东莞（今山东沂水东北），属徐州。西晋太康元年（280）分琅邪郡置，辖 8 县，其中广、临朐、朱虚、剧、营陵、安丘 6 县在今潍坊市境内。

十六国时期，政局动荡，今潍坊市境被后赵、前燕、前秦、后燕依次占据，至东晋隆安四年（400），地归南燕，其政区建置，皆相因袭。

### （三）南北朝

南北朝时期，今潍坊市境，前期地归刘宋，后期地属元魏。

#### 1. 南朝

南朝宋地方行政区划实行州、郡、县三级制，今潍坊市境属青、徐 2 州，齐、高密、平昌、北海、东莞 5 郡。

齐郡，郡治临淄，属青州，辖 7 县，其中益都县在今潍坊市境内。

高密郡，郡治桑犊，属青州，辖 6 县，其中淳于、高密、夷安、营陵、昌安 5 县在今潍坊市境内。

平昌郡，郡治安丘，属青州，辖 5 县，其中安丘、平昌、东武、朱虚 4 县在今潍坊市境内。

北海郡，郡治剧县，属青州，辖 6 县，其中剧、都昌、平寿、下密、胶东（今山东昌邑西南）5 县在今潍坊市境内。

东莞郡，郡治莒县，属徐州，辖 3 县，其中诸县在今潍坊市境内。

#### 2. 北朝

北魏统一北方后，地方行政区划实行州、郡、县三级制，今潍坊市境属青、胶、南青 3 州，齐、北海、东武、高密、平昌、东莞 6 郡，22 县。

齐郡，郡治临淄，属青州，辖 9 县，其中昌国（治今临朐县城）、益都、般阳（治今临朐县城东南）、西安（治今临朐县城西）、安平（治今临朐县城西北）5 县在今潍坊市境内。

北海郡，郡治平寿，属青州，北齐改为高阳郡，辖平寿、下密、剧、都昌、胶东 5 县。

东武郡，郡治姑幕，属胶州，北魏永安二年（529）置，北齐省，辖姑幕、扶淇（在今诸城市境内，治所无考）、梁乡（在今诸城市境内，治所无考）3 县。

高密郡，郡治高密，宣武帝延昌中复置，北齐移治东武，北魏永安二年（529）属胶州，辖 5 县，其中高密、东武、夷安、平昌 4 县在今潍坊市境内。

平昌郡，郡治郚城，属青州，晋惠帝时复置，辖 6 县，其中昌安（治今安丘市东南）、淳于、营陵、安丘、朱虚 5 县在今潍坊市境内。

东莞郡，郡治莒县，属南青州，北魏太和二十年（496）由东徐州改置，辖 3 县，其中诸县在今潍坊市境内。

此外，南朝宋侨立冀州河间郡的南皮县（今寿光五台）和乐城县（今寿光洛城），在北齐天保七年（556）均废。

（四）隋代

隋开皇三年（583），罢郡存州，实行州、县两级制。大业三年（607），复改州为郡。今潍坊市境属北海、高密 2 郡。

北海郡，郡治平寿。开皇初废齐郡为青州。开皇十六年（596）分置潍州，州治下密。大业三年（607）撤潍州；同年改青州为北海郡，移治益都，辖 10 县，其中益都、北海（治今潍城区）、下密、寿光、临朐、都昌、营丘（今昌乐）7 县在今潍坊市境内。

高密郡，开皇三年（583）废，置胶州。开皇五年（585）改胶州为密州，州治东武。大业三年（607）复改密州为高密郡，郡治诸城，辖 7 县，其中诸城、安丘、郚城（治今安丘红沙沟）、高密 4 县在今潍坊市境内。

（五）唐、五代

唐初改郡县制为州县制。贞观十年（636），在州县之上设监察区，称为“道”。天宝元年（742）改州为郡，乾元元年（758）复改郡为州。“安史之乱”后，道成为一级行政建制，地方实行道、州、县三级制。五代十国时期，沿袭唐制。以唐开元二十九年（741）的行政建置为准，今潍坊市境属河南道，青、密2州。

青州，州治益都。武德元年（618）改北海郡为青州。武德四年（621）置青州总管府，管青、潍、登、牟、莒、密、莱、乘8州。青州领益都、临朐、临淄、般阳、乐安、时水、安平7县。武德八年（625），撤乘、潍、牟、登4州及般阳、乐安、时水、安平4县，并以原潍州之北海、乘州之千乘、寿光、博昌4县归属。天宝元年（742）改青州为北海郡，乾元元年（758）复改北海郡为州，后为平卢淄青节度治，至五代时期领7县，其中益都、寿光、临朐、北海（治今潍城区）4县在今潍坊市境内。

密州，州治诸城。武德五年（622）由高密郡改置，领诸城、安丘、高密3县。贞观八年（634）省莒州，以莒归属。天宝元年（742）又改密州为高密郡。乾元元年（758）复为密州，五代相因，辖4县，其中诸城、高密、辅唐[①]3县在今潍坊市境内。

（六）宋代

宋初废道，所有的州直属中央。至道三年（997），宋太宗在州之上设置“路”，地方形成路、州、县建置。以政和元年（1111）的政区设置为准，今潍坊市境属京东东路，青、潍、密3州。

青州，州治益都，领6县，其中益都、寿光、临朐3县在今潍坊市境内。

潍州，州治北海。建隆三年（962）以北海县建北海郡，乾德二年（964）升为州，领北海、昌邑、昌乐3县。

密州，州治诸城，领5县，其中诸城、安丘、高密3县在今潍坊市境内。

---

① 唐乾元二年（759）由安丘改置，五代梁复名安丘，五代唐复名辅唐，五代晋改为胶西，五代周因之。

（七）金代

金熙宗年间（1135—1149），仿辽、宋之制，地方行政建置实行路、州（府）、县三级制。今潍坊市境属山东东路，置益都府及潍、密 2 州。

益都府，府治益都，为总管府，领 7 县，其中益都、临朐、寿光 3 县在今潍坊市境内。

潍州，州治北海，辖北海、昌邑、昌乐 3 县。

密州，州治诸城，辖 4 县，其中诸城、安丘、高密 3 县在今潍坊市境内。

（八）元代

元朝在地方设行中书省（简称行省），行省之下设路、府、州、县。以至顺元年（1330）的政区为准，今潍坊市境属中书省山东东西道宣慰司，置益都路。

山东东西道宣慰司，元初置，至大二年（1309）将益都、济南、般阳 3 路及宁海 1 州隶属宣慰司，此后治所移至益都路。至正元年（1341）改为山东东西道宣慰司都元帅府。

益都路，设总管府，府治益都，辖录事司、6 县（直属）、8 州，其中益都、寿光、临朐 3 县（直属），潍、胶、密 3 州，在今潍坊市境内。

潍州，州治北海，元初时辖北海、昌邑、昌乐 3 县。至元三年（1337），省昌乐入北海县。

胶州，州治胶西。金为胶西县，属密州。元太祖于胶西县置胶州，辖 3 县，其中高密县在今潍坊市境内。

密州，州治诸城，辖诸城、安丘 2 县。

## 二、大事

魏晋十六国时期，广固城作为青州州治驻地（慕容德建立南燕国，一度作为都城），地处战略要冲，易守难攻，在它被刘裕夷为平地之前，一直是潍坊境内的兵家必争之地。

（一）曹嶷战青州

西晋怀帝永嘉四年（310），曹嶷率军从大梁向东进攻青州，苟纯闭城坚守，苟晞在外围与曹嶷连续作战，解了青州之围。永嘉五年（311）正月，曹嶷打败西晋青州刺史苟晞，占领临淄城。临淄城无险可守，曹嶷便修建了广固城。曹嶷攻下青州后，进而攻占三齐，成为当时山东的实际统治者。319年，石勒建立后赵，曹嶷与石勒议定双方以黄河为界。东晋太宁元年（323），石勒命其侄石虎率兵攻破广固城，曹嶷投降。后来，曹嶷被杀于后赵都城襄国，其3万部属亦遭坑杀。石虎只给后赵青州刺史刘徵留下了男女700口。这是广固城遭到的第一次屠城。

（二）慕容恪擒段龛

东晋永和六年（350）七月，鲜卑人段龛率部攻占广固城。次年正月，段龛请求归顺东晋；二月，东晋以段龛为镇北将军，封齐公。永和八年（352），燕王慕容儁正式建燕国，史称前燕。永和十一年（355）十一月，以太原王慕容恪为大都督、抚军将军，出兵讨伐段龛。

段龛没有听从弟弟段罴在黄河布防的建议，反而杀了段罴。永和十一年（355）十二月，慕容恪引兵渡河，未遇抵抗，一直进军到距广固城约100里时，段龛才率兵3万应战。慕容恪大破段龛于淄水，率军进围广固。永和十二年（356）正月，凭借坚固的城防，段龛大败慕容恪，慕容恪退据安平。慕容恪并不着急发起进攻，只是筑高墙、挖深堑，持续围困广固城达十个月之久。广固城内绝粮，到了人吃人的地步。段龛只好突围，在城外被慕容恪击败。等他退回城中，跟随他一起突围的兵将几近战没。到了十一月，段龛出降。慕容恪安抚百姓，平定齐地。段龛投降后，被封为伏顺将军。升平元年（357）六月，慕容儁杀段龛，坑其部属3000余人。

（三）刘裕破慕容超

慕容德是燕王慕容皝幼子，前燕皇帝慕容儁、后燕皇帝慕容垂之弟。东晋隆安三年（399）八月，慕容德攻下广固城，以之为都城，建立南燕国。慕容德去世后，慕容超即位。

东晋义熙四年（408）四月，刘裕领兵北伐，攻打南燕。慕容超自恃实力强大，放刘裕进入大岘关再应战。刘裕率军顺利通过大岘关，六月进至东莞。慕容超先前派遣公孙五楼、贺赖卢及左将军段晖等率领步骑5万屯扎临朐，又亲率步骑4万前来助战。刘裕以车4000乘为左右翼，与燕兵战于临朐南。再派遣胡藩和檀韶、向弥等率军偷偷迂回到燕军后方，突袭临朐城。向弥率先登上临朐城，慕容超大惊，骑马逃出临朐城。刘裕纵兵奋击，燕军大败，斩段晖等大将十余人。慕容超逃回广固城，刘裕缴获了慕容超的玉玺、辇及豹尾，乘胜追至广固城，很快攻克了外围大城，慕容超只好率众进入小城。刘裕在小城外筑起了三丈高的长围。

刘裕围城越来越急，就连张华、封恺这些大臣都被刘裕俘获了。这时慕容超请求割大岘以南的地方给东晋，自己为东晋藩臣，被刘裕拒绝。后秦姚兴派人劝刘裕退兵，也遭到拒绝。东晋义熙六年（410）二月丁亥日，刘裕再度攻城①。悦寿打开城门，迎接晋师，慕容超仅率数十骑出逃，被擒获。刘裕斩杀王公以下3000人，将广固城夷为平地，把慕容超送到都城建康处死，南燕国灭亡。

图2-1-1　广固城遗址出土建筑筒瓦

① 《晋书·慕容超记》记载：刘裕在围攻广固城时，听从了河间人玄文的计策，堵塞了五龙口，这才攻下了广固城。

### （四）竺夔击退叔孙建

东晋义熙六年（410）二月，刘裕另建东阳城。420年，刘裕称帝，国号宋，青州是其辖区。此时北魏逐渐兴起，不断攻掠青州，刘宋和北魏之间战事不断。

刘宋永初三年（422）十二月，北魏派叔孙建等率大军渡过黄河，直逼青州。青州刺史东莞人竺夔镇守东阳城，一方面遣使向朝廷告急，聚民保东阳城；一方面让不入城的百姓据险自守，坚壁清野。济南太守垣苗放弃历城，率军跟竺夔会合。

景平元年（423）三月，叔孙建率3万骑兵围困东阳城。在彭城的刘宋援军檀道济听说青州危急，立即跟王仲德一起驰援东阳城。

四月，叔孙建继续猛烈攻城。北城墙已经崩毁30多步了，刁雍请叔孙建赶快攻进城内，叔孙建不同意，结果功亏一篑。此时天气炎热，疫病在北魏军中蔓延，叔孙建认为全军撤退才是上策。过了不久，檀道济的援军到达临朐。叔孙建便烧毁军营和器械退围而去。东阳城被破坏，竺夔不能继续坚守，便移镇不其城。

图2-1-2　东阳城马驿门遗址全景

## （五）沈文秀兵败被擒

刘宋后期，残暴的皇帝刘子业杀死名臣沈庆之，又派江方兴领兵诛杀沈庆之的侄子青州刺史沈文秀。江方兴未到青州，刘彧就杀死刘子业自立为帝，即宋明帝。之后刘子勋据寻阳反叛，刘彧让沈文秀出兵征讨，文秀部将刘弥之等出兵后站在了刘子勋一边。这时，王玄默、王玄邈、刘乘民等分别占据了琅邪、盘阳、临济反叛沈文秀。沈文秀与他们拉锯厮杀，各有胜负。

宋明帝刘彧派遣明僧皓、李灵谦等率军讨伐沈文秀。王玄邈、刘乘民、明僧皓等攻打东阳城十多次，都被沈文秀击败。刘宋泰始二年（466），宋明帝派沈文秀的弟弟沈文炳劝其归顺朝廷。沈文秀在泰始三年（467）归顺朝廷，宋明帝让他继续担任青州刺史。

慕容白曜率军围攻历城崔道固，派平东将军长孙陵进攻东阳城。长孙陵到达青州后，沈文秀请降。长孙陵率军进入东阳城西郭后，纵兵抢掠。沈文秀非常生气，后悔投降，便关上城门坚守，长孙陵多次攻城失败。刘宋泰始三年（467）八月，北魏蜀郡公拔式等马步数万人攻入西郭，沈文秀使辅国将军垣谌打败来犯之敌。九月魏军逼城东，十月进攻南郭。沈文秀派员外散骑侍郎黄弥之等奋力抗击，斩敌数千。

图 2-1-3　东阳城城墙全景

刘宋泰始四年（468）三月，慕容白曜进围东阳城。宋明帝以沈文秀的弟弟沈文静为辅国将军，统高密、北海、平昌、长广、东莱五郡军事，从海道进军援救青州。沈文静到达东莱不其城后，前进受阻。十二月，不其城被魏军攻破，沈文静被杀。

被北魏军队围困了三个年头，沈文秀援军无望。泰始五年（469）正月二十四日，东阳城被攻破，沈文秀被擒。慕容白曜善待沈文秀，然后将其押往平城，最终沈文秀病死在了北魏。

### （六）隋末的起义

隋朝末年，诸雄并起，今潍坊境内有三次比较大的起义，领导者分别是郭方预、綦公顺和杨厚，以綦公顺所部攻取北海郡的战斗影响最大。

隋大业十三年（617），綦公顺率 3 万起义军攻打北海郡城，胜利在即却被明经刘兰成[①]击败。不久，刘兰成反而投奔了綦公顺。綦公顺以刘兰成为长史，负责军事。过了三个月，刘兰成率部再谋郡城，设计诱出城中的军队，綦公顺率领主力大军赶到战场。出城的军队来不及逃回城内，城里人争相出来投降。刘兰成进城，安抚兵民，北海郡内外很快安定下来。从此，綦公顺所部迅速壮大。后来，綦公顺率众归附李密。唐武德元年（618）十月，綦公顺、刘兰成随李密一起归顺唐朝。武德二年（619）四月，李渊任命綦公顺为潍州总管。

### （七）李正己、李师道割据淄青

李正己（733—781），本名怀玉，高丽人。早年是安禄山麾下的低级别将领，后来归顺朝廷镇压安史叛军。唐肃宗乾元元年（758），李正己和平卢军镇的士兵共推表兄侯希逸担任平卢节度使。此后侯希逸率领平卢军镇两万余人，从今天的辽宁逐步退到山东一带。

安史之乱结束后，侯希逸被封为郡王，仍然在山东担任平卢淄青节度使。但因为侯希逸晚年喜好出游，不理军政事务，平卢军镇的士兵趁侯希逸出游，

① 《新唐书》卷六九、卷九四以“刘兰成”为“刘兰”。

发动兵变，拥立李正己为节度使。此后，李正己就成为“土皇帝”，根本不把唐朝政府放在眼中。

唐德宗建中元年（780）前后，安史之乱后形成的藩镇势力迎来了权力更替。老一辈的李正己、田承嗣和李宝臣等人纷纷去世，他们的后代都要求继承节度使之位。唐德宗正谋求解决藩镇割据问题，对要求袭封的一概不准，于是李正己之子李纳等藩镇二代集体反叛。唐德宗建中三年（782），反叛的李纳、朱滔、田悦、王武俊等人歃血为盟，各自称王。唐朝政府剿抚并用，以藩镇剿藩镇，但无法根除藩镇势力。李纳等人后来虽然上表请罪，自去王号，但也都得到了想要的节度使之位，名正言顺地继续割据一方。

李纳死后，其子李师古、李师道相继接替平卢淄青节度使之位，继续割据山东。尤其是李纳的次子李师道，继承哥哥李师古的节度使之位后，要求唐朝政府停止讨伐割据淮西的吴元济，甚至不惜刺杀当朝宰相。唐宪宗在平定淮西之后，立刻着手惩罚骄狂的李师道。唐宪宗元和十四年（819），在朝廷派出的诸镇大军围攻下，李师道被部下所杀。战后，唐宪宗分淄青镇为三镇，从而结束了李正己祖孙三代在山东地区长达半个世纪的“统治”。

（八）王师范与朱全忠之间的战事

唐朝末年，统治青州的平卢节度使是王敬武、王师范父子。

王敬武，青州人，本来是平卢牙将。唐僖宗中和二年（882）九月，他逐走平卢节度使安师儒，自为留后。朝廷任命王敬武为平卢节度使。唐昭宗龙纪元年（889）十月，王敬武死，其子王师范年仅十六岁，被推为留后。棣州刺史张蟾表示反对，朝廷以太子少师崔安潜兼侍中，充平卢节度使。张蟾迎崔安潜至棣州，共同商量讨伐王师范。唐昭宗大顺二年（891）三月，王师范派都指挥使卢弘攻打棣州刺史张蟾。卢弘临阵倒戈，攻打王师范。王师范施计杀死卢弘，厚赏其部众。王师范率军攻打棣州，捉住张蟾，将其斩首。崔安潜逃回京师。朝廷无奈，只好下诏以王师范为平卢节度使。

王师范好儒术，有纵横之才。当节度使后，安民禁暴，颇得时人赞许。

唐昭宗天复三年（903）二月，掌握唐朝实权的朱全忠出征王师范。三月，王师范的弟弟王师鲁包围齐州，朱全忠的侄子朱友宁领兵把王师鲁击退。王师范派兵支援占领兖州的刘鄩，被朱友宁击败。朱友宁领兵进攻青州，朱全忠率兵十万紧随其后。

四月，王师范向淮南节度使杨行密求救。杨行密派大将王茂章率领步骑七千救援，同时出兵数万攻打宿州。

五月，朱友宁攻博昌，一个多月没攻下来，攻城的军队死亡一多半。朱全忠大怒，驱赶民丁十余万，背着木石，牵着牛驴，到城南筑土山。筑成之后，把人畜木石排而筑之，冤号声闻数十里。不久，朱友宁部攻下博昌，屠城后，进拔临淄，抵达青州城下。

淮南派来的援军王茂章会同王师范的弟弟莱州刺史王师诲，一起攻打密州。攻下密州后，斩杀密州刺史刘康乂。六月，王茂章和王师范合兵在莱州出战朱友宁，斩杀朱友宁，俘虏、斩杀其部一万多人。朱全忠亲自率兵二十万昼夜兼程赶往青州。七月到达临朐，命众将攻青州城。王师范率军出战，大败。王茂章闭垒示怯，等到敌人稍微松懈，破毁寨栅而出，驱驰疾战。战斗正酣时，又回到栅内坐下，招呼众将饮酒，喝完酒后又出来搏杀。朱全忠被这气势吓坏了，只好退兵。王茂章觉得自己寡不敌众，随后退出战斗。朱全忠派遣曹州刺史杨师厚追赶到辅唐（今山东安丘）。密州刺史张训得知王茂章部的消息，封存府库，主动放弃城池。朱全忠遣王檀轻取密州。

青州城坚固难攻。八月初一，朱全忠令齐州刺史杨师厚继续攻城，自己回到大梁。杨师厚屯军临朐，放出风声说要到密州，在临朐留下辎重。九月，王师范出兵攻临朐，中了杨师厚设下的埋伏。杨师厚杀王师范部一万多人，俘获了王师范的弟弟王师克。第二天，莱州兵五千人来救青州，被杨师厚几乎杀光。之后杨师厚把营寨迁移到了青州城下。这时，王师范觉得自己很难战胜杨师厚，遣使请降，得到允许。朱全忠选了一些将领守卫登、莱、淄、棣等州，退兵西还，仍然以王师范为留后。

唐天祐二年（905）正月，朱全忠让李振代替王师范为青州留后。二月，王师范举族西迁。三月，以王师范为河阳节度使。唐天祐四年（907），朱全忠称帝，国号梁，唐亡。次年六月，王师范被朱全忠灭族。

（九）杨光远与后晋之间的战事

杨光远，字德明，沙陀人。后唐时官至振武节度使，深得唐明宗器重。936年，石敬瑭在太原称帝，建立后晋。杨光远率众投降石敬瑭，屡立大功，官至平卢军节度使，封东平王。天福八年（943），后晋少帝继位，拜杨光远为太师，封寿王。十二月，杨光远反叛，派骑兵入淄州，劫持刺史翟进宗回到青州。

后晋开运元年（944），博州刺史周儒投降契丹，与杨光远通使往还，引领契丹皇帝的从弟麻答从马家口渡过黄河，在东岸安营扎寨，攻击郓州北津以回应杨光远。杨光远率青州兵向西准备跟契丹军队会合，在围棣州时被刺史李琼出兵击败，逃回青州。四月，后晋泰宁节度使李守贞率领步骑两万讨杨光远于青州。契丹派遣军队来救，被齐州防御使薛可言击败。六月，后晋军队攻下淄州，斩其刺史刘翰。李守贞从五月开始围困青州，到十二月时，城中粮尽，饿死的人过半。契丹援兵不至，杨承勋便杀了劝父亲杨光远反叛的节度判官丘涛等人，将斩下的头颅送给李守贞。然后纵火大噪，劫持父亲杨光远，开城门迎接后晋军队，上表待罪。闰十二月，李守贞进入青州城，处死了杨光远，任命杨承勋为汝州防御使。

（十）北宋末年的农民起义

北宋宣和七年（1125），名将张俊（1086—1154）在沂水击破起义军三万，追至密州，又在莒县击破密州起义军徐靖，在礌鼓山（在今安丘境内）击破张仙起义军，又在方村、昌乐等地击破潍州的几股农民起义军。后来，张仙所部被范琼（字宝臣）招降，在镇压刘忠（号“白毡笠”）起义时战死。

这时，在今潍坊境内还有河北高托山领导的起义军活动在青、密一带。北宋灭亡后，高托山起义军规模依然很大，继续留在潍坊及其附近坚持抗金。

（十一）金侵占山东时在潍坊的战事

宋高宗建炎二年（1128）正月，金将完颜宗弼（金太祖完颜阿骨打的四子兀术）打败宋将郑宗孟，攻克青州。完颜阇母（金太祖异母弟）攻克潍州。

完颜宗弼攻克青州后，击败赵成和黄琼，又攻取了临朐。

杨安儿是益都（今山东青州）人，本名杨安国，绰号“杨鞍儿”，自号“杨安儿”。金章宗泰和年间（1201—1208），金兵南侵，山东各地民众借机起义，杨安儿参与其中，一度被官府招降。大安三年（1211）十一月，杨安儿跟张汝楫召集人马起事，攻打州县，劫掠官府。到金贞祐二年（1214），杨安儿率领的起义军规模已经发展到数十万，让金朝统治者颇为胆寒。

金贞祐二年（1214）五月，潍州李全等人跟杨安儿相呼应，起义反金。李全是潍州北海农家子，号“李铁枪”，早在南宋开禧年间就跟随南宋镇江都统戚拱抗金。

杨安儿死后，他的妹妹四娘子杨妙真被义军奉为头领，称为“姑姑”。杨妙真勇敢，善骑射，号称“梨花枪天下无敌手”，麾下义军有一万多人。他们在磨旗山（今山东莒县境内）建立了根据地。这时，李全也率起义军来到莒县，归附杨妙真，二人结为夫妻。后来，金将完颜霆率大军来攻，李全战败，率众转移到东海（今江苏连云港）。

南宋嘉定十一年（1218）正月，李全投归南宋，被任命为京东路总管，继续抗金，连败金兵。八月攻破密州和寿光，十月破邹平、临朐、安丘等县。李全劝服益都的金国元帅张林一度归顺了南宋。南宋嘉定十二年（1219），李全以战功擢升为达州刺史，杨妙真被封为令人。

（十二）李全、李璮与蒙古、元朝的战事

南宋嘉定十五年（1222），李全率兵进占潍州，攻击张林，破益都，张林败走。南宋宝庆二年（1226），蒙古大军进逼青州。李全迎战失利，退守益都。蒙古军围困益都，日夜攻城。李全留在青州，李福南走楚州。十二月，蒙将富珠哩派遣李喜逊招谕李全。李全想要投降，部将田世荣等反对，杀死了李喜逊。

南宋宝庆三年（1227），李全突围，富珠哩遣兵攻击，李全所部被斩首七千余级，李全被迫退回城中。城中食尽，李全被迫出城投降。富珠哩上奏蒙古皇帝任命李全为山东、淮南、楚州的长官。山东各郡县闻讯，纷纷投降蒙古政权。

南宋朝廷获悉李全投降，尽杀其余部。李全领兵南下报仇，在攻打扬州时人马陷入泥淖中不能自拔，被宋军乱枪刺死。李全死后，其人马一部分投降南宋，一部分随杨妙真返回山东。

李璮是李全之子，承袭父亲的官爵任益都行省丞相，驻守益都。他利用一切机会扩大地盘，逐渐控制了大半个山东，成为山东地区实力最强的世侯。李璮虽然是蒙古大臣，却并不忠心。元中统三年（1262）二月，李璮归顺南宋，在海州举兵，尽杀蒙古戍卒，率兵五万从海路北上攻打益都。占领益都后，连克淄州（今山东淄川）、蒲台（今山东滨州）等地。在济南城被蒙古十七路兵马重重包围。七月，城中粮尽，人心溃散。李璮知城已不保，便杀死爱妾，投大明湖自尽。因湖水太浅，没有淹死，被俘。李璮被俘后，没有解往元大都就被处死了。

（十三）元朝末年潍坊境内的战事

元朝末年，农民起义风起云涌。至正十七年（1357）二月，毛贵率领的红巾军从海州（今江苏省连云港市）入海，乘船至山东半岛。二月二十七日攻下胶州，三月二十六日攻下益都路（今山东青州）。元顺帝命令知枢密院事布兰奚率军讨伐。至正十八年（1358）正月，布兰奚跟毛贵在好石桥（今山东青州境内）激战，布兰奚战败，山东基本上被红巾军控制。之后，毛贵继续北伐，连战连捷，逼近大都。由于其他义军并未跟进，毛贵被击败，只好率军退回济南。同时，山东残余的元军攻城夺寨，益都几度易手。

原在江淮一带活动的红巾军头领赵君用，于至正十九年（1359）四月在济南杀毛贵之后，到了益都，毛贵的部将续继祖从辽阳回师益都，杀死赵君用。红巾军各部互相残杀，大大削弱了自身战斗力。至正二十一年（1361）六月，元军进攻山东红巾军。红巾军将领田丰率部在穆陵关（今山东临朐县南的大岘山）暂时投降了元朝。元军在好石桥打败益都兵，益都以东各郡邑纷纷投降。济南在被围困3个月后被攻下，接着察罕帖木儿领兵包围了益都，挖掘深堑，筑起长围，堵住南洋河，让河水灌进城中。坚守益都的是毛贵部将陈猱头等率领的红巾军，他们一边顽强抵抗，一边派人向在安丰的刘福通求援。

元至正二十二年（1362）六月，田丰、王士诚设计除掉了察罕帖木儿，回到益都红巾军队伍中。元军挖地道攻进益都城，扩廓帖木儿捉住了田丰和王士诚，把他们的心剖出来祭祀察罕帖木儿，把陈猱头等20余位红巾军将领押送到元大都。

至正二十七年（1367）十月，平定南方后，朱元璋制订了“先取山东，撤彼屏蔽，移兵两河，破其藩篱”再攻打元大都的策略，任命徐达为征虏大将军、常遇春为副将军。徐达的军队势如破竹，陆续攻克沂州、密州等地。之后，徐达亲自率军攻下益都，又攻陷了潍州、胶州，陆续平定了山东全境。山东便在朱元璋的统治之下了。

## 三、世族及其他

自魏晋至宋元，潍坊地域出现的名门望族，在政治、经济、文化活动中扮演着重要角色，影响着潍坊的政局。潍坊的名门望族在不同历史时期呈现出不同的特点。魏晋时期的北海世家多是潍坊土著，南北朝时期的世家多为外地迁徙而来，有一些世家沦落为“平齐户”而后崛起。唐宋金元时期最为显赫的是割据一方的军功世家。

### （一）北海士族

北海士族，主要活动于山东东部和北部沿海地区。之所以称北海士族，是因为东汉时期的北海郡国处于这一地区的中心位置，广义的北海士族除了今天的潍坊区域，还应包括东莱、琅邪等周边郡国中联系密切的士族。北海士族有鲜明的地域特征。

首先，北海士族大多具有深厚的历史渊源和显赫的家世。如北海王氏，是战国田齐的后裔，世居北海剧县（今山东寿光纪台），为地方望族，有王猛、王镇恶等名臣猛将；北海管氏，世居朱虚（今山东临朐东南），相传是战国齐相管仲之后；乐安孙氏，居住于今广饶、寿光等地，其祖先则是战国时的军事家孙武、孙膑；高密晏氏，是春秋晏婴的后代，到南燕国时的晏谟仍受到慕容德的礼遇；高密郑氏，则以郑玄经学研究名满四海，郑玄一生传业授徒，齐鲁间弟子众多；东武伏氏，世居东武（今山东诸城）、平昌（今山东安丘）等地，伏理以研究《齐诗》著名于世，其子伏湛是光武帝刘秀的重臣，官至大司徒。其后又有伏隆、伏恭、伏无忌、伏曼容等，世传经学。

其次，北海士族多具有深厚的儒学传统。士族文化的重要特征是注重文化修养，家学世代相传，尤其偏重儒学。受地域影响，北海士族自然受到儒家思想的深刻影响，成为汉代及其后经学的重要阐释者和传承者，使潍坊成为儒家思想传承和发扬的重要地域，如东汉的经学大师郑玄，就出生于北海的高密。自东汉至魏晋，北海士族一直恪守儒学传统。魏晋时期，玄学风靡一时，但北海士族成员的内心和行为规范仍然遵循着儒学传统。

再次，北海士族儒家经学传统深厚，从文化层次上制约了某一家族的无限膨胀。因而，族内人才辈出。“建安七子”中的徐幹，为北海剧人，出身于名士之家；三国时的诸葛亮，即为琅邪阳都（今山东沂南）人，先祖家居琅邪诸县（今山东诸城）；徐苗为高密淳于人，其家累世相承，都以博士为郡守，但他专事教授，闻名天下，成为一代儒宗。东汉末年，战乱导致大量北海士族外迁。其中很多人越海去了辽东，包括当时著名学者邴原、管宁等。还有一部分士族去了江南，北海营陵（今山东昌乐营丘）的是仪、北海剧（今山东寿光纪台）的滕胤等就是此时迁居江南的，琅邪阳都（今山东沂南）的诸葛亮去了荆州。

魏晋之际，潍坊区域社会相对稳定，经济得到发展，北海士族又迅速发展壮大起来。西晋末年的战乱及北方少数民族入侵，打破了平稳的社会环境，北海士族同大多山东士族一样，经历了大规模的迁徙过程，称“永嘉南渡”，这些世家大族的命运也发生了根本性的变化。先后发生的曹嶷东徇山东、临淄大战、石虎攻占广固等事件，迫使北海士族纷纷南渡江淮。司马睿称帝建立东晋后，为了便于统治，制定了“侨寄法”。北海士族大多南迁到江北淮河一带，以今扬州、淮北地区最多，所以东晋在广陵（今江苏扬州）侨置南青州，在今江苏北部侨置齐郡、济岷郡、高密郡，领侨置县 8 个。南迁的北海士族，带领众多的佃户、工匠和各类人员，定居于当时经济发展相对落后的江淮地区，为开发南方作出了积极的贡献。

南渡的北海士族难以忘却故土，重返家园是他们的最大愿望。所以，当刘裕破南燕，汉族政权夺回青州后，也有许多北海士族举家回迁。跟随刘裕进军广固城的文臣武将中，就不乏北海士族。如重要谋士刘穆之，是西汉齐王刘肥之后，永嘉南渡迁居广陵，随军策划，发挥了重要作用；再如孟龙符，安丘人，南渡后世居京口；刘裕伐广固，以孟龙符为车骑参军，统步骑为前锋，进至临朐，与南燕军队争夺水源，孟龙符单骑冲突，乘胜追击，因后援不及，遂殁于战阵，为返回故土而捐躯。

北海士族最有名望的是王氏家族，其他有滕氏、高氏、刘氏等家族。滕胤，是三国时期吴国重臣，北海剧（今山东寿光）人。滕胤父滕胄、伯父滕耽，避乱渡江，后事孙权。滕胄为车骑将军，滕耽为右司马。北海高氏也是青齐望族，原为渤海人，后来跟随慕容德迁居到了青州，世居剧县（今山东寿光）。高氏中比较有名望的是高聪，他攻读经史书籍，笔耕不辍，著述 20 余卷，死后被朝廷追任为青州刺史。北海刘氏的先祖为刘昶，刘昶是刘邦后裔，也是胶东王之后，属平原望族。北海刘氏跟随慕容德迁徙到青州，世居北海都昌。刘昶的儿子刘奉伯，北海太守；孙子刘休宾，少好学，有文才，曾任刘宋时期的兖州刺史，后来归降了慕容白曜。刘昶的另一孙子刘孝标，曾给《世说新语》作注，名扬海内。

1. 北海王氏家族

王猛（325—375），字景略，东晋北海郡剧县（今山东寿光）人，后移家魏郡。在前秦官至丞相、大将军，博学好读兵书，善于谋略和用兵。王猛在前秦任职 18 年，辅佐苻坚扫平群雄，统一北方，对前秦的政治、军事、经济、社会、统一等方面都作出了巨大贡献。王猛家族子孙绵延，其子弟在北魏后期的社会文化环境中，善于取法南朝新风，造就了一批新锐名士，使其家族成为北朝玄化风尚的典型代表。

北海王氏一支在王猛出现以前并不显达，属孤门细族。王猛提升了北海王氏的家族地位，子孙数代延绵为官。王猛之子可确考者有三人：王永、王皮、王休。王永好学，随苻坚之子苻丕流落河北，历任扶风太守、幽州刺史，后被立为丞相。王皮在前秦官至散骑侍郎，与苻坚兄子苻阳谋反，被流放朔方之北。王休之子王宪随伯父王永流落河北，后归诚北魏，备受重用，官至北海公，晚年甚得尊崇。北魏中后期，随着北方社会的深入汉化，王宪子孙进入了士族名士行列，多任职清显。如王宪子王嶷任南部尚书，在任 14 年，此后不断晋升爵位。其实王嶷并无干能，其加官进爵之类多依例办理，在北朝门阀制度进一步确立的背景下，王嶷子孙不仅皆循例入仕，而且其起家任职及其升迁更为优越，其孙王昕等皆出任清显的官职。除功业之外，王猛家族还通过与关中韦氏、清河崔氏等世家大族联姻提升门第，巩固了政治地位。

进一步确立起王氏家族在北朝士族门第的是王休及其子孙。王休，在前秦官至河东太守。淝水之战后，王休之子王镇恶、王宪分别散于南、北方。在南方，王镇恶追随刘裕，东西征战，南北讨伐，参与了一系列重大战役，屡充前锋，军功卓著，体现了“将门”子弟的英雄本色。但在灭后秦后，刘裕诸将纷争，王镇恶被沈田子杀害，北海王氏遭受重创。

王猛子孙中第一位名士化的人物是王嶷。王嶷在孝文帝时出仕，以任官理事为鄙陋俗事，崇尚老庄的清净无为，颇似魏晋名士的疏放散漫。其后，王氏家族门风不断雅化，王嶷孙子王昕、王晞兄弟的言行比较典型地体现出其家族门风和魏晋名士风范。

2. 都昌刘氏家族

北海都昌刘氏为南北朝望族，该家族自 399 年跟随慕容德从平原来到北海都昌定居，历经南燕、西晋、刘宋、萧齐、萧梁及北魏多个朝代，名人辈出，正史所载都昌刘氏名人32人。刘氏家族子弟中武将众多，其中刘怀珍、刘善明、刘僧副、刘怀慰等皆为一时名将，他们南征北战，出谋划策，不仅在“义嘉之难”的青州之战中战绩赫赫，左右了当时政局，而且他们作为齐高祖萧道成的心腹，在萧齐政权的建立过程中发挥了重要作用。刘孝标以《世说新语注》在中国文化史上占有一席之地，刘杳、刘歊、刘讦皆为当时名士。都昌刘氏家族有以下四个突出特点：一是才俊迭出，根深叶茂；二是南征北战，功勋卓著；三是文藻秀出，名士风流；四是忠孝清廉，家风简朴。

（二）青齐豪族

魏晋南北朝时期，除世代居住在青州的士族外，还有许多士族豪强、地方门阀迁徙到青州，特别是南燕慕容德建都青州时，有大量的河北士族迁入。这些世家大族凭借慕容德的政治庇护和经济特权，广占土地，招募劳力，成为强大的地方势力，甚至压过了原有的土著豪强，形成了新的门阀士族。如清河崔氏，南迁青州后“世为三齐大族”，类似的还有渤海封氏、平原刘氏。平原刘氏家族中数人在青州、北海任要职，势力强大。

东晋时期，刘裕灭南燕、夷平广固、建设东阳，青州回到汉族政权统治之下。南渡江淮的一些士族豪强返回青州故地，在北方受外族统治的汉族世家也想方设法移居青州。这样，青州发展起一股特殊的地方势力，史称“青齐豪族”。这些地方豪强权势很大，政治方面，他们中的头面人物在各级政权中身居要职；经济方面，他们垄断地方经济；社会事务方面，他们施行垄断，把持社会事务，操纵地方官员的选拔任用，有的豪强势力还拥有宗族武装。青齐豪族在北魏政权和南朝刘宋政权之间左右逢源，反复无常，成为朝廷的棘手问题。

青齐豪族中，最为显赫的是崔氏家族。崔氏家族原籍为清河郡（今山东临清西北）。曹魏时代崔氏家族家门兴盛，出现了崔林、崔琰两位著名人物。后燕灭亡时，清河崔氏家族成员大多追随慕容德渡河到青齐生活。南北朝时期，崔氏家族成为北方大族。居住在青州的崔氏家族更是显赫一时。

崔光是北魏宣武帝时重臣，赠太傅，领尚书令。其父崔灵延在刘宋朝官至龙骧将军、长广太守，其祖父崔旷在刘宋朝官至乐陵太守。北魏孝文帝太和六年（482），崔光被皇帝看中，拜为中书博士，开始了仕官历程，后任著作郎，协助李彪撰修国书，显示了非凡才华。不久，崔光升任侍中、太常卿、太子少傅，地位日益提高。崔光虽然身居高位，仍笔耕不辍，且十分谦让，官运亨通，倍受重用。

崔亮，字敬儒，官至北魏左光禄大夫、尚书仆射。崔亮有一对孪生叔伯弟弟，名为崔光韶、崔光伯，均在北魏做官。崔光韶生活简朴，为官清直明断，属官都敬重他；又喜赋诗作文，与朝野名士酬唱赋闲。崔光韶因功受封辅国将军，升廷尉卿。崔光伯初任青州别驾，又任北海太守，历太傅咨议参军。后归乡隐居，事亲至孝，清名远扬。崔氏家族依靠望族声誉，在朝野担任要职者不计其数。今青州博物馆珍藏的北齐“崔氏宗门宝塔之颂”石刻，记述崔氏宗门合亲姻 16 家于天保九年（558）共同建造了一座宝塔，上面刻有崔氏家族 30 余人的名字，由此可见当时崔氏家族之盛。

（三）军功世家

从魏晋至宋元，在以潍坊为中心的山东中东部地区，出现了不少割据一方的军阀世家。东晋末年在广固城称帝的慕容家族虽然仅仅 10 年而亡，但唐代中期的平卢节度使从李正己到李纳、李师古、李师道，父子兄弟相继，持续割据了 50 多年。唐朝末年，王敬武、王师范父子相继为平卢节度使，他们统治山东地区 20 多年。在宋金元时期，李全、李璮父子在将近 50 年的时间里，于南宋、金、蒙古之间或起义或归顺，他们的大本营基本是在今潍坊地域。在权力至上的中国传统社会里，这些山东的最高统治者家族成为本地最显赫的世家。

（四）平齐户

北魏皇兴三年（469），北魏献文帝占领了南朝宋的青、齐二州，掳掠居民及住户迁徙到京都平城（今山西大同）及其附近地区。这些人一部分充作奴婢，一部分迫使耕作，不准自由迁徙，被称为平齐户。后来有能力的平齐户向僧官纳粟，变为僧毬户；有的平齐户被作为僧祇户赏给寺院，每年承担缴纳粮谷60斛的重负，苦不堪言。到周武帝时，“平齐户”才放免为平民。“平齐户”迁居前受人尊崇、权倾一时；受到北魏的管辖统治、被迫迁徙后，境遇却十分凄惨。“平齐户”中有的想方设法逃回青州，或者逃奔江南；有的则经历了坎坷生活的磨砺，奋发自强，后来成就一番事业，摆脱了屈辱的带有俘虏性质的徙民身份，重新取得士族特权。如世居东阳城的蒋少游，性机巧、能刻画、有文思，才华甚高，被发配到云中郡为兵户，生活无着，只好靠写字卖画为生。后来蒋少游受到名高望重的汉人大臣高允的知遇，才得到皇太后冯氏和孝文帝拓跋宏的重视，死后赠官青州刺史。

为巩固统治地位，北魏政权采取了一系列促进民族融合的政策，以促进社会发展，缓和社会矛盾，由此放松了对“平齐户”的控制，许多“平齐户”利用北魏政权的民族融合政策，摆脱了被奴役地位，开始登上政治舞台，有的甚至成为朝廷重臣。他们的家族迁回青州等地以后，重新成为当地有势力的豪强。

## 第二节　经　济

从魏晋至宋元1000多年的时间里，政权更迭频繁，潍坊地域战乱不断，严重影响了经济发展。由于史料缺乏，我们只能粗略了解潍坊在农业、手工业、商业等方面的发展情况。

### 一、农业

曹魏西晋的大部分时期，潍坊地域社会相对稳定，政府先后实施租调制、屯田制和占田课田制，改善农民处境，提高农民的生产积极性。胡质（？—250）任征东将军、都督青州时，“广农积谷，有兼年之储；置东征台，且佃且守；又通渠诸郡，利舟楫”[①]。

---

① 《三国志·魏书·胡质传》。

南北朝时期，潍坊地域处于战事频发地带，农业生产破坏严重。进入北魏，政府实行均田制，流离的劳动者重新跟土地结合起来，农业生产有所恢复，贾思勰在《齐民要术》中记载的内容大多是这个时期的社会经济情况。

隋朝统一后，实行均田制，减轻赋税徭役，农业生产有所发展。隋末，再度跌入低谷。唐朝建立后，社会环境长期稳定，农业经济有了明显发展。702年，北海县令（县治营丘）窦傸在营丘故城（今山东省昌乐县营丘镇古城村）东北开渠，引白浪河水灌溉农田。渠道深1丈、宽5丈，长约15千米，后人称为“窦公渠”。唐朝前期，人们在潍水诸城段筑堰，蓄水为塘，方10千米，灌溉农田约万顷。高密的夷安泽，东西50余千米，人们修渠、建塘，灌溉农田约万顷。密州辅唐县（今山东安丘）曾堰截浯水南入荆水（浯水支流），灌溉农田数万顷。至唐朝中期，建设的塘堰和赖之灌溉的稻田犹存。

隋唐时，潍坊地域人们种植的农作物以谷粟为主，也种植水稻。青州北海郡向朝廷贡奉的土特产有仙纹绫、丝、枣、红蓝、紫草等，密州高密郡贡奉的土特产为赀布、海蛤、牛黄。唐代的青州地域盛产甘草、防风、麻黄、半夏、水苏、大枣、牛膝、五味子等中药材。

北宋时期，“青齐之国，沃野千里，麻桑之富，衣被天下”①，人们普遍依靠植桑、种麻、养蚕生活，使得天下的人都有衣可穿，从而使潍坊地域的桑麻业闻名天下。这时，历史悠久的枣依然是地方名产，“青州出者，形大核细，多膏甚甜”②，按照传统每年继续上贡朝廷。

北宋时，潍坊的养马业发达。青州、密州、潍州等地在京东东路产马最多。

---

① 〔宋〕孙觌：《鸿庆居士集》卷二六《李祐除京东转运副使》，《文渊阁四库全书》本。

② 〔宋〕唐慎微：《证类本草》卷二三，四部丛刊景金泰和晦明轩本。

## 二、手工业

### （一）纺织业

魏晋南北朝时期，山东地区的植桑养蚕技术及丝织业生产居全国之首，而青州延续了历史传统，一直是丝绢的主要产地之一，丝绸贸易繁荣。1971年，青州城南傅家庄发现一座石室墓，出土了9件北齐时期的石刻画像石。画像内容分商旅驮运图、商贸洽谈图、出行图、象戏图等，生动地刻画了墓主人经营丝绸的生活片断，反映了丝织贸易的具体场景，证明青州地域在北齐时与西域有着广泛的商旅往来，其中丝绸贸易占主导地位。

到了唐代，青州、密州等地的桑柘种植更加普遍。青州是“农桑连紫陌，分野入青州”[①]，密州是“饮马胶川上，傍胶南趣密。……落晖隐桑柘，秋原被花实”[②]。杜甫《忆昔》诗：“齐纨鲁缟车班班，男耕女桑不相失。”唐代，青州等地始终是纺织品的主要供应地。742年，青州纳绢户数为1017534户，纳绢人口数为6743162人，占全国纳绢人数的1/3以上。青州的纺织业在山东境内首屈一指，其中青州生产的仙纹绫是驰名全国的优质品。唐代开元年间，北海绢名闻京城，价格不菲。北海的素绢，在唐代确定的八个等级中位列第五等，赢得天下最佳声誉的应该是经过印染、刺绣等深层次加工的产品，不少北海人家世代从事丝绢染业。

在战乱不断的五代时期，潍坊丝织业依然发达。后梁乾化元年（911）十月，太祖朱温率军北征，密州奏助军绢2000匹，平卢节度使进绢5000匹。北宋时期，山东地区所产丝织品统称“东绢”，与“蜀锦”“婺罗”鼎足而立，是全国三大丝织业中心之一。宋真宗大中祥符九年（1016），“和买绢”制度首先在山东地区推行，从山东“和买”的绢帛，每年达30万匹左右，另于青州、潍州、密州“和市”素纥绝（一种白色的粗绸）。青州织锦院是主要的官营纺织基地，负责织造军队用的布帛和宫廷、官府用的名贵丝

---

① 〔唐〕李端：《送陆郎中归田司空幕》，见《全唐诗》卷二百八十五。

② 〔唐〕苏颋：《晓济胶川南入密界》，见《全唐诗》卷七十三。

图 2-2-1　商旅驮运图

织物，生产的锦绮、鹿胎、绫透背、六铢、龟壳等丝绢产品，工艺复杂，花纹丰富多彩。青州仙纹绫、密州绢、潍州综丝素絁等，是地方上贡的传统精品。宋代，除官营纺织业外，潍坊地域的私营纺织品作坊也很多，在青州甚至出现了专门从事纺织生产的机户，这是商品性家庭丝织业生产发展的突出标志。北宋哲宗元祐年间，知青州、资政殿学士王安礼“在任买丝”“勒机户织造花隔织等匹物”，偷运到京城，出售获厚利，这批货是“青州生花白隔织三百二十匹”。[①] 可见青州纺织机户之多、纺织规模之大。

元朝时期，山东依然是全国丝织中心之一，益都是核心产区。丝料是朝廷的主要赋税来源之一，元仁宗延祐年间（1314—1320），益都路每年纳丝一万多担，是山东纳丝最多的。

（二）陶瓷业

潍坊境内，自上古就有黑陶工艺传承，但瓷器的烧制在潍坊比较晚。在临朐发现的瓷窑遗址，是潍坊陶瓷制造业出现的标志。

图 2-2-2　五井窑址出土物

① 〔宋〕李焘：《续资治通鉴长编》卷四百四十九。

1982年，在临朐五井发现瓷窑遗址，窑址位于今临朐县五井镇五井村北，器形有碗、罐、盆、瓶、钵、盘等，其中碗的数量最多。胎质较粗糙，胎色白泛黄或泛灰，釉色有白釉、青釉、黑釉，器物均内施全釉，外施半釉。碗等器物有的内底有3—4个支钉痕，有的内底刮涩圈。一般认为该窑址创烧于北宋（也可能是晚唐），盛烧于金元时期，规模不大。从产品的种类、胎质、釉色等方面看，这是一处普通民窑。另外，史书中有记载说宋代的青州有“青州窑”，生产“青州白瓷”，存疑俟考。

（三）制盐业

潍坊自上古时代就是重要的海盐产区。

十六国时期，南燕在乌常泽（今山东寿光东北）设盐官。北魏时期，潍坊的盐业生产以官营为主导，政策变换不定：或是彻底垄断，政府设置盐池都将，自产自销；或者允许民间采盐，政府收取盐户一定的税或贡物。东魏前期，海盐生产完全是民间自营，政府不征税，刺激、推动了盐业生产。东魏后期，政府垄断了沿海四州的盐业生产，在青州置灶546个，收税支持军费开支。在这种垄断经营中，青州发展成为中国北方的第二大产盐区。

隋唐五代时期，潍坊地域的海盐产量不断上升，产出的白盐供食用，黄盐供杀茧[1]等手工业使用。其中，潍坊以黄盐生产闻名遐迩，“以作鱼鳏及咸菹，乃言北海胜”，号称“北海盐”，远销京都及全国各地。[2]煮盐业成为隋唐时期潍坊区域经济的重要产业，“青州古齐，号称强国，凭负山海，擅利盐铁”[3]。煮盐业也是国家的重要财源，唐朝后期在青州等地设置榷盐院。到了五代时期，盐业管理趋于严厉，后汉高祖天福十二年（947）规定，对贩运私盐者，不计斤两，均处极刑。

宋金时期，盐税是朝廷的重要财政收入。宋代统一全国后，“天下盐

---

① 使用黄盐杀茧，缫丝容易而丝质坚韧。

② 〔唐〕苏敬撰，尚志钧辑校：《新修本草》，安徽科学技术出版社2004年版，第287页。

③ 〔唐〕杜佑：《通典》卷一八〇《古青州·风俗》。

利皆归县官，官鬻通商随州郡所宜，然亦变革不常，而尤重私贩之禁”[①]。宋建隆二年（961），国家制订了严苛的“官盐阑入法”[②]，规定违禁买卖私盐者会被“黥面送阙下”，甚至处死。即使在允许盐业经营的地方，也规划了严格的地理界线，不得跨区销售。宋太宗雍熙元年（984），推行“折中法”，即由官府控制盐产，换取商人物资，以供边塞军需，在青州、密州等重要产盐区设置盐场或盐务。这时，潍坊沿海地区出现了大量专门从事盐业生产的盐民，“盐民没利家海隅，奔走末业田园芜”[③]。内地居民见从事盐业生产获利甚丰，不惜放弃了传统的男耕女织，离开家乡聚涌至海滨地带，改行从事盐业生产。“密州涛洛场”一年出售盐32000余石，除了满足本地使用，还供应潍州等地，成为山东最重要的盐场；另外，潍州、青州两个产盐区，也在今天的潍坊境内。庆历元年（1041）冬，朝廷“弛禁，听人贸易，官收其算”[④]，停止了对密州的年度盐税，海盐销售到鲁西一带，盐业生产发展提速。

金朝，国家经费开支唯赖盐课，潍坊地域依然是重要产盐区。为了保证盐税征收，国家在这里设有益都盐司，大定十三年（1173）四月，并入山东盐司。盐利巨大，盐价由官府控制。

元代，潍坊的制盐业在全国仍然名列前茅。元太宗施行“盐法”，于1230年设立益都课税所管理盐税，“拨灶户二千一百七十隶之，每银一两，得盐四十斤”。中统四年（1263），“令益都山东民户，月买食盐三斤；灶户逃亡者，招民户补之。是岁，办银三千三百锭”[⑤]。元政府严控盐业从业人员的规模，控制食盐价格，甚至还规定了百姓每月购买量，采取了定员定量定价定税的管理办法。

---

① 《宋史·食货志下三·盐上》。
② 阑入：没有取得凭证而擅自经营。
③ 〔元〕黄庶：《伐檀集》卷上，《文渊阁四库全书》本。
④ 《宋史·食货志下三·盐上》。
⑤ 《元史·食货志二·盐法》。

（四）制砚业

砚，又称研，与笔、墨、纸一起被称为“文房四宝”。潍坊境内的砚台产地主要集中在青州、临朐一带的山区。

临朐县沂山山麓的土中出产紫金石，色紫，质坚，适合制砚。这种紫金石从晚唐开始大量开采用于制作砚台，到宋朝初年，石材就已经很少了。

青州境内的淄河水中出产蕴玉石，制作的砚台纹理细密，不着墨，墨无光。

金雀石产于青州的金雀山，色绀青，质坚，适合制作砚台。

今潍坊地域在古代所产的砚石，以石末砚和红丝砚最为著名。

唐代“青州石末砚”，是由潍河的潍水石制成，当地人取潍河里的石头研碎，用水澄清洗净，制胚定型，煅烧成砚。到了宋代，青州、潍州一带生产的这种石末砚是一种瓦砚，发墨效果好，但质地稍粗，损坏笔锋。

青州红丝砚并不逊于最负盛名的端砚。红丝石的外层有或白或赤的表

图 2-2-3　黑山红丝石洞遗址全景

皮，花纹像林木的样子。加以打磨，就会露出红黄相参的纹理，两种颜色都不很深。理黄的，其丝红；理红的，其丝黄。如果其纹上下通彻匀布，这样的石头是最难得的。还有理黄而纹如柿者，或者没有纹而纯如柿者，或者理纯红而纹为深红者。如果是黄红相杂而不成纹，就是下品了。

（五）采矿业

在元代，益都生产黄金，设有淘金管理机构。采铜业由朝廷控制，至元十六年（1279）有从业户1000家，地点在临朐县七宝山等处。

## 第三节　宗　教

宗教的传播、发展和兴盛，与统治者的喜恶以及地域文化传统有直接关系。潍坊地处齐鲁腹地，长期浸润儒家思想。同时，潍坊也是道教发源地，道教一直盛行不衰。潍坊自古就有兼容并蓄的文化传统，外来佛教传入后，也得到传播、发展。

### 一、魏晋南北朝时期的宗教

（一）佛教

早在东汉，以青州为中心的潍坊地域已有佛教传播。北魏、北齐最高统治者多提倡和崇奉佛教，青州佛教发展进入兴盛期。魏太武帝灭佛时，青州属南朝管辖，并未受影响。北齐时期，青州成为外地高僧云游传播佛法的首选地，高僧僧朗、法显等都和青州有不解之缘。青州本土也涌现出很多知名僧人。随着佛教的快速发展，青州的佛教造像、石窟摩崖造像活动兴盛起来。青州一带寺院林立，成为山东东部的佛教中心。

青州寺庙数量位列山东各州之最。西晋惠帝太安元年（302），青州兴建宁福寺。慕容德在高僧僧朗指点下，在广固城建南燕国后，修建皇家寺庙七级寺和皇化寺，推动了佛教传播。东晋咸和年间（326—334），法云寺住持竺法汰在沂山东麓法云寺旁兴建明道寺，香火极盛。北魏时虽有太武帝灭佛，因青州一带当时隶属南朝刘宋，并未遭劫，寺院建设进程反倒有所加快。北魏文成帝和平三年（462）临朐石门寺始建，北魏正始五年（508）青州黄楼建兴国寺，北魏孝昌二年（526）青州城北建吉祥寺，北魏永安三年（530）青州南柳镇建石佛寺，北魏永熙年间（532—534）青州东夏镇延祥寺兴建。还有见于《高僧传》《续高僧传》记载的孙泰寺、大业寺、道奘寺和游德寺等名寺。自西晋太安元年（302）至北齐武平四年（573）近300年间，青州修建的寺院总数达200余所。[1]青州广固寺、皇化寺、南阳寺、广福寺、明道寺等均为当时名寺。

广固寺：位于城西门阳水北岸，因寺内建有七级佛塔，又称七级寺、七庙、郊庙、南郊之庙等称呼。广固寺是僧朗在南燕国开国皇帝慕容德资助下修建的皇家寺院，是山东唯一在正史有记载的一座古寺。

皇化寺：僧朗为慕容德营建的第二座皇家寺院。自南燕国初年始建，至北宋末年，皆称皇化寺，金、元两代则称普照寺。

南阳寺：南阳寺为龙兴寺前身，最早为北海太守刘善明故宅，位于府城西北隅，北魏至北齐时为最盛。

广福寺：建于青州城南劈山东麓，隋朝改称胜福寺，唐朝改回广福寺。创建时间无考，坊间流传“先有广福寺，后有青州府”之说，可知其创建时间之早。

东镇沂山在魏晋南北朝时期也是佛教胜地，沂山及周围寺庙150余处，僧尼达千人。

明道寺：为东镇沂山名寺。东晋咸安元年（371），法云寺住持竺法汰于沂山壶口瀑布、汶水北岸修建。北齐最盛时，明道寺有殿堂斋舍200余间，石造佛像400余尊，僧伽近百人，是东镇梵宇之冠。明道寺毁于唐末“会昌法难”。

北魏孝文帝延兴初年，沂山以明道寺为核心，再增悬泉寺、柳泉寺、

---

① 隋同文：《青州上下五千年》，青岛出版社2010年版，第96页。

图 2-3-1　明道寺遗址全景

朝阳寺、白玉庵等寺庙，在沂山主峰周围形成了寺院聚落。

诸城青云寺一度是历史上的名寺。青云寺至晚建于北魏，历经北魏、东魏、北齐三朝。

诸城大觉寺位于西关，建于后魏，唐贞观十三年（639）改名龙兴寺。

此外，寿光、潍县、高密、昌乐等地也广建佛寺。寿光龙兴寺位于寿光城东南十五里东方庄北，建于北魏承明元年（476）。潍县东明寺建于城西永平社 8 千米，至迟建于后晋。

寺院的兴建为高僧大德修行传法提供了场所，外来高僧大德到青州修行传教，如僧朗、佛驮跋陀罗、法显、神秀等高僧大德对青州地区佛教的发展起了重要推动作用,同时也借他们的影响力提升了青州佛教的地位和声誉。

潍坊最早、最有名望的外来高僧当属佛图澄的弟子竺僧朗。僧朗被尊称为朗公，是当时北方知名高僧，也是山东佛教奠基人，他兴建了山东最早的佛教寺院朗公寺，是济南灵岩寺的开山祖师。僧朗为慕容德指点迷津在广固城建立南燕国。慕容德登基后，封僧朗为“东齐王”，赐给两县租税。僧朗推辞了封号，用租税广兴佛事，修建了皇家寺院七级寺和皇化寺，故在今青州有朗公山和朗公洞。僧朗在青州推行“斋讲”的弘法形式，在城区或乡间集市设置坛场，由僧人或居士宣讲佛法，对青州佛教的传播和发展影响深远。

高僧法显是国内第一个去天竺（今印度）取经并带回佛经的僧人，比玄奘早 200 多年。他在天竺游历了 30 余个国家，取经 15 年，抄写佛经数百万字。东晋义熙八年（412），法显自海路归来，从青州长广郡界牢山（今青岛崂山）上岸。长广郡太守李嶷一向敬信法显，亲迎至郡城。青兖二州刺史刘道怜邀法显至青州七级寺居留达一年之久。期间，法显整理和翻译从印度带回的梵文经卷、讲经弘法、受戒僧徒，对青州佛教的发展起到重要推动作用。

神秀是禅宗北派之祖，到明道寺弘法，吸引了众多信徒，扩大了沂山佛教的声誉。

僧远法师（414—484）也有在青州弘法的经历。他 31 岁时在青州孙泰寺南面开坛讲法，言论清畅，听众有 400 多人，莫不悦服。

竺法汰是佛图澄的弟子，曾在青州传法，是法云寺住持；于沂山创建明道寺，一时间佛门弟子云集，车马载道，香火极盛。

此外，高僧道奘、道明、道宗、道猷、僧密等，也在青州一代有弘法活动。同时，青州一带还涌现出不少知名的本土僧人。

释真玉，俗姓董，青州人，修行极高，名震海岱。天保年中，北齐文宣帝召集讲法大会，各地高僧云集邺城，以释真玉称首。日常，释真玉身边的弟子有数百上千人。

慧晖，俗姓骆，青州人，6 岁时信佛，18 岁在乐安寺出家。经过十多年研习，慧晖在京都享有盛誉，南朝的僧尼无不登门学习，王公贵族、黎民百姓对其无不敬重。

释道嵩，俗姓夏，高密人。10 岁出家，沉隐有志向，专好律学，能够诵经 30 万言，不喜财物，性好檀舍，所有财物都分给了信众。南朝刘宋元徽年间，释道嵩到京师钟山定林寺居住，从其出家受戒者甚众。

随着佛教的兴盛，其弊端也逐渐显现，带来了一系列社会问题，帝王开始灭佛毁佛。潍坊地域的佛教在北魏太武帝灭佛时因隶属南朝而幸免于难，但在北周武帝及北齐境内的灭佛活动中受到沉重打击，佛家经典、寺院建筑遭到的破坏，从青州龙兴寺出土的窖藏佛像残毁状况可见一斑。

（二）道教

沂山泰山祠始建于西汉太初三年（前 102），此后历朝帝王多立祠祭祀，沂山成为潍坊乃至山东地区重要的道教圣地。

魏晋南北朝时期，道教处于承上启下的分化和演变时期。西晋时，道教采取与政府不合作态度，经过几次大的波折，至东晋，道教已渐衰微。北朝时期，道士寇谦之（365—448）改革“新天师道”，得到魏太武帝尊崇，道教成为北魏国教，道教大兴，“馆舍盈于山薮，伽蓝遍于州郡”，“乃有缁衣之众，参半于平俗。黄服之徒，数过正户”。[①] 北魏孝文帝延兴初年，沂山再增白玉庵。到东魏末年，临朐县已有道士 150 余人，道徒近万人，建庙观十余座。

魏晋南北朝时期，潍坊地域的道观建设主要集中在沂山及其附近。

东镇庙：始建于西汉，位于沂山东麓九龙口、东镇庙村东侧，宋朝初年迁于今址。

白玉庵：于北魏延兴初年建于临朐沂山。

东魏末年，临朐城建有紫云观，乡下建有长春观、尧山庙、灵山庙等。

在潍坊市区，玉清宫是比较古老的道教活动中心，距旧城北门约千米，俗称“北宫”。据《重修玉清宫碑记》载，“玉清建于东晋升平间，历南北朝唐宋元明”。

潍坊外来道士为道教的发展传播作出了重要贡献。

最早的道教传播者是西汉初年的李少君。元封四年（前 107），李少君

① 〔清〕严可均：《全上古三代秦汉三国六朝文》，中华书局 1958 年版，第 3828 页。

到临朐传道，先居于石门山，后转至沂山朝阳洞，弘扬道术，附近的百姓纷纷前来求丹问道。汉武帝广招天下方士求长生不老法的时候，李少君离开沂山到长安。

东汉光武帝建武年间，山西道人纪冉先入驻东镇泰山祠，数年后徙居仰天山白云寺。纪冉以《道德经》为主宣讲教义，极少涉服食炼丹之术，信徒多，影响大。直至北魏，仍有信徒每逢纪冉忌日对其进行祭拜。

图 2-3-2　东镇庙遗址全景

汉献帝建安末，天师教教主张鲁派方士张丹诚到青州弘扬道义，后来也辗转到沂山设坛宣扬五斗米教，以天师道“设义施仁、济贫拔苦”教育信徒，禁止酗赌恶习。张丹诚传教数年，深得民心，弟子过千。张丹诚在沂山朝阳洞外建造了朝阳观。

新天师道教主寇谦之于北魏太武帝延和初年，自嵩山亲临青州凡山、沂山设坛传教，新天师道在他的推动下成为道教在潍坊的主要力量。

这一时期见于文献记载的潍坊本土有影响的道士相对较少，但儒学之士兼修道教的则大有人在，其中最具代表性的是曾任青州刺史的郑道昭。郑道昭政务闲暇便设斋筑坛，谈经论道，爱仙乐道的道家思想替代早期的儒家思想，成为他晚年的思想主体。他的《论经书诗》《咏飞仙室诗》《观海童诗》《置仙坛诗》等诗作以及在莱州云峰山、寒同山、大基山，平度天柱山，青州玲珑山留下的摩崖刻石是其对修道求仙生活的真情流露，其子郑述祖刊《天柱山铭》也谓其父“爱仙乐道”。

北齐时期道教、佛教发展迅猛，不仅道观、佛寺随处可见，而且道士、僧尼人数超过了正户，严重影响国家财力。北齐文宣帝天保六年（555）八月，北齐灭道，“敕道士皆剃发为沙门。有不从者杀四人，乃奉命。于是齐境皆无道士”①。北周建德三年（574），周武帝宇文邕敕废佛道二教，拆庙毁观，强令僧道还俗，史称“建德法难”。这两次法难，潍坊的道教活动受到了沉重打击。

## 二、隋唐五代时期的宗教

### （一）佛教

隋朝对佛教采取扶持政策，隋文帝诏令全国建佛寺、造佛像，开皇四年（584）发布敕令，对周武帝灭佛毁坏的佛像随寺观安置，不得损伤。隋开皇十四年（594）闰十月，按照朝廷的诏令，在东镇沂山依山立祠，增建青龙寺，扩修明道寺。唐龙朔年间（661—663），禅宗五世祖弘忍的弟子神秀到沂山说法，在山外九龙口增建凤阳寺。周武氏长安四年（704），武则天遣使修沂山寺院，在明道寺北建青竹庵。代宗大历间（766—779），在沂山开凿佛龛80余座，歪头崮等10处摩崖造像计200余龛。在唐代，沂山佛教达到空前繁盛，成为佛教发展的重心。

隋唐时期，青州、临朐山区的石窟和摩崖造像活动继续开展。驼山石窟造像最早开凿于北魏，主体部分则完成于隋唐。隋开皇元年至三年（581—

① 〔宋〕司马光：《资治通鉴》，中华书局1956年版，第5131页。

583），青州总管柱国平桑公韦操主持开凿驼山第三石窟；唐长安二年（702），青州驼山“谨施净材于驼山寺造石佛像”，共有石窟5座，摩崖造像群1处，石窟造像600余尊。隋朝开始开凿云门山石窟造像，至唐朝，共开凿石窟五座，造像272尊，其中，第五窟有唐开元十九年（731）益都县令唐纫撰文《云门山功德记》题刻，记载了石窟开凿的准确时间。临朐石门山摩崖造像开凿于唐天宝年间（742—756），位于崇圣寺北峭壁上，共有石刻造像70余尊。

唐末五代时期，唐武宗和周世宗发起法难，给予佛教致命打击。“会昌法难”中，佛寺被摧，造像被毁，僧尼被逐出寺院。其间，沂山除法云寺外，其余皆遭损毁。直到唐宣宗继位后再次重视佛法，佛教才得以恢复。

五代时期，统治者对佛教采取宽容态度，佛教出现中兴局面，到后周世宗显德二年（955），诏令整饬寺院，无敕颁寺额的寺宇全部停止活动甚至废除。潍坊地域的佛教发展渐趋式微。

隋唐时期，潍坊地域兴建了数量众多的佛寺，以青州为中心，遍及临朐、诸城、潍县、寿光、昌乐等地。

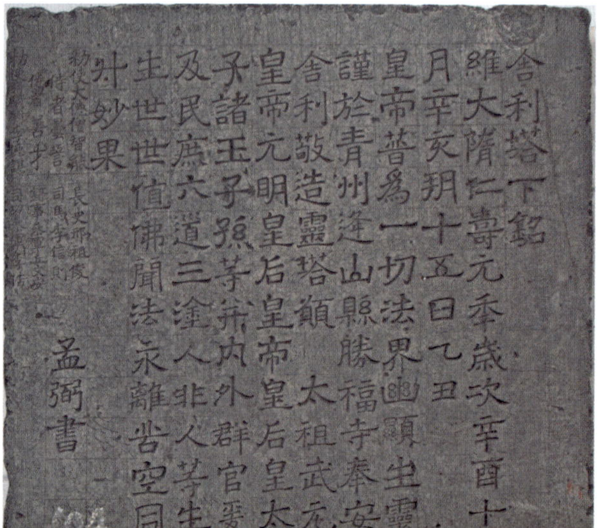


图 2-3-3 隋舍利塔下铭

广福寺：兴建于北魏时期的青州，隋朝改称胜福寺，唐朝改回广福寺。隋朝胜福寺因隋仁寿舍利塔而闻名。隋文帝仁寿元年（601），敕令在全国30个州30座寺院按照统一规制修建舍利塔，十月十五日，敕使大德僧智能、羽骑尉李德谌主持，青州长史刑祖俊、司马李信则、录事参军邱文安、司工参军李偕率僧俗众，在胜福寺奉安舍利，建造灵塔。借此，胜福寺得以名声远播。与本寺相关的物证有东魏武定二年（544）齐郡太守刘世明造像记、东魏时青州世家——崔氏家族20余人造像记、隋开皇十五年（595）张洪亮等人的造像记、隋《舍利塔下铭》石刻、唐弥勒石像。

皇化寺：宋朝皇化寺尚存，金朝后更名为普照寺。

玉泉寺：建于魏晋时期的青州，殿前置隋大业十一年（615）铁镬、元代铁釜、铁钟等物，殿侧有石刻观音画像一通，传为唐代画圣吴道子手迹。宋嘉祐六年（1061）为重瘗唐高宗、则天皇后所授舍利而铸建铁塔，本名“佛牙舍利塔”。

龙兴寺：北齐时为南阳寺，隋改为长乐寺。唐睿宗景云二年（711），更名龙兴寺。开成五年（840），日本高僧圆仁入唐求法，在龙兴寺停留。

大云寺：武则天天授二年（691），由青州道藏寺改建。

云门寺：隋朝始建于青州。

临朐沂山明道寺依然兴盛。隋开皇十四年（594）闰十月，朝廷诏令东镇沂山就山立祠，明道寺得到进一步扩修，规模更加壮观。

青龙寺：位于沂山附近。隋开皇十四年（594）建。

龙湾寺：位于沂山西麓天齐湾畔。隋朝建。

凤阳寺：位于沂山附近。唐高宗咸亨五年（674）建。

青竹庵：位于沂山。武则天长安四年（704）建。武则天遣使修沂山寺院，增修青竹庵。

崇圣寺：位于临朐县城西。始建于唐天宝年间。崇圣寺北面石壁开凿有摩崖造像，共有石雕佛像70余尊，多为唐天宝年间造像。雕像大都有铭刻，记录了当时造像情况。

诸城茂胜寺，在隋开皇四年（584）已经是享誉海内的名寺。唐武德六年（623），净土宗创始人善导在茂胜寺从明胜禅师剃度、修行。唐贞观三年（629），密州知州举荐茂胜寺高僧释明净到长安求雨有验，受到唐太宗、房玄龄礼重。

龙兴寺：位于诸城市区旧县署西北。唐贞观十三年（639），大觉寺改为龙兴寺。在该遗址中出土卢舍那放光碑和卢舍那丈八佛头。

图 2-3-4　青州龙兴寺遗址西北部

虹栾寺：建于东汉明帝永平二年（58），唐贞观元年（627）重建，宋仁宗天圣七年（1029）敕封白龙山寺。寺前有古塔。

玉泉寺：在诸城西北荆山社，距城 25 千米。唐贞观七年（633）建。

洪禅寺：位于诸城城北 30 千米的李丈集。唐咸亨二年（671）定名。

隋唐五代时期，潍坊境内除青州、临朐、诸城外，寿光、潍县也大修佛寺。主要有寿光的国兴寺、宁仪寺（又名铁佛寺，627 年建）、三教寺（828 年建），潍县的石佛寺（唐时为铁佛寺，后重雕石佛像，故名石佛寺）、观法寺等。

隋唐五代，潍坊地域有不少高僧往来传经。明胜法师，是三论宗（大乘空宗）创始人高僧法朗高徒，密州茂胜寺法师；善导禅师（613—681），俗姓朱，净土宗创始人，是来往诸城高僧中最具影响者，著有《净土法事赞》《观无量寿经疏》等。潍坊当地的高僧大德也不少，如释僧世，青州人，齐鲁名僧，隋开皇年间入京住兴善寺。隋仁寿年间奉敕送舍利于莱州弘藏寺，四年后又敕送密州茂胜寺。释明净，密州人，茂胜寺高僧。释明舜，俗姓张，青州人，曾经住日严寺等名刹。释保恭（561—621），俗姓崔，青州人，曾住持禅定寺、大庄严寺。青州人智贤和潍县人严峻、僧休复等也是见于记载的本土高僧。

图 2-3-5 唐铁佛造像

（二）道教

隋唐五代，由于统治者的提倡，特别是唐朝开国皇帝将老子视为李姓圣祖，采取了三教并存、道先佛后的宗教政策，道教得到空前发展，唐高宗时期达到巅峰。至武则天主政时，实行佛先道后政策，但其后基本采取佛道并行政策。唯有唐武宗坚决排佛，发动了“会昌法难”，对佛教造成致命打击。五代时期，周世宗也持排佛态度。

道教在唐朝最高统治者的庇佑下达到鼎盛，潍坊的道教宫观和道士数量有所增加。

沂山一带在隋唐时期发展成为重要的道教中心。隋开皇十四年（594）闰十月，隋文帝诏令在东镇沂山立祠，在法云寺旁创建东镇沂山神庙。唐贞观十年（636），诏封沂山为“东安公”，立《唐太宗诏封沂山为东安公碑》，沂山神始有正式封号。中宗嗣圣元年（684），李显委派工部尚书尹思贞代其祭祀沂山。武则天长安四年（704），武则天派遣使臣修缮东镇沂山祠。唐天宝元年（742），唐玄宗登基后遣使臣修缮东镇庙。后周太祖郭威于广顺二年（952）亲至沂山致祭。沂山本为佛教文化名山，历经北魏、东魏、北齐、北周、隋、唐等几个朝代，至宋代，沂山佛教已不再辉煌，而被东镇沂山神庙所取代，道教成为沂山宗教信仰的主流。

隋唐五代，帝王曾多次诏令在潍坊境内修建道观。在青州，建了简宁宫（五代时建）、龙山观（唐朝开元年间建）；在诸城，建了天齐庙（627年建）、皇姑庵（唐僖宗时建），等等。

隋唐五代，潍坊道教兴盛，道观林立，知名道士辈出。如王远知（528—635），琅邪（今山东青岛市黄岛区）人，谥号“升玄子”。隋炀帝大业年间，他在临朐紫云观、沂山明道寺传道修炼，主张儒释道三教合流，修炼时注重医方，不注重炼丹。唐调露二年（680）赐故玉清观道士王远知谥号“升真先生”，赠太中大夫；武则天临朝，追赠金紫光禄大夫；天授二年（691），改谥号“升玄先生”。刘玄通，王远知弟子，唐初在临朐紫云观设坛修炼，精通医学，传医方，医治民疾，得到信众推崇。吕洞宾，河间府人，唐末乾符年间（874—879）在东镇沂山传道，在沂山百丈崖下留有“吕祖洞”。李清，北海（今潍坊）人，少学道，隋开皇四年（584）入云门山修炼。精通儿科，疗之立愈。李清巡医遍及营丘、安丘、沂水等地，齐鲁从学者甚众。

## 三、宋金元时期的宗教

### （一）佛教

北宋，佛教发展几乎处于停滞状态，寺庙、僧尼数量大幅减少，直到北宋熙宁年间（1068—1077）佛教的颓势才有所改观。

宋金元时期，潍坊的著名佛寺主要分布在青州、诸城、潍州、寿光等地。青州一带，金大定年间（1161—1189）建有寺院10座，元至元元年（1264）到至正十三年（1353），先后兴建和重修寺院35座。

文殊寺：据宋真宗大中祥符年间（1008—1016）残碑碑文，以及附近山岩上为数众多的摩崖题刻，宋太祖赵匡胤遨游天下，见仰天山景色与梦中见过的景色非常相似，以为菩萨显灵，随即在此立寺，称文殊寺，又称仰天寺。现在这里能见到的千佛洞，内有造像（已毁），建于金承安三年（1198）。

图 2-3-6　仰天山文殊寺

到了元代，出现了如定慧寺这样极为罕见的佛道合一的寺院。

崇宁寺：创建于北魏末年，名为广福寺，隋朝改名为“胜福寺”。隋仁寿元年（601），僧智能奉敕建舍利宝塔。唐朝改回广福寺，宋徽宗时易名崇宁寺。

青州龙兴寺：宋代以前，龙兴寺为名寺。北宋中期以后，逐渐衰落。

宋金元时期，诸城一带的名寺也比较集中，主要有：龙兴寺，始建于唐代，宋代名寺；寿圣寺，原东汉虹栾寺，宋天圣七年（1029）闰二月改名寿圣寺，在诸城城东北白龙山，距城 25 千米；庆宁寺，在诸城城西北贾悦集南，距城 20 千米，金大定元年（1161）建；上清寺，元至大元年（1308）十月僧人兴随创建，在诸城城西枳沟集北，距城 20 千米。

潍坊市区的石佛寺，在潍城旧城区南寺前街。唐时建，宋咸平二年（999），玄德和尚募捐重修。至宋神宗时，寺院香火日盛。佛宇前有布袋和尚佛像石刻。兴复寺，潍城旧城区孙家涧头院庄，宋大中祥符五年（1012）建。另外还有洪福寺、崇宁寺、报恩寺、福胜寺、松岩寺等。

宋金元时期，寿光兴建的寺庙很多，如慈尊寺，建于宋大中祥符二年（1009）；阳和寺，建于宋庆历元年（1041）；太平寺，宋以前称回河寺，熙宁三年（1070）改为太平寺；兴国寺，元大德年间建；华严寺，元至元二十五年（1288）建；斟灌寺，元至正元年（1341）建。

宋金元时期，昌乐的佛寺有宝泉院、龙泉院、兴福院、卧佛寺。其中，宝泉院时名大圣院，宋庆历六年（1046）创立，金大定四年（1164）获赐，易名宝泉院。此外，高密、安丘、昌邑也有佛寺修建的记载。

宋金元时期，往来潍坊的高僧辩和尚（1081—1149），又称希辩禅师，江西洪州（今江西南昌）人，俗姓黄，为鹿门自觉的弟子，传曹洞正宗第十世嗣祖沙门。北宋徽宗宣和年间，辩和尚住持青州天宁寺，尝于室中设百问勘验修学者。他历住燕京华严寺、万寿寺、青州普照寺，鼓扬北地曹洞禅，后传法于大明宝（1114—1173）。金熙宗皇统九年（1149），辩和尚圆寂。辩和尚在青州创建普照寺，有“普照一辩”或“青州一辩”美称，世称青州辩和尚，集有《青州百问》一书。宋代，本土高僧普济和尚，俗姓孙，乐安人，于北宋神宗熙宁五年（1072）八月在逢山寺传法。

宋金元时期，不少文人士大夫潜心于佛法。苏轼的佛缘自不必说，单说赵抃知青州，在政务之余潜心参禅悟道，严持净戒，清净自修，摒去声色，日常以一琴一鹤自随。熙宁五年（1072）八月，得道高僧普济和尚在临朐城西逄山寺传法，正在潜心参禅悟道的赵抃让儿子赵屼、好友王居卿（字寿明，蓬莱人）、刘诏陪同，一起跋涉50多里路，虚心求法。这次会面，使赵抃向佛悟道的思想产生了飞跃，成为禅宗云门宗青原下第十二世人物。为纪念这一盛事，赵抃口述碑文，刘诏记录，赵屼书丹，王居卿篆额，赵抃主持立《逄山嘉祐寺仰天普济和尚传法记》碑。

（二）道教

五代时期，社会动乱，道教衰微，经籍亡佚，宫宇毁摧。宋代，最高统治者尊崇道教，赐封沂山，道教摆脱了颓败局面。

宋真宗大中祥符元年（1008）封东镇沂山为“东安王”，仁宗景祐三年（1036）亲赴沂山祭告，徽宗政和三年（1113）又诏封沂山为“东安王”；金世宗完颜雍巡游沂山；元成宗大德二年（1298），朝廷诏封沂山为“元德东安王”，御制封碑一通，立于东镇庙。随之，沂山道教在全国的地位和影响力大幅提升。

北宋之前，沂山是佛教的天下，宋金元时期成为道教中心。沂山深厚的文化底蕴以及秀美的山水，深受道家推崇，吸引众多仙道方士选择在此悟道修炼。这一时期，主要流行内丹派，于是在金元时期崛起了全真教。金章宗泰和七年（1207），全真道大师丘处机登临沂山歪头崮，次年在北侧修建“长春亭”。元代，以全真教为代表的道教蓬勃发展，修建的道教宫观多达12座。潍坊域内东有玉清宫，南有东镇庙，西有昊天宫，三座宫观屹立，将道教推向全盛。

道教全真派创始人王重阳（1112—1170），本名王喆，原名中孚，字允卿，入道后改名嚞（或喆），字知明，号重阳子，北宋京兆咸阳（今陕西咸阳）大魏村人。元世祖至元六年（1269），追封为“重阳全真开化真君”。元武宗至大三年（1310），封为“重阳全真开化辅极帝君”。真正把全真道推向鼎盛的是王重阳的弟子丘处机（1148—1227）。元太祖十五年（1220）正月，丘处机西行觐见成吉思汗，劝其寡欲止杀，深受成吉思汗器重。成吉思汗令其掌管天下道教，管理出家道士。东归以后，丘处机及其弟子们积极弘道传教，全真道于元初达到鼎盛。潍州作为从登莱通往山东腹地的咽喉，在金元时期是全真教早期的重要基地，马钰、谭处端、丘处机、刘处玄曾长期在此传教修行。

丘处机的高足尹志平创建了潍州玉清宫，主持潍州全真教务20多年。《潍州城北千户新观》是丘处机对刚刚建成的玉清观的贺诗，《八月十日自昌乐县还潍州城北玉清观作中秋诗十五首》描绘了他在玉清观过中秋节的情形。丘处机在玉清宫留有墨迹——马丹阳《归山操》碑。丘处机还倡建了益都（今山东青州）太虚宫。尹志平的徒子徒孙有200多人，建有两处分观，分别是望留麓台“修真观”和坊子区小赵“洞真观”。

马钰，号丹阳，宁海（今山东牟平）人，王重阳去世后接任全真教掌教。马钰在金大定二十一年（1181）东归后在潍州传教，结缘唐括夫人。唐括夫人把母亲申国夫人位于潍州城北的旧宅辟为庵堂，作为修行场所。这座庵堂与后来玉清宫的位置相近，可以说是潍州最早的全真教道场。

谭处端，号长真，宁海（今山东牟平）人，金大定七年（1167）拜王重阳为师，师兄马钰去世后接掌全真教。谭处端与马钰、丘处机、刘处玄都曾在潍州修行传教。

刘处玄，号长生，东莱（今山东莱州）人。金大定二十五年（1185）继任全真教掌教。昌邑与刘处玄很有渊源。昌邑人李颐真曾任金帐前左副都元帅、封武略将军，致仕归乡后，居于青石山下潜心修道，把自己的居所命名为“岁寒庵”。刘处玄多次过往昌邑，与李颐真多有交往。

宋金元时期，知名道观大都分布在沂山及其周边。

玉皇阁：位于沂山主峰玉皇顶，初建于西汉太初三年（前102），唐文宗开成元年（836）因佛道之争被焚毁。北宋初于原址重建祠堂3间，于祭祀日开庙。

碧霞祠：位于沂山歪头崮之南，始建于北宋景祐年间（1034—1038），又称“昭真祠”。

修真宫：位于青州弥河镇上院村，光绪《临朐县志》载：“修真宫，在县北十里养老院，宋建，元时修。”

王灵观：位于云门山山腰处，原来是灵光菩萨寺院，元代改为道观，名为王灵观，观内供奉玉皇大帝前“王灵官”韦陀，又称灵官庙。

天仙玉女祠：在云门山山巅。始建年代无考，最初是蒙古包式，元朝时改建为道士帽形状。该祠为石质无梁双拱建筑。

太虚宫：金章宗泰和七年（1207），丘处机到东镇沂山传道，青州知府赠予松林院，丘处机将其修整，题额“太虚宫”。

玉清宫：在潍县县治北约千米，俗称“北宫”。金大定时，丘处机大

图 2-3-7　修真宫旧址大门

弟子尹志平到潍州传道，女真贵族、潍州州将完颜龙虎将自家花园赠予他作为道观，方便修炼。此花园原是东晋道观，宋光宗绍熙三年（1192）完颜龙虎为尹志平请来御赐观额“玉清观”，元武宗至大二年（1309）改观为宫。尹志平在此居留 20 多年，全真七子经常在此活动。丘处机在此讲道，还谱写《马丹阳琴曲》。观内留存七子手书碑石多块，有丘处机书写的马丹阳《归山操》石碑、马丹阳示唐括夫人《满庭芳》词碑、谭处端书“龟蛇”

图 2-3-8　玉清宫“龟蛇”碑

碑[①]。元武宗至大三年（1310），玉清观奉敕改为玉清宫，香火旺盛，成为山东中部著名道教胜地。潍县玉清宫与崂山太清宫、上清宫被称为山东道教“三清”。

天仙宫：位于潍坊市潍城区旧城东南角，俗称“南宫”，始建于元至正二年（1342），为益都路道门提点张志功主修。潍县天仙宫与玉清宫形成一南一北格局，是重要的道教活动中心。

宋金元时期，潍坊地域内的寿光、诸城、临朐、昌乐、安丘、昌邑等地也建了数量众多的道观。利用这些道观，潍坊本域道士为道教的传播立下了汗马功劳。如徐问真，宋代潍州（今山东潍坊）人，潍城南宫道士；张志功，字善卿，世居北海苏村，于元惠宗时在玉清宫修炼，谥号明真悟理安然大师，继尹志平后为玉清宫住持。

## 第四节　文　学

魏晋南北朝至宋元，潍坊地域的文学长足发展。南北朝时期的刘孝标、任昉、史虚白，唐宋金元时期的韩熙载、李清照、侯寘、刘庭信等，都在中国文学史上享有盛誉。客籍潍坊的范仲淹、欧阳修、苏轼等更是提升了潍坊文学艺术的水平和影响力。

### 一、魏晋南北朝文学

#### （一）南朝一支笔——任昉及其著述

任昉（460—508），字彦升，谥号敬子，祖籍乐安博昌（今山东寿光）人。任昉年少时就有文声，16岁出仕，一生酷爱典籍，“家虽贫，藏书至万余卷”[②]，大多是稀见的珍本，是南朝著名的藏书家。任昉“雅善属文，尤长载笔，才

① 道教认为北方之神为玄武，形象为龟蛇合体，谭处端书为象形体草书。

② 《梁书·任昉传》。下同。

思无穷”，往往“起草即成”，不需做任何修改，同时代的王公大臣准备上呈的表奏没有不请他代劳的，甚至连皇帝的许多文章也出自他之手。任昉以表、奏、书、启诸体散文擅名，沈约以诗著称，时人称之“任笔沈诗”。任昉一生交友甚广，与萧衍（梁武帝）、沈约、谢朓、王融、萧琛、范云、陆倕过从甚密，世称“齐梁八友”，也称“竟陵八友”。

任昉历仕南朝宋、齐、梁三代。齐明帝（萧鸾）时，年仅18岁的任昉因才思敏捷，文笔超群，出任过太子掌兵校尉，掌管东宫书记，后任中书侍郎、司徒右长史参军等。33岁时，梁武帝（萧衍）任命他为骠骑记室参军，主持文翰书记，后又拜为黄门侍郎、吏部郎中、御史中丞、秘书监等职务，负责校勘国家的历史文书档案，“自齐永元以来，秘阁四部篇卷纷杂”，由于任昉的努力从而确定了篇章结构和主要内容。梁武帝天监七年（508），任昉病故，时年48岁。梁武帝萧衍追赠任昉为太常卿，谥号敬子。

任昉一生“所著文章数十万言，盛行于世”，撰著有《杂传》247卷、《地记》252卷、《文章》33卷、《述异记》2卷、《地理书钞》9卷、《任昉集》34卷、《文章始》1卷。①

任昉的《文章始》，自宋代起即被称为《文章缘起》，是第一部专门的文原学著作。《文章缘起》以战国秦汉以降的文章为研究对象，上起屈原《离骚》，下至晋殷仲文《从弟墓志》，是从战国至任昉生活年代以前的作品。全书所录85类文章名，表现出秦汉以后文章学发展的初始状态。与《文心雕龙》所标举的“原始以表末，释名以章义，选文以定篇，敷理以举统”②的系统研究相比，《文章缘起》是一种简要的簿录式载录，但这并不意味着它是没有内涵、没有选择的纯客观记录，“它体现出任昉关注的重点是脱离经学束缚之后个体的文章创作，它创造性地以簿录的方式，简省地记录了任

① 明人张溥辑有《任彦升文集》，清人严可均辑《全梁文》收其文64篇，近人逯钦立《全梁诗》辑其诗21首。

② 〔南朝梁〕刘勰：《文心雕龙》卷十，明嘉靖二十二年（1543）刻本。

昉心目中具有一定独立性与典范性的文章学谱系”[①]。在中国文学批评史上，任昉的《文章缘起》对齐梁时期的文章研究产生了巨大影响，唐宋元明清的诸多文章理论家都受到任昉的深刻影响。

（二）俯视一代的刘孝标

刘孝标（462—521），名峻，本名法武，字孝标，谥玄靖先生。《梁书》《南史》有传。刘孝标先祖刘植汉末任职平原太守，定居平原，为当地望族；十六国后期，刘孝标祖父刘昶跟随南燕主慕容德南迁，定居北海都昌（今潍坊昌邑），刘昶被刘裕任命为青州中从事，刘氏遂为北海望族。刘孝标的父亲刘珽仕宋为始兴内史，举家迁往江南，刘孝标出生在建康（今江苏南京）。但他刚出生，父亲便去世，母亲携年幼的孝标兄弟从建康回到故里，栖居在东阳城（今潍坊青州）。宋泰始五年（469），北魏占领青州，年仅 8 岁的刘孝标与母兄被掳至中山（今河北定州）为奴。齐武帝永明四年（486），刘孝标母子由代地辗转回到建康（今江苏南京），这才结束了艰难困苦、颠沛流离的生活。

刘孝标经历了宋、齐、梁三个朝代，对王朝兴替、官场沉浮、人生际遇有着比常人更深刻的感受。梁武帝天监初年，刘孝标被召入朝，与学士贺纵一起点校秘阁图书。其间，刘孝标开始汇集各种文史资料，为《世说新语》作注解。梁安成王萧秀十分看重刘孝标的才学，任荆州刺史时引刘孝标为户曹参军，为其提供了大量参考书籍。据此，刘孝标撰写《类苑》120 卷，自负地认为天下事毕尽此书，无一物遗漏。刘孝标的骈文在南朝作家中颇有特色，其代表作《山栖志》《广绝交论》《辩命论》，文辞优美。后来，刘孝标游于东阳紫岩山，筑室以居，聚徒讲学。梁武帝普通二年（521），刘孝标卒于东阳紫岩山学舍，终年 60 岁。

刘孝标因作品《〈世说新语〉注》闻名。刘孝标《〈世说新语〉注》（以下简称刘注）历享盛誉，与裴松之《三国志注》、郦道元《水经注》、李善

---

① 吴承学、李晓红：《任昉〈文章缘起〉考论》，载《文学遗产》2007 年第 4 期。

《文选注》等被公推为注家之楷模。刘孝标《〈世说新语〉注》为世人所重，主要有两个原因：一是内容浩博。据统计，刘注仅引用书目就达 400 余种，是裴注的两倍多。二是体例严谨。刘注的体例约略说来可分为补阙、纠谬、备异、论辩、存疑、释典、疏理、别见 8 项，其中尤以补阙、纠谬两者为最。关于补阙，凡《世说新语》所不载的或语焉不详的事与人等，刘注都援引他书予以补充，以增见闻。关于纠谬，凡《世说新语》所载，刘注认为明显有悖于事理、有乖于事实者，皆予以指出、纠正，这是最能体现刘孝标的学力与学识之处，被历代文史学家予以充分肯定。关于备异，凡其他材料有与《世说新语》所载不合者，刘注即将其附于文下，以广异闻，供后人判断取舍。关于论辩，凡《世说新语》所载，刘孝标认为不尽妥当或意犹未尽者，皆申以己说，有所论辩。关于存疑，凡《世说新语》所载，刘孝标对此有所怀疑但不能确定，或欲注其事却不知所以者，以“疑”或“未详”存之，以俟后人考证，这充分体现了刘孝标认真严谨的治学态度。关于释典，凡《世说新语》所引故事典实，刘注皆尽可能地原其本事，释其来源，以使后人知其始末，增加了解。关于疏理，凡《世说新语》所载之文难以理解者，刘注辄予以疏通条理，使行文及文义得以畅通无碍。关于别见，凡《世说新语》某则所提之人或事，在其他地方（包括《世说新语》正文和刘注）有较详细的介绍，即注以“别见”或“已见”以省文，前者为在其后将出现的，后者为在其前已出现的。总之，刘孝标以裴松之《三国志注》为榜样，在备异、纠谬的同时，着重于让读者了解其中人物发言、行事之时代背景，加深其认识。

刘孝标的《〈世说新语〉注》具有重要的史学价值与文献学价值，它不仅保留了大量的书名，还保留了许多书的内容，后人不仅可以从刘注的引文中去蠡测所引书的原貌，亦可借以整理已亡佚的部分书籍，体现其在文献辑佚方面的巨大价值。刘注赋予了《世说新语》以新的意义，没有把《世说新语》当作一部小说，而是看作一部记载历史人物和历史事件的史书，是汉魏以来东晋上层人物和名士真实生活的写照。所以在注疏时引用大量的史料以证其记载的真实性，遂使《世说新语》成为人们了解东汉至魏晋时期社会风貌的重要史料，其价值和纯粹的小说便有了天壤之别。可以说，是《世说新语》给了刘孝标展现才学的平台和天地，而《世说新语》也因为有了刘孝标的注而传之不朽。

## 二、隋唐五代文学

### （一）孤句横绝的崔信明

崔信明，生卒年不详，大致为隋末唐初人，出身于清河崔氏青州房。崔信明诗文俱佳，但作品传世甚少。《全唐诗》卷三八仅收崔信明一句“枫落吴江冷”及《送金竟陵入蜀》。

崔信明的一句“枫落吴江冷”获得了广泛赞誉。这句诗以情景交融感人。吴江枫叶的意象传达出的悲凉情感，如离愁别绪、羁旅之思、身世之感，得到后世诗人的传承，并赋予它更丰富、深刻的含义。李白有“枫落吴江雪，纷纷入酒杯”，吴曾《能改斋漫录》认为与崔诗“语同而意异”；杜甫七言律诗《秋兴》（其一）“玉露凋伤枫树林，巫山巫峡气萧森”，南宋洪迈“雨深人病菊，江冷客愁枫”，杨万里《题山庄小集》“向来枫落吴江冷，一句能销万古愁”，都可谓传承了崔信明的精神衣钵。

### （二）诗文俱佳的史虚白

史虚白（894—961），字畏名，青州北海人，谥冲靖先生，少隐嵩山，读书著作。史虚白才华横溢，诗文俱佳，著有《钓矶立谈》一卷，最为时人称道。

《钓矶立谈》是一部记载五代南唐兴亡史事的书，比较详尽地记述了南唐兴亡的史实。体例是先杂录南唐史实，然后以“叟曰”“叟谓”“叟尝谓”加以评论。全书共搜集史料 120 余则，在一定程度上弥补了正史记载的不足，其史学价值和文学价值被治南唐历史、文学者看重。

史虚白的诗文“词彩磊落，旨趣流畅”[1]。他的才华在宋齐丘与其比试时展露无遗，半醉时掣笔檄诗赋碑颂，各种文体一蹴而就，举座皆惊。

---

[1] 〔宋〕郑文宝：《南唐近事》卷一，《文渊阁四库全书》本。

史虚白属于“宗白体”诗人，他的诗作存世极少。有《割江赋》，“舟车有限，沿汀岛以俱闲；鱼鳖无知，尚交游而不止”。又有《隐士》诗一联：“风雨揭却屋，浑家醉不知。”诗讽南唐君臣。

### （三）风流之冠韩熙载

韩熙载（902—970），字叔言，北海人[①]，号韩夫子，谥文靖。

韩熙载才气俊逸，精音律，善书画，尤擅八分书。为文长于碑碣，颇有文名，与徐铉并称“韩徐”。韩熙载为后世所知，与画院待诏顾闳中所绘《韩熙载夜宴图》有关，这幅名画给世人留下韩熙载荒淫不羁、纵情声色的印象。这其实是对韩熙载的极大误解。韩熙载是胸怀宏伟之志、报国之心的，青年时期南渡投吴后经历坎坷，壮志未酬。晚年目睹南唐国势日蹙，难以匡救，不得不明哲保身，故作放诞之举。韩熙载一生著述颇丰，存文 8 篇，《江北行止》为其代表作。清人收入《全唐文》，名为《上睿帝行止状》。文末署顺义六年（926）七月，时年 25 岁的韩熙载新科登第，南渡投吴。文章开

图 2-4-1 《韩熙载夜宴图》

① 关于韩熙载的籍贯，有多种说法。祖籍为南阳（今属河南），其父光嗣，任唐秘书少监、淄青观察支使，徙家于齐，治所在今山东青州。他自撰《行止状》曰：“熙载本贯齐州，隐居嵩岳。”徐铉撰《唐故中书侍郎光政殿学士承旨昌黎韩公墓志铭》：“考（父亲）光嗣，秘书少监，淄青观察支使，故又为齐人。”马令《南唐书》本传、陆游《南唐书》本传、《十国春秋》本传、《资治通鉴》、《郡斋读书志》皆称其为北海人，因此，籍贯为北海比较适宜。

宗明义，直言籍贯、出身，仅用四字表明奔吴原因“慕义来朝”。随后笔锋转向阐述选贤用能的重要性，“是故有经邦治乱之才，可以践股肱辅弼之位。得之则佐时成绩，救万姓之焦熬；失之则遁世藏名，卧一山之苍翠”。接着介绍自己的才学和政治理想。“某妄思幼稚，便异诸童。竹马蒿弓，固罔亲于好弄；杏坛槐里，宁不倦于修身。”认为自己天赋异秉，志不贪恋竹马蒿弓，“但励志以为文，每栖身而学武”，志于读书习武。随后畅谈自己建功立业的宏伟抱负：“姓名遽列于烟霄，行止遂离于尘俗。且口有舌而手有笔，腰有剑而袖有锤。”有“但攘袂叱咤，拔剑长嗟，不偶良时，孰能言志。既逢昭代，合展壮图”的报国之志。韩熙载也表述了自己奔吴的决心：“出青山而裹足，渡长淮而弃繻。派遥终赴于天池，星远须环于帝座。”《江北行止》文采斐然，气势恢宏，通篇充溢着少年得志的锐气，由此落得了个狂妄不羁的非议，李昪并没有采纳他的建议。

韩熙载也擅长诗歌创作。保大十二年（954）春，韩熙载奉命出使后周，羁留北方，题《感怀诗》：“金风吹我寒，秋月为谁白。不如归去来，江南有人忆。”“未到故乡时，将为故乡好。及至亲得归，争如身不到。”表达了作为侨寓江南的北方士人无家可归的失落感。赠酬送别也是韩诗的重要题材，有《送徐铉流舒州（时铉弟锴亦贬乌江尉，亲友临江相送）》，诗中有“风满征帆泪满衣”“不堪波上又分飞”的句子；还有“几人平地上，看我半天中”的残句，水平甚高。

韩熙载亦善乐，所作“皆天下妙绝，弹丝吹竹，清歌艳舞之观，所以娱侑宾客者，皆曲臻其极”[①]。

## 三、宋代文学

### （一）好山深会诗人意——范仲淹

范仲淹（989—1052），字希文，谥号文正，追封楚国公。皇祐三年（1051）

---

① 〔南唐〕史虚白：《钓矶立谈》，《文渊阁四库全书》本。

图 2-4-2　范公井亭

初，63 岁的范仲淹从杭州以户部侍郎知青州，接替富弼充青、淄等州军安抚使。范仲淹在青州创作了不少体现“处江湖之远则忧其君”的诗词。如《尧庙》《石子涧二首》《登表海楼》。

（二）莫笑青州太守顽——欧阳修

欧阳修（1007—1072），字永叔，自号醉翁，晚年自号六一居士，吉州庐陵（今江西吉安）人，谥号文忠，唐宋八大家之一。熙宁元年（1068），欧阳修以知亳州转兵部尚书，改知青州，充京东东路安抚使，在青州任职约两年时间。欧阳修知青州时已 62 岁，历经几十年宦海沉浮，已萌生退隐之念。政务之暇，他寄情青州山水，创作了很多赞美青州山川风物的诗文。欧阳修的《表海亭》充满了思归的羁旅乡愁，《留题南楼》《山斋戏书绝句二首》《春晴书事》《游石子涧》《水磨亭子》《残腊》诗描述了知青州的生活，表现了他宽简为政、闲适悠然的心境。

思归颍州（今安徽阜阳）的羁旅乡愁是欧阳修青州诗的主要内容。欧阳修的颍州情结始于皇祐元年（1049），知青州期间又在颍州建造住宅。颍

图 2-4-3　三贤祠外景

州成为欧阳修魂牵梦绕的地方。赴青州途中，他写下《晓发齐州道中》“轩冕非吾志，风霜犯客颜。惟应思颍梦，先过穆陵关”，执政青州一年后的《青州书事》“君恩天地不违物，归去行歌颍水傍”，表达了思归颍州的情怀，熙宁二年（1069）《谒庙马上有感》“自怜思颍意，无异旅人愁”，思归颍州的情怀表达得更直接。据《续思颍诗序》记载，仅在知亳州和青州期间，欧阳修就创作了 17 首思颍诗，可见其思归心情的迫切。

欧阳修知青州期间，创作的散文多为奏表信札、墓志书序等应用文，最可称道者是碑文《泷冈阡表》。《泷冈阡表》作于熙宁三年（1070），是欧阳修在他父亲去世后六十年作的墓表。文章构思巧妙，明写父亲的生平，实写母亲的气节。行文重心在一“待”字，佐以无数“知”字，母子、父子之情跃然笔端。欧阳修是古文运动的倡导者，这篇文章体现了他的文学观念，堪称“千古至文”。

（三）赵抃青州诗作

赵抃（1008—1084），字阅道，号知非子，谥号清献，衢州西安（今浙江衢州）人。熙宁三年（1070）十二月以资政殿学士知青州，第二年三月赴青州任，熙宁五年（1072）闰七月离任。赵抃工诗善书，著有《清献集》。赵诗风格清丽，有陶渊明诗风。

《夏末喜雨》“酷暑骤祛还自喜，清风朝夕上楼台”，表达了因祈雨成功、大雨如期而至时的喜悦之情。《望海亭赏雪》“及目岚烟九霄近，漫川楼阁万家春”，赞美了青州的山水风物，也抒发了对时光流逝的感慨。《次韵王居卿提刑游云门山》咏出“千里峥嵘到忽平，兀然如觉梦魂醒。石通幽室心生白，径拥寒云步入青”。苏辙评其诗“清新律切，笔迹劲丽，萧然如其为人，盖老而益精，不见衰惫之气”[①]。

（四）苏轼在密州的文学创作

苏轼（1037—1101），字子瞻，号东坡居士，眉州眉山（今四川眉山）人。熙宁七年（1074）十二月，39 岁的苏轼由杭州通判改以太常博士、直史馆权知密州军州事，熙宁九年（1076）十二月离任。两年密州知州生涯，他在繁忙的政事之余，创作了诗歌 127 首，词 18 首，文 64 篇，共计 209 篇。[②]

苏轼在密州的文学创作，词的成就最高。从数量上看，仅 18 首，不及杭州词的一半。但以密州三曲（《江城子·密州出猎》《水调歌头·明月几时有》《江城子·十年生死两茫茫》）为代表，标志着他的词作以新题材、新意境、新风格进入创作成熟期。这三首词不仅是他的代表作，也是宋代词坛的代表作。苏轼创作的密州词，篇篇皆奇，呈现出前所未有的新气象。正是基于密州词作的实践，苏轼提出了词“自是一家”的词学观念。他既有传统的婉约词，又有豪放词，更创作旷达词。苏轼悼念亡妻的《江城子·十年生死两茫茫》是其婉约词代表作，作于熙宁八年（1075）：

十年生死两茫茫，不思量，自难忘。千里孤坟，无处话凄凉。纵

① 〔宋〕苏辙：《太子少保赵公诗石记》，见苏辙《栾城集》卷二十四，明清梦轩刻本。
② 朱靖华：《旷世英才在密州》，见李增坡主编《苏轼在密州》，齐鲁书社 1995 年版，第 406 页。

使相逢应不识，尘满面，鬓如霜。

夜来幽梦忽还乡，小轩窗，正梳妆。相顾无言，惟有泪千行。料得年年肠断处，明月夜，短松冈。

这首悼亡词，词句清新雅洁、明白如语，却有一种深幽曲折的艺术魅力。可以说，苏轼创造性地开拓了婉约词的词境，提高了婉约词的格调。

《江城子·老夫聊发少年狂》是苏轼豪放词代表作：

老夫聊发少年狂。左牵黄，右擎苍。锦帽貂裘，千骑卷平岗。为报倾城随太守，亲射虎，看孙郎。

酒酣胸胆尚开张，鬓微霜，又何妨！持节云中，何日遣冯唐？会挽雕弓如满月，西北望，射天狼。

这首词作于熙宁八年（1075）十月，以其祭常山，与同官会猎于铁沟附近的一次经历写就。在写作这首词的同时，他还创作了诗《祭常山回小猎》：

青盖前头点皂旗，黄茅冈下出长围。
弄风骄马跑空立，趁兔苍鹰掠地飞。
回望白云生翠巘，归来红叶满征衣。
圣明若用西凉簿，白羽犹能效一挥。

诗与词都以“密州出猎”为题材，这是他自觉地在尝试“以诗为词”的艺术实践，用行动改变“诗庄词媚”、词为诗余小道的传统观念。作者以自己的实践证明，词也能像诗一样“无意不可入，无事不可言”[1]。诗更重

① 〔清〕刘熙载：《艺概》卷四《词曲概》。

于叙事性，前六句写出围猎的全过程，词则着力于内心郁结的倾泻。就抒情性而言，词比诗更充沛、生动，抒发情感更酣畅淋漓。苏轼的词作创作，体现了他对词的全新追求和探索，奠定了他在词史上的地位。《水调歌头·明月几时有》作于熙宁九年（1076）中秋，是苏轼任密州知州的第二年。这是中秋词中最著名的一首，也是苏轼密州词的另一座高峰：

明月几时有？把酒问青天。不知天上宫阙，今夕是何年。我欲乘风归去，又恐琼楼玉宇，高处不胜寒。起舞弄清影，何似在人间？

转朱阁，低绮户，照无眠。不应有恨，何事长向别时圆？人有悲欢离合，月有阴晴圆缺，此事古难全。但愿人长久，千里共婵娟。

这首词通篇都是咏月。有些评论家把它划归豪放词，但豪放词更多的是激越雄健、慷慨悲壮，《密州出猎》就是典型。而这首词的词情更多的是表现洒脱、飘逸和旷达超然，词境疏朗开阔。这首词境界结构上大开大阖，情绪上大起大落，把词人洒脱旷达的情怀表现得淋漓尽致。

苏轼用词作表达了对密州山水的喜爱。从他词作中可以明显感觉到情感的变化：从初到密州时的寂寞清冷，“寂寞山城人老也，击鼓吹箫，却入农桑社。……火冷灯稀霜露下，昏昏雪意云垂野”（《蝶恋花·密州上元》），到慢慢喜欢上密州，他眼中笔下的密州充满了韵致，由衷地进行赞美，“春未老，风细柳斜斜。试上超然台上看，半壕春水一城花。烟雨暗千家”（《望江南·超然台作》），“东武南城，新堤就，邦淇初溢。微雨过，长林翠阜，卧红堆碧”（《满江红》）。

苏轼在密州创作诗歌127首，其诗歌风格与杭州诗相比也有明显的变化，从壮怀激烈变得从容淡然，更加蕴藉深沉。苏轼密州诗歌的主要内容有三类，一是悯农诗和反对新法的政治诗；二是表述自己胸襟的诗，以“超然诗”为代表；三是描写自然风光和风土人情的诗。诗歌题材丰富，几乎达到无事不可入诗的地步。大部分诗歌注重情感的抒发和对人生际遇的感慨，抨击新法和直面反映社会现实的诗歌则比较深沉浑厚，对自然山水风物的描摹则充满深情。体式上，堪称诸体皆备，以五古和七律为多；在表现方法和技巧上显示了其高超的才学，比如密州诗对险韵的追求，在《雪后书北台壁》一诗中咏出“试扫北台看马耳，未随埋没有双尖”的句子，下句“双尖”从上句“马耳”生出而相对，颇有意象。

苏轼是极具创造性的全能型文学家，除了词和诗，他的散文创作亦成就卓著，被称为唐宋古文八大家之一。他在密州创作文共计 64 篇，其中最负盛名的是《超然台记》《后杞菊赋》《醉白堂记》。苏轼知密州次年，蝗灾治理初见成效，局面有所改进，民风淳朴，他的情绪也逐渐舒缓，于是便修筑了超然台，于熙宁八年（1075）十一月写了《超然台记》，提出了“超然于物外”的思想。文章共 600 字，先阐明物与欲的关系，借助自己的境遇，探讨“乐哉游乎”的生活，最后突出“游于物外”的题旨，层次分明，前后呼应。全文议论精辟博辩，叙事简洁凝练，写景明丽清峭，语言清新自然，充分展示了苏轼文笔洒脱自如、悠远散淡的特点。苏轼通

图 2-4-4　超然台

过这篇文章阐述了他的超然思想，所谓超然之乐，其实也含有政治失意的辛酸。苏轼的内心世界是矛盾的，既不能脱离官场，又希望寻求内心的超然、平静，正是这种矛盾使得文章意味深长。“超然”思想不仅是他密州时期创作的重要内容，是他思想成熟的标志，也是他此后屡遭贬谪但始终旷达乐观的精神支柱。

（五）贵典重、主情致、有故实——李清照

李清照（1084—约1155），号易安居士，齐州章丘（今山东济南市章丘区西北）人。建中靖国元年（1101），18岁的李清照嫁给密州赵明诚。大观二年（1108）秋，赵明诚受其父赵挺之结党事罹祸，与李清照自京城回到青州，屏居乡里，至建炎元年（1127）冬天，金兵入侵，南下江宁避祸。从24岁到44岁，李清照在青州生活了近20年。屏居青州，夫妻俩情趣相投，诗词酬答，这是李清照一生中最为安定和幸福的时光。他俩极其仰慕陶渊明的归隐生活，用《归去来兮辞》“审容膝之易安”句，将居室称为“易安室”，李清照也自号“易安居士”。李清照为世人称道的诗词大多作于这个时期。

图 2-4-5　青州李清照纪念馆内景

李清照南渡前的词大致分为两类，第一类写于宣和三年（1121）之前，以描写自然景物、歌咏爱情为主，风格清丽闲雅；第二类写于宣和三年后，赵明诚出知莱州、淄州，李清照独居青州，以及后期随夫居淄州生活期间的词，多抒发离情别意和一些低落、激愤情绪。

屏居青州期间，李清照写下

了许多脍炙人口的“闺思”佳作，多抒发与丈夫离别相思之苦。如《一剪梅·红藕香残玉簟秋》《小重山·春到长门春草青》《醉花阴·薄雾浓云愁永昼》《蝶恋花·晚止昌乐馆寄姊妹》。

李清照还完成了中国文学史上第一篇系统的词学专论《词论》。《词论》不足千字，先是简明扼要叙述词的发展史，随后用犀利的语言评点前辈及同辈词人词作，最后提出词“别是一家”的观点，主张词有自己的独特风格，从形式和内容都是区别于诗的独立存在，是用来配乐演唱的歌词，要符合音律，内容要高雅、典重。《词论》用主要篇幅来评析历代词人词作，涵盖了宋朝词人柳永、张先、宋祁、宋庠、沈唐、元绛、晁次、晏殊、欧阳修、苏轼、王安石、曾巩、晏几道、贺铸、秦观、黄庭坚等名家名作。

李清照亦能诗，但存世仅 10 首，诗风一扫儿女私情，豪迈而有大丈夫气魄，充满了忧患意识、慷慨激昂的爱国情怀以及人生感悟。这在《乌江》诗中展现得淋漓尽致：

生当作人杰，死亦为鬼雄。
至今思项羽，不肯过江东！

这首诗作于建炎三年（1129），李清照乘船从南京出发，路过当年项羽兵败自杀地时写下的。诗歌豪迈坚决，令须眉愧色。“如此等语，岂女子所能。”①

### （六）婉约娴雅《孏窟词》——侯寘

侯寘，生卒年不详，字彦周，东武（今山东诸城）人，其一生历徽宗、高宗、孝宗三朝。侯寘以词闻名，著有《孏窟词》一卷。侯寘给自己的词集命名有很深寓意。“孏”同“嬾”（俗作“懒”），亦作“孄”，有随心所欲、自得其乐之意。

---

① 〔宋〕黎靖德：《朱子语类》，中华书局 1986 年版，第 3332 页。

侯寘词在风格方面以婉约为主，兼具疏朗健旷。其赠答词《青玉案·戏用贺方回韵饯别朱少章》情感深挚感人，咏物词《鹧鸪天·送田簿秩满还雪川》托物言志。最能代表侯寘婉约词风格的是《眼儿媚·效易安体》。“易安”是李清照的字，效易安体就是模仿、仿效李清照的词体风格。这里侯寘明确提出了“易安体”的说法。从题材来看，这是一首抒发春闺愁思的小词，属于传统婉约词范畴。词的意象选择和手法的运用都体现了传统婉约词的风格，抒发忧愁惆怅和孤独寂寞的情怀。

侯寘亦工诗文，仅存世 3 篇。

除上文所及，在中国文学史上较有名声的潍坊籍宋代诗人词家还有：

刘孟节，名概，山东寿光人，生卒年不详；

张在，青州布衣诗人；

刘山老（？—1111），字野夫，号刘跛子，生年不详，大致生活在北宋中后期；

赵杲卿（1022—1092），字明叔，宋代密州人，博学多才，与苏轼交好；

侯蒙（1054—1121），字元功，谥文穆，密州高密（今山东高密）人，有词作传世，工文；

王嵎（？—1182），字季夷，号贵英，北海人，寓居吴兴（今浙江湖州），工诗词，词有婉约风，著有《北海集》2 卷；

李壇（？—1262），字松寿，李全之子，潍州北海（今山东潍坊市区）人，有词作传世。

## 四、元代文学

散曲又被称为“乐府”或“今乐府”，产生于金、元时期的北方，元代达到顶峰。元朝后期，山东青州成为重要的散曲创作中心，涌现出以刘庭信、王廷秀为代表的散曲名家。

刘庭信，益都（今山东青州）人，原名廷玉，人称“黑刘五”，生卒年不详，大约为1300—约1370年。[1]刘庭信工于填词作曲，是元代后期的重要散曲作家，在当时享有盛誉，其曲作成就堪比唐代诗人元稹、白居易，被称为“不死之鬼”。今存刘庭信散曲小令39首，套数7首，以表现闺情、闺怨为主，题材显露出浓厚的市井俚俗趣味，曲风清雅、俊丽而又明艳。语言不呆板，恰如其分而又妙趣横生，口语化特征突出。大量俗语、市井语的运用使曲意浅白透辟，曲风生动活泼。创作手法多样化，善用衬字、叠字、对偶、重复等手法增强表现力，神情并茂，收到了言浅而意深的艺术效果。代表作【双调·折桂令】《题情》、【双调·折桂令】《忆别》。

王廷秀（生卒年不详），亦作王挺秀、王庭秀，益都（今山东青州）人，是元代青州散曲杂剧创作的一位重要作家，作杂剧《盐客三告状》《秦始皇坑儒焚典》《周亚夫屯细柳营》《石头和尚草庵歌》4种，今皆不传。

## 第五节　艺　术

魏晋至宋元，随着中外、南北文化的交融和佛教的传播，书法、绘画、雕塑等达到了前所未有的艺术水准。

### 一、书法

（一）玲珑山摩崖刻石

玲珑山位于青州市区西南，原名石膏山，又名百峰山、北峰山。玲珑山峰峦叠翠，以风景秀美著称。北魏郑道昭任职青州刺史游览此山时题留的摩崖刻石《白驹谷题字》《游槃题字》《白云堂题字》《登百峰山诗碑》更为人所称道。

郑道昭（455—516），字僖伯，自号中岳先生，北魏荥阳（今河南荥阳）人，追赠镇北将军、相州刺史，谥曰文恭。他在山东莱州、青州任职期间留

① 李昌集：《中国古代散曲史》，华东师范大学出版社2007年版，第610页。

下了大量摩崖刻石，主要分布在平度天柱山，莱州云峰山、大基山，青州玲珑山等地。玲珑山摩崖刻石中最为知名的是《白驹谷题字》与《游槃题字》，题字并排刻于玲珑山白驹谷西岭东侧崖壁。

《白驹谷题字》4 字：“此白驹谷。”字较大，字径 45 厘米。

《游槃题字》3 行 15 字：“中岳先生荥阳郑道昭游槃之山谷也。”字径 36 厘米。

这两处题字均系方笔榜书，结体宽博端正，稳沉苍劲，行笔中熟练地运用停、挫、翻转等，体现了线条的力度、厚度和动感，在稳健中见出飘逸。“《白驹谷》之体，转折点画，皆以数笔成一笔。学者不善学，尤患板滞，更患无气。此是用方笔者，方笔写榜书最难，然能写者，庄雅严重，美于观望，非深于北碑者，寡能为之而无弊也。”[1]

《白云堂题字》位于玲珑山通天洞洞口西侧石壁。玲珑山洞穴极多，常曲折勾连，且多通透，故曰玲珑，通天洞是其最高处的洞穴。郑道昭将此处命名为白云堂。一个有趣的事实是，郑道昭在光州时，在云峰山山阴建“斋亭”，也命名为“白云堂”；后在大基山西岭再刻白云堂，在他的“五仙坛”

图 2-5-1　玲珑山郑道昭白驹谷题刻·荥阳郑道昭白云堂中解易老也

① 〔清〕康有为：《广艺舟双楫·榜书第二十四》，见华东师范大学古籍整理研究室选编《历代书法论文选》，上海书画出版社 1979 年版，第 855 页。

范围内。他将玲珑山“解易老题字”处命名为“白云堂”，是光州期间爱仙乐道思想的延续。《白云堂题字》全文有“荥阳郑道昭白云堂中解易老也”13个字，“解易老”即“论经书”。字径4厘米，笔墨自由挥洒，不拘形式，遒劲有力。

《登百峰山诗碑》是玲珑山刻石中的唯一一块碑刻。碑原立于《白驹谷题字》和《游槃题字》崖壁上方祠宇东北门侧，今碑不存，基槽仍在。清光绪年间，益都知县张承燮发现该碑，载入《益都县图志》。当时碑已断为两截，仅存上截，被盛昱购得，运往北京，后被徐坊收藏，今存故宫博物院。《云峰山刻石全集》出版时，故宫博物院提供了断碑拓片，遂有拓片刊行。

《登百峰山诗碑》断碑高70厘米，宽76厘米，厚14厘米。正面存8行54字，碑侧存1行8字。首题标题存“诗五言登百峰山”7字。碑刻以“诗五言”开头，与莱州云峰山《论经书诗》《观海童诗》《仙坛诗》首题标题一致，只是后面籍贯、姓名残缺。碑侧“平东府兼外兵参军”应该是《登百峰山诗碑》书丹者姓名。碑刻为正体楷书，笔法方圆兼施，结体方正严谨。较多使用行书笔法，线条锋利流畅，秀丽精劲，近乎行楷，体势整体呈纵向发展。如变捺为反捺的“峰”“霞”“容”，捺角变短的“登”“久”“人”“天”等，“丘”的短竖变成点，“汉”三点水成连笔。

据《益都县图志》载，山上还有《郑道昭解衣冠处题字》，有“荥阳郑道昭解衣冠处”9个字，“解衣冠”即“换道袍”。惜其不存。

（二）沂山碑刻

沂山为五镇[①]之首。自夏、商、周以来，历朝历代每遇国家大典或“天时不顺，地道欠宁”“兴师征战”等，帝王会亲临或派重臣赴沂山祭祀，并立碑以志。历朝历代的文人墨客对沂山雄伟秀美的风光也心生向往，李白、郦道元、欧阳修、范仲淹、苏轼、苏辙等慕名而至，观光览胜之后，留下大

---

① 五镇指东镇沂山、西镇吴山、中镇霍山、南镇会稽山、北镇医巫闾山。最早是四镇，宋开宝七年（974），诏封霍山为应圣公于晋州，是为五镇。

量诗文、碑碣。因此，沂山不仅是历史文化名山，也是瑰集书法、雕刻的艺术宝库。

沂山碑刻，正、草、隶、篆、行书无所不有，形象地展示了各个时代书法的状态。碑碣大多雕刻、造型精美考究，镌刻形式阴刻、阳刻、双钩俱全，花边纹饰样式各异。内容上大致分为官方碑刻（以帝王御碑为主）和文人诗文碑，形式上分为碑碣刻石和摩崖刻石。沂山碑刻数量众多，据清光绪三十年（1904）统计，共有361件，其中北朝4件，隋朝3件，唐朝13件，五朝3件，宋朝31件，金朝12件，元朝41件。碑碣规制不一，用料多为青石。沂山还有摩崖刻石200余处，主要分布在玉皇顶、歪头崮、百丈崖。

东镇庙现存最早、碑碣保存较好、文物价值较高的是元成宗诏封沂山时所立《大元增封东镇元德东安王诏碑》《临朐县达鲁花赤祭春记碑》《东镇沂山元德东安王庙神祐宫记》。《大元增封东镇元德东安王诏碑》为元成宗大德二年（1298）所立汉蒙两文碑。碑首雕刻四条遒劲盘龙，中间是碑上碑[①]，篆书刻“大元增封东镇元德东安王诏”。碑刻正面用蒙汉两种文字镌刻元成宗加封中国五大镇山的诏书，封沂山为元德东安王。蒙文在上，为八思巴文；汉文在下，为楷体。书写端庄清丽俊秀，线条刚柔有致。碑阴为“大元增封东镇元德东安王感应之记”，记载了在东镇沂山祈雨灵验的事。碑座为赑屃，雕琢精美。

官方碑刻端庄稳重，书体单一，书写中规中矩。沂山大量的文人墨客的诗文碑及摩崖刻石则书体多样，灵动活泼，有较高的书法价值。如唐代北海太守李邕诗碑，宋代范仲淹“观百丈崖瀑布泉”诗碑、苏轼《怀仁令陈德任新作占山亭二绝》、苏辙《和李邦直沂山祷雨有应》诗碑、富弼诗碑、王曾诗碑，金代党怀英“过沂山谒东镇庙”诗碑，元代集贤都事刘瓒诗碑、兵部侍郎于钦诗碑等。其中，李邕、范仲淹、苏轼都是书法大家，诗歌和书法

① 碑上又刻有一块小碑，称为碑上碑。

都是超一流水平。这么多诗碑瑰集在沂山，真是蔚为壮观！

沂山摩崖刻石，主要分布在玉皇顶、百丈崖、歪头崮等处，内容多为题名或诗作、记事等。现存最早者为西汉青州刺史隽不疑刻于玉皇顶探海石上的“拱辰”刻石，其次是后魏北海太守崔光伯在玉皇顶的“极顶”刻石。

图 2-5-2　东镇庙《大元增封东镇元德东安王诏碑》

最有代表性的是宋建中靖国元年（1101）龙图阁直学士曾布的记游题刻“丹崖银龙”刻石，正书，字径约10厘米，遗憾的是字迹已经剥落将尽，仅部分笔画痕迹依稀可辨。歪头崮摩崖刻石位于主峰南面悬崖峭壁上，高1.9米，宽1.3米，无额题，刻石字迹除少数几个模糊，大部分保存完好。从刻石内容可知为金贞祐三年（1215）镌刻，记载的是蒙古破山东，李全在临朐扼守穆陵关的情形。

（三）墓志石刻

潍坊地域出土了数量众多的自魏晋至宋元的墓志。墓志因其特殊的使用属性，书写比较端庄严谨，书体明显体现出从楷隶向楷书的过渡。早期楷隶相间，后期为纯正楷体，这种书体变化是符合我国书体演变规律的。在这些墓志中，以刘怀民墓志最为出色，全称《宋故建威将军齐北海二郡太守笠乡侯东阳城主刘府君墓志铭》，刊刻于南朝宋孝武帝大明八年（464），清末出土于山东益都，后陆续归王懿荣、端方、曹锐收藏，现藏日本京都大学。据称，这是现存已知最早自称“墓志铭”的墓志石刻。该志碑高49厘米，长52.5厘米，16行，每行满行14字，共计206字。书体介于隶楷之间，隶意明显，笔法凝重圆润，用笔以方为主，方中有圆，波磔犹存，结体宽疏，字势扁平，风格雄强、凝重、古朴，书风与《龙颜碑》《嵩高灵庙碑》相似，代表了隶书过渡到楷书初期的书法形态，是难得的书法精品，在我国书法史上具有重要地位。

《崔芬墓志》的书法成就非常高。墓志为青石质，方形。石面磨平，用浅直线界格成方格网，格内阴刻志文26行，满行27字，共663字。文字为魏碑体，书写清晰遒劲，笔法纯熟，遒润流丽，其体势、风格明显受到南朝书风的影响。

《崔頠墓志》，全称《魏开府参军事崔府君墓志铭》，刊刻于北齐天保四年（553）。墓志具体出土地点不详，现藏青州市博物馆。墓志为楷书，秀劲严整，中间虽杂糅篆隶，但无险怪之气，书写属于南朝帖派风格，具有较高的艺术价值。清代潘存辑、杨守敬编的《楷书大字典》选取了其中的字。

图 2-5-3　北齐天保二年（551）魏威烈将军行台府长史崔芬墓志

北齐《燕继墓志》，全称《大齐阳平燕君之墓志》，2008 年春出土于青州市驼山南麓建筑工地。北齐存在时间较短，但这一墓志书体仍体现着当时隶书向楷书过渡的特征，稍带隶书意韵，又显楷书风采。结体端正宽博，点画精进舒展，用笔丰腴遒润。墓志书写和书丹俱佳，展示了北齐书法的高超水平。

青州博物馆还收藏两通隋代墓志《朱神达墓志》（刊刻于 586 年）、《盆墓志》（刊刻于 589 年），再现了隋朝书法艺术水平，具有很高的欣赏和临摹价值。

唐代《崔仁纵墓志》，全称《唐故豫州淮阳县丞崔府君及夫人裴氏后夫人夏侯氏三棺墓志序铭》，刊刻于武周大足元年（701）。

北宋《李颀墓志》，全称《宋故将仕郎守青州文学李君墓志铭并序》，2008 年春出土于青州市云门山北麓。墓志一合，石灰石质，志盖、志石边长 78 厘米，厚 14 厘米。志盖残缺，刻字径 9 厘米，阴文篆书“宋故文学李君墓志盖”，浅雕龙、凤、力士、云朵图。志文字径 1.5 厘米，27 行，满行 37 字。志文楷体，端正流畅，体现了当时的楷书水平。

图 2-5-4　隋朱神达墓志

（四）造像碑刻

魏晋南北朝时期，青州一带是佛教中心，造像盛行，留下了大量佛教造像碑题记。造像碑题记又被称为“铭石书”，是石窟、神龛等造像制作留下来的记录文字，文字内容主要包括造像名称、造像时间、造像者、祈愿内容等。有的刻在佛像台座，有的刻在碑侧或碑的背面，还有的刻在龛像附近。官方造像题记多为楷书，宽博方正，接近北魏楷书风格；民间造像题记书写天真朴拙，偶有连笔和减笔现象，整体还是规整精美的。造像碑题记在记录佛教造像雕刻状况的同时，真实体现了书法的时代和地域特色。

潍坊地域留存的佛教造像碑记较多，仅在青州龙兴寺就出土了 8 则北朝题记造像碑。其中，韩小华造像碑题记在造像左侧，这尊造像是北魏永安二年（529）韩小华为已故丈夫乐丑儿刻制。造像题记有 4 行，楷隶相间，书写规整、拙厚，体现了当时的书法水平。笔画有减少现象，重复字用代字符替代，如图中第二个“生”字。另有智明造像碑刻于东魏天平三年（536），基座上刻有题记 15 行。书体以楷书为主，带有隶书痕迹。

造像碑刻中，临淮王像碑以及碑阴的“龙兴之寺”刻字，堪称书法刻石中的精品。临淮王像碑全称《司空公青州刺史临淮王像碑》，北齐武平四年（573）立于青州南阳寺，俗称“大齐碑”，碑文颂扬北齐青州刺史娄定远重修南阳寺的经过和功德。碑通高 444 厘米，宽 160 厘米，厚 19 厘米，青石质，是南北朝时期形制最大的碑刻。碑首呈半圆形，高 129 厘米，用高浮雕技法雕刻两条俯首盘旋巨龙，中题阳文篆书“司空公青州刺史临淮王像碑”3 行 12 个字，中有界格，字径 17 厘米，题额两侧各雕一小佛像。碑的正文为隶书，29 行，满行 58 字，原文共 1635 字，现存 1500 余字，字径一寸三分，字形硕大但隶法严整，笔画浑圆，笔势流畅，极具书法价值，为研究中国书

图 2-5-5　北魏永安二年（529）韩小华造弥勒像题记

法的演变提供了实物资料。该碑碑阴刻双钩阴文“龙兴之寺”，原系开元天宝年间书法宗师、北海郡太守李邕（675—747）为青州龙兴寺题写的寺额，后遗失。金皇统六年（1146），龙兴寺僧元辉从济南人孙壺处得到拓本，摹刻于北齐临淮王像碑碑阴。于是，这两块同属龙兴寺的碑刻相隔500多年后合为一体。李邕以书法名于世，长于行书，尤擅碑颂。李邕初学王羲之，又参以北碑和唐初楷书及行书笔意，以楷书笔法写行书，以方为主，方圆兼施，笔画既婉转流畅又刚劲顿挫，结体上疏下敛，既灵动飞扬，又不失雍容肃穆，书风可谓法度谨严，筋骨雄健。李邕书法看似平淡无奇，实则神采动人。他为龙兴寺撰写的寺额“龙兴之寺”，字径67厘米，属榜书精品，以行书笔法写楷书，字形略欹斜，笔力凝重雄健，劲拙起伏，气韵生动，不见楷书方正呆板体态，给人险峭爽朗之感。

图 2-5-6　李邕书“龙兴之寺”

崔氏宗门宝塔之颂刊刻于北齐天保九年（558），青州广福寺出土，是传世稀少的北齐碑刻。该碑记述了青州崔氏宗门合亲姻16家30人于天保九年出资“敬造宝塔一区”的崇佛事迹。青州崔氏为山东望族，崔氏家族书法称得上北朝书法艺术的杰出代表。崔氏宗门宝塔之颂碑文刊刻精美端庄，碑虽无款署书者，出自崔氏家族善书者之手可能性极大。碑面右侧为减地阳文[①]“崔氏宗门宝塔之颂”8个大字，正文共30行，满行16字，共计410字。该碑为魏碑体，庄重古朴，笔画方正刚硬，棱角分明，又呈现

① 减地阳文，剔地去料，凸显文字。

图 2-5-7　唐卢舍那放光石碑

出妩媚秀逸之态，显示出魏碑体逐渐向隋唐楷书演进的轨迹。该碑书写、书丹刻工精湛，保存较好，充分展示了北齐书法艺术的高超水平，是不可多得的精品，也是研究北齐书法艺术的珍贵实物资料。

诸城出土的唐代卢舍那放光碑是唐代碑刻精品。石碑造于唐开元二十年（732）。碑首半圆形，边缘以高浮雕技法刻出四条俯首盘曲的螭龙。阳面的二龙爪捧托一颗火焰宝珠，下方为圭形碑额，篆书“卢舍那放光碑”。碑身四面刻文，行书体。碑阳刻文 24 行，满行 42 字，共计 976 字。文题“大唐密州龙兴寺卢舍那丈八圣像放光碑铭并序”。碑文与额由太中大夫、使持节、都督洪州诸军事、守洪州刺史、上柱国、京兆韦同书，前诸城县尉陈郡殷履冰撰。文中盛赞了佛法恢宏之威力，记述了重修圣像与龙兴寺的经过，描述了经重修后的卢舍那圣像绽放佛光的神圣情景。碑阴及左右侧面刻施舍者姓名与颂文。

此外，临朐、寿光也出土过北朝造像题记。

## 二、绘画

### （一）佛像彩绘

随着佛教造像的兴盛，在佛像上施以彩绘成为流行趋势，被称为塑绘一体。

青州、诸城、临朐等地出土了大量描金彩绘保存较好的佛教造像，虽历经千年，依然闪现着奇光异彩，令人叹为观止。青州龙兴寺造像中 90% 以上保留了彩绘和敷金。彩绘的颜色有朱砂红、孔雀蓝、石绿、赭石、黑、白等天然矿物质颜料，敷金处主要为佛像皮肤裸露部分。龙兴寺有些北朝造像几乎通体贴金，诸城出土的北朝造像上也有敷金彩绘。相比而言，青州龙兴寺造像敷金彩绘的保存明显比诸城造像要完好。佛像彩绘敷金因为时间过久、露天存放以及遭受法难等原因，往往会失色或脱落，北宋时期青州一带流行对古代佛教造像进行“重妆”①的功德活动。龙兴寺多尊东魏敷金彩绘佛菩萨三尊像色彩鲜艳，从彩绘色层可以看出多层彩绘，表明后世对其进行过彩绘加工。②

“法界人中像”是佛教造像中非常奇特的一种绘画形式，在塑成的佛像袈裟表面画出或刻出方形界格，在界格内刻绘诸世界形象，再造出许多佛教内容形象，对《华严经》进行图解，多以六道图为主。“法界人中像”是佛教文化与佛教造像工艺和审美意趣相结合的产物。卢舍那佛是《华严经》主尊，北齐时期盛行卢舍那佛题材。卢舍那法界人中像在世界范围内保存数量非常少，迄今国内业已发现的法界人中像总数不到 20 件，青州、诸城、临朐有 10 件。③

青州博物馆珍藏北齐卢舍那残佛像，在身披的袈裟中绘有卢舍那法界人中像。造像头、左手残缺，身材修长，残高 118 厘米。在圆领通肩袈裟的界格内，用红、黑、赭石等颜色彩绘人物故事图案。胸部正中彩绘卢舍那佛说法图，右胸上角肩部界格内绘有三个西域人像，画面清晰，背景为红色，人物神情生动。其中，最左边的西域人稍向外面侧立，头发梳于脑后，高鼻突起，凝视前方；中间的西域人正面，满面髯须，蹙眉钩鼻，身穿宽袍，腰间束带；右侧西域人侧身站立，头微抬，弓背缩脖，双手抱立，作沉思状。

---

① 重妆：对佛像进行重新敷金彩绘，称为“重妆”或“重塑”“重装”。

② 中华世纪坛艺术馆、青州市博物馆编：《青州北朝佛教造像》，北京出版社 2002 年版，第 62、78 页。

③ 张总：《卢舍那法界人中像·彩绘僧尼像》，见青州市博物馆编《青州龙兴寺佛教造像艺术》，山东美术出版社 1999 年版，第 110 页。

图 2-5-8　北齐贴金彩绘石雕卢舍那法界人中像

左胸上角肩部也绘制两位西域人，左边的面向内侧，头发梳向脑后，身穿束腰窄袖长袍；居右者头戴尖顶皮帽，留山羊胡须，腰间束带。

龙兴寺北齐卢舍那法界人中像，在成型的佛像身上用绘画、线刻技艺进行再创作，将绘画、线刻与雕塑艺术融汇在一起，形成独特的绘画形式。绘制构图别致，线条流畅，用色考究，色料精美。这一独特的绘画形式，是佛教艺术、雕塑艺术和绘画艺术完美结合的产物，是不可多得的佛像遗珍。

另外，诸城博物馆收藏 4 件卢舍那法界人中像，佛像袈裟前后左右均绘有方格图案，彩绘保存较好的方格内，可见佛、菩萨、供养人、须弥山、飞天、鲜花等画面。临朐出土的法界人中像与青州和诸城的不同之处是周身袈裟绘有法界人中像，整体构图严谨，细微处勾绘精致，敷彩艳丽丰富，尤其人物服饰，色彩搭配非常讲究，通体贴金，凸显出佛像的威严，具有极高的宗教和艺术价值，是造像中的精品。

（二）北齐崔芬墓壁画

北齐天保二年（551）的北齐崔芬墓是目前潍坊地域内北朝壁画墓保存较为完好的一座。崔芬墓呈“甲”字形，由墓道、甬道和墓室组成。甬道两壁及墓室四壁、室顶彩绘精美壁画，尤其是墓室四壁的《墓主夫妇出行图》及 17 牒屏风画特别引人注目。墓道与墓室石壁上均覆盖一层薄薄的白石灰，彩绘壁画直接绘于石壁。画工先以墨线勾勒外形，再添以红、蓝、绿、黄等各种颜料，敷彩艳丽鲜亮。壁画采用色彩晕染、明暗映衬、远近对比等手法绘成，布局壮阔而严谨，线条连绵均匀、细密流畅，人物比例准确，服饰生动逼真，堪称北朝壁画的代表作。壁画虽遭受侵蚀，大部分至今清晰可辨。

壁画内容非常丰富，甬道东、西两壁各画武士，墓室室顶下部和四壁彩绘星象、四神、墓主人夫妇出行以及 17 牒屏风。屏风除南壁东侧的 2 牒空白外，余 15 牒绘有“竹林七贤”、春秋隐士荣启期，以及舞蹈、备骑、马、树木、假山等。甬道东西两边石壁上各绘一赤脚穿盔甲武士，一手持盾，一手握剑，形象威猛，应是门神神荼和郁垒，绘制相当精美。石壁两边各雕刻一拄剑门吏，阴刻线技法，画面比较简约。

前后两壁和墓室顶部是大幅彩绘青龙、白虎、朱雀、玄武画像。青龙与东方七宿图位于墓室东壁上部和室顶下部。白虎与西方七宿图位于墓室西壁上部和室顶下部。玄武与北方七星宿位于墓室北壁上部，并延伸至壁龛横额上和室顶下部。朱雀与南方星宿图位于墓室南壁西侧下部和室顶下部东端。画在墓室西壁壁龛横额上的墓主夫妇出行图是壁画最有价值的部分，描绘墓主夫妇在婢仆的簇拥下左（南）向前行的场景。画面共绘有 3 男 13 女，墓主崔芬走在前面，神态威严，双臂搭扶在两侧侍从手中。夫人走在后面，雍容华贵，婢仆小心翼翼服侍左右。画面线条工整细丽且疏密有致，这种画风是南朝宋、齐风格的体现。人物描绘眉目传神，姿态神情各异。服饰极富特色，宽博长袖飘拂，富有节奏感。墓主夫妇出行图的主题和构图与顾恺之《洛神赋图》中王者出游极其相似，是北朝时期罕见的世俗出行图。17 牒屏风画中 8 牒以槐树、假山为背景的人物屏风画，称为高士图，应是魏晋时期的“竹林七贤”[1]和春秋隐士荣启期。构图为一人一树，人物坐于树下方形茵席上，

① 竹林七贤是指魏晋时期的名士阮籍、嵇康、山涛、王戎、向秀、刘伶和阮咸。墓葬中装饰高士图，是魏晋时期的一种普遍现象，体现了当时崇尚隐逸、追求虚玄的社会风俗和丧葬习惯。

图 2-5-9　崔芬墓壁画

神态悠闲，有侍女侧侍。高士图是北齐时期常见的壁画题材。舞蹈图上，两位仕女翩翩起舞；备骑图上，一名马夫手牵已备好马鞍的马匹，随时准备启程；一幅系马图，一棵树上系着一匹马。还有 4 幅单纯的槐树、假山图。

崔芬墓壁画的题材和艺术手法代表了北朝绘画水平。

（三）青州傅家庄北齐线刻画像石

1971 年，青州城南两千米的傅家庄出土 9 件北齐时期的墓葬阴线刻精美画像石，是水平极高的艺术精品，属国家一级文物。石刻材质为石灰岩，经粗放加工磨制后，用阴线刻出。石板厚薄不均，厚的近 30 厘米，薄的仅 10 厘米。内容分为商旅驮运图、商谈图、车御图、出行图、饮食图、主仆交谈图、象戏图、送葬图等。

傅家庄画像石采用了屏风的形式。从构件来说，画像石中有两件左侧边和另两件右侧边加工成了 45° 斜面，应为拐角扣合处，说明它们至少可以构成一建筑的三个面。因构件残缺，无法确定每一块画像石的具体位置。傅家庄画像石线条飘逸流畅，画像石上行云流水般的阴刻细线比较罕见，与龙兴寺出土的佛教造像雕刻技艺不同。潍坊市峡山区前凉台东汉孙琮墓画像石虽

图 2-5-10　主仆交谈图

然用的阴线雕刻，但与傅家庄画像相比较，线条短且浅细。傅家庄画像石上的人物以及牛马等比例合度，姿态饱满生动，属写实风格，显然是继承了汉画像石风格但又有所创新，这种线刻形式在北齐的壁画、雕刻中属首次发现。

墓主人生前可能是一位从事对外贸易的商人，每幅单独的画面，应该是从不同角度再现墓主人的日常生活。从他出行时的前簇后拥，并且拥有华盖、羽葆、团扇等仪仗，可推测其身份之高和财富之多。以单幅连环画形式表现墓主人的生活和经历，在北齐绘画艺术中为仅见。

（四）宋代李成、燕肃、张择端的绘画

随着北宋文人画的出现，水墨山水画得到空前发展。北宋山水画摆脱了隋唐先空勾后填色的画法，出现了讲究笔墨韵味的皴、擦、点、染等技法。画史上所谓“宋人格法”，指的就是这一时期的山水画创作，它标志着中国山水画的成熟。潍坊境内涌现出了李成、燕肃、张择端等知名山水画家，对后世产生了深远影响。

1. 李成的山水画

李成（919—967），字咸熙，营丘（今山东昌乐）人，号李营丘。李成善属文，仕途无成，壮志难酬，遂寄情诗酒书画，“喜吟诗，善琴弈，画山水尤工，人多传秘其迹”[①]。京城里的朋友“出金帛以购成之所画甚多，悉归而藏之。自成殁后，名益著，其画益难得”[②]。当时模仿李成创作风格的伪作非常多，流传至今被认为是李成真迹的，有日本大阪美术馆藏《读碑窠石图》、美国纳尔逊美术馆藏《晴峦萧寺图》、辽宁省博物馆藏《茂林远岫图》、台北故宫博物院藏《群峰霁雪图》《寒林平野图》等。

李成画作以山水为主，涉及山林、薮泽、飞流危栈、断桥绝涧、烟云雨雾等，“凡称山水者，必以（李）成为古今第一”。《读碑窠石图》是最能体现李成构图和意境的画作。

图 2-5-11　李成《寒林平野图》

李成画自成风格，属于典型的“文人画”，其画多作平远寒林，画面萧瑟凄然，意境清逸疏旷。画作大多以寒木为主体，近景有坡石，中景为平水或平川，远景或有低矮之远山，季节多为秋冬。这样的意趣与李成落寞无羁的人生经历相契合。李成画法简练，运笔清瘦，笔势锋利，好用淡墨，惜墨如金，得写意山水画精髓。李成画多采用平远构图法，特别适合表现山东地区平原的烟林远丘，收到了“近视如千里之远”的艺术效果，营造出可供身心寄寓的山水胜境，备受文人士大夫青睐。燕文贵、翟院深、许道宁、李宗成、郭熙和王诜等人，都先

① 《宋史·李觉传》。

② 〔宋〕佚名：《宣和画谱》卷一一《山水·李成》，明万历三十六年（1608）高拱校刻本。

后竞相取法李成。

2. 燕肃的山水画

燕肃（961—1040），字穆之，青州（今山东青州）人，学识渊博，在绘画、文学、音乐、科学方面均有造诣，著有《海潮论》。燕肃的画作题材多样，山水画、人物画、壁画、折竹无一不精，尤善画山水寒林。

燕肃深受王维、李成两位山水画大师影响，“以诗入画，师法自然”，画风清新自然，意境高超，属典型的文人画风格。宋代《宣和画谱》著录御府所藏燕肃《春山图》《寒林清晓图》《春岫渔歌图》《夏溪图》《冬晴钓艇图》等画作 37 件。

《春山图》是其代表作。故宫博物院藏纸本墨笔，纵 47.3 厘米，横 115.6 厘米。《春山图》构图为全景式对称形式，层次分明。《寒岩积雪图》为台北故宫博物院藏，纸本、水墨，纵 136.3 厘米，横 64 厘米，描绘冬日雪后苍茫景象，幽静之至，却又深藏生机。

图 2-5-12 燕肃《寒岩积雪图》

燕肃绘画成就斐然，妙于真形，被列入妙品。[1]

3. 张择端的《清明上河图》

宋代张择端的《清明上河图》是我国绘画史上一幅不朽的现实主义画作。关于张择端的生平，宋代官方和私人史籍均无记载，唯有故宫博物院藏《清

① 对绘画进行理论上的等级品评，宋人邓椿在《画继》《杂说论远》中论述说：“自昔鉴赏家分品有三，曰神、曰妙、曰能。独朱景玄撰《唐贤画录》，三品之外，更增逸品。其后黄休复作《益州名画记》，乃以逸品为先……至徽宗皇帝，专尚法度，乃以神、逸、妙、能为次。”

明上河图》卷后题跋成为了解其生平的孤证：“翰林[1]张择端，字正道，东武[2]人也。幼读书，游学于京师，后习绘事。本工其界画，尤嗜于舟车、市桥、郭径，别成家数也。按向氏《评论图画记》云：《西湖争标图》《清明上河图》选入神品，藏者宜宝之。”题跋的落款时间为大定丙午（1186）清明后一日，作者为燕山张著。张著是北宋宣和年间的画家，后复院到南宋画院。张著题跋是目前为止最具说服力的。《清明上河图》有三个知名版本流传：收藏于美国的“元秘府本”、北京故宫博物院的“石渠宝笈三编本”和台北故宫博物院的《清明易简图》。

故宫博物院藏《清明上河图》，又称“石渠宝笈三编本”。为绢本，水墨淡色。作品横 528.7 厘米，纵 24.8 厘米。这幅长卷，是表现汴京民众日常生活风貌的社会风俗画，通过巧妙的构图和对人物的生动刻画，再现了当年汴京的繁华。

画卷构图为鸟瞰式全景，疏密有序，由很多生动的小场景构成了气势恢宏的大场面，结构繁复但中心突出，前后呼应而又张弛有度。画面的疏密、繁简、动静、聚散等关系，处理得恰到好处，达到繁而不杂、多而不乱的效果，使得平卷式全图产生了节奏感，尤其是对动态的描述生动流畅，充分显示了张择端对众多内容高超的驾驭能力和卓越的艺术表现力。

据统计，整幅画大约有 587 个不同身份的人物，大者盈寸，小者如豆，个个形神兼备，面部、须发以及服装皱褶均细腻生动，尤其对人物身份的刻画准确而生动。画中河流、树木、建筑等也至臻至妙，所描绘的寂寥原野以及 100 多棵树木，笔墨皴擦体现出不同质感，清晰可见柳树刚吐嫩丝，老干则突出其枯劲，正是汴京（今开封）清明时节物候的真实写照。车船桥屋结构精确，外形、位置与周围景致融为一体，建筑物横平竖直的粗线条与河流水纹流转变化的曲线形成的对比，使得画面顿挫多变又和谐统一。画家的笔

① 宋雍熙元年（984），朝廷设置翰林图画院，有待诏、艺学、祗候以及学生和工匠等职务。通常称待诏为“翰林”。

② 东武，汉代地名，宋代即京东东路密州州治所在地诸城县（今山东诸城）。

图 2-5-13　张择端《清明上河图》（局部）

墨技法根据表现对象灵活运用，山坡、树木多用皴擦，人物、驴马猪牛多用线条勾勒，笔墨简练，而建筑物和车船则用粗线条进行精准刻画。

《清明上河图》在描绘汴京阳春三月自然风光的同时，重现了汴京商品经济的发展以及市井文化的繁荣。画面与孟元老《东京梦华录》中的诸多记载非常契合，可“图文互证”，而成为市井繁荣的代名词。《清明上河图》对我们今天研究、考察北宋汴京的城市经济乃至社会生活状况，是十分难得的形象资料，具有重要的社会历史文献价值。

## 三、雕塑

### （一）以青州龙兴寺造像为代表的潍坊佛教造像

20 世纪，在青州、诸城、临朐、寿光等地陆续出土了几批魏晋南北朝隋唐以及宋元时期的佛教造像，以 1996 年 10 月青州市龙兴寺遗址出土的窖藏佛像最引人注目。

青州龙兴寺遗址发掘出残损的佛造像 400 余尊，以石造像居多，多为北朝时期造像，少量唐代和宋代造像。这一发现在国内外引起轰动，被评为“1996 年中国十大考古新发现”和“二十世纪中国百项考古大发现”。龙兴寺窖藏造像数量之大，历时之久，种类之全，雕刻技艺之精湛，贴金彩绘保存之完好，在我国佛教考古中实属罕见。这些造像堪称北朝晚期佛教造像艺术的最高水平，为研究我国早期佛教艺术提供了重要实物资料。这项考古发现，不仅改写了中国美术史，而且改变了国外对我国古代雕塑艺术水平的认知。

北魏时期，佛教造像表情丰富细腻，神态刻画生动，背光多由莲瓣、忍冬花组成，有的会在胁侍部位雕刻飞龙。东魏时期的造像，风格与北魏有所不同，面相开始变圆，眼比北魏时要小，嘴上翘呈现微笑，袈裟依然是褒衣博带样式，身材显示出曲线。这种风格，是南方士大夫追求的风尚，青州这一时期属于南朝版图,佛教造像显现出来的风格应是受南方风尚影响所致。其中一尊东魏时期的贴金彩绘菩萨立像运用了贴金和彩绘，彩绘比贴金更考究，多在皮肤上进行彩绘，贴金的部位多为高冠、项圈、帔帛、璎珞等装饰品，增加了造像的风采。

北齐时期，龙兴寺造像题材和风格都发生了重大变化，最显著的就是造像以单体圆雕为主，背屏式三身造像数量极少。造像多以佛像为主，佛造像约占全部圆雕造像的三分之二，其他为菩萨、罗汉、供养人像等。雕刻风格也有显著变化。面相从北魏、东魏时期的清瘦逐渐变得圆润，躯身从平直变得丰满，造像曲线优美，这种风格被学术界称为“曹衣出水”[①]。这种风格体现在佛像服饰上，主要就是用浅浮雕或者彩绘形式，清晰地勾画凸棱的衣纹，好像打湿的衣衫紧贴身体，或是身上没有任何皱褶，肌肤的轮廓充分显现着人体的优美。这种简洁的服饰风格明显异于北魏时期盛行的褒衣博带样式。

北齐时期造像的贴金和彩绘工艺比北魏、东魏更加精致考究，艺术感染力更强。一般佛像面部、皮肤等处用贴金工艺，服饰则多用彩绘。佛像皮肤部分用贴金，圆领袈裟施以彩绘，袈裟的彩绘达到了极致。北齐圆雕菩萨

---

① “曹衣出水”又称“曹家样”，是由北齐曹仲达创造的中国古代人物衣服褶纹画法，本是绘画的一种技法。曹仲达人物画的衣服褶纹多用细笔紧束，似衣披薄纱，如刚从水中出来，后人因之命名。这种技法在雕刻佛像时也得到广泛使用。青州出土龙兴寺某些造像，不仅纹饰“曹衣出水”，有写实风格，面目五官也符合自然比例。

造像袈裟的田字格用红绿颜色填充，绿色格子框边又绘制赭色边框，再用金线贴出边界，最后用镂空三角形、菱形图案组成袈裟装饰带，制作非常精湛、考究、奢华。

图 2-5-14 东魏贴金彩绘石雕菩萨立像

龙兴寺窖藏佛像中还有部分隋唐时期的作品，其中两尊倚坐弥勒佛像是唐代佛教造像中的精品。佛像为倚坐像，袈裟质地轻薄，显现出身体肌肉的变化，衣纹褶皱则呈现出流畅而有规律的线纹，腰部有丝带束腰，将佛像健美的身材以及和谐的比例衬托出来。

按照大乘佛教进入中原的路线，青州佛像的风格传承自洛阳龙门，这是之前学术界以及宗教界已经达成共识的。但是，龙兴寺出土的造像风格并没有遵从这一规律，在东魏、北齐发生了突变，呈现出独特的风格，完全是一种全新的造像模式。

魏晋南北朝时期，诸城佛教得到长足发展，寺院众多。文献记载和出土的佛教造像数量之多、造型之丰富再现了当时诸城佛教造像艺术的繁荣和兴盛。

1979 年 9 月 22 日，在诸城龙兴寺遗址出土一件数吨重的卢舍那丈八佛头，是目前国内发现的最大的一件圆雕卢舍那佛头像。这尊佛像的艺术造型和雕琢工艺无与伦比，是北朝晚期佛造像最高水平的体现。佛像最震撼人心的是那若有所思而又神秘莫测的微笑，还有那端庄清秀的面庞、生动的表情，都雕刻得恰到好处，充分展现了创作者巧夺天工的高超技艺。

图 2-5-15　北齐贴金彩绘石雕佛立像

图 2-5-16　圆雕卢舍那佛头像

1988 年和 1990 年在诸城南郊体育场工地出土的窖藏佛教造像中，佛躯体 70 余件，菩萨躯体 30 余件，各类较完整的头像 10 余件，石莲座 2 件。这批造像雕刻工艺高超，风格独特，分浮雕和圆雕两类，有的造像涂朱贴金，虽经历 1400 余载，至今尚宛然如初。这批造像制作精美，衣纹流畅，有的端庄肃穆，有的笑容可掬，有的文静清秀，有的闭目沉思，有的丰满，有的清瘦，形态多样，无不栩栩如生。

诸城出土的佛教造像，主要组合为佛和菩萨。服饰，既有北方造像的特征，又有地域色彩。褒衣博带式为北方地区北魏中晚期以来常见的服饰，北齐时期的佛像多见内着几层佛衣，外露舌形领及下垂各样式衣带的服饰，仅见于诸城一带。菩萨像的服饰轻纱透体，配饰极尽繁缛奢华，佩饰包括布满周身的网状瓔珞、花样繁多帔帛和镶有各种花纹宝珠的绅带，富贵华丽。护法造像的形象非常单纯，主要雕造、突出了龙的形象。诸城几乎所有一铺三尊式浮雕造像在本尊和两胁侍之间都刻有盘龙，作俯首衔莲、三爪、身尾向上作“S”形弯模式。除此之外，未发现其他护法形象。这是诸城佛教造像的一个显著特色。

总体上看，诸城出土的窖藏佛像与青州属同一体系，但细节有所不同。诸城造像较之北方各地造像雕造明显精细，除部分早期造像尚体现出北方民族敦厚豪爽和纯朴刚健的粗犷风格外，大都精工细琢。尤其在部分半圆浮雕和大部分圆雕造像中，越是形体较大的，越是雕造细致。不论是薄衣透体的人体造型，还是华丽复杂的服裳佩饰，皆层次分明，刻工纤巧细腻。在塑造人体身姿方面比例适度，较好地刻画了人体富有美感的曲线，少数宛如亭亭玉立的少女，充满生活写实气息。

北朝至隋唐宋元时期，临朐境内佛教兴盛，佛教造像盛行。除了这一时期的现存实物，出土窖藏佛像的地点主要有4处：沂山明道寺舍利塔地宫、县城大佛寺遗址、小时家庄白龙寺遗址、龙门山龙岩寺遗址。

临朐出土的佛教造像，年代最早的是北魏时期，形式既有背屏式三尊像，也有圆雕单体立身像。其中，明道寺地宫出土的最有代表性，最早的佛像是北魏孝明帝正光年间，最晚的隋大业三年（607）。明道寺造像分为两类，一类朴拙粗糙，一类精雕细琢。第一类造像多为早期背屏式滑石、石灰石造像，形体较小，技法生硬朴拙，较粗糙。多用平直刀法，形体、衣纹线条生硬。有发愿文题记，多来自底层百姓。第二类以大中型圆雕、背屏式浮雕为主，造像躯体匀称，比例准确，面部雕琢精细，突出佛像和菩萨像的面部表情。多采用半圆形凸起线条，衣纹稀疏流畅。明道寺造像还有毛坯，尚未进行细加工就被损毁，也有很多造像是损毁后重新锯合留下凹槽、铆孔等，有些造像有修改的痕迹。明道寺佛像造像题材、服饰风格、造型艺术以及雕塑工艺，与同时期的青州龙兴寺窖藏佛像类似，但也有自己的特色，表现手法更活泼、自由，题材更丰富。

临朐也出土有圆雕卢舍那法界人中像。为残躯，高45厘米，平胸，腹微鼓，右前臂微抬，掌心向外，手掌有残缺；左前臂抬起，肘以下残缺。身着通肩式袈裟，袈裟轻薄贴体，绘法界人中像。

1992年秋，寿光纪台镇东方村村民在原龙兴寺遗址一米左右的多个土坑中发现百余件损毁的佛教石造像，从其造型特征与有明确纪年的青州龙兴寺佛像比对，其年代大约为北魏至隋代。这次出土佛教造像比较有价值的是一件发髻部为毛坯面的佛头像，面部雕刻已经完成，头顶还没雕出螺发，与青州龙兴寺出土的一件北齐佛头像一样，属于半成品，青州的那件面部已经进行贴金。这件半成品的出土为研究当时佛像制作工艺流程提供了重要依据。

佛教雕塑除了佛像，还有佛塔、造像碑等雕塑形式，具有较高的艺术审美价值。

（二）石窟摩崖造像

北魏之后，随着佛教的兴盛，石窟摩崖造像蔚然成风。潍坊境内的石窟摩崖造像主要分布在青州驼山、云门山以及临朐石门坊等地。

驼山石窟摩崖造像群，造像规模庞大，雕刻技艺精湛，崖壁间并排着大小石窟五座，摩崖石刻一处，共有石佛造像 638 尊。造像题材多为西方三圣像，即阿弥陀佛和观世音、大势至菩萨，其次是千佛像、力士像、飞天像及供养人像，还有天王、力士像以及供养人像。驼山造像最早的开凿于南北朝佛教兴盛时期，延续到隋唐时代，跨度 500 余年。造像神态各异，大者高逾 7 米，小者不过方寸，造型精美奇特，雕刻流畅细腻，展现了各个历史时期佛教造像艺术的风格特点，是一幅生动形象的雕塑艺术历史画卷。

图 2-5-17　驼山石窟第 3 窟

云门山在青州市区南约 2 千米，山腰南侧有石窟造像，自西向东排列五窟，造像 272 尊。据题记，造像开凿于隋朝初年和盛唐时期，造型风格鲜明、精美。“云门山与驼山隔溪相对，相去咫尺，而其美术之地位，则极悬殊。大像数少，且极残破，然其优美，则不因此而减也。其年代较之驼山约迟十年。其雕工至为成熟，可称隋代最精作品。像不在窟中，乃摩崖作龛供养，日光阴影，实助增其美。……其面貌亦能表现其个性，目张唇展，甚能表示作者个性，其技艺之纯熟有如唐代，然其形制则纯属初隋，实开皇中之最精品也。”[①]

隋代佛教造像具有承前启后的特征，继承了南北朝时期的造像特点，又有自己的风格，对唐代佛教造像产生了重要影响。佛像整体风格敦厚凝重，佛像肉髻低平，头型方圆，额宽而扁平，两腮丰润，肩宽胸厚，肌体丰润，服饰简洁，衣纹比北齐佛像简练，袈裟多为褒衣博带式。

图 2-5-18　云门山石窟造像第 5 窟全景

距离青州不远的临朐有丰富的佛教摩崖石窟造像分布。

① 梁思成：《中国雕塑史》，百花文艺出版社 2006 年版，第 155 页。

石门坊摩崖造像群位于石门山谷最北端唐代崇圣寺遗址北侧悬崖峭壁上，是一组规模较大的摩崖造像群。雕造年代主要集中在唐天宝年间，造像题材丰富，有弥陀像、观世音菩萨、阿弥陀像、释迦像、药师佛、下生像、菩萨像。从艺术角度看，石门坊摩崖造像均呈丰腴之态，反映了唐代的审美风尚与追求。整体造像体量较小，多数造像雕琢精美，衣纹线条走向清晰，层次感强，具有较高的雕塑艺术价值。造像题刻字迹工整，有些题记具有较高的书法艺术价值。

马庄造像位于临朐县城西南五井镇马庄石河东岸悬崖上，是一组摩崖龛像。造像有彩绘，袈裟处隐约可见石绿、红色等彩绘。菩萨头饰双层莲瓣形头光，菩萨像造型生动，佩带飘逸，颇具动感。主龛龛楣上方的二龙托宝塔刹杆环相轮、覆钵顶、四壁开门的造型，具有北齐晚期至隋代造像特点。

西大河造像位于临朐县五井镇西大河村西南一处面向南的山崖上，当地称石佛崖。造像共有 3 龛，主龛为尖拱形，高 1.17 米，宽 0.84 米。主尊为坐姿佛像，上部残留红色彩绘。

禅堂崮造像位于临朐县寺头镇泉子崖村西禅堂崮东峰南侧悬崖石壁之上，仅一龛。该窟结构独特，分内窟和外龛两部分。龛前部顶雕成人字形房屋结构棚顶，还有梁、檩、檐板等结构。禅堂崮造像残损严重，龛顶部的浮雕观世音像保存相对完整，火焰纹的项光、手举杨柳枝的造型以及帛带呈“U”字形垂于腹膝间。这种雕刻风格，与石门坊唐代摩崖造像相似，可以推断开凿年代应在唐天宝前后。禅堂崮造像别致的龛窟结合的构造，在山东地区较为罕见。

## 第六节　文化学术

自魏晋至宋元，在注释学、农学、易学、金石学、地理学、科技、史学等文化学术领域成就斐然。

## 一、注释学、文原学领域的成就

### （一）徐邈的经学注释与音韵研究

徐邈（343—397），东莞姑幕（今山东安丘南）人。徐邈一生著述颇多，所注《春秋谷梁传》在当时颇受推崇，遗憾的是大都亡佚。仅在唐代的《经典释文》和清人马国翰《玉函山房辑佚书》中还能见到部分经学研究内容，另外《全晋文》中保存了徐邈的 26 篇诗文。

在经学方面，徐邈为《诗经》《尚书》《三礼》《周易》《春秋三传》等作注，用功颇勤，覆盖了五经，对当时的经学发展起到重要的推动作用。今天虽然无法见到这些作品的原貌，但在其他流传下来的经学著作中，仍能窥其一斑。

在经书注解中，徐邈持论比较通达，善于阐发其中的经学思想，注重阐发圣人的微言大义。他的经学注解重视礼制和尊崇王权。尽管当时玄学之风盛行，但徐邈继承了汉代古文经学传统，从字义出发注释经文，注重训诂，不凭空臆造。

徐邈在音韵学上颇有建树，为五经及《论语》《庄子》等注音的成果，现存于陆德明《经典释文》中。他的反切和直音是研究上古音到中古音发展轨迹的重要资料。

### （二）徐广的学术贡献

徐广（352—425），字野民，徐邈之弟，东莞姑幕（今山东安丘南）人。徐家世代好学，到徐广时，学问更加精深，而且涉猎面广泛，通晓多方面知识。徐广对古代礼学十分熟悉。东晋安帝司马德宗在位的义熙初年，刘裕让徐广撰写《车服仪注》。义熙二年（406），徐广独力撰辑《晋纪》。历时 10 年，完成了《晋纪》46 卷的编纂。《晋纪》现已亡佚，部分篇章内容收入《〈世说新语〉注》《水经注》《文选》《书抄》《太平御览》等。《晋纪》记事简略，善于描摹人物情态，如被辑录在《太平御览》卷四百二十五中的“中宗令曰‘太常贺循，冰清玉洁，行为俗表。孤曾造其庐，屋室服物周身而已，赐床褥、钱二十万’”，用中宗之语描述了太常贺循的言行外表和精神风貌，“冰清玉洁，行为俗表”是魏晋时期流行的人物品评语，从精神风貌方面揭示了人物特点。又如《世说新语·言语》注中有以下记载：

> 徐广《晋纪》曰：“（庾）和字道季，太尉亮子也。风情率悟，以文谈致称于时。历仕至丹阳尹，兼中领军。”

描述人物的风貌为“风情率悟”，用语简洁，生动形象，刻画出了人物性格。

徐广另有赋、疏共13篇，保留在《全晋文》中。

徐广在天文、历法方面坚持40多年观测天象，积累了大量天文学知识，总结出许多天文观测经验。其外甥何承天以其天文学成果为基础编订《元嘉历》。

徐广爱好读书，晚年仍勤学不倦，每年读一遍五经。他一生著述颇丰，尤其擅长古书注释。据《隋书·经籍志》记载，徐广曾为《周易》《诗经》《三礼》《春秋三传》《尚书》《孟子》《方言》《战国策》《史记》《前汉书》作注。遗憾的是只有《答礼问》和《史记注》留存下来，其余已湮没无闻。

## 二、贾思勰《齐民要术》

贾思勰，齐郡益都（治今山东寿光南）人，生卒年不详，官至北魏高阳太守，著有《齐民要术》。

贾思勰一生行迹甚广，除原籍青州、任职地高阳郡以外，还考察过今山东、河南、河北、山西等省的不少地方，本着科学精神和求实态度，经过10余年的辛勤耕耘，写出了《齐民要术》这部具有很高价值的农业科学专著。此书总结和反映了6世纪时黄河中下游地区的农业科学技术。

《齐民要术》不仅是中国，也是世界上现存最早、最完整、最全面、最系统的一部农业科学知识集成。它最能反映我国魏晋南北朝时期农业耕作的水平，是我国农业遗产宝库中一颗璀璨的明珠。

《齐民要术》的成书年代，应在永熙二年（533）至武定二年（544）的11年间，是一部规模宏大、内容丰富多彩的农学名著。全书共10卷92篇。正文大约7万字，注释约4万字，共约11万字。卷首有《序》和《杂说》各1篇。据考证，《杂说》是后人加入的，注解基本上是贾氏的。卷一总论耕田、收种2篇，种谷1篇；卷二包括谷类、豆、麻、麦、稻、瓜、瓠、芋等13篇；卷三为种葵、蔓菁等蔬菜作物12篇，苜蓿、杂说各1篇；卷四总论园篱、栽树2篇，果树12篇；卷五有竹、木及染料作物10篇，伐木1篇；卷六为家畜、家禽和养鱼6篇；卷七为货殖、涂瓮各1篇，酿酒4篇；卷八、卷九有酿造、酱、醋、豉和食品制作以及贮藏22篇，还有煮胶、制笔墨各1篇；卷十论五谷、果蔬、菜茹非中国物产者1篇，引载了100多种有实用价值的热带、亚热带栽培植物和60多种野生植物，是现存最早的南方植物志。

《齐民要术》反映的主要是黄河中下游地区的农业生产状况。纵览全书，涉及内容范围广泛，包括农、林、牧、副、渔各个方面，大大超过了先秦两汉农书的规模。所记述的生产技术以种植业为主，总结了如何按照不同的季节、气候、土壤特性来进行不同的农作物栽培、布局、管理，介绍了轮作、套作及混作等耕作方法，绿肥等新肥源的开辟，以及旱地井灌、选种、防治病虫害、防霜冻等技术。同时，对于植物的遗传性、驯化性和变异性，以及人工选择、人工杂交和定向培育等方面，都有正确的认识和朴素唯物主义的论述。在经济林木的生产和野生植物的利用方面，总结了自播种、扦插、压条、分株以至嫁接等多种繁殖方法。此外兼及家畜、家禽、鱼、蚕的饲养和疾病防治以及农副产

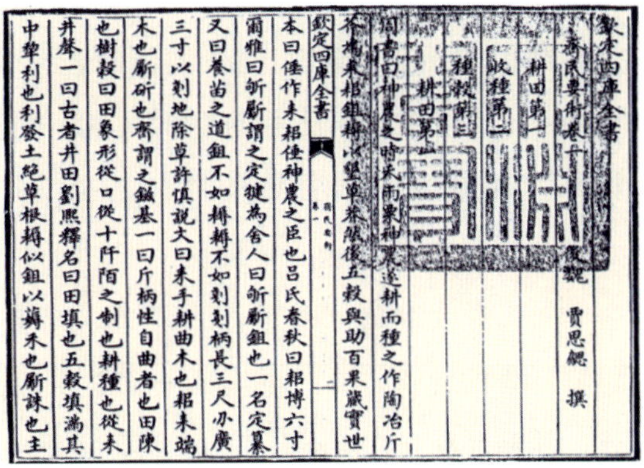
欽定四庫全書
齊民要術卷一　後魏　賈思勰　撰
耕田第一
收種第二
種穀第三
耕田第一
周書曰神農之時天雨粟神農遂耕而種之作陶冶斤
斧為耒耜鉏耨以墾草莽然後五穀興助百果藏實世
欽定四庫全書
本曰倕作耒耜倕神農之臣也呂氏春秋曰耜博六寸
爾雅曰斪斸謂之定犍為舍人曰斪斸鉏也一名定纂
又曰養苗之道鉏不如耨耨不如剗剗柄長三尺刃廣
三寸以剗地除草許慎說文曰耒手耕曲木也耜耒端
木也斸斫也齊謂之鎡基一曰斤柄性自曲者也田陳
也樹穀曰田象形從口從十阡陌之制也耕種也從耒
井聲一曰古者井田劉熙釋名曰田填也五穀填滿其
中犂利也利發土絕草根耨似鉏以薅禾也斸誅也主

图2-6-1　《齐民要术》书影

品的加工储藏，甚至还有文具、日用品的生产等。在种植业方面则以粮食为主，兼及纤维作物、油料作物、染料作物、饲料作物、园艺作物等。从地域来说，以反映黄河中下游农业生产技术为主，同时也涉及南方其他地区。

贾思勰为了编著《齐民要术》，“采捃经传”，共引用前人著作100多种，其中经、史、子、集皆有。内容有重农理论、农业政策、植物名称、文义考释，以及少量占卜、祈禳等，但主要是农业生产知识的总结。《齐民要术》受《氾胜之书》《四民月令》等书的影响和启发，但它并没有被其束缚，而是做了很多创新，所记述的农业知识之广泛与丰富，远远超过了汉代这两部农书。贾思勰在吸取前人科技知识时比较审慎，如他观察了黍的生长习性后，认为黍需要密植，而不同意《氾胜之书》中黍应“疏于禾”的说法。

《齐民要术》虽成书于北魏，实际却是对秦汉以来中国黄河流域农业科学技术知识的一个系统总结。在此后一千多年中，中国北方旱地农业技术的发展，基本上没有超出《齐民要术》所总结出的方向和范围。

生活于公元6世纪的贾思勰，在《齐民要术》中体现的农业思想，既延续了以农为本的传统，又有鲜明的时代特点。他以一整套农家多种经营的宏伟规划构思他的著作，向人们展示了我国传统农业经济多种经营综合发展的一幅蓝图，对中国传统农业的发展产生了深远影响。

## 三、燕肃的科技成就

燕肃，《宋史》有传。他为官清廉，多才多艺，学术贡献主要在科技方面。1022年，燕肃在明州任上作《海潮图》和《海潮论》，前者已佚，后者尚存。今抄存《海潮论》于下（括号内文字均为原注）：

观古今诸家海潮之说多矣，或谓天河激涌（葛洪《潮说》），亦云地机翕张（见《洞真正一经》），卢肇以日激水而潮生，封演云月周天而潮应，挺空入汉，山涌而涛随（施师谓僧隐之之言），析木大梁，月行而水大（见窦叔蒙《涛志》），源殊派异，无所适从。索隐探微，宜伸确论。大中祥符九年冬，奉诏按察岭外，尝经合浦郡（廉州），沿南溟而东，过海康（雷州），历陵水（化州），涉恩平（恩州），住南海（广州）。迨由龙川（惠州），抵潮阳（潮州），洎出守会稽（越州），移莅句章（明州）。是以上诸郡，皆沿海滨，朝夕观望潮汐之候者有日矣（汐音夕，潮退也），得以求之刻漏，究之消息（消息，进退），十年用心，颇有准的。大率元气嘘吸，天随气而涨敛；溟渤往来，潮随天而进退者也。以日者重阳之母，阴生于阳，故潮附之于日也；月者太阴之精，水乃阴，故潮依之于月也。是故随日而应月，依阴而附阳，盈于朔望，消于朏魄，虚于上下弦，息于辉朒（朔而日见东方），故潮有大小焉。今起月朔夜半子时，潮平于地之子位四刻一十六分半，月离于日在地之辰。次日移三刻七十二分，对月到之位，以日临之次，潮必应之。过月望，复东行，潮附日而又西应之，至后朔子时四刻一十六分半，日、月、潮水，亦俱复会于子位。于是知潮当附日而右旋。以月临子午，潮必平矣；月在卯酉，汐必尽矣。或迟速消息又小异，而进退盈虚，终不失于时期矣。或问曰：四海潮平，来皆有渐，唯浙江涛至，则亘如山岳，奋如雷霆，水岸横飞，雪崖傍射，澎腾奔激，吁可畏也。其涨怒之理，可得闻乎？曰或云夹岸有山，南曰龛，北曰赭，二山相对，谓之海门，岸狭势逼，涌而为涛耳。若言狭逼，则东溟自定海（县名，属四明郡），吞余姚、奉化二江（江以县为名，一属会稽，一隶四明），侔之浙江，尤其狭逼，潮来不闻涛有声也。今观浙江之口，起自纂风亭（地名，属会稽），北望嘉兴大山（属秀州），水阔二百余里，故海商舶船，怖于上潬（水中沙为潬），唯泛余姚小江，易舟而浮运河，达于杭、越矣。盖以下有沙潬，南北亘连，隔碍洪波，蹙遏潮势。夫月离震兑，他潮已生，唯浙江水未泊。月经乾巽，潮来已半，浊浪堆滞，后水益来，于是溢于沙潬，猛怒顿涌，声势激射，故起而为涛耳，非江山浅逼使之然也。

燕肃在滨海地区为官达10年之久，对海潮进行实地科学观察，作出系统记录，积累了大量资料。燕肃用心分析，写成文章，描绘成图画，方便传播。在观察、研究中，燕肃得到朔望潮大、上弦或下弦潮小、“潮随日而应月”等科学结论。燕肃掌握了每日潮候，观测到了准确的潮候数据，指导了当时的水路交通和渔业生产，这些都是珍贵的资料。经过实地观测和与其他海湾江口的深刻对比，燕肃提出钱塘江的“暴涨潮”（“怒潮”）是由于河床升高，“浊浪堆滞，后水益来”而形成的，这是他的创见。尽管这个说法尚未完善，但确是形成暴涨潮的一个重要条件，因而难能可贵。

要得到正确的潮候，必须有正确的刻漏。燕肃对刻漏的研究跟他对海潮的研究有关。宋仁宗天圣八年（1030），燕肃上莲花漏法。

> 其制琢石为四分之壶，刻木为四分之箭，以测十二辰二十四气，四隅十干。洎百刻分布昼夜，成四十八箭。其箭一气一易，二十四气各有昼夜，故四十八箭。又为水匮，置铜渴乌，引水下注铜荷中插石壶旁，铜荷承水自荷茄中溜泄入壶，壶上当中为金莲花覆之，花心有窍，容箭下插，箭首与莲心平。渴乌漏下水入壶一分，浮箭上涌一分。至于登刻盈时皆如之。①

刻漏为中国古代的计时器，始自周代，以后各代都有制作。至宋天圣时，唐制浮箭刻漏尚存，然不能用，于是燕肃创“莲花漏”，刻漏精密，各地依照它提供的方法制造。景祐三年（1036），燕肃的莲花漏被采用并广泛传播。

指南车是燕肃的又一项发明。宋仁宗天圣五年（1027），时任工部郎中的燕肃创制出指南车，也叫司南车。他把自己研制指南车的方法上奏宋仁宗，宋仁宗诏令有关部门制造出了指南车。

---

① 〔清〕陈梦雷、蒋廷锡等辑：《钦定古今图书集成》第98卷《历象汇编·历法典·漏刻部·汇考一》，1726年雍正内府铜活字印刷版。

其法[①]：用独辕车，车箱外笼上有重构，立木仙人于上，引臂南指。用大小轮九，合齿一百二十。足轮二，高六尺，围一丈八尺。附足立子轮二，径二尺四寸，围七尺二寸，出齿各二十四，齿间相去三寸。辕端横木下立小轮二，其径三寸，铁轴贯之。左小平轮一，其径一尺二寸，出齿十二；右小平轮一，其径一尺二寸，出齿十二。中心大平轮一，其径四尺八寸，围一丈四尺四寸，出齿四十八，齿间相去三寸。中立贯心轴一，高八尺，径三寸。上刻木为仙人，其车行，木人指南。若折而东，推辕右旋，附右足子轮顺转十二齿，击右小平轮一匝，触中心大平轮左旋四分之一。转十二齿，车东行，木人交而南指。若折而西，推辕左旋，附左足子轮随轮顺转十二齿，击左小平轮一匝，触中心大平轮，右转四分之一，转十二齿，车正西行，木人交而南指。若欲北行，或东，或西，转亦如之。

燕肃的指南车造于1027年，是我国古代第一个有详细内部构造记载的指南车。因为在《宋史》中有具体记载，后世多有论述和仿造。

## 四、王曾《上契丹事》

王曾（978—1038），字孝先。祖上世居泉州王厝埕，后随父兄迁居于山东青州。宋真宗咸平五年（1002）乡试、会试、廷试皆第一，连夺三元，成为北宋第27名状元。大中祥符九年（1016）正月，任参知政事（即副宰相）。乾兴元年（1022）七月拜王曾为宰相，朝廷倚以为重。景祐二年（1035），王曾再次拜相，出任枢密使，封沂国公。后因与专权的宰相吕夷简之间屡起纷争，景祐四年（1037）四月被罢相。其后，又以左仆射、资政殿大学士的身份任郓州通判。宝元元年（1038）十一月去世，时年六十一岁，谥号为“文正”。宋仁宗亲自为其书写碑文，称为旌贤之碑。王曾著有《王文正公笔录》。

① 《宋史·舆服志一》。

北宋，自太宗起力倡“精选使臣，不辱君命，通盟结好，弥战息民”①。大中祥符五年（1012）十月，王曾以主客郎中知制诰的身份任辽圣宗生辰使，出使契丹。回到中原后，向真宗皇帝上奏七件事，现仍流传于世的仅《上契丹事》一件。这部《上契丹事》相当于出使契丹途中写下的行程记录，主要记录了出使经行的路线和沿途见闻，是认识北宋时期我国北方地区的自然状况、地理环境、社会生活、风土人情等的生动形象的材料。因这些见闻均为王曾亲身经历，所以《上契丹事》一文真实性较强，不断地为历朝历代的史书或地理类著作引用。② 王曾之《上契丹事》，对于研究中国北部边疆历史沿革、地理变迁等具有较高的学术价值。

## 五、李之才的学术贡献

李之才（980—1045），字挺之，宋代山东青社③（今山东青州）人。宋仁宗天圣八年（1030）同进士出身。他“能为古文章”，有大才却“安于卑位，无仕进意”④。初官卫州获嘉主簿并暂时代理共城（今河南辉县）令，后调孟州司法参军，又辟为泽州签署判官，后辞官服母丧。庆历五年（1045）二月，暴卒于怀州官舍。

学术上，师从河南穆修⑤学《易》，得其真传。“时苏舜钦辈亦从修学《易》，其专授受者，惟之才尔。”⑥ 北宋大儒邵雍出自李之才门下，授《春秋》《易》，雍卒以《易》名世。“泽人刘羲叟晚出其门，受历法，亦为名士”，刘羲叟从其受历法，时称“羲叟历法”，发扬雄、张衡之所未喻者。李之才弟子甚众，以邵雍、刘羲叟为最。

---

① 〔宋〕李焘：《续资治通鉴长编》卷二十七。

② 以上参考贾敬颜的《五代宋金元人边疆行记十三种疏证稿》，中华书局 2004 年版，第 80 页。

③ 《宋史》作青社人，但青社非地名。考《史记・三王世家》注，齐在东方，故称青社。又益都县（今属山东）有青社驿，古人文字，类称青州为青社，史文因沿之。

④ 《宋史・儒林・李之才传》。

⑤ 穆修（979—1032），字伯长，汶阳（今山东汶上）人，官至颍州文学参军等职，师陈抟而传《易》。

⑥ 《宋史・儒林・李之才传》。

李之才开宋代卦变说研究的先河。由于他的倡导和传授，其卦变说很快为时人接受。朱震曾记述了李氏卦变传授的状况："康节之子伯温传之于河阳陈四丈，陈传之于挺之。"[①]受其影响，苏轼、朱熹、林至等皆言卦变。在义理之学兴盛的宋代，象数易学的卦变成为时人关注的问题，这当然要归功于李之才。

李之才的易学已失传，今能见的是保留在朱震《汉上易传》、黄宗羲《易学象数论》、胡渭《易图明辨》等书中的卦变图，因这种卦变图是讲卦与卦之间关系的，而这种卦与卦之间的关系通过卦象变化而表现出来，故李氏卦变图被称为"象学"。李之才的卦变图包括两个图：一是卦变反对图，一是六十四卦相生图。

1. 卦变反对图以乾坤二卦为基本卦，其余六十二卦皆为乾坤二卦之变易。乾坤所变之卦，共分四类七组：（1）乾坤相索三变六卦不反对图。（2）乾卦一阴下生反对，变六卦图；坤卦一阳下生反对，变六卦图。（3）乾卦下生二阴，各六变反对，变十二卦图；坤卦下生二阳，各六变反对，变十二卦图。（4）乾卦下生三阴，各六变反对，变十二卦图；坤卦下生三阳，各六变反对，变十二卦图。

2. 六十四卦相生图以乾坤两卦第一次相交，生出姤复二卦。复为五阴一阳之卦，五变生出五卦；姤为五阳一阴之卦，五变又生出五卦。乾坤第二次相交，生出遁临二卦；遁为四阳二阴之卦，五变生出十四卦；临为四阴二阳之卦，五变生出十四卦。乾坤第三次相交，生出否泰二卦；泰为三阴三阳之卦，三变生出九卦；否为三阳三阴之卦，三变亦生生出九卦。

## 六、赵明诚《金石录》

赵明诚（1081—1129），字德父，密州诸城（今山东诸城）人。李清照（1084—约 1155），号易安居士，齐州章丘（今山东济南市章丘区西北）

---

① 〔南宋〕朱震：《汉上易传·卦图》卷上。

人。夫妻俩对金石学有浓厚兴趣和极深的造诣。赵明诚所著《金石录》，内容丰富，考证翔实，在金石学史上是一部不可多得的著作。

赵明诚夫妇收集、考订金石器物及铭文，专心致志，收藏极为丰富，但随着北宋灭亡、金兵南下，几乎全都丧失。李清照在《〈金石录〉后序》中说：

> 侯在东莱静治堂，装卷初就，芸签缥带，束十卷作一帙。每日晚吏散，辄校勘二卷，跋题一卷。此二千卷，有题跋者五百二卷耳。[1]

赵明诚作《金石录》用了 20 年，该书所收录的金石，时间“上自三代，下迄隋、唐、五季”，地域“内自京师，达于四方遐邦、绝域、夷狄”。赵明诚遍览“仓史以来古文奇字、大小二篆、分隶行草之书，钟鼎、簠簋、尊敦、甗鬲、盘杅之铭，词人墨客诗歌、赋颂、碑志、叙记之文章，名卿贤士之功烈行治，至于浮屠、老子之说，凡古物奇器、丰碑巨刻所载”，甚至“残章断画”，基本也没有遗漏。全书共著录 2000 卷。[2]

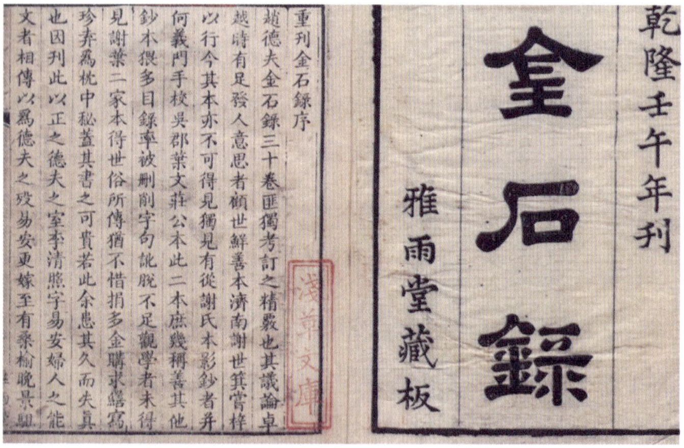

图 2-6-2 《金石录》书影

关于《金石录》的内容和价值，李清照在《〈金石录〉后序》中说，“上足以合圣人之道，下足以订史氏之失

---

① 〔宋〕赵明诚：《金石录》之《后序》，清光绪十三年（1887）朱氏槐庐丛书本。

② 〔宋〕赵明诚：《金石录》之《后序》，清光绪十三年（1887）朱氏槐庐丛书本。

者，皆载之”[①]，认为赵明诚对收集到的铭文记载能够“正伪谬，去取褒贬”，可以作为后世好古博雅人之参考。

## 七、于钦《齐乘》

现今人们能见到的唯一的宋元山东通志是《齐乘》，作者是青州人于钦。于钦（1284—1333），字思容，历任翰林院国史院编修官、监察御史、兵部侍郎等职。

于钦热爱家乡，以文雅著称，自然就增加了一份文人的担当，“齐之山川、分野、城邑、地土之宜，人物之秀、此疆彼界，不可不纂而纪之也”[②]。他援经史、考见闻，作《齐乘》。《齐乘》是一部山东通史，全书6卷8门，7万多字，行文简约，所记翔实。其子于潜，至正十一年（1351）任两浙都转盐运司副使时，将《齐乘》镂版刻成，附作释音一卷，苏天爵作序。

图 2-6-3　《齐乘》书影

《齐乘》专记三齐，即山东东部、北部、西部一带，不包括鲁南。《齐乘》共6卷，卷首有序、目录，卷末附有其子于潜所作的释音、跋，共分沿革、分野、山川、郡邑、古迹、亭馆、风土、人物8门。内容从历史地理、文化古迹、宗教寺庙到风俗人情、人物传记，无所不包，体例完备。书中将山东的名山大川变迁、郡邑城池的名由与沿革以及历史名人都简洁地记述下来，史料丰富。

---

① 〔宋〕赵明诚：《金石录》之《后序》，清光绪十三年（1887）朱氏槐庐丛书本。

② 〔元〕于钦：《齐乘》之《后序》，明嘉靖四十三年（1564）刻本。

# 第三章　明清时期

本章叙述潍坊明清时期的政治、经济、教育、科技等各方面发展情况。

## 第一节　政　治

明清时期，潍坊市域分属青州府、莱州府，其中益都、寿光、昌乐、临朐、安丘、诸城六县属青州府，潍县、昌邑属莱州府平度州，高密县属莱州府胶州。

### 一、政局变迁

元至正二十七年（1367）十一月，朱元璋部将徐达、常遇春攻取益都、潍县、寿光、昌乐等地。明洪武元年（1368），改益都路为青州府，莱州升为莱州府，均属山东行中书省。明朝的建立结束了元末的战乱，给百姓带来了较为安定的生活环境，然而社会矛盾依然尖锐。明洪武三年（1370）秋，益都孙古朴聚众起义，自号“黄巾”，攻破莒州，杀掉同知牟鲁，但不久即被青州卫明军镇压。明永乐十八年（1420），蒲台县唐赛儿利用白莲教领导了明朝建立以来第一次较大规模的农民起义，各地积极响应，先后组成了以青州、莒州、安丘为中心的三支起义军，攻城掠地，惩贪除恶，不断打败前来镇压的明军，但由于力量对比悬殊，义军坚持了三个多月，最终失败。嘉靖三十四年（1555），益都杨思仁聚众起义，谋划夜袭府城，因消息走漏，没有成功。后转战昌安、安丘、诸城、莒州等地，嘉靖三十五年（1556）十二月被官兵平定。

明崇祯十五年（1642）十一月，清军大举进攻山东。接连攻陷青州、莱州、寿光，清兵入城疯狂屠杀，全境一片腥风血雨，史称“壬午兵燹”。十二月初八，清军围攻潍县、诸城、安丘、昌邑。潍县知县周亮工，诸城知县赵千里，昌邑县令李萃秀、县丞张其仁率众誓死守城，清兵久攻不克而返。

清顺治元年（1644），李自成部将姚应奉率起义军500人进驻青州城，为明裨将李士元所杀。七月，清廷派户部侍郎王鳌永抚定青州郡县，明衡王朱由㰒降清。是年冬，李自成部将赵应元等诈降入城，杀王鳌永，占领了青州城。清廷派遣梅勒章京和托[①]等率师驰援，李士元杀赵应元，纳清兵入城。起义军所任各县知县，到任者均被杀。清顺治元年（1644）十一月，高密张舆自称总镇大元帅，与其党武印、徐振、管相周等起义抗清，被清胶州总兵柯永盛击败，张舆被俘就义。清顺治二年（1645），清廷强令天下百姓蓄发留辫，引起普遍反抗。张广在潍县起义反清，攻占了掖县，率数千人攻平度、莱州，清廷震惊，授权登莱巡抚陈锦、右佥都御史丁文盛派兵镇压。义军终因势单力薄，张广牺牲，余部转入山林。

清中晚期，农民起义此起彼伏。清道光十七年（1837）春正月，潍县马刚组织教徒起义，攻入县署。清咸丰三年（1853）捻军起义爆发，捻军多次转战今潍坊境内，战场遍及寿光、高密、诸城、安丘、昌邑、潍县、昌乐、益都。清同治元年（1862），益都朱仲平、边老九举义反清，号“黑旗军”。清同治五年（1866），益都冀宗华、冀兆栋等拜肥城黄崖张积中为师，拟举义反清，事泄，被清政府定为“黄崖谋反案”，冀宗华等遇难，万余百姓被无辜屠杀。清光绪十四年（1888）农历十一月二十四日，潍县傅戈庄盐店巡役以巡缉私盐为名，到百姓家中榨取民财，侮辱妇女，激起民愤，南眉村、北眉村、驸马营、辛庄、南邓村、北邓村、院上、下房8村民众，赴盐店与

---

① 梅勒章京：清朝官爵，即副将或副都统。和托，即栋鄂·和托，满洲镶红旗人。

巡役评理，巡役开枪打死 1 人，打伤 2 人，民众怒烧盐店房屋 25 间，将盐巡缉拿委员刘世贤、司事张辅之、带巡李春浦及巡役 8 人投入火中烧死，另有 4 人被推入潍河淹死。清光绪十八年（1892）九月，潍县农民李明书率百余人在太公堂起义，遭安丘、昌邑等县清兵镇压。清光绪十九年（1893），昌邑、潍县等地大刀会兴起，翌年秋大刀会改称“义和拳”，1899 年又改称“义和团”，展开了轰轰烈烈的反封建反列强侵略的斗争。

晚清，列强掀起瓜分中国的狂潮，潍坊人民反对帝国主义侵略的斗争此起彼伏。清光绪十六年（1890）春，潍县手工业者冯钦、傅守义与孙玉堂、于成、陈理、孙荣、陈大玲等人分头在城乡串联，全县农村大都成立义和团组织。清光绪二十六年（1900）春，为支持德州、沧州一带义和团，冯钦、陈理、于成等率部分义和团成员，赶赴蒲台参加了高庙起义。袁世凯派兵镇压，冯钦、陈理、陈大玲等在作战中牺牲，于成、孙玉堂率余部返潍继续斗争。清光绪二十四年（1898）三月，德国强迫清政府签订《胶澳租界条约》，攫取了胶济铁路修筑权和沿线 15 千米以内的矿藏开采权。清光绪二十六年（1900）德国修筑胶济铁路至高密县境，官亭村民孙文、绳家庄武生李金榜率众抗德。高密义和团袭击德国鲁家庙公司，迫使德国人锡道乐率铁路工程技术人员返回胶州。义和团火烧德国人在坊子开设的矿务局，攻打高密县天主教堂。安丘、益都、临朐、寿光等县的义和团也纷纷驱赶外国传教士。山东巡抚袁世凯调集军队镇压，潍坊地区义和团斗争失败。此后，潍坊境内又先后出现了联庄会、红枪会、大刀会、钢枪队等民间武装组织抗击列强。

## 二、政区沿革

明洪武元年（1368）改益都路为青州府，辖潍州、莒州、胶州 3 个州和益都、临淄、博兴、寿光、昌乐、临朐、安丘、诸城、蒙阴、沂水、日照、昌邑、高密、即墨、高苑、乐安（今广饶）16 个县。后将潍州、胶州、高密、昌邑、即墨划归莱州府，仍领 1 州 13 县。

明洪武元年（1368）莱州升为莱州府，府治掖县。洪武六年（1373）

降为莱州，洪武九年（1376）复为府，辖平度州和胶州。平度州，州治平度，辖昌邑县和潍县。胶州，州治胶州，辖高密县和即墨县。

清代实行省、府、县三级制，又有特别区与省平行，省属厅、州与府平行，府属厅、州与县平行。同时，在省、府（直隶州）之间还分设诸“道”，并派驻道员。道原为监察区，从乾隆时开始专设“守道”和“巡道”。守道在固定辖区，巡道分巡某区或专管刑狱。道不是固定的行政机构，属于临时派遣，道员的主要职责是负责协助巡抚和布政使、按察使处理各府、州的有关政务。以清嘉庆二十五年（1820）的政区为准，今潍坊市境为青州、莱州、沂州三府所辖，属山东省；又属登莱青道，道署驻莱州。

青州府，府治益都，领益都、博山、临朐、临淄、博兴、高苑、东安、寿光、安丘、昌乐、诸城11县。莱州府，府治掖县，所辖平度州下辖潍县、昌邑两县，胶州下辖高密、即墨两县。清光绪三十一年（1905）胶州升为直隶州，直属山东布政使司，辖高密、即墨二县。

## 三、职官明细

明代府、州、县级主官为知府、知州、知县。

府级官员置知府、同知、通判等职，知府为一府最高长官。每府设知府一员，正四品。同知一员，正五品。通判无定员，正六品。知府属布政司领导，“掌一府之政，宣风化，平狱讼，均赋役，以教养百姓……凡诏赦、例令、勘劄至，谨受之，下所属奉行”[①]，总管府内民政、治安、赋税、学校教育、农田水利、邮政、仓库、驻军粮草供应等事宜。同知、通判分掌府内清军、巡捕、钱粮、劝农、水利、屯田、牧马等事务。知府下属还有推官1人，正七品，“理刑名，赞计典”[②]，负责处理刑事案件；经历1人，正八品；知事1人，正九品，执掌收发上下文书之事。照磨所设照磨1人，从

① 《明史·职官四》。
② 《明史·职官四》。

九品；检校 1 人，执掌磨勘六房卷宗之事；负责秘书等工作。司狱司设司狱 1 人，职掌刑狱事。

明代州有两类，一为直隶州，相当于府；二为属州，相当于县。

县一级的最高行政长官为知县。各县设知县 1 人，正七品；县丞 1 人，正八品；主簿 1 人，正九品；知县属下还有典史 1 人。知县（县级知州）总掌一县（州）政务，负责县（州）内的赋税、徭役、治安、民事诉讼、学校教育、赈济灾荒、保甲的控制等。县丞、主簿（州的判官）负责本县（州）的粮草调拨、治安等事务。典史负责文秘工作。凡属州领导下的小县一般不设县丞和主簿，由知县兼任县丞和主簿的工作。

清代职官基本沿袭明代，地方由省、道、府、县四级组成。道起源于唐朝，定制于明朝。道员是藩、臬两司的辅佐官，有“守道”与“巡道”之分，大略守道掌民政、财政，巡道掌监察。另有特设的道，如盐法道、驿传道、督粮道等。明制，道为监察分区而非行政区，道员则为临时性派遣，本身无品级。清乾隆十八年（1753）开始专设守巡各道，道员为正四品官，为实官。清代道员又多加兵备衔，节制境内都司以下武职官员。清顺治初年，登州府、莱州府各设海防道，青州设分巡道。清康熙五年（1666），莱州道和登州道合并为登莱道，治于莱州。清康熙六年（1667）裁青州分巡道。清康熙九年（1670）复设青州海防道，清康熙四十二年（1703）裁并为登莱青道，仍治于莱州，清同治元年（1862）移驻登州。光绪三十一年（1905），胶州（含高密、即墨）升为直隶州，归登莱青道管辖，登莱青道遂改衔为登莱青胶道。

道以下是府，最高官员为知府，初为正四品，清乾隆十八年（1753）改为从四品。府的职官有知府、同知、通判、教授、训导、经历、司狱等，各府因实际需要，另有特殊职官。

府或直隶州以下为县或散州。县的一般职官为知县、县丞、主簿（有的县不设）、教谕、训导、典史等，散州的一般职官为知州、州判、学正、训导、吏目等。

明代在全国设 6 个都转盐运使司，其中有长芦盐运司、山东盐运司。

长官为都转盐运使，负责一省或数省的食盐生产、运输、销售等工作，与朝廷临时派遣的巡盐御史共同负责当地盐政。山东盐运司下设胶莱、滨东两分司，长芦盐运司下辖沧州、青州二分司。沧州分司辖南 12 个盐场，青州分司辖北 12 个盐场。明洪武初以判官管理青州分司，辖北 12 场。明万历二十一年（1593）改判官为运同。清康熙十八年（1679）裁并南北场为 16 个盐场，青州运同辖 8 个盐场。清乾隆四十三年（1778），青州仅辖 4 个盐场。清乾隆四十六年（1781），改青州分司为天津分司。

## 四、军事

### （一）明代卫所建置

明洪武元年（1368）正月立军法，自京师达于郡县皆立卫所，系一府者设所，连府者设卫，大率以 5600 人为一卫，1120 人为一所，112 人为百户所。每百户所设总旗 2 名、小旗 10 名，通以指挥使等领导。卫设指挥使 1 员、同知 2 员、佥事 4 员、镇抚 2 员。所设正千户 1 员、副千户 2 员、镇抚 2 员、百户 10 员。设仪卫司，有仪卫正 1 员、副 2 员，典仗 6 员。明洪武八年（1375）改在外都卫为都指挥使司。明洪武二十六年（1393）设巡检司弓兵，又在腹里边境险要处设烟墩，遇警昼则举烟、夜则举火，接递通报。明永乐十一年（1413）增置烽堠守瞭。潍坊境域在明代设有青州卫、诸城千户所，潍县的军防属莱州营。

明洪武元年（1368）于府城西北建益都卫，同年改益都府为青州府，治益都。设青州卫，寻改青州左卫。明永乐十四年（1416）卫所移建至府治东。明洪武三年（1370）改青州都指挥使司。明洪武八年（1375）青州都卫改为山东都司，青州立左右二卫，明永乐四年（1406）移右卫戍德州。青州左卫设指挥使 1 人、指挥同知 2 人、指挥佥事 4 人，以迁叙[①]至者无定额。青州左卫设经历司，经历 1 人；设镇抚司，镇抚 2 人；左右中前后五所各置正副

① 迁叙：旧时官吏根据考核劳绩而进行晋职或奖励。

千户、百户。京操军春戍1497人，秋戍2105人。另设有“军余”，即没有取得正式军籍的军人，有城守军余729人、屯田军余453人。屯田271顷50亩，屯粮3258石。塘头寨备御百户所属青州左卫，设百户，墩10，分别为公母堂、黄种、上思河、旧寨，在所东；簪坟、荆埠、课墩、官台、甜水河、八面河，在所东南。

明洪武二十九年（1396），设青州兵备道，由省按察副使、佥事分道任事，以时巡察，称分巡道。其后建置多变，至明末，其固定驻所成为地方行政官署。山东按察司副使的官署按察分司在青州府治南。明永乐年间，因矿盗多发，青州府军防设守备指挥1员，领敕备御。明正德五年（1510）民乱频发，朝廷遂革守备设兵备佥事，兵备佥事牛鸾兴建官署。明嘉靖二十五年（1546）孟淮修建正堂，左为寅宾馆，后为川堂。堂之后为书吏舍，西北为宅，宅南为治本堂，又西为园亭。正堂南为仪门，左右列廊房，前为大门，又前为海岱肃清坊，东为府卫馆，又东为射圃，西为县馆。[1]

青州卫演武场在东门外，兵备牛鸾、李崧祥修，中为阅武堂。明嘉靖间青州按察司副使王世贞感于演武场之圮废，利用赋税的盈余部分，重修青州阅武厅，扩大规模，增加设施，组织军士演练。明代青州卫驻军，其团操有马快壮244名，步队民壮1755名，分为两班更番赴道团操，操练严格，屡立战功。

明正德五年（1510）设立青州兵备道，青营守备千总及马步兵丁俱属道辖。外又部推道标守备1员、把总2员，辖标兵先是300名，后减为200名。明万历间设守备1员、中军指挥1员、把总4员。青州营设自明季，其兵丁于青州道属州县抽调团练，快手50名、民壮924名，自备马50匹。又募主兵518名，自备马50匹，共兵1492名。春、秋时汛期赴海巡防，临时增添官兵至1760名。按照明制，青州兵备道分署青州府按察司佥事镇之，辖青州府和益都、安丘、诸城、临朐、昌乐、乐安、寿光等17县的军事，

---

① 〔明〕杜思修，冯惟讷等纂：嘉靖《青州府志》卷十一《兵防》，天一阁藏明嘉靖四十四年（1565）刻本。

马快共400人，民兵7069人。有颜神镇、十字路、葛沟店、夹仓镇、穆陵关、高家港、乐安寨、紫荆关、广陵镇、上泗镇、信阳镇、南龙湾12个巡检司，设有青州左卫、安东卫两个海口卫和诸城守御千户所、莒州守御千户所。

明代，诸城县为海防重地，设有诸城守御千户所，与青州左卫、安东卫、灵山卫相为犄角，隶属山东都司，属于左军都督府，终明未改。诸城守御千户所在县治西南，明洪武四年（1371）建，设官正千户、副千户、百户。演武场在县城西。明万历间，诸城千户所大规模扩建。

明代，潍县军防属莱州营，潍县听征有马队民兵12名、步队民兵24名，有马快手巡察海道团操7名、巡察海道步队民壮57名、守城民壮80名。固堤店巡检司有弓兵20名。明万历二十五年（1597）以寇警，创设参将1员，统领全营。又在县城内设潍县营，置游击1员、中军守备1员、把总5员、哨官22员、兵3000名，以防北海，数年后撤销。

明朝军队编制实行“卫所制”，军籍世袭，平时屯田或驻防，军制严格，流弊也深。明中叶以后，屯田多被军官吞蚀，军粮补给难以为继，导致卫所军士大量逃亡。为惩治逃亡，弥补缺伍，明政府采取的重要措施就是清勾。清勾制度旨在清理军伍，勾补军士，以保证国家有兵可用。清勾制度直至明朝灭亡才退出历史舞台。

### （二）清代绿营驻军

清顺治元年（1644），在青州府设城守营，其衙署即今青州偶园街的参将署。清顺治十七年（1660）兼辖安东营，安东营初属胶州营拨防。清康熙元年（1662）设山东提督，驻青州府，即以青州营参将以下将领8名、兵1884名改为提标中营，复设左右二营游击以下官兵，安东营另属沂州营。清康熙四年（1665）提督移驻省城济南，留原设的提标中营官兵复建为青州营，设参将以下将领8名、兵777名，兼辖泰安营，而安东别为一营。清康熙六年（1667）设青州分巡道，后改为青州海防道。清康熙四十二年（1703）又改称登莱青道，初治青州，后迁莱州。

清朝中期以前，绿营规模庞大，尚称精锐。随承平日久，营务废弛，日趋腐败，清同治年间多次裁减绿营。清末，新军成立后，绿营名存实亡。清光绪二十九年（1903），朝廷接受徐世昌等进言，以绿营挑改巡警。

寿光、乐安、昌乐三县明代均属青州府辖地，而营汛则属莱州。清朝仍沿明朝旧制，清康熙十九年（1680）另设寿乐营专防三县，营地驻寿城。以参将、守备统领，管辖寿光、乐安、昌乐三县。清康熙三十九年（1700），移改寿乐营为守备营，属青州营管辖。清雍正九年（1731）改守备营为都司营，驻扎寿光县，置都司1员、把总1员、外委把总1员、马兵25名、步兵122名，分防昌乐汛、乐安县汛。清同治年间，复为守备营，兵员历经裁汰，至清光绪十三年（1887）仅存守备以下官佐6员、马兵36名、步兵145名。清光绪二十年（1894）令各乡办团练。清光绪二十九年（1903）寿光羊角沟成立巡警局，有马步兵80名，直属省管辖。清光绪三十二年（1906）寿光县设巡警局和巡警教练所。

明清时期的军防，在青州营、寿乐营所属诸县之外，又有几个县域分属其他的府县军防。其中莱州营分防潍县汛、昌邑县汛，即墨营分防诸城县汛、高密县汛，胶州营分防安丘县汛、峠山汛。

清顺治元年（1644）莱州设城守营，昌邑县汛由莱州营分防。清康熙年间，昌邑县汛置把总1员、统领马兵20名、步兵46名，防署在县治东，演武场在县城南。遇有事故，由莱州营千总署遣拨兵马。清光绪三十一年（1905）设巡警局，在县丞署，置巡官1员、教习1员、学生20名。

清光绪二十五年（1899）十月，清政府在德国侵略者的胁迫下，命驻潍县的清军彭金山部进驻昌邑，镇压反抗筑路的民众。清军在丈岭街东建造防营1处，驻扎骑兵500名，长官为黄普标。营防内设有演武厅、打靶场、训马桩、草料场、指挥台等。驻军穿蓝色军装，使用单打一步枪。清光绪三十年（1904），防营由丈岭迁到罗家埠村西南，用砖石重建营房数10间。清光绪三十二年（1906）撤走。

明代诸城设置守御千户所，清初仍循守御所旧制，有百总、千总守备诸员，后全部裁革，只设把总2员，一分防本县汛，一分防沿海汛，诸城县陆汛属即墨营，署在县署之西，校场在扶淇河东，所辖马兵8人、步兵52人。清宣统三年（1911）诸城驻军增添左路巡防军30余名，驻守城内。诸城滨海，军防除陆汛外又设海汛。清代诸城沿海汛属安东卫分防，营署在董家口，校场在署前，辖马兵4人、步兵30人。

高密县汛属即墨营分防，置把总1员、马兵4名、步兵34名。安丘县汛属胶州营分防，置把总1员、马兵12名、步兵38名。胶州营还分防安丘汛、峠山汛，安丘汛置把总1员、马兵13名、步兵48名，峠山汛置外委千总1员、马兵2名、步兵13名。

清朝，昌邑县汛、潍县汛仍由莱州营分防。莱州营原属胶镇，后改属沂镇，又改属登镇。清康熙元年（1662）阄分汛地，派左营都司等官分防莱州营所属掖县、潍县二县，青州营所属乐安一县，北海、王徐、石灰嘴、三山小石岛、白狼河五汛海口。潍县境内设墩台4处，分别为王伯、寒亭、东十里铺、小于河，每墩派马兵2名、守兵3名驻防。清光绪二十五年（1899）德国人建筑胶济铁道，政府派武卫右军①右翼长姜桂题率其全翼驻于今昌邑西大营一带，建有营舍4处。清光绪二十六年（1900）嵩武军②管带袁坦到潍县驻防，驻城北郭家小庄北。不久，嵩武军撤走，除西大营外的其他营舍被废弃。清光绪三十一年（1905）编制陆军第五镇驻山东九协十七标分驻潍县，协统为洪自成。这时，潍县成为胶济铁路要站，需要设巡警保护，招募巡捕45名，在考院设立讲堂岗15处，建立巡警局，经费为白银2000两，按季由潍县县署向商人催收拨付巡警局。清光绪三十三年（1907），巡警官兵额定为正副巡官各1名、巡弁兼教弁1名、巡长4名、巡兵49名、学生甲班30名和乙班35名。清光绪三十四年（1908），山东铁路矿政局筹办坊子警察，不隶于县署。同年颁布违警律，六月省设巡警道，县巡警局属之，画定警区，设

① 1898年，清廷以荣禄为帅组建武卫军。这是一支新式陆军，其中的武卫右军为原袁世凯所部陆军改编而来。

② 嵩武军，1866年建于河南，总兵张曜。

立岗位。[①]

（三）清代青州八旗驻防

清雍正九年（1731），朝廷议决在青州府设立满洲营镇守，建立旗城衙署。城在青州府北两千多米，建营房，八旗官兵驻扎。青州旗兵定制将军1员，副都统1员，管理镶黄、正白二旗协领1员，管理镶白、正蓝二旗协领1员，管理正黄、正红二旗协领1员，管理镶红、镶蓝二旗协领1员。清乾隆二十六年（1761）裁将军缺，以副都统驻守青州。此后，驻军规模大幅度减少，至清光绪年间，朝廷命令旗兵另筹生计，各食其力，在士兵中仅保存领催56名、马甲1260名、步甲320名。

青州八旗驻防兼辖德州驻防营，直至清末，隶属兵部，可直接向皇帝奏事。副都统品级低于将军，为正二品。青州旗兵是按八旗制度编设的，分

图 3-1-1　青州旗城东门，摄于1936年9月

① 〔民国〕常之英修，刘祖干纂：《潍县志稿》卷十七《武备志·警务》，民国三十年（1941）铅印本。

为正黄、正白、正红、正蓝和镶黄、镶白、镶红、镶蓝，每旗又分前后两位，所以有八旗十六佐。清末训练新军，青州驻防兵的枪械装备比较充足，武器也好。辛亥革命后，这支武装并未裁撤，直至 1929 年解体。

"青州驻防官兵，粟米全行折给，每米一斗折银一钱，均于该年地粮银内动支。"①清中后期，随着驻防兵生齿日繁，饷粮常用折色米补给，"又题准青州驻防兵岁需粟米，半给本色，半给折色。如遇闰之年，所需闰月本色米在于青州府仓谷内碾米支给，计米一石，扣银一两，贮于府库，秋后买谷还仓"②。朝廷不许驻防官员从事农工商，不得置办地产。

青州驻防兵所用军械，据清董诰《军器则例》记，有腰刀、鸟枪、手枪、长矛、长枪、铁斧、铁锤、铁锨、铁镢、镰刀、朝天镫、铁挠，四十年制二十年修；子母炮、发熕炮，三十年后实有炸裂准其铸造，十五年后口门宽大准其修理。炮车、炮架、炮凳、风火轮、盖炮，五年制三年修。云梯，十年制五年修。铜锣、铜锅，十年后如有破损准其贴换，战鼓十年后如有破损准其更换，钢铃十五年更换，救火之汲桶、铁钩，三十年制十五年修。弓箭、撒袋、皮箭囊、九龙袋、火药葫芦、烘药葫芦、炮靶、枪靶、箭靶等由官兵自备。③

青州兵训练有素，骁勇善战，曾在清代多次大小战事中出兵征战。

清道光二十一年（1841）八月，青州驻防副都统德珠布奉命调精兵 500 名赴江宁（今江苏南京）狙击入侵英军。次年三月，大部分兵力移守镇江。④七月，英军 6915 人挟重炮攻镇江城。青州兵在协领达善、穆克坚、贵陞、伊琫额等带领下，手持落后的兵器苦战死守，守住城门，英军转攻没有青州兵把守的城门，破城。青州兵与英军展开巷战，毙杀英军数十人。镇江保卫战，

---

① 《清会典事例》，中华书局 1991 年版，第 1017 页。

② 《大清会典则例》卷五十二《户部》，清《文渊阁四库全书》本。

③ 〔清〕董诰：《军器则例》卷四《青州等处驻防修制军械定限——青州驻防》，清嘉庆兵部刻本。

④ 李凤琪：《抗击侵略者英勇悲壮的一幕——青州八旗兵赴镇江作战考略》，载《满族研究》2001 年第 3 期。

青州兵阵亡65人、重伤70余人，另有100余人轻伤和失踪；英军伤亡164人，3人失踪。[①] 恩格斯在《英人对华的新远征》一文中指出："驻防旗兵虽然不通兵法，可是绝不缺乏勇敢和锐气……如果这些侵略者到处都遭到同样的抵抗，他们绝对到不了南京。"[②]

清咸丰三年（1853）六月，青州旗兵由俄弟云率领，奉命去南京镇压太平天国起义军。后俄弟云病重，由多亚替代，至丹阳县，中了太平军陈玉成的埋伏，200名旗兵仅1人逃回，其余阵亡。

清咸丰十一年（1861）二月中旬，捻军自博山入益都县境，十九日在金岭镇击败乡团。青州旗兵500人及各乡团数千人在淄河东岸阻击捻军，旗兵大部被歼，佐领恒善身亡。

图3-1-2 满洲兵驻防城官房

① 王立胜主编：《青州通史》第一卷，中国文史出版社2008年版，第224页。

② [德]恩格斯：《英人对华的新远征》，见《马克思恩格斯全集》第十二卷，人民出版社2006年版，第189～190页。

清光绪二十年(1894)，中日甲午战争爆发后，青州旗兵奉命出兵刘公岛，500名旗兵英勇奋战，痛击日军。清光绪二十一年（1895），刘公岛陷，旗兵死伤惨重。

清光绪二十六年（1900），八国联军进攻北京，朝廷调青州驻防旗兵抗击联军。五百战骑在管带恩云清、邦带恩伯臣带领下，星夜驰赴北京，英勇奋战，威震敌军。

（四）民兵民壮与地方武装

明清地方武装有民兵、民壮、团练、乡兵、乡勇、民团、联庄会、保卫团等。

明崇祯十五年（1642）初冬，知县周亮工会集地方士绅合谋守城，周亮工自捐俸银，士绅义民各出捐款，加强潍县城的防卫。原有县兵百名，增募数倍，又招募义兵，教演火器。十二月，清军兵临城下，周亮工登北城门青阳楼现场观敌、督战，分工护守北门的为张尔忠等，护守东门的为郭尚友等，护守西门的为王瑨等，护守南门的为胡振奇等。一月之内，敌兵大攻3次，城崩3处，但没有突破城门防卫。

清咸丰十年(1860)九月，为防备捻军，潍县知县张楷枝催办地方团练，在考院设立团练总局，推陈介眉任团总。城东北隅丁彝龙首先设团教练，其他三隅相继设团，各关厢又添设6团。每日教练，团练总局择期在东门外的河滩上合操。练兵所需费用由地方士绅富户分捐。又在潍县东乡设立火药局，制造火药。这时，各村各镇到处自办自卫组织，各地设立保甲总局，招募乡勇，昼则防守，夜则巡城。凡各街巷居民，各抽夫坐夜支更。

## 第二节　经　济

明清时期，潍坊种植业品种增加，土地利用率与经济效益提高，生产结构不断调整，非农产业比重逐渐加大，小农生产与市场的关系日益密切，城镇经济渐趋繁荣。

## 一、农业

### （一）明代农业

明初，潍坊的土地制度沿承宋元旧制，分为官田与民田，以民田为主。官田为官府公有，民田为百姓自有。官田品类名目繁多，官田占比呈现越来越小的趋势。

明洪武年间，潍坊境内共有16万户，以诸城、益都户口最繁。至嘉靖、万历间，潍坊境内共有16.5万户。明代，户分三等，分别为民户、军户与匠户。民户占绝大多数，军户次之，匠户又次之。民户承担徭役，军户服兵役，匠户担负技艺性徭役，世代相袭。近海有灶户，寺庙的僧人、道观中的道士都要登记注册。官府征收的田赋项目主要有：岁征夏税小麦、秋粮粟米、地亩丝绵绢、农桑丝绢、花绒、马草、盐钞、杂料价银、课程钞银、药物以及皮张、禽畜、翎毛等。[①]

明代，潍坊各县民丁分为二等，一为成丁，一为不成丁。人出生以后，官府就登录户口，16岁之前为不成丁，16岁开始服徭役，至60岁免除徭役。明代的役法主要有三等，一为里甲，一为均徭，一为杂泛。以户为单位计为甲役，以人丁计为徭役，不定时摊派的徭役称为杂泛。以110户为一里，选择较为殷富的10户为里长，每隔10年以户为单位轮值，其余的100户，每10户为1甲，分为10甲。里长、甲长专门督办贡赋、办理公务。在征收过程中，地方推选家庭殷实、粮多丁众者为粮长，辅助官方收缴赋税徭役。粮长因为负责征收上缴赋税，赋税如果缺额则先需要自己补纳，所以担任者往往苦不堪言。明万历年间，一条鞭法在潍坊境内开始实行。安丘县知县熊元于明万历十五年（1587）春，初行一条鞭法。高密、潍县、昌邑等地随后实行。

种植业方面，潍坊境内以播种菽、粟为主，滨海地区盛产水稻。明万

---

① 〔明〕杜思修，冯惟讷等纂：嘉靖《青州府志》卷七《田赋》，天一阁藏明嘉靖四十四年（1565）刻本。

历年间，潍县主要种植黑黍、白黍、稻、黑稷、白稷、粟、青豆、黄豆、黄粱、白粱、稗子等，安丘种植黍、粟、小麦、稷等，其他各县主要种植稻子、秫、黍、稷等谷类作物。小麦的播种面积不大，粟米种植的面积大于小麦的面积。明初，朱元璋强制要求栽桑麻及木棉，“凡民田五亩至十亩者，栽桑、麻、木棉各半亩，十亩以上倍之”①。明代，潍坊各地开始种棉，植桑植棉在临朐、安丘面积较大。安丘的桑树阡陌成行，明万历年间植桑150多万株。

商业是百姓在耕织基础上进行的日常用品的贩卖交易活动，用来交换的物品有明显的地域差异。潍坊西南部山区居民有的伐木烧炭，有的烧石为灰，有的陶土作器。在临朐，小麦收获后，有的制成麦曲，交易后获利；养蜂者出售蜂蜜，经商者或贩卖鱼盐。在安丘，“往有白蜡蚕，蚕着树作窠为蜡，颇称利民”②。安丘还特产中药材，其中防风、黄芩、延胡最为著名，贩卖获利。在青州，乡人用柿子制成柿饼，这种柿饼可以自然生出糖霜，非常受欢迎。

商贾贸易催动了镇店街市的繁荣。景芝因地处高密、诸城、安丘三县交界处，自明初开始便有“商渊”之称。明嘉靖间，位于安丘镇店的市场一共有14处、山市一处。各镇店市场均由官府校勘斛斗秤尺，设有牙役，管理市场秩序。山市则由县吏亲往治理。明万历三十一年（1603），昌邑高阳设立集市，商贾贸易繁盛。昌乐县原来只有东朱店集、乔官店集、马宋店集等20处集市，知县朱木又新添了县前集、北关集等6处，百姓商贾贸易更加便利。明万历年间，潍县的集市贸易极为兴盛。民国《潍县志稿》记载：“市二：一在城内大街十字口，一在东关大街十字口。集场三：在城内者七，在东关者七，在南关、西关者各一。”③临朐集市共有17处，同时还出现了来往江南进行货物运输贸易的商人，“怀资者或辇其土之所有走江南，回易以生殖”④。

---

①《明史·食货二》。

②〔明〕熊元修，马文炜等纂：万历《安丘县志》卷十《方产考第九》，明万历十七年（1589）刻本。

③〔民国〕常之英修，刘祖干纂：《潍县志稿》卷七《疆域志·会集》，民国三十年（1941）铅印本。

④〔明〕王家士修，冯惟敏等纂：嘉靖《临朐县志》卷二《官政志·贡赋》，明嘉靖三十一年（1552）刻本。

明代，潍坊地域自然灾害频发，以旱灾、蝗灾、水灾为最多。明洪武五年（1372）至洪武七年（1374），青州、莱州二府连续三年遭受蝗灾。明洪熙元年（1425），潍县、安丘、昌乐、寿光遭受旱蝗之灾。自宣德八年（1433）至宣德九年（1434），潍坊地域各县再次遭受旱灾与蝗灾，潍县出现了“人相食”的惨状。明嘉靖皇帝在位45年，其中有15年潍坊各县发生了蝗灾、水灾、雹灾、风灾及瘟疫。明嘉靖七年（1528），安丘、昌乐及莱州府再次出现“人相食”的惨状。明万历四十三年（1615）夏，安丘、昌乐等地出现旱蝗之灾，当年秋天，粟米昂贵，百姓无以为生，只能依靠吃树皮和糠粃存活，林木为之尽。死者道路相枕，甚至出现了在路边割尸肉解饥的人。据明万历《安丘县志·总纪》与清康熙《续安丘县志·总纪》统计，有明一代，比较严重的旱灾、蝗灾、水灾等各类灾害近60次，而丰收之年仅仅4次。生活困顿导致流民逃户众多，明永乐十二年（1414），高密、安丘、诸城三县民流移者2191户。

（二）清代农业

清朝建立以后，政府重新核实入籍户口，同时对百姓采取诏免逃亡、轻徭薄赋等休养生息政策，大力招徕民众，鼓励垦田，免除明代的苛捐杂税与繁杂的徭役。自清顺治初年至清康熙末年，经过近70年的休养生息，潍坊各县人丁的发展与土地的耕种面积达到了明朝初年的规模。如清顺治初年，高密县人口数为72564；清康熙五十年（1711），人口数增长到了88181。临朐县人口数从明末崇祯年间至清康熙十一年（1672），增长了近4000人。

清初沿用明代户口田赋制度，按照人丁征发徭役，按照地亩征收赋税，主要以银代缴。虽然清初百姓承担的赋役比明朝有所减轻，可人丁银的持续征收，导致了无地或少地的贫民无形中分担了有地及大宗土地拥有者的赋税，从而降低了农民的生产积极性，妨碍了农业发展与国库收入。为躲避丁银的征收，民众不登户籍，人丁漏报司空见惯。清顺治年间，潍坊区域9县人丁数约为30万，至清康熙中后期，反而降至约22万。清雍正四年

（1726），潍坊各县开始实行摊丁入亩。至清道光年间，总人口数约350万，是明万历年间的近3倍。以高密为例，清顺治年间户数为9079户、口数为72564，清乾隆年间猛增至户数43715、口数为92282。至清道光年间户数为51285、口数达23万，是清顺治年间的3倍多。从官方登录的户口数来看，自清道光开始，各县人口普遍比清初有了大幅度增加，益都、寿光、临朐、昌乐、高密、诸城、昌邑、安丘八县[①]的总人口数达到了近330万，诸城、安丘二县人口均逾50万。

与明代相比，潍坊清代农业生产工具没有明显变化。从清乾隆年间临朐马益著撰写的《庄农日用杂字》记载的"制下镢和锨""拖车载犁耙，铲头犁子按""耩子拾掇就"等字句以及牛骡马畜力使用来看，清代的各种农业生产工具一直沿用到近现代。

清代，潍坊各县农作物种类及各种物产逐渐增多。除了传统的黍、粟、麦、稻、稷、豆等粮食作物外，开始种植花生、番薯、烟草等各种经济作物。同时，有些县邑根据水土条件，对以前的农作物进行了改良，果品蔬菜等物产越来越丰富。至清中晚期，临朐小麦的种类已有5种之多。"曰饶州红，小满熟；曰火麦，芒种熟；曰白麦，亦芒种熟；曰梧桐燥，芒种后熟；别有荞麦，偕豆而种。"[②]清嘉庆年间，寿光县一半的农田种植小麦。此时小麦种类虽多，却并非主要粮食作物，主要的粮食作物是粟和豆。粟的种植面积约占农田的一半，是主要的食物来源。据清光绪《临朐县志》记载，清中晚期，临朐豆类作物有黄、黑、青、绿、赤、绛、黎、白8种，其中以黄豆、黑豆经济效益最好。豆类作物常与麦一起套种。至清乾隆年间，寿光的清水泊、跃龙河、王钦河等水滨普遍种植红稻与白稻。尧河与丹河下游的辛章、佛屋等处，也开始开垦耕地，种植水稻。清乾隆十四年（1749），安丘北部开始栽植甘薯，后来以峒峪所产最为知名。到清道光年间，潍坊

---

① 道光年间潍县人口数未知。

② 〔清〕姚延福修，邓嘉辑、蒋师辙纂：光绪《临朐县志》卷八《风土·物产》，台湾成文出版社1976年版，第275页。

境内甘薯种植已极为普遍。清乾隆年间，诸城贫民遍种南瓜，“贫民多植隙地，储以御冬，可省菽粟之半”[①]。清嘉庆年间，花生传入潍坊境内，在安丘、益都等地开始广泛种植。

在粮食作物之外，烟草等经济作物也开始发展起来。清康熙年间，烟草在寿光开始种植。清嘉庆《寿光县志》记载：“烟草，名淡巴菰，亦名金丝薰。”“自康熙时有济宁人家于邑西购种种之，获利甚赢，其后居人转相睦效，不数年而乡村遍植，负贩者往来如织，遂成邑产。”[②]从此，烟草成为潍坊各县重要的经济作物。临朐的农业经济三大支柱即为蚕丝业、油业与烟草业。潍县“农务停止，业烟卷者携其种，教中土人植之，几遍北海。秋初冒雨挺生，叶大如掌，青葱连陌，蔽芾于禾黍之间。一亩所获，得利百缗”[③]。

潍坊境内各地特产丰富，如潍河与汶河岸边种植的葫芦，鲜嫩时作蔬菜食用，成熟之后剖之为瓢，是当地有名的特产。清末，诸城人臧植莩在潍水以西栽植21亩洋蒲桃，共计1855株。临朐县朱位种植的西瓜，营利超越粮食作物数倍。“每至暑月，浓香溢市，鼻选舌交，贩者云集，车担络绎，皆达青州。”[④]清代晚期，潍县果蔬类农产品主要有白菜、菠菜、芹菜、葱、蒜、茼蒿、萝卜、辣菜、茴香、葡萄、茄子等。果品类物产在丰年时可以用来买卖获利，在荒年可以代粮食用。临朐、益都、安丘出产的苹果，诸城、安丘、益都的板栗，诸城的枣，益都、临朐的核桃和柿子等，都属上等果品。

清代，潍坊各地大量种植桑麻，适宜野蚕生长的柘树、槲树、樗树等也无处不有。如，寿光县“平原沃泽，桑麻翳野”，临朐县“农勤耕桑，

① 〔清〕宫懋让修，李文藻等纂：乾隆《诸城县志》卷十二《方物考》，清乾隆二十九年（1764）刻本。
② 〔清〕刘翰周修，金以城等纂：嘉庆《寿光县志》卷九《食货·物产》，清嘉庆五年（1800）刻本。
③ 〔清〕陈恒庆：《谏书稀庵笔记·烟卷》，《近代中国史料丛刊》第四十一辑第四〇六册，台湾文海出版社1969年版，第121页。
④ 〔清〕姚延福修，邓嘉缉、蒋师辙纂：光绪《临朐县志》卷八《风土·物产》，台湾成文出版社1976年版，第278页。

习织纴”，昌乐县“务农桑”，昌邑“农家男妇皆耕获纺绩”。[1]潍坊地域的棉花种植也极为普遍，尤以寿光、潍县、高密、临朐、安丘等地为最。棉绒可弹为棉，纺为丝，织为布。棉纺织业之外，潍坊地域的丝纺织业也相当发达，丝纺织业主要分两部分，一是农家树桑、人工饲养的蚕桑育茧劳动，一是利用柘、槲、椒等各种植物来放养的野蚕成茧制绸。寿光县境内的椒树、椿树、槲树、柘树多有栽植，适于放养野蚕。从明代嘉靖年间开始，寿光即以生产上好的丝织品出名。清末，寿光上口镇的梭布与野狐庄丝绢远近知名，梭布、丝绢、细纱等远销京师及俄国。清中前期，临朐的桑树栽植连冈被野，盛甲青州。清乾隆年间，临朐有农户将槲树的蚕移于椒树上，如此一来，蚕茧可带椒香。后来，农户采摘椒树本身繁衍的椒果收入，比以椒叶养蚕收获还要多，所以至清晚期，临朐县的椒蚕茧就已消失了。清代，棉绸、山绸、生绢，皆为临朐民户自织自销。在临朐，丝织集散地在冶源与五井。冶源附近生产的丝有黄丝和白丝，五井生产的丝特点是较为鲜洁，远方的商贾先集于益都县，再从益都县贩卖临朐丝织销至他方。诸城山蚕成茧可织成绸，与冰纨无异。潍县除出产桑蚕之外，又有槲蚕。槲蚕体大色黄，作茧可大如铃，缫出的丝微带黄色，可以用来织成绸与绢。清代晚期，潍县的绸与绢远销至欧美。

纺织业的发展催动了潍坊刺绣业繁荣。潍坊各县中，尤以潍县绣货最为知名。时人陈恒庆曾这样描写潍县的绣女：“妇女则以刺绣为生。锦屏罗幛，红袖彩裙，绣以翻新花卉，灿烂光泽，利市倍蓰。以及名人字画，倩人以粉笔双勾，绣出亦不失神。每届春夏之日，妇女餐罢洗手，推窗迎爽，拈针理线，恍如木兰之当户织也。”[2]《潍县乡土志》记载，潍县的绣货远销济南、奉天等地，每年市值约白银50万两。

---

① 〔清〕岳濬、法敏修，杜诏等纂：雍正《山东通志》卷二十三《风俗志》，清道光十七年（1837）补刻本。

② 〔清〕陈恒庆：《谏书稀庵笔记·胶潍工艺》，《近代中国史料丛刊》第四十一辑第四〇六册，台湾文海出版社1969年版，第58页。

## 二、商业贸易

明清时期，潍坊庙会兼具敬神祈愿和集市贸易的功用。随着商品经济的发展，集市贸易活跃起来。

庙会，是明清时期颇为普及的一种民间贸易活动，常称为“赶庙会”“逛庙会”“赶山”“山会”等。因为庙会的地点一般选在寺庙内或其附近，故有此名。庙会本是敬神祈愿活动，人们聚集起来进庙活动常常会买上自己所需的日用消费品，久而久之形成了特殊的城乡集市。各地庙会时间不一，大多在春、秋二季。祭神之后的贸易活动大致分为山货类贸易、饮食与玩具类贸易、民间艺人表演这三种类型。[1] 潍坊境内影响较大的庙会有青州云门山庙会、临朐香火庙会、坊子灵山庙会等。

集市是一种有固定交易日期的经常性贸易活动。明清时期随着经济的发展，每县均有若干集市。人们把在集上做买卖的活动叫作“赶集”“上集”，

图 3-2-1　云门山

① 安作璋主编：《山东通史·明清卷》，山东人民出版社 1995 年版，第 417 页。

而在集上闲逛则叫作“逛集”。明万历年间，潍县有市两处：一在城内大十字口，一在东关大街十字口；有集场 31 处：城里 7 处、东关 7 处、西关与南关各 1 处、乡村 15 处。清康熙年间，潍县设市 2 处：一在城内大十字口，一在东关大街十字口；集场设在东关 4 处、南关与西关及北关各 1 处、乡村 17 处。清乾隆年间，潍县境内有市集 23 处、山会 3 处；清光绪年间，潍县的集场有 73 处：县城南门 1 处、东关沙滩 1 处、乡村 71 处。清乾隆年间，昌邑县市集共有 33 处、山会 1 处；高密县市集 22 处。[①]

潍坊市域内的集市都是五天一个周期，或逢一、六，或逢二、七，或逢三、八，或逢四、九，或逢五、十，又有大集、小集之分。集市上分为若干市和行，每个市和行都有固定的营业区域，包括粮食市、柴草市、菜蔬市、瓜果市、骡马市、破烂市、杂货市等，腊月的集市会增设年货市、爆仗市、画棚等。

清代，商业贸易的发展，使潍坊各县物产行销境外。清晚期，诸城山丝陆运至昌邑，每岁可销售 46 万个。诸城的核桃、瓜子、豆油、豆饼等物产，水运至上海、吴淞，一年可行销达 800 吨。高密出口的货物以瓜子、豆油、豆饼、高粱酒为四大宗，瓜子每年可销售七八百石，豆油销量超过 50 吨。高密的高粱酒主要从莱州出口，每年销量超过 50 吨。潍县的城乡烧酒作坊共 135 家，每年销售至烟台等处约 500 吨。绣货、铜货、梭布等销至济南、胶州、北京等地，岁值白银在 10 万—50 万两。安丘的豆油、花生油运至青岛、胶州等海口，每年销售超过 100 吨；烧酒陆运至诸城、昌邑一带及胶州海口，每年约售卖 500 吨。除潍坊各县物产销卖至他境，各县之间也实现了贸易互通。安丘每年春天自诸城海口以及潍县、昌邑一带购入的各种海鱼、虾、蟹高达 500 吨，每年冬天自滕县、博兴、乐安一带运入的湖鱼约 50 吨，每年从即墨、昌邑各海口运销入各种腌制的鱼蟹、虾酱约 1000 吨。

清代，潍坊棉丝纺织业户非常普遍。清光绪末年，寿光野狐庄机房所织丝绢在益都县、潍县每岁销达 1 万匹，细纱在北京每岁销达 2 万匹，甚至

---

① 〔民国〕常之英修，刘祖干纂：《潍县志稿》卷七《疆域志 · 会集》，民国三十年（1941）铅印本。

图 3-2-2　昌邑柳疃织机，摄于昌邑市柳疃丝绸博物馆

远销至俄国。安丘生丝每年销售至青州、潍县达4吨。

随着丝绸的热销，昌邑绸布商人逐步将胶东地区、鲁中南地区的丝茧原料集中到昌邑柳疃及其周边农户进行加工。至清道光年间，柳疃已有多家茧庄与丝绸商号，如“复盛店”茧庄、“广盛店”茧庄、“双盛合”茧庄[1]等。至清道光末年，柳疃的丝绸商号已超过30家，他们在北京开办的绸布业商号不断增加。柳疃姜氏家族有“常春泰”“万春恒”“同春和”3处分号，卜庄镇姜泊“五大功”名下的“泰和”号，有菜市口批发号、张家口批发和零售号、护国寺零售号等4个分号。清末民初，昌邑丝绸与棉布在直隶、河南销量极大，仅与北京一地商户通过银行汇票付款的营业额就达到官银30万两。清光绪初年，昌邑丝绸开始进入欧美市场。清光绪六年（1880），山东织茧绸的织机大约950架，昌邑就有500架。清光绪中期，昌邑绸业商号与织户继续增加。至清末民初，昌邑柞丝绸交易额每年高达约白银1000万两，占山东总交易量的60%，占全国总交易量的48%，成为全国名副其实的丝绸产销中心。清宣统三年（1911），柳疃商务会成立，对固定门头的商号登记注册，当时入会商号有63家。

随着商业交换的需要，典当行等金融机构发展起来。清光绪年间，潍县典当行有4所，“城内二所。邑绅丁述祖开设在南大街，丁世昌开设在西

① 昌邑傅振邦家族与潍县陈介祺家族合股开设。

大街。成本各十万缗，每年上架六七万缗不等。东关两所，业商黄县丁源长、丁尔生开设均在东关三官阁街，成本各八万缗，每年上架皆十万缗”[①]。清光绪十三年（1887），柳疃设立银子市，后来发展为南北两市。柳疃银子市所用之“昌平银”比外地通用的“规平银”大，其96.2两即等于“烟平银”百两。“其银价比邻境恒低一二百文，邻境之购银者，无不惟柳疃之是趋。以区区一市镇，而有炉房八家，其输入可知矣”[②]。每逢集日，柳疃白银交易量最大时超过10万两。

清光绪三十二年（1906），潍县开埠，潍县城成为齐鲁中东部的商品贸易集散中心。“昌乐、寿光、安丘、昌邑、青州一带商民，凡有需求，佥向斯地购买，一时交易总值甚大，不下五六百万元”[③]。清末，更有绣货、草辫、发网、猪鬃、铜首饰等商品闻名全国。潍县绣工始于清光绪初年，最早由家庭生活困难的妇女制作套袖、枕头、裙子等日用装饰品以谋生路，其后绣货技术日益转精，“女衣、屏帐以及花边、衣袖皆用绸缎为质画成人物、花鸟等形……女工之巧，不亚浙杭”[④]，每年绣货可遍于全国。清同治末年，潍县城北阙庄以猪鬃制作鞋刷或制造玩具，保定商贩每年三月来潍收购，猪鬃业由此开始发展。至清光绪二十三年（1897），又有掖县（今山东莱州）商贩来阙庄采购猪鬃，雇佣女工按猪鬃长短束成札子，整理装箱，发往天津、上海、青岛、烟台后，转售至欧美、日本各洋行。阙庄附近20余庄皆设立猪鬃行，最多时近30家，有数千人以拣猪鬃为生，每年出口总值在100万银圆以上。清咸丰、同治年间，潍县首饰工艺逐渐进步，包金镀银，花样繁多，备受人们喜爱，铜首饰业开始发展。所有原料以白铜为主，后以熔化黄铜或紫铜加入。清末民初，潍县铜首饰从业者最多时达万人，产品远销东三省、河南、山西、云南等地。其他手工业品如仿古铜、嵌银、皮革等，

---

① 〔清〕宋朝桢修，陈传弼等纂：《潍县乡土志》，清光绪三十三年（1907）石印本。

② 〔清〕王元綎：《野蚕录》，清光绪三十一年（1905）上海商务印书馆铅印本。

③ 胶济铁路管理委员会编：《胶济铁路经济调查报告汇编》分编三，文华印书社1934年版。

④ 〔清〕宋朝桢修，陈传弼等纂：《潍县乡土志》，清光绪三十三年（1907）石印本。

也有一定起色。货品往来，商贾辐辏，潍县成为烟潍要道上的商业重地。清光绪三十二年（1906）前后，由烟台、青岛等运至潍县的商品货值大约在白银400万两左右，潍县城内商家约七八百户，城外东关商家约二三千户，有40家商号的资本额在白银2万两以上，10家商号资本额在白银10万两以上。

## 三、交通运输

明代潍坊地域最主要的道路为横贯青州、昌乐、潍县、昌邑的东西要道，临朐、寿光、安丘、诸城、高密分布两侧。除这条大道外，各县也有驿道互通。益都县东部及北部、寿光、昌乐、潍县、高密、昌邑、临朐北部、诸城北部、安丘东部及北部，地势平坦，乡社村镇道路纵横，交通非常便利。而益都西南部、临朐南部、诸城南部等山区道路，则崎岖难行。

明代沿用元代制度，各州府间大道称为“驿路”“驿道”，于沿途设“驿站”，以供驿递及过往官员使用，并设有递铺，以作号令传送。每县设总铺1处，分铺若干。这些驿铺网络与道路交通是一体的。明代嘉靖年间，益都18铺、寿光15铺、昌乐11铺、临朐12铺、安丘12铺、诸城31铺。至清代，这些道路的设置几乎未有变动，只是村庄或乡社的名字、要冲所在有所变化。

清光绪三十年（1904），胶济铁路建成通车，东至胶澳，西至济南，这是潍坊地域的第一条铁路，沿途设置高密、潍县、坊子、昌乐、益都等22个站点。胶济铁路的建成，大大改善了晚清潍坊地域的运输条件，便利各县商品输入输出。

潍坊内陆各县水系稀少，水运并不发达。潍河、弥河沿河的渡口大多只在夏秋丰水期内用来渡人运物。寿光、昌邑二县因濒临莱州湾，设置的港口为商品贸易起到了作用。明嘉靖年间，胶莱河干道疏浚，行经高密、昌邑，短期的漕运通航促进了当地贸易繁荣。清末，寿光羊角沟、昌邑下营港皆成为水上交通枢纽。

胶莱运河开创于元朝，兴盛十年后而遭冷落。明嘉靖年间，再次疏浚

图 3-2-3　胶济铁路坊子站

通航，仅持续十五六年，后再度荒废。胶莱运河南北贯穿山东半岛，流经胶南（今青岛市黄岛区）、胶县（今胶州市）、平度、高密、昌邑、掖县等。明嘉靖年间，山东巡察副使王献浚河通航，促进了周围地区的民间贸易。“自兹南北商贾，舳舻络绎，往来不绝，百货骈集，贸迁有无，远迩获利”，“商贾云集，货物相易，南海胶州有桩木税，北海掖县有船只税，胶州、平度邻境十数郡邑之民，仰给攸赖”。[1] 至明嘉靖三十二年（1553），倭寇入侵，明政府禁海防，胶莱运河遂废。

小清河是山东北部重要的通航河流，西起济南市西郊玉符河的睦里庄闸，东北流经章丘、高青、桓台、广饶等地，至寿光县羊角沟镇入海。清光绪十七年（1891）、十八年（1892），登莱青道尹盛宣怀大规模治理小清河，下游开浚小清河正河，改由寿光羊角沟入海。自此河道全面畅通，运船可以从羊角沟直达济南泺口，沿岸港口逐步繁荣，羊角沟成为小清河沿岸最重要的港口之一。当地碑文记载：“当夏秋之交，闽商海贾，风帆浪舶，珍物遂分，

① 李宝金：《元明时期胶莱运河兴废初探》，载《东岳论丛》1985 年第 2 期。

宝货山积。”[1] 清光绪三十年（1904），羊角沟常住居民 300 多家，3000 余人。春秋交易旺季，人口增至 20000 多人。胶济铁路通车后，羊角沟港的发展才减缓下来。

图 3-2-4　1903 年的小清河羊角沟河段

昌邑下营港向来繁华。清末，有本地商船 150 余只，外地进入港口商船多达 300 余只，从大连、营口等地运入粮食、木材、百货等。自下营港输出的商品主要是海货与原盐等。

## 四、盐业与矿业

明初，沿承元代盐场的建置格局，在潍坊境内设有 3 处盐场：信阳场设于诸城县信阳乡（今属青岛市黄岛区），官台场设于寿光县官台村（今属寿光市羊口镇），固堤场设于潍县近海固堤（今属滨海经济技术开发区央子街道）。寿光官台场在山东省的 19 处盐场中，名列上等。明代前期，潍坊

① 〔清〕崔象朴：《塘头营重建天后庙碑记》，载《寿光县羊角沟镇志》，1985 年。

制盐业由官方专营，从生产、运输、销售至配给，朝廷皆实行严格控制。专门生产海盐的灶户一旦入了灶籍，世代“以籍为定”“世守其业”。明末，官台盐场共有锅灶百余口，年产盐1800吨。至清雍正年间，潍坊境内各盐场灶丁共有5351名，占全省的1/4以上。其中官台场灶丁1096名，固堤场灶丁2695名，信阳场灶丁1560名。清康熙十八年（1679），官台和固堤盐场奉旨裁并，分别划归寿光县、潍县直接管理，不再由山东省盐政专管。清雍正八年（1730），因地方官事务繁忙，不能兼顾盐场管理，朝廷又将盐场管理脱离地方，复设官台盐场，同时将固堤盐场并入。清道光十二年（1832），信阳盐场并入日照涛雒场。清光绪二十三年（1897），官台盐场新建盐滩348副，产盐17000吨。清光绪三十四年（1908），官台盐场盐滩共有405副，产盐5万吨。

明代，潍坊海盐生产方式主要为煎盐。每逢晴日早潮退后，灶丁将海滩上稍高一点儿的土堆用铁锹均匀地分散在地面上日晒，等盐色浮出，将咸土收拢成堆。如此反复多次，咸土积少成多。然后在四旁高地上挖掘一池子，中间坚牢筑实。其后在池子下方步许，再挖掘一个深窟，谓之“投井”。将咸土堆放池内，灌满海水，待咸土成为黑汁后，引渠流入投井，谓之“卤汁”。灶丁再用大锅煎卤汁成盐。每镬容汁2石，烧草5束，盐可煎得8斗。从清康熙年间开始，晒盐渐渐替代煎盐成为主要制盐方法，“今日之盐则多由日晒，火煎者十之一二”[①]。晒盐方式大体有两种：一为掘井取卤晒盐，即井滩晒盐；一为挖池取卤晒盐，即在滩地周围挖沟见水，在井前修筑一圆形水池，引流井水入池。圆池之外再开掘一大方池，大方池之外配四个小池。先用柳斗将圆池水汲入大池，一二日即可成卤；然后引入小池，数日即可成盐。与煎盐相比，晒盐工艺程序简单，省时省力。清末，潍坊境内共有井滩792副。无论煎盐还是晒盐，盐户劳苦异常，备受艰辛。

明朝，潍坊的食盐运输与销售，分为引盐与票盐，票盐课轻，引盐课重。

---

① 〔清〕陶锦修，王昌学、王桱纂：康熙《青州府志》卷九《物产》，清康熙六十年（1721）刻本。

清朝沿用明制，在官府监管之下，招商运盐。清顺治三年（1646），官府将盐票按照扒记的颜色标识分为“红扒票”和“黑扒票”，红扒票征税高于黑扒票。清康熙年间，诸城、安丘、昌邑、高密等县地处沿海，有商运之名，却无商运之实，民间贩运私盐盛行，盐价低廉。清雍正六年（1728），官府在诸城、安丘、昌邑、高密等16个州县招商承运，盐价激增，民怨沸腾。清雍正之后，潍坊东西部各县盐政体制不同，昌邑、诸城、高密、安丘4县实行民运民销，潍县、昌乐、寿光、临朐、益都5县实行官运官销，官盐价格高于民盐20余倍，民众怨声载道，最终引发了潍县傅戈庄盐店被焚案。

明清时期，潍坊的矿产主要有益都县黑山的铁矿、诸城锡山的锡矿、潍县的煤矿，其他矿产资源还有益都县的石材以及诸城县的云母石、青礞石、赭石。早在明万历年间，官方便在临朐略水、安丘担山两地开采过银矿；清康熙年间，再次在两地开采，终因投入成本过高而停产。

明代，益都县孟丘山开设有铁矿，因过度开采，资源枯竭，至嘉靖年间废弃。

黑山铁矿开于清康熙二年（1663），“凿取石，其精良为礶石，次为硬石，击而碎之，和以煤，盛以筒，置方炉中，周以礁火，初犹未为铁也。复碎之，易其筒与炉，加大火，每石得锻二斗，为生铁，复取其恶者置圆炉中，木火攻其下，一人执长钩，和搅成团，出之为熟铁，减其生之二焉”①。清乾隆时诸城锡山产锡，“矿岸堆白石，远望之皑皑如雪”②。清康熙五十九年（1720）九月，受朝廷派遣，浙江归安陆师到安丘担山，开始试采银矿，穿凿5个矿井，只有1个矿井挖到官沙1300多千克，淘洗熔化，炼出25两8钱银子，485千克铅，入不敷出。清康熙五十九年（1720）秋，陆师着手封矿，并勒石以纪，写了《担山封矿洞碑记》。潍县坊子一带的煤矿，自清乾隆年间开始采挖。清同治六年（1867），潍县丁善宝（1841—1887）在坊子以南刘家

---

① 〔清〕毛永柏修，李图、刘耀椿纂：咸丰《青州府志》卷三十二《风土考·物产》，清咸丰九年（1859）刻本。

② 〔清〕官懋让修，李文藻等纂：乾隆《诸城县志》卷十二《方物考》，清乾隆二十九年（1764）刻本。

柳沟村凿井开矿，俗称“丁家井”。清末，越来越多的手工作坊式煤窑开始出现。因矿藏优质，上世纪初德国人霸占了潍县煤田，成立德华山东矿务公司，开始大规模机器开采。

## 第三节 教 育

明清数百年间，官府对教育投入了极大的精力，地方乡绅纷纷解囊资助教育事业。由此，潍坊地域书院林立，文教事业蓬勃发展。

### 一、官学与私学

明洪武二年（1369），朱元璋下令地方设立学校，府州县三级官员是地方官学的责任者，府州县学有明确的章程。府学有教授 1 人，训导 4 人，学生 40 人；州学有学正 1 人，训导 3 人，学生 30 人；县学有教谕 1 人，训导 2 人，学生 20 人。明宣宗之后，府州县学生额增加，府学 180 人、州学 60 人、县学 40 人。学生学习科目是传统的六艺（礼、乐、射、御、书、数）、四书五经及诏诰策论的写作等。清代大致沿袭了明代的官学制度，学生名额也大同小异（府学 80 人、州学 60 人、县学 40 人）。[①] 与明代相比，清代的教学内容与科举联系更加密切。

明清时期，潍坊的县学相对发达。明初，地方官周通主持在潍县县治东南的宋元学宫旧址建立潍县县学，学舍主要由大成殿、明伦堂、崇圣祠、敬一亭组成。明洪武三年（1370），周通对始建于宋代的大成殿进行了重修。在明天顺五年（1461）、明成化十年（1474）、明万历十一年（1583），时任潍县知县多次进行修缮。清代，由县官、生员出资发起的学舍维修活动一直在继续。在师资配备方面，明清两代的潍县教谕人员，大多为举人或岁贡出身。在具体的教官配备上，明清两代存在差异。与清代相比，明

① 《明史·选举一》。

前期人才缺乏，潍县的训导始终只设1人，比规制少了1人。县学建立之初，潍县县学教官没有立即到任，直到明永乐年间才由浙江会稽人徐初出任教谕，而训导一职更是在明成化年间才有人上任。在清代，社会安定之后，教育官员职数足额，师资充裕。

明清时期，府州县学的经费来源除了官府直接拨款，还有一些学田的经营收入，作为学校的日常开支及师生伙食费用。属于学校管理的农田面积，各校不一。明洪武年间，潍县学宫学田面积定例为12顷82亩9分8厘。此外，社会各界捐款也是县学的经费来源。

明清时期，潍坊各地民间兴办了数量众多的社学、义学和私学。

明代社学包括由官府兴办的官方社学和地方乡绅兴办的私立社学。一般来讲，社学的学生年龄大致在8—12岁，以《三字经》《百家姓》《千字文》《孝经》《四书》等为学习内容。明朝官府对地方社学督察较严格，除官员时常督察，还有一套相应的奖惩措施。

义学，在明代是民间为孤寒子弟开办的教育机构，属私学性质，大多为地方家族所控制，学生基本是本家族的子弟。明代的义学算不上普及，清代是义学兴盛的时期。清代义学有官办和民办两种，教师薪俸分别由地方政府拨给以及地方乡绅捐田捐粮的赞助。"救助"性质是义学不同于其他学校的特点，义学面向贫苦儿童，一般不收学费，还对学生发放学习用品。清代，潍坊的义学较多，如民国《潍县志稿》记载清康熙年间，知县郭尚征曾经捐学田数十亩作义学经济支出，还有丁廷模、丁廷举、丁廷华、刘魁发、陈阜、丁毓庚等人以私人之力兴办义学。不过，义学属启蒙教育性质，不能直接为科举选士服务。清乾隆以后，各府州县纷纷兴办书院，书院有较为稳定的经济来源及雄厚的师资力量，因直接服务于科举，受到社会各界的普遍欢迎。在这种情况下，与书院功能多有重复的义学便逐渐式微，一些义学逐步改造为书院。

明清时期，潍坊的私学分为成人教育和私塾两种形式。成人教育的讲学者主要是隐居不仕的学者或辞官归乡的官员，学生一般是青年人。授课形式多样，内容不一。明清时期的私塾带有启蒙性质，教师在家中或借祠堂、庙宇、馆阁招收幼童读书，或者是富裕人家独资延聘教师在自己家中设馆教学。私塾招收的学生一般是6—15岁的儿童，所以也称为“蒙学”，授课以识文断字、作文为主，教材一般为《三字经》《百家姓》《千字文》等。私塾教师的主力是众多难以入仕的生员，其社会地位虽然不及官学及书院中的教师，但也颇受民间尊敬。有名望的塾师，往往是书院培养出来的高徒。

## 二、书院

书院制度起源于唐代，多为藏书修书之所。至宋代，书院演变为中国特有的教育机构。元代对书院进行了官学化。

明代中前期，地方教育繁荣，除公学庠序外，学子们更热衷于投奔由地方知名学者兴办的书院，追随名师，朝诵夕研。明代，潍坊书院的数量最多时占山东的近十分之一，比较著名的有青州松林书院、崇义书院、范公书

图 3-3-1 松林书院

院、云门书院，安丘公冶长书院，诸城沧浪书院、东武书院、云门书院，昌邑四知书院、养志书院，潍县麓台书院，临朐朐山书院等。书院分公立和私立两种，有的为县令所倡建，地方的富家名流襄助立学。

## 三、科举

明洪武年间，选官主要有三个途径：学校、科举、荐举，另有荫补、捐纳等。明洪武之后，学校、荐举之途式微，科举入仕成为主流。科举考试程序分为四级，即童试、乡试、会试、殿试。文举之外，明代科举另有武举。武举是为选拔武将而举行的考试，相较于文举固定的科举范式，武举起初没有固定的程式，至明正德三年（1508）朝廷正式颁布武举条例，武举才有了较为固定的范式。明代武举三年一试。

清代选官因统治者着力营造公平、公开的氛围，建立了诸如举人分省、官民分卷、商民分录、亲属回避等制度。清代武举较明代更加完善，仿照文举，将武举程式也定为四级：童试、乡试、会试、殿试。

明清时期，潍坊的科举状元有：

马愉（1395—1447），字性和，号澹轩，临朐县城南朱位村人，祖籍陕西扶风。马愉以《礼》经得中明永乐十八年（1420）乡试第三名。明宣德二年（1427）参加会试、殿试，皆夺魁，成为明朝制科取仕江北的首位状元，

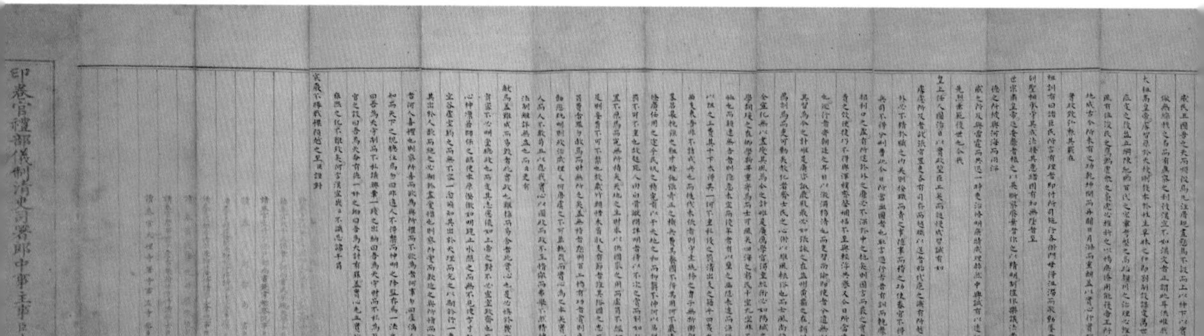

任翰林院修撰。

赵秉忠（1573—1626），字季卿，号阳（另写为岐阳），今青州市人。赵秉忠勤奋好学，少负奇才，15 岁时补为府学生。明万历二十五年（1597），乡试中举。明万历二十六年（1598），赵秉忠参加会试、殿试，策对极其符合皇帝的思想，被钦定为首魁，钦点第一甲第一名，时年 25 岁。赵秉忠殿试的题目是《问帝王之政和帝王之心》。状元卷是其留给后人的一份珍贵遗产，现存于青州博物馆。中国的科举制度时间长达近 1300 年，有据可考的文武状元 770 余人，但能让后人目睹状元卷风采的，唯有赵秉忠。

曹鸿勋（1846—1910），字竹铭，又字仲铭，号兰生，今潍坊市潍城区南关人。清光绪元年（1875），曹鸿勋于顺天府恩科乡试考取举人，次年会试、殿试，钦定为魁首，授翰林院修撰。

王寿彭（1875—1929），字次籛，今潍坊市潍城区西南关人。清光绪二十七年（1901）王寿彭在乡试中考取举人，清光绪二十九年（1903）殿试连捷进士第一名，授翰林院修撰。

明清时期，潍坊的武状元有：

丁殿祥（1787—1830），原名丁殿宁，字靖远，号菘生，青州人，回族。清嘉庆十九年（1814）甲戌科武进士，嘉庆皇帝钦点武状元，时年 27 岁。

宋占魁（1845—1906），原名兆法，字捷臣、冠杰，祖籍潍坊市寒亭

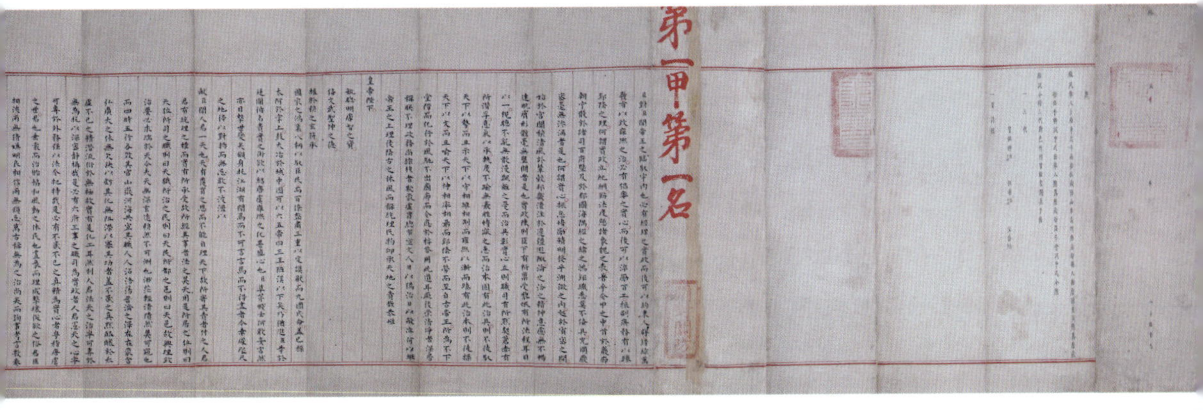


图 3-3-2　明万历二十六年（1598）赵秉忠殿试卷

区宋家村人，祖父辈逃荒至昌邑县王珂村。清同治十年（1871），宋占魁初试武科，考取生员。清光绪八年（1882）乡试考取武举人。清光绪十二年（1886），宋占魁借钱赴京应试，一举夺魁，被钦点为丙戌科武状元。慈禧太后亲赐花翎，封为御前一等侍卫，赐名“占魁”。

## 第四节　科　技

明清时期，潍坊的科技发展主要体现在天文、历算、医学等方面。

### 一、天文历算

明代，在天文历算方面，潍坊只有零星的学人进行研究。明万历年间，青州府学生王起阳，潜心研究天文、地理、星纬诸家，用竹子编成浑天仪，玑衡旋转，密合天度，被称为绝学。明末清初，安丘李绥精通天文律历，用木头制作浑天仪测天器，名曰“金鼓披风”，外形如柜，周围依次刻上十二时辰，中间放置一个木头人，木头人的手指随时间转动而准确地指示时辰。

潍县刘执经对三角、勾股等有精深的研究，善于运用数学方法研究自然科学和机器制造。清同治初年，刘执经根据《内府全图》仿造了木机自行磨，根据薛凤祚《历学会通》仿造了升水龙尾车及虹吸自来水装置。刘执经在历法算学方面著述丰富，有《三角钩沉算书》《天元句股细草》《代数句股细草》《推鲁隐公元年春主月朔细草》《推鲁僖公五年正月辛亥朔冬至细草》《推昭公二十年正月乙丑朔旦冬至细草》《推隐公三年二月己巳日有食之细草》《推汉太初元年气朔细草》《后汉建武元年气朔细草》等。

潍县宋书升著述宏富，对天文历算的研究主要是为了更好地解释经学典籍。宋书升因欲廓清《周易》之理，于是推衍中西方算法，用来考定古代与现在黄道与赤道的大距（与太阳的角距达到最大）之间的变化。在推衍中，他论证出夏禹元年与《竹书纪年》中的记载是相吻合的。又以夏禹元年的论证成果，考定出我国现存最早的一部记录传统农事的历书《夏小正》中所记载的日月星辰运行的度次。他的著作《夏小正释义》与《黄帝以来甲子纪元表》，都是用来注解《周易》的。

薛凤祚（1600—1680），字仪甫，益都县金岭镇人，专注天文、历法、算学研究，贡献卓越，成为一代名家。起初，薛凤祚向魏文魁学习中国传统的天文历算方法。清顺治初年，他到南京向波兰传教士穆尼阁学习西方新法，又协同穆尼阁翻译了西方天文历算等方面的著述。薛凤祚会通中西天文学知识编成《历学会通》，清康熙三年（1664）刊行。《历学会通》分正集、致用、考验三部分，内容大致可划分为天文历法和各学科知识两方面。《历学会通》收有5种历法，分别称为旧中法、新中法、西域回回历、西法和新西法；载有力学、水利、火器及兵法内容，这在当时是非常新颖的知识，开拓了国人的科技视野。

寿光王克勤与孙惠鲜受薛凤祚的影响，精通星象、算学以及西方历法。

## 二、医学

明弘治年间，益都高泉精于伤寒诊疗，辩证施治常有奇效，针法定脉不差时刻，著有《针法书》，被誉为当世"扁鹊"。明末，安丘王所咨精于医学，擅长痘疹治疗，同邑韩泳跟随他学得痘疹心法。

清代，潍坊各地中医世家明显增多，从医人数相较明代有了显著增长。据现存潍坊各县明清方志记载，明代行医者有20余人载入，而清代的行医者近200人载入，其中以昌乐、诸城两地为多。有清一代，昌乐名医有马元吉、刘瑞堂、郄士让、赵芹香、田升麟、刘立庸等近50名医学人物，诸城有臧应詹、刘奎、窦光彝等40余名医学人物。

昌乐郄士让精于内科及痘疹，所施药方以遵循古方为主。郄乐贤亦精于内科，曾有邑人患伤寒肋痛，多方诊治无效，郄乐贤以分痰气为施治要点，一剂而解病人苦痛。昌乐郄氏医学至今犹有传人。昌乐赵泸溪、赵激源、赵之兰、赵滋慎、赵履坤、赵裕亮、赵延福七世行医，极为罕见。

臧应詹，诸城黑龙沟（今属诸城龙都街道）人，生活在清雍正末年至乾隆中期，擅长治疗内科杂病，兼通外科、妇科、小儿诸科，与昌邑黄元御、同邑刘奎齐名，有“南臧、北黄、中刘奎”之誉。每当临症施治，能够妙手回春，远近敬为神医。臧应詹一生著述丰富，有《伤寒论选注》《类方大全》《伤寒妇幼三科》《外科大成》《脉诀》等著作。臧应詹长子臧承曾继承家学，精通医术，常以医药接济穷人。

益都务本乡人钟魁伦，博采名医理论，又有独特见解，常有病人不远数百里登门求医。其妻王氏是名士王士祯的裔孙女，婚后随夫学习医术，成为潍坊明清两代罕见的女性行医者。钟魁伦著有《内外科摘录》《经络图说》《论医绝句诗一百二十首》，可惜都没有流传下来。

黄元御（1705—1758），名玉璐，字元御、坤载，号研农，别号玉楸子，昌邑黄家辛戈人，曾任职太医院，颇受乾隆皇帝信任。习医之初，黄元御深入研读张仲景《伤寒论》，继而研读《金匮要略》《黄帝内经》，以及扁鹊的《难经》等中医典籍，在实践中逐渐形成了自己的诊病方法与施治理论。黄元御勤于著述，其著作仅著录于《清史稿》的就有11种，共计98卷，其中《素灵微蕴》《四圣心源》《伤寒悬解》《长沙药解》《金匮悬解》《四圣悬枢》《伤寒说意》《玉楸药解》8种医著，被世人称为“黄氏医书八种”。《素灵微蕴》和《四圣心源》是综合性、系统性的医学著述，其他医著都是专著性的，全面地、系统地阐述了我国

图 3-4-1　清黄元御《伤寒悬解》手稿

唐代以前的古典医学理论。黄元御的 11 种医书，不胫而走，盛行于世，各种刻本近 20 种，影响全国，被从医者争相传阅。清末，黄氏医书传入日本、朝鲜及东南亚。

刘奎（生卒年不详），字文甫，号松峰，诸城北乡逄戈庄（今属山东高密）人，后隐居五莲山阴东槎河山庄（今五莲县杨家峪村），是清嘉庆年间名医。刘奎年轻时，恰逢瘟疫横行，他立志济世救人，发愤学医，研读了大量医学典籍，对金元四大家的名著研考尤深。他访问民间医生和老药农，义务为贫苦人家治病。通过研学与实践，刘奎在治疗瘟病方面理论与技术独树一帜，他充分运用和发展了医界“戾气说”治疫病的理论和实践医学，著成《瘟疫论类编》《松峰说疫》《景岳全书节文》《四大家医粹》《松峰医话》《松峰文略》等。他创用了瘟疫统治八法中的除秽、解毒、针刮、罨熨等法，屡屡见效。其著《松峰说疫》内容丰富，论证翔实，有述古、论治杂疫、辨疑、诸方、运气等 6 卷，杂疫中列病症 140 余种、方剂 200 个。刘奎的医学专著不仅为国内医学界学习运用，还流传到了日本。

## 三、中外交流

明朝建立后，中国的科技影响了周边国家。

黄福（1362—1440），字如锡，号后乐翁，昌邑黄家新郭村人。明永乐初年，明成祖下令驻军安南，安南改名交趾，建立交趾布政使司，任命工部尚书黄福以尚书衔兼掌布、按二司，全权处理交趾事宜。自明永乐九年（1411）至永乐二十年（1422），黄福担任这一职务达十余年之久。任职期间，黄福兴办学校，开科举选拔人才，在交趾设立府学、州学、县学，开设儒学、阴阳学、医学、僧纲等学科，从学校中选拔优秀学生，以府学每年二名、州学两年三名、县学一年一名的名额送至国子监深造。明代流传到交趾的中国书籍超过 1000 种，其中相当多的是由黄福带到交趾的。

清顺治十年（1653），薛凤祚与波兰传教士穆尼阁合译的《天步真原》，是继《崇祯历书》之后又一部系统介绍欧洲天文学的著作，其中的《纬星性情部》《世界部》《选择部》《人命部》，主要译自卡尔达诺对托勒密星占《四门经》的评注，在明清中西科学交流史上占有重要地位。该书也是薛凤祚《历学会通·正集》天文学部分的主要依据。

清末，潍坊许多有识之士将西方先进的数理科技著作引入，其中最突出的是刘光照的数学译介。刘光照，潍阳广文学堂西学教习，译有《八线拾级》，原书为美国温德鄂编写。《八线拾级》全书共分九章，分别为锐角之函数、直角三角形、角度论、斜三角形、杂问、作对数法表、正弧三角形、斜弧三角形、弧三角形之用，附平弧三角形公式与总答。刘光照另译有《微积学》《形学拾级》等多部西方数学著作，为西方数学知识传入潍坊作出了贡献。

## 第五节 文学艺术

明清时期，潍坊的文学艺术全面繁荣。诗词、文赋、戏曲、小说等领域作家众多，书画艺术方面名家辈出。风筝、年画、茂腔等民间艺术开始繁盛，影响至今。

### 一、文学

明清潍坊文学有着浓郁的家族性、地域性色彩。诗人民间结社蔚然成风，一般都是在自己家乡，参加者多为基层文人。明代海岱诗社、明末清初东武诗社、“张氏四逸”、诸城“十老”、清代高密诗派等诗人团体或诗歌流派，在山东乃至全国范围内产生了广泛影响。

明初诗坛笼罩在“台阁体”诗风之中，而潍坊诗坛上，黄福却写出了富有真情实景的诗歌。《过济南》“往年载酒藕花湖，醉笔曾将舞袖涂。今日停骖杨柳馆，名泉虽有故人无”，情景交融，清丽流畅，风格朴实雅淡。

明嘉靖年间，临朐人冯裕致仕退隐后，与石存礼、陈经、黄卿、刘澄甫、刘渊甫、杨应奎等人，在青州城北的禅林，结成海岱诗社，成员多为退休或赋闲在乡的官绅，被后世誉为“海岱七子”。他们诗酒唱和，把潍坊的诗歌创作推向高峰。诗社成员主张推陈出新，抒写“性情”，直抒胸臆，不重雕琢，诗作“对景言情，即事属辞，质而葩，逸而典，清新而畅，不矫不艳”[①]。冯裕是海岱诗社成员中最知名者，他的诗古朴自然，闲适恬淡，多是触景生情，有感而作。

明代后期，大量关注现实民生的诗歌开始出现。值得称道者，有冯裕之重孙冯琦。冯琦（1559—1603），字用韫，号琢庵、朐南，既有政声又有文才，编辑海岱诗社成员诗歌成《海岱会集》，著有《宗伯集》《北海集》，诗歌创作被《明史》评价为“一时之冠”。冯琦的诗取材广泛，既有关注时事政治的诗歌，如《观灯篇》；也有一些清丽含蓄的写景小诗，如《送公孝与下第东归》：“素衣不禁帝京尘，出郭看春已暮春。我自倦游君未遇，杨花如雪送归人。”颇有唐人绝句的风韵。

明代，潍坊散曲创作成就辉煌。益都杨应奎、薛岗，安丘孙峡峰、王克笃，诸城丁綵、丁唯恕父子，临朐冯惟敏等人写出了一批忧生忧世的高质量散曲作品。尤其是冯惟敏，在明代散曲创作方面称誉曲坛，把潍坊文学推到了一个前所未有的高度。

明清时期，潍坊文学家族复兴，许多文化家族世代簪缨，如临朐冯氏、安丘曹氏、高密李氏、诸城王氏、诸城刘氏等，无不家学深厚，人才辈出。清代，潍坊地域文化深刻影响着地方作家的精神气质。冯惟敏、丁耀亢、曹贞吉、“高密三李”等，其刚直不屈，倜傥不群，勇于创新、淡泊名利的特质，凸显齐地的文化气质。冯氏家族是齐鲁著名的文学世家。明成化嘉靖间，冯裕开临朐冯氏文学先河。之后，其四子冯惟健、冯惟重、冯惟敏、冯惟讷以及四世孙冯琦等均是冯氏文学的代表人物。冯惟敏（1511—1578），冯裕第三子，字汝行，号海浮，自幼文才非凡。27 岁时，冯惟敏参加山东乡试一举夺魁，高中解元。冯惟敏散曲创作成就高，号称明朝北曲第一人。冯惟敏

---

① 〔明〕魏允贞：《海岱会集序》，载〔明〕石存礼等撰，冯琦编《海岱会集》，《文渊阁四库全书》本。

往往感事而发，作品具有丰富深刻的现实内容，反映了社会的尖锐矛盾。作品集《海浮山堂词稿》共 4 卷，收入散曲套数近 50 套，小令约 170 首。题材广泛，除了写景抒情、宴游酬唱，许多篇章慨叹民生疾苦，揭露社会弊端、讽刺官场丑恶。在创作风格上，冯惟敏散曲继承了元代豪放派的传统，刚劲朴直，浅近流畅，不尚浮华。冯惟敏的杂剧水平也很高，代表作有《梁状元不服老》《僧尼共犯传奇》等。前剧描写了剧中人梁璟 80 岁才中状元的惨淡经历，控诉了封建科举制度对人性的摧残，其中有他本人经历的影子。后剧是一出轻喜剧，描写了一对僧尼私通，断案的小吏想借机敲诈，但最终顾忌自身利益，只好判僧尼还俗，成就了真夫妻。剧中公开宣扬“男女居室，人之大伦”“传留后代，繁衍至今”是天经地义的真理，倡导真性情，反对假道学，与汤显祖《牡丹亭》宣扬“情”对“理”的斗争有异曲同工之妙。

清代，潍坊在诗文词方面的创作成就硕果累累，孙廷铨、王遵坦、李文藻、王钺、王沛恂、刘翼明、刘统勋、刘墉、李澄中、曹贞吉、张贞、“高密三李”（李怀民、李宪暠与李宪乔三兄弟）、窦光鼐、曹申吉、刘源渌、韩梦周、刘鸿翱、阎循观、丁耀亢等成绩卓著，其中曹贞吉、曹申吉、“高密三李”、丁耀亢等人的影响达及海内。

丁耀亢（1599—1669），字西生，号野鹤，又号紫阳道人、木鸡道人，山东诸城人。明末清初著名文人，著作甚多，流传下来的诗集有《逍遥游》《陆舫诗草》《椒丘诗》《江干草》《归山草》《听山亭草》《问天亭放言》等；剧本 4 部：《化人游词曲》《西湖扇》《赤松游》《新编杨椒山表忠蚺蛇胆》；长篇小说《续金瓶梅》；杂著 4 部：《天史》《家政须知》《出劫纪略》《增删补易》。其中，社会影响最大的是小说《续金瓶梅》。《续金瓶梅》紧接《金瓶梅》第一百回的情节，以吴月娘与孝哥母子的离散团聚为线索，重点写李瓶儿转世的李银瓶、潘金莲转世的黎金桂和庞春梅转世的孔梅玉的婚姻与因果遭际，这在很大程度上削弱了《续金瓶梅》的艺术价值，也是长期以来《续金瓶梅》备受批评的重要原因。实际上，这部作品拥有更丰富的内涵。《续金瓶梅》的历史背景是北宋末年金兵南下，屠戮扬州，

图 3-5-1　丁公石祠

直接影射清军制造的“扬州十日”和诸城“壬午兵燹”。丁耀亢在《续金瓶梅》的世情描写中又常流露出对社会政治现实的思考，这种立意增强了小说的价值。

曹贞吉（1634—1698），字升六，又字升阶、迪清，别号实庵，以诗词名家，在清初文坛颇有影响力，入《清史稿·列传·文苑传》。曹贞吉作品繁富，其《珂雪词》《珂雪诗》入四库馆，被编入国史。其诗词创作既受当时文坛变革风气的影响，又以其突出的创作成就与清初文坛形成良好的互动和影响。曹贞吉一生作诗不辍，作品气清力厚，情感真挚，风格遒劲，以壮语粗犷著称，与嘉善诗人曹尔堪并称为“南北二曹”。曹贞吉一度在京师和宋荦、田雯等唱和，为“金台十子（又称‘诗中十子’）”的代表。代表作《黄山纪游诗》一集，为清代诗词风格的变革作出了贡献。曹贞吉的词作，“大抵风华掩映，寄托遥深，古调之中，纬以新意，不必模周范柳，学步邯郸，而自不失为雅制”[1]。曹词或直抒胸臆，或借

① 评语见〔清〕纪昀等纂《钦定四库全书总目提要·珂雪词二卷》，1789 年武英殿刻本。

物言情，代表作《减字木兰花·杂忆》组词8首。

清初至乾嘉年间，在山东有一个著名的诗歌流派，即以“高密三李”（李怀民、李宪暠与李宪乔三兄弟）为核心的高密诗派。高密诗派的创作主体以寒士诗人群体为代表，他们生活寒苦，却醉心风雅。“三李”诗作“体格谨严，词旨清朗，时时有独到语，不堕当时风气”[①]。在创作风格上追步中晚唐的张籍和贾岛，极力强调诗人人格的傲岸，倡导“风雅”“气骨”，提倡苦吟，尤其五言诗能够“自辟町畦”，具有鲜明的创作个性。在李怀民、李宪暠、李宪乔等核心人物的推动下，高密诗派逐渐影响到潍县及胶东各县。后李宪乔官归顺知府，其追随者遂有江西、广西等省籍的诗人，由此形成江西、广西的高密诗派。清乾嘉年间高密诗派趋于鼎盛，遂由一个地域性的文学流派进而成为全国性的诗歌流派。其影响力突破山东，追随者遍布大江南北，甚至朝鲜，流传200余年绵延不绝。[②]

## 二、艺术

### （一）书法

明清两代，潍坊以书法名世的人繁若星辰。

雪蓑道人（生卒年不详），俗名苏洲，河南杞县人，明嘉靖年间生活在益都、临朐一带。其书体以草书见长，青州云门山壁、沂山仙客亭、临朐冶源铸剑池等地留有他的手迹，“见者诧为仙笔”[③]。他在云门山壁的“神在”“超尘离梦”“鬼斧神工”“卧豆岩”等手迹古拙矫健，意态狂放。临朐冶源“铸剑池”三字，字径尺余，体势飞动。

刘珝（1426—1490），字叔温，号古直，寿光人。明正统十三年（1448）

---

① 〔民国〕徐世昌：《晚晴簃诗汇》，上海三联书店1989年版，第732页。

② 〔清〕单可垂：《课心斋稿》卷二《送高丽李炯庵秀才记室归国》：“君来已几年，过海共朝天。言语传通使，诗书货满船。帆红知日近，浪碧上潮鲜。到国无他物，酬人只一编。”清道光十年（1830）高密单氏耐寒轩刻本。

③ 〔清〕姚延福修，邓嘉缉、蒋师辙纂：光绪《临朐县志》卷十六《杂记》，台湾成文出版社1976年版，第841页。

图 3-5-2 青州云门山雪蓑“神在”题刻

进士，成化中入内阁为相，《明史》有传。刘珝书法诸体相融，独出机杼，开一代书风。“书法飘逸，尤长于行草，得晋人笔意。”[①] 现存于沂山东镇庙的“东藩代祀”碑，即为刘珝所书，杂糅草、楷、行、隶，书风一反当时的“馆阁体”。

明代，安丘以书法名世的有王孟煦、韩泳与刘正宗三人。王孟煦，明万历进士，书法宗“二王”，兼习米芾。韩泳，擅长擘窠大字，书风秀美，题刻见安丘平等庵等处。刘正宗，明崇祯元年（1628）进士，工于书法，赏鉴尤精，建御墨楼以珍藏书画。清乾隆年间，刘育德、刘俊德、刘宪德三兄弟皆善书，人称“三刘”。刘育德法书凛然，气象万千，他去世后，其孙刘钟文藏有他的数百纸手迹，“识者以为冠绝一时”。刘俊德的楷书，一字一画，端方不苟，县志评其为“卓然大家”[②]。

---

① 〔明〕徐溥：《刘珝神道碑铭》，见〔明〕焦竑辑《国朝献征录》卷十四《内阁三·刘珝》，明万历曼山馆刻本。

② 〔清〕马世珍等纂修，张柏恒增订，马步元补订：《安丘新志》卷二十二《人物·笃行传》，民国九年（1920）石印本。

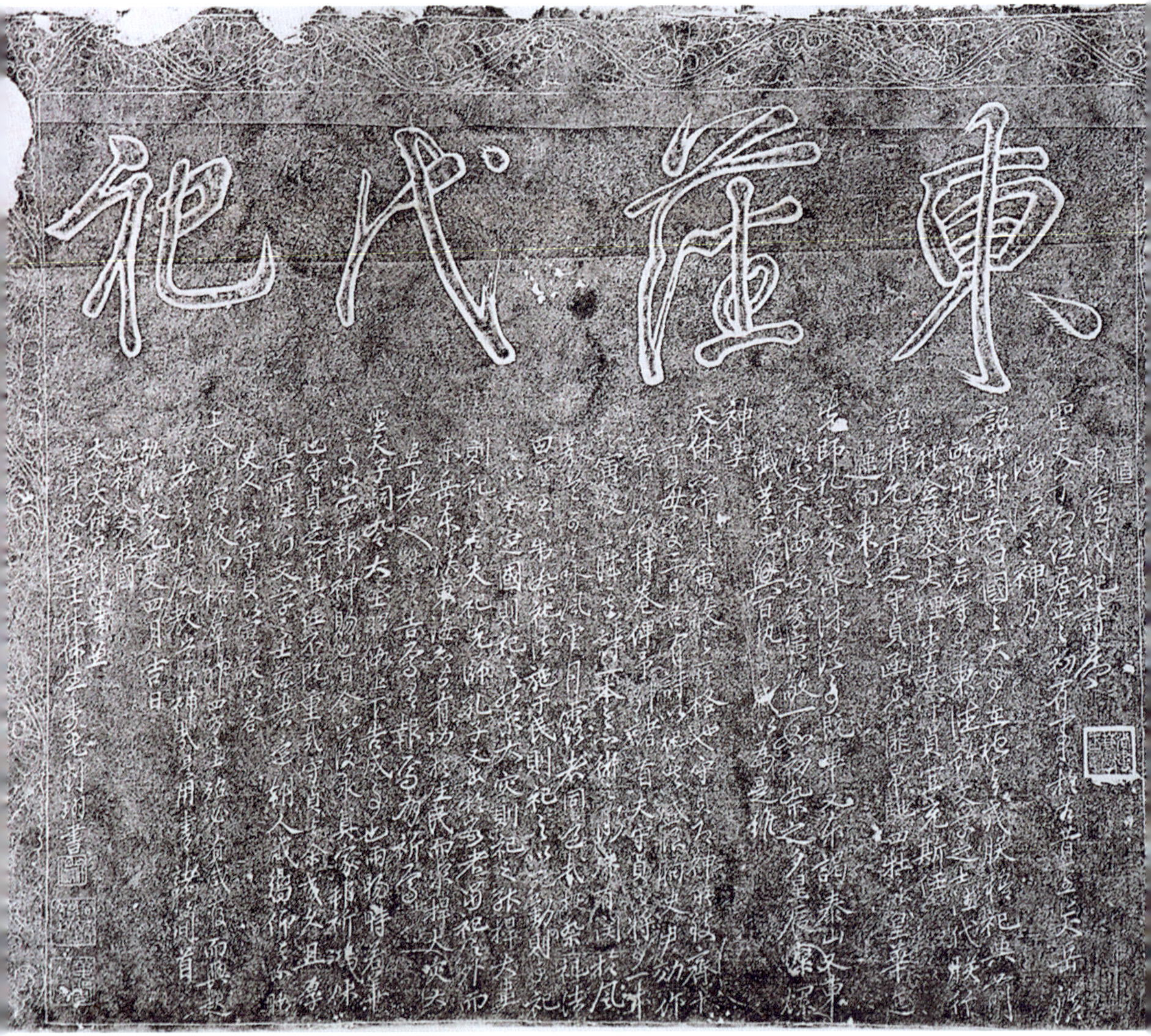


图 3-5-3　东藩代祀碑（拓片）

清代，诸城张侗家族，累世工于书画。张侗（1634—1713），字同人，一字石民，乡谥“贞献先生”，与族兄弟张衍、张佳、张傃被称为“四逸”。年少时，因遭兵燹，苦无笔墨，便以炭块作字。他学习书法，似有神助，每得一帖临摹，不过半月便与原作相肖，练熟一帖后便转学他家，所以张侗的书法遗迹诸体皆有，风格多变，不似出于一人之手。

清乾隆年间，刘墉书法为世所重。他去世后，乾隆皇帝命刘镮之摭拾刘墉手迹，摹勒刻石。清代前期，高密王庭侯的书法学习颜真卿，在乾隆一朝非常受推重。乾隆皇帝游泰山时，见到王庭侯书写的屏幅，赞扬“摹颜得其神骨”①。

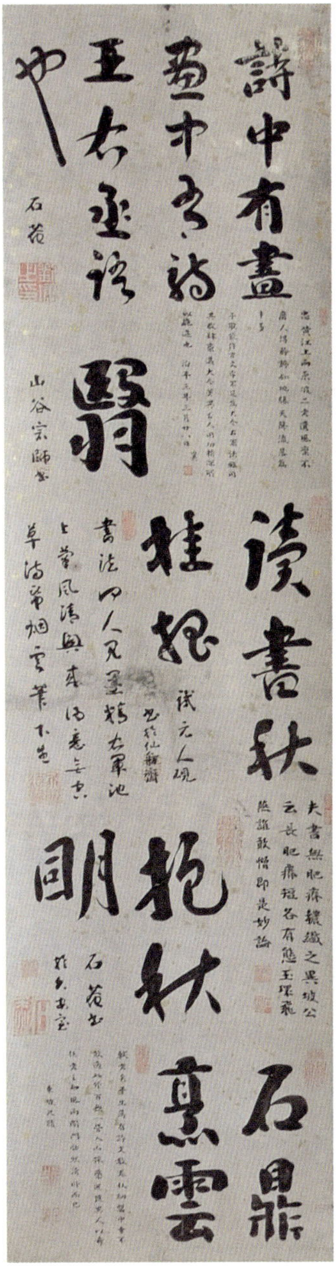
图 3-5-4　刘墉习帖中堂

清代，潍县书法名家以蔡宗襄、于适为最早。蔡宗襄，字漫夫，清康熙十六年（1677）拔贡，精于书法，好作小楷。他藏有蔡襄真书墨刻，每日临写，几于乱真。于适，清康熙年间以书法闻名，曾摹仿《瘗鹤铭》，写“发育万物”四字，题额于潍县东岳庙。其后，曹鸿勋将诸帖融会贯通，至老更见浑朴之力，最终成为欧体名家。曹孚中是曹鸿勋祖父，其书法为世所珍。吉元初、吉续銮父女，书法出于二王之间，清乾隆时颇为著名，吉续銮是清代潍坊地域罕见的女性书法家。陈介祺的书法渗透

① 〔民国〕余有林、曹梦九修，王照青纂：《高密县志》卷十四《人物》，台湾成文出版社1968年版。

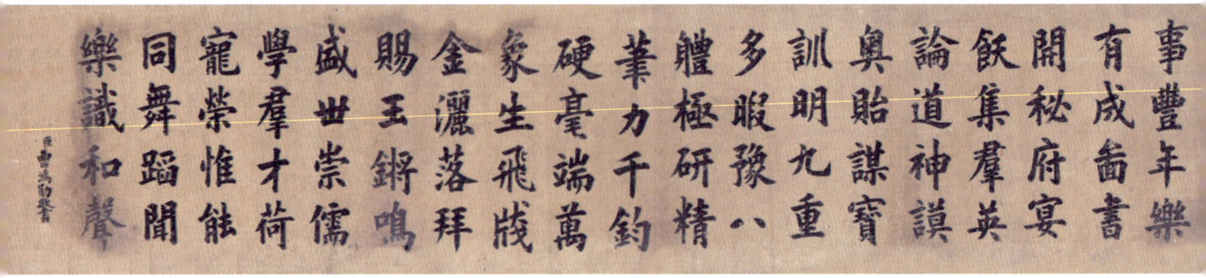

图 3-5-5　曹鸿勋书法

着金石意味，古拙率意，别有一格。

（二）绘画

明代晚期，益都冯起震擅长画竹，画名极盛，董其昌、邢侗称之为“文与可后数百年所仅见”。冯起震（1553—1642后），字青方，又字省予，号稷下门生，青州高柳人。他所绘的竹子峭拔干云，孤秀凛然，极受时人推崇。他著有《图绘宝鉴续纂》《榆园画志》等。现山东省博物馆藏有冯起震《墨竹图》《竹石图》《雪竹图》三幅，浙江省博物馆藏有他的《雪竹图》一幅，潍坊博物馆藏有绘竹刻石10方，分别由董其昌、邢侗、李畔等题跋。冯起震、冯可宾父子二人合作的竹石图猗猗生绿，片石嶙峋。

清初，冀旭以善画雁得名，世称“冀雁”。他兄弟数人都以绘画知名，冀昇善画人物，冀曛善画虫草。冀旭作品传世不多，今青州市博物馆藏有他的《芦雁图》，形象生动，画风清逸。

清初，诸城放鹤园耆老领袖张侗画芦雁非常有名，诸城博物馆有藏。清丁烈光《九仙山人诗略》卷三《张石民先生画卷》诗注：“石民画雁，游塞上与雁同眠起，十年不归。”

清康熙年间，杨涵画名鹊起，成为继冯起震之后的画竹名家。杨涵（？—1688），字水心，益都人，常与诸城张衍、李澄中、刘翼明等游，擅长画竹。他画的墨竹惟妙惟肖，富有生机。今有绢本《风竹》存世。

明清时期，潍坊地域画家的绘画作品，多为清闲散淡的竹草花卉山水，人物画也以仕女与宗教题材罗汉图等知名，一向缺少对现实生活的描摹。明

图 3-5-6　冯起震雪竹图

图 3-5-7　杨涵风竹图

代诸城陈其猷则开辟了现实题材人物画的先河，以画作痛陈时弊，为民呼号。陈其猷（生卒年不详），字辉前，诸城枳沟村人，明万历四十三年（1615）中举。在赴京会试途中，他目睹山东饥民流离失所之苦，绘《饥民图》20 幅，上疏朝廷。作品画出了陈其猷所见道旁饥民为生存食死人肉等苦绝之状，各缀以五言绝句，为之序跋。《饥民图》为罕见的反映百姓疾苦的现实题材画作，一改士大夫吟风弄月寄寓闲情的传统书画立意，思想境界提升到了一个新的高度。

《桑梓之遗》又称《桑梓之遗书画册》，该书前后编辑经120年之久，载录了宋代至清朝的数百名山左书画家真迹，包括明清时期潍坊地域的书画名家作品。这部画册虽然没有流传下来，但将山左地区书画真迹原作辑成百册的艺术工程可以说是空前的。清乾隆五年（1740），胶州高凤翰开始编辑《桑梓之遗》，拟将自宋代至清代的山左书画家真迹装裱集合，一共辑为100册。在编辑三册之后，高凤翰因年衰无力，便将此书托付于即墨郭廷翕。清乾隆四十二年（1777），郭廷翕将此书装为78册，珍存家中。郭廷翕谢世后，此书流至莱阳左绍庭处。清道光十六年（1836），莱阳左氏又将此书售给了潍县陈子懿。陈子懿，字季则，曾任江西广昌知县。陈子懿续辑数册，也没有完成高凤翰的百册之愿。陈子懿去世后，此书由陈介锡购得收藏。陈介锡（生卒年不详），字晋卿，发愿续编完成《桑梓之遗》。清咸丰十年（1860），《桑梓之遗》百册终于辑成。为使此书易于阅读观赏，陈介锡搜订补佚，又辑订了《〈桑梓之遗〉人物考略》100卷，《〈桑梓之遗〉录文》10卷，《〈桑梓之遗〉目录》10卷。《桑梓之遗》内共收录明清潍坊地域文人书画作品200余件，录有诸城丁耀亢自寿金纸画扇、寿光安致远哭李澄中诗帖、益都杨涵设色游鹿图扇、益都王玙似扇面改装篆书诗、益都杨涵隶书绫本改装李焕章小传手迹、诸城刘统勋手迹、诸城刘墉手札、安丘黄祯手帖、潍县刘应节手札、益都王荃可行书诗扇、安丘刘源渌手札等。这些前贤手迹今天虽然已不能得见，但从《〈桑梓之遗〉录文》中，可以挖掘明清时期潍坊书画文人之间的交游、书画题材、题跋赠文、行笔言词、书写格式等，对考察潍坊古代书画史有重要价值。

清代，潍坊地域较有名气的书画家，以潍县、诸城为多。清末于溥芳《潍水艺林小咏》载录潍县籍画家计43人，合《潍县志稿·人物艺术》所载共计60余名。其中，刘嘉颖被认为是潍县画派的奠基人。清末，潍县刘嘉颖（1861—1902）每日以临摹古人画为务，花卉以常州画派的恽南田为宗，山水则专师王翚，人物学陈洪绶。其作构思新颖，笔力遒劲苍润，鲜嫩不腻，情趣高雅。他手绘一册花卉画，赠予潍县诗人郭恩孚，郭恩孚请潍县状元曹鸿勋逐幅题诗，装帧成册，名为《海滨二妙册》。

（三）郑板桥的诗书画

郑燮（1693—1766），字克柔，号板桥，江苏兴化人。郑燮长于诗文，书法上独创“六分半书”，绘画以竹、兰为主，时有“诗书画三绝”之誉。清乾隆十一年（1746），郑燮从范县调任潍县知县，清乾隆十八年（1753）离任。在潍县7年间，他体察民情，悯农困苦，与潍县的文人学士交往甚密，创作了大量诗文、书画，对潍县的文风、诗风、画风产生了较大影响。

郑燮奉行正统的儒家思想，毕生追求“敷陈帝王之事业，歌咏百姓之勤苦，剖晰圣贤之精义，描摩英杰之风猷”[①]的创作理念。在潍任职期间，郑燮留下了《逃荒行》《还家行》《思归行》《潍县竹枝词》以及家书等约100首诗文作品。这些创作，无不表现出他描摹现实生活、关心百姓疾苦的文学主张，“直摅血性”[②]、即景寻理的表现方式以及用句平实、遣词俊逸的美学追求，体现了郑燮雄深雅健、沉着明丽的诗文风格。

对潍县民众的深切同情与为官无力的深刻自省，让郑燮抒写出心系百姓的忧思之声与忧国忧民的千古名篇：“衙斋卧听萧萧竹，疑是民间疾苦声。些小吾曹州县吏，一枝一叶总关情。”郑燮的诗文除深刻揭示当时社会矛盾外，也用自己的生花妙笔描写了潍县的自然风物与乡土人情。“三更灯火不曾收，玉脍金齑满市楼。云外清歌花外笛，潍州原是小苏州”，写出了潍县的灯火繁华；“城上春云拂画楼，城边春水泊天流。昨宵雨过千山碧，乱落桃花出涧沟”，描摹了潍地的清丽多姿；“两行官树一条堤，东自登莱达济西。若论五都兼百货，自然潍县甲青齐”，刻画了潍县的商业鼎盛；“面上春风眼上波，秧歌高唱扮渔婆。不施脂粉天然俏，一幅缠头月白罗”，写出

① 〔清〕郑燮：《板桥集》第六编《板桥家书》，清乾隆四十八年（1783）西山堂刻本。

② 郑燮诗《偶然作》有句“英雄何必读书史，直摅血性为文章”。见《板桥集》卷一《板桥诗钞》，清乾隆四十八年（1783）西山堂刻本。

了潍人的市井生活。这都表现出郑燮对潍县的无限热爱。

郑燮的书画艺术造诣颇高，在清代中期独树一帜，被后人誉为“扬州八怪”之一。郑燮的书法取法于明代中期的书画家徐渭（1521—1593）等，以汉八分隶书融合了楷书、行书、草书等书体，自称“六分半书”，风骨清峭，点画拙美，深受人们喜爱。郑燮以奇古为准则、以兰竹画法入书法，笔力遒劲，章法连贯考究，面目清新，结体严谨，楷书笔笔出自碑帖却融为己有，行书似信手而为却纯守法度，最著名的书法作品《难得糊涂》，创作于任职潍县期间，其中每个字的安排看似毫不经意，却充满了艺术的奇美，每一笔每一画，无不彰显出自我的个性与奇古的书风。

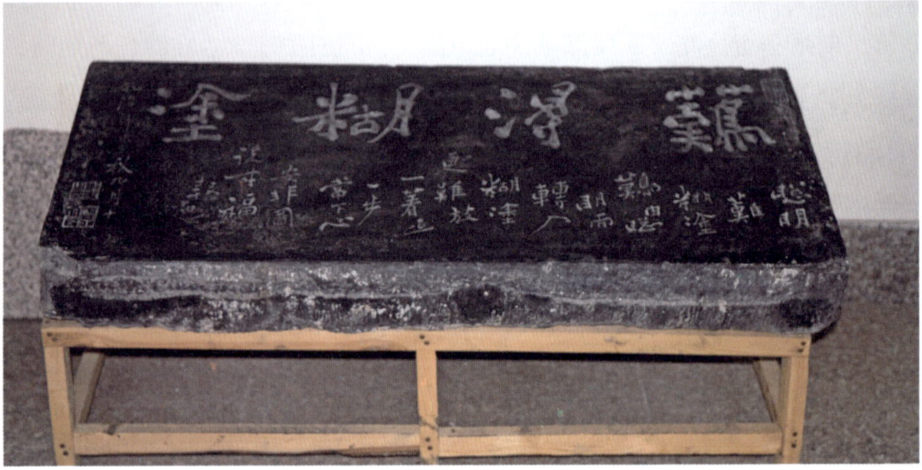

图 3-5-8　郑燮“难得糊涂”

郑燮绘画师法自然，以竹石兰草为主，尤以画竹闻名。郑燮绘竹并非对现实生活中的真实竹子作生硬的复制再现，而是在糊窗的白纸上、粉刷的白壁上，用日光或月光的投射来观察竹影，并对影临写，从而达到了艺术的真实。郑燮竹石图作品众多，无论是枯竹新篁，还是丛猗单枝，都随着风雨光影，极富变化之妙，高低错落，点染挥毫，或浓墨垂垂，或淡扫轻掠，皆清劲秀美，超尘脱俗。郑燮在绘画上师法自然又不执于自然，学古而不泥于古，学法而不囿于法。秋季的一天，郑板桥晨起看竹，“胸中勃勃，遂有画意，其实胸中之竹并不是眼中之竹也，因而磨墨展纸，落笔倏作变相，手中之竹又不是胸中之竹也”。他说：“文与可[①]画竹，胸有成竹；郑板桥画竹，胸无成竹；浓淡疏密，短长肥瘦，随手写去，自尔成局，其神理具足也。”[②]通过艺术实践，郑燮提出了“眼中之竹”“胸中之竹”“手中之竹”的理论，将主观与客观，现实与想象，真实与艺术有机地融为一体，达到了师承自然而又高于自然的艺术境界。更重要的是，在他的每一幅画中，皆以独特的“六分半”书体或诗或跋，诗文与画面穿插巧妙，将竹石兰草赋以丰富的人格化与雅致的文思哲理之美，歌颂它们的清峻、孤傲、坚贞的气节。

图 3-5-9 郑燮峤壁兰图轴

（四）印学

潍坊印学发轫于明末清初，其中安丘印学与潍县印学的成就最突出。

明朝中前期，潍坊印学还没有形成系统，以篆章刻印名家者尚未出现，篆刻只是文人雅士的业余爱好。明代晚期，安丘诸生韩齐邻之妻昌乐梁颀，自刻一方印章，印文为“坐万书中”。安丘张绪伦雅好篆刻，侨寓胶州的姑苏印人温如玉为他篆印多方。安丘刘正宗也曾为张绪伦篆刻“闵山松壑”一

① 文同（1018—1079），字与可，今四川省盐亭县人，北宋著名画家、诗人。

② 〔清〕郑燮：《板桥集》第五编《板桥题画》，清乾隆四十八年（1783）西山堂刻本。

印，边款作“为观海识”。清初益都赵作肃，字斋如、子雍，早期爱好篆刻，后来弃印学画，尤工于窠石之绘，著有《见山堂集》。

清康熙元年（1662），周亮工起补青州海防道，与安丘张贞、寿光安致远、诸城李澄中等多有交游。任职青州期间，周亮工经常在聚会时，与来宾一起摩挲鉴赏、传递观赏自己收藏的印章。因为与张贞同好篆刻，周亮工还曾让张贞审定收藏的印章高下，以备日后登谱。[①]精通篆印之学的周亮工对清初的潍坊印学产生了积极的影响。受其影响，张贞专于篆刻，与其子张在辛共同开创了以张氏家族为中心的“安丘印派”，直接影响了潍县、胶州及齐鲁的印学研究。

安丘张氏印学，以张贞奠基开山，长子张在辛、次子张在戊、三子张在乙踵继，人称“渠丘后三张”，以张在辛篆刻成就为巨。张在辛（1651—1738），字卯君，号柏庭，是清初齐鲁篆刻的集大成者，有篆刻专著《渠亭印选》《相印轩印谱》《隐厚堂印谱》《篆印心法》等行世。又有张扶舆、张重舆、张敬舆、张金舆、张壮舆、张皓、张时、张晰、张保恒、张桧恒、张栝恒、张德銧、张鹤年、张锡范等承其余绪，成就可观。受张氏家族的影响，清代安丘印人不绝，“邑中好古之士，奏刀剨然，往往名家”[②]，涌现出了刘正宗、曹贞吉、徐天民、王温子、刘宪德、马长嗣、韩迪、伏敦五、孙讱、孙于阳、李莹、刘耀椿、李琪联、曹镮、马秀士等一大批长于篆刻者。晚清民国间，张贞后裔张介禄、张公制倡导成立渠亭印社，辑订多种印谱行世。

刘维坊（1796—1848），字言可，号乐山公，寿光孙庄人。刘维坊喜爱篆刻，操刀印石，寒暑不辍。初师从同邑叶凤文，后来广咨博访，多方求教。居住

---

① 〔清〕张贞《杞田集》卷十四《赖古堂印谱跋》：“先生官青州，宾友歙集，必出行笈所携，传观为乐。余每过从，先生以其有同好，命之审定甲乙，然后登谱。先生下世，渐就散弃，流布人间唯印本数册而已。清远好古成癖，得一本珍同探贝。一日，举以示余，且属题后。谛观卷中所载，皆经当日摩挲鉴赏，象、犀、金、玉，尚历历可指，慨念诸章，不胜色飞。”清康熙四十九年（1710）春岑阁刻本。

② 〔清〕孙自务：《花石山房文集》，首都图书馆藏清抄本。

北京期间，经常与篆刻名家交游，凡见古文、碑版、印作，悉记于心，归而摹刻，“前后见印谱四十余种，荟萃成编，镌印章一千二百余颗，曰《乐山印萃》。又刊印一册曰《印文详解》，诸体皆备”[①]。

诸城王锡棨博学好古，自幼嗜好篆刻，最终成为一代金石学名家。王范金工于铁笔，著作《环山楼印变》，被当时的人们视作珍宝。臧廷彦（约1806—1861），字士俊，号牧斋，篆法、刀法、章法皆臻妙境。清同治二年（1863），其后人辑藏臧廷彦篆刻成《相石斋印存》二册刊行。臧廷彦还收集安丘张氏的篆刻作品集成《张氏印谱》，按元亨利贞编次，共收张氏印867方。

清末，著名的金石学家孙文楷（1846—1912），字模山，青州人，精于篆印之学，著有古印专著《稽庵古印笺》，由潍县陈介祺作序。这部书集钤印、考释于一体，“凡印文之声音文字、姓氏事实以及形制镌刻”，多“精邃之言”。[②] 单为濂，字廉泉，号半翁，高密人。其篆刻取以汉印，参以浙派刀法，印风大气、厚重，结体安泰，尤以巨印、白文印见长。李莹，字玉峰，从安丘韩迪学篆刻，有《百花纪名集印》《竹园集印》传世。安丘刘宪德在题跋李莹册页中说：“少年学隶书、行书兼水墨画，年五十与韩石坡游，始学镌篆。石坡名迪，居邑东北乡，好制印者也。顾砚田自习为印，专一精进，夜尝继以烛，十数年积印成帙。”[③]

清雍正年间，潍县郭伟勣向安丘张氏家族请教篆印之学，后来郭伟勣又与书画名家郑燮、高凤翰交游学习，最终形成了自身根基秦汉、秀逸古雅的篆刻风格。受郭伟勣的影响，郭氏家族印学闻人层出不穷。清中晚期，以陈介祺为代表的金石学蔚然兴起，潍县篆印之学自此迅速发展，诸印人各擅其技，印谱、印学等著述屡屡问世，使潍县成为清代潍坊除安丘之外的又一个印学重镇。

---

① 〔民国〕宋宪章修，邹允中纂：《寿光县志》卷十二《人物志·方技》，青岛宜今兴印务局1936年铅印本。

② 王献唐：《五灯精舍印话》，齐鲁书社1985年版，第36页。

③ 〔清〕刘宪德：《李莹册页题跋》，私人藏本。

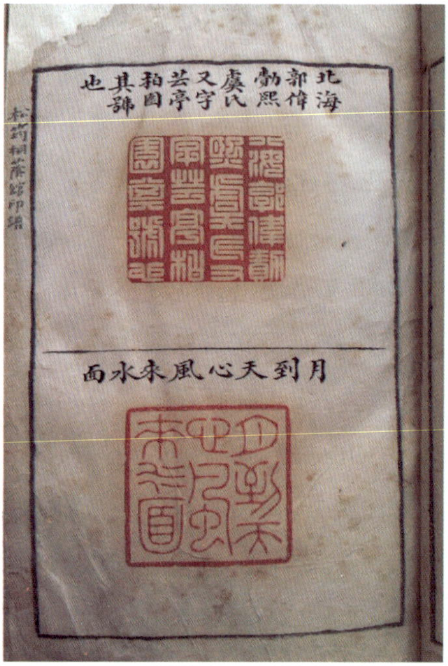


图 3-5-10　郭伟勣《松筠桐荫馆印谱》（局部）

郭伟勣（1710—1791），字熙虞，号芸亭，斋号松筠桐荫馆，清乾隆五十五年（1790）恩科举人，钦赐翰林院检讨。他自幼性好读书，聪颖无双。他博览秦汉以来各家印谱，转益多师，篆刻工艺日精。印风上承张在辛，宗于秦汉，吸收宋元及明清诸家，工稳雅健，刀法娴熟。他在《松筠桐荫馆印谱》《百岁纪年集印》之外，又辑编《印章初学须知》，用以指导后学。《印章初学须知》内载辨字、式法、配合、落墨、章法、刀法等 30 多则篆刻法，全面细致地叙述了自己的印学观点。

郭见龙（1733—1819），字德普，号楠溪，郭伟勣长子。他的篆刻平实古朴，刀法考究。郭启翼（1731—1803），字寅栖，又字凤举，号莲溪，清乾隆二十七年（1762）举人，郭伟勣之侄，工于篆刻，刀法雄奇，富于变化，撰有《松雪堂印萃》《代摹印萃》。“（郭启翼）先生作印，绝近于林鹤田，而变化之故，参伍错综者，章法之妙也；别裁伪体，不落宋人窠臼者，字法之醇也；秀动若美女之舞霓裳，苍劲若霜崖之悬松干，则又刀法之婉丽道古也。”[①] 清末，潍县郭氏后裔郭祐之研古不懈，专力考究金石之学，著成《续齐鲁古印捃》；郭恩坚精研印学，著有《得壶山房印寄》行世。

郭氏家族之外，潍县习铁笔者代出不匮。谭云龙，一名化龙，字子犹，潍县东关人。他精于篆刻，著有《春草堂印谱》，黄县贾桢为之作序。谭云

① 崔永胜：《郭启翼考略》，载吕金成主编《印学研究》（第八辑），文物出版社 2016 年版，第 174 页。

书有《清话阁印谱》行世。田会聪（1794—1845），字荆园，篆刻以秦汉为法，将秦权、诏版、古瓦文字等熔于其间，有《邃古斋集印谱》流传于世。丁召保，字君奭，号芗石，别号铁笔头陀，工于篆书及铁笔，识者谓其有郑簠、邓琰遗意，有《陋室铭印谱》《韵香馆印谱》行世。王右民，字南洲，精于篆刻，著有《贮石馆印稿》4 册。

清中期后，随着金石学的发展，潍县印学又呈现出自篆刻逐渐转向先秦文字考证、从印和碑入手探研古史的一面，从而浸润出考据学，扩大了印学的范畴。清咸丰年间，陈介祺自京返潍，专注于金石研藏，特别是在古玺印研究方面成就卓绝，推动了潍县印学的发展。陈介祺的玺印研究，是用古玺印的文字留迹，来研究考证古代历史的真实面目，撰著古印学著作数十种。其中最重要的是《十钟山房印举》，全书近 200 册，是秦汉以后历代古印钤存的集中展现。陈介祺的印学思想，深刻影响了王石经、韩秀岐、郭祐之等潍县印人。

图 3-5-11　陈介祺《十钟山房印举》

王石经（1833—1918），字君都，号西泉，潍坊市潍城区人。酷好金石，尤精篆刻，与陈介祺夙称莫逆，曾随陈介祺检定《万印楼印谱》。他的篆刻“取法秦汉印”，“所刻石印，一笔一划全从古印中得来”。其《甄古斋印谱》于1923年由上海商务印书馆出版，所载篆印，拙朴典雅。国内名家均给予高度评价。[①]

韩秀岐，字西周、息舟，今潍坊市奎文区人。工古篆隶，善于治印，著有《小隐斋印存》。

（五）风筝

风筝起源甚早。春秋时期，墨子制造的木鸢是中国最早的风筝，用于军事。从唐代开始，人们多用丝绸糊制，是珍贵玩具。北宋以后，纸的使用逐渐普及，纸鸢才广泛流行起来，放飞风筝的活动盛行乡里。潍坊风筝寄托着人们的理想和愿望，又与人们的生活密切联系。

潍坊风筝从明代开始，就已成为商品。明末清初，潍县的“麻姑献寿”“五福临门”等风筝精品曾进入宫廷。到清乾隆年间，潍坊有了相当规模的风筝集市。清末民初，潍县人裴星川描绘潍坊当年风筝集市的繁荣景象：“风筝市在东城墙，购选游人来去忙。花样翻新招主顾，双双蝴蝶鸢成行。”[②]这时，潍坊有风筝作坊和店铺30余

图3-5-12　潍坊风筝板式图

① 政协潍坊市潍城区委员会文史委编：《潍坊文史资料》（第三十二辑），黄海数字出版社2016年版，第175～176页。

② 孙建松：《潍县竹枝词》，中国戏剧出版社2012年版，第165页。

家，立春之后在东关城墙上形成了风筝集市。清乾隆年间，潍县的风筝年产量达 4 万只；清道光时，年净销量已达 20 余万只。[1] 潍县风筝有自己传统的制作工艺，包括扎、画、糊、放“四艺”。风筝种类丰富，大致可分为串式、桶式、硬翅、软翅、板式、动态六大类，各具特色。其中大的风筝可以有百余米长，小的仅有火柴盒大小，命名形象，如“二龙戏珠”“九头蜈蚣”等。

在风筝的造型结构和绘画色彩上，潍坊人把木版年画的制作工艺移植到风筝上，把国画的传统技法运用到风筝的绘制上，形成了精巧细致、形象活脱、造型优美、画工精细、重于写实的风格，成为中国风筝的重要流派。

（六）年画

年画起源于“门神”，是中国古老的民间艺术形式，寄托着人们对未来的美好愿望。随着木版印刷术的兴起，年画的内容变得丰富多彩，产生了《福禄寿三星图》《天官赐福》《五谷丰登》《六畜兴旺》《迎春接福》等经典的彩色年画。潍坊杨家埠与苏州桃花坞、天津杨柳青形成了中国年画的三大中心。

明末清初，杨家埠木版年画兴起，受杨柳青年画的影响，在不断摸索实践中形成了自己的特色。较之传统的国画，杨家埠年画在用色上力求加大色差对比，以大红大绿为主调，极尽夸张之能事。其体

图 3-5-13　杨家埠年画之《三阳开泰》

① 于培杰：《漫话风筝》，山东教育出版社 2017 年版，第 37 页。

图 3-5-14　牛郎织女图

裁又极其广泛，长短方条、连环成册或展舒手卷，应有尽有。内容上，天国神仙、云龙布雨、人间万象、地府阴间无所不包，有神像类、门神类、美人条、金童子、山水花鸟、戏剧人物、神话传说等。喜庆吉祥的创作题材占据了杨家埠年画的主体，同时，也有针砭时弊之作。

清乾隆年间，杨家埠木版年画生产进入鼎盛时期，画店百家，画种上千，画版数万，年销售量高达数千万张。除了满足当地民间需求外，还远销江苏、安徽、山西、河南及东北三省。杨家埠年画的制作多是父子兄弟的传家生业，采取家族式的作坊生产。

高密扑灰年画，是高密独有的一个古老画种，是中国年画中的一枝奇葩，被称为“民间写意年画”。明初，扑灰年画诞生于高密东北乡公婆庙村，随后扩展到夏庄、姜庄一带，从清代中后期开始兴盛。科举落榜生员是扑灰年画最早的创作主体，后逐渐被民间艺人所广泛掌握，作为一种谋生的技艺。高密扑灰年画用专门烧制的树木炭条起绘画稿，这点与国画创作的炭墨起稿相类似。不过扑灰年画是以画稿的浓厚炭粉，再将纸折叠对扑，故而做出了左右相对的人像与物像，追求的是对偶对称的艺术美。高密扑灰年画题材非常广泛，无论是天地山川，抑或鬼神人事，皆可扑灰入画。

（七）仿古铜

明代中期，潍坊的仿古铜器制造业开始兴起。据民国《潍县志稿》载：

"仿古铜器出于东关李姓，所仿三代秦汉彝器，佳者可以乱真。"[①] 清代考据之学、金石收藏极为兴盛，金石古董有着极大的市场，这进一步刺激了潍坊仿古铜业的发展，名家辈出、工艺精湛，凡天下雅好收藏之人无不知"潍县造"。至清末，潍县仿古铜业达到极盛，专业作坊数十家。

潍坊仿古铜器的制作有自己独特的技法，一般包括增刻铭文、嵌假铭于真器、嵌真铭于假器、器盖真假组合、拼凑器物添刻铭文，亦有新铸器物新刻铭文、改刻铭文等诸多技法。由于仿古技艺高超，潍坊所出之仿古铜器往往可以假乱真。潍坊所仿造器物往往以礼器为大宗，兵器数量不在少数，有不少的仿制古钱币，以齐地特殊之刀币为主，唯有乐器极少。除此之外，还有佛教造像、铜器、玺印等诸多杂项。[②]

（八）剪纸

明清时期，潍坊境内各地均有剪纸艺术流传，以高密民间剪纸最为著名。高密剪纸历史悠久，起源难考。从挖掘的民间剪纸作品考察，它在高

图 3-5-15　剪纸清明上河图

① 〔民国〕常之英修，刘祖干纂：《潍县志稿》卷三十九《金石志》，民国三十年（1941）铅印本。
② 孙敬明：《潍坊古代文化通论》，齐鲁书社 2009 年版，第 139 ~ 157 页。

密广为流传及普及的时间，当不晚于扑灰年画兴起的时间。明洪武初年，大批移民迁入高密，其中就有不少民间剪纸艺人。他们将不同风格的剪纸艺术带入高密，之后渐渐融于一体，形成了高密民间独特剪纸艺术风格。高密民间剪纸在艺术上运用了对立统一的手法，块与线形成黑、白、灰色调，相互衬托，对比强烈并富有韵律感；线条刚劲挺拔，有金石味；构图夸张变形而不失真，粗犷中见清秀，稚拙中藏精巧。高密民间剪纸在内容上取材广泛，生活气息浓厚，寄托着人们的美好愿望。“窗花”“鞋花”“顶棚花”“馍馍花”以人物、动物、花鸟、故事为题材的剪纸作品，深受群众喜爱。

（九）泥塑

图 3-5-16　高密市博物馆藏清泥孩

高密聂家庄泥塑，起源于明初。据《聂氏族谱》记载，聂氏先祖聂成富自河北迁入，为谋生计，创泥塑工艺。开始用当地特有的红岗子土制成坚固且不裂缝的外壳，做成“锅子花”（一种节日焰火）销售赚钱。艺人们逐渐将形态单调的外壳做成动物等形状，继而又开始涂上颜料，形成了聂家庄泥塑的雏形。经过数辈艺人不断改进、创新，清康熙年间，聂家庄泥塑由单一用途的锅子花外壳发展成兼作可供人们观赏、玩耍的泥玩具。随着制作技艺的逐步完善，泥塑作品也完成了由静到动、由只供观赏到可以听声、由作用单一到可供人们逗趣的转化过程。

潍坊市潍城区黄家庄也有泥塑工艺传承，起源于明代中期，制作工艺与艺术风格与高密聂家庄泥塑没有明显差别。

（十）核雕

潍坊的核雕是民间艺术的瑰宝。核雕主要是用桃核为材料，巧妙地利用桃核上的自然麻纹雕出各种景物，如山水、花鸟、人物及车船等，成为人们把玩欣赏的艺术品。清末，山东诸城核雕艺人张大眼在北京宫廷刻朝珠、捻珠、手串、佛珠等，工艺精湛，名噪一时。核雕手艺逐渐传承到潍县、诸城民间。

（十一）古琴

古琴原名琴或七弦琴，是中国最古老的拨弦乐器之一。诸城派古琴可追溯到18世纪中叶，但其形成过程鲜为人知。后人对诸城派古琴的了解，主要依据诸城派琴家传承下来的琴谱以及他们撰写的关于诸城派古琴的文章。18世纪末《龙吟馆琴谱》产生时，便有了《关山月》《长门怨》等山东诸城古琴独有的曲目。19世纪前半叶，诸城有两位影响比较大的古琴家，一位是王雩门（字冷泉），一位是王溥长（字既甫）。两位琴家师承存疑，但从其琴谱和演奏风格来看，当属不同的流派。王冷泉的演奏清微淡远，王既甫的演奏绮丽缠绵。两位琴家在教授过程中，也逐渐形成了传授系统和演奏风格不同的两个支派。王既甫将琴艺传给其子王心源，王心源青出于蓝，琴艺尤胜其父，与王冷泉并称“诸城二王”。王心源弟子王心葵博学多才，兼学王冷泉《琴谱正律》，又吸纳山东民间音乐，历十二载，融会贯通，兼蓄南北，进一步提升了诸城琴派技艺与名望。王心葵与王冷泉、王既甫并称“诸城三王”（或“琅邪三王”）。

诸城古琴是最早使用工尺谱及简谱记谱的琴派之一。诸城派古琴推陈出新，立调别致，不拘泥于传统弹奏指法的限制，也不满足于原曲节奏的呆板，增添了形式多变的轮指，艺术风格紧劲连绵、高古苍劲、清正雅洁，有儒道之风。诸城古琴以《长门怨》《秋风词》《关山月》《春闺怨》《秋闺怨》《风雷引》《挟仙游》《鹤舞洞天》《捣衣》等为独有曲操。

诸城派古琴最初的传播仅限于诸城境内，后来流行全国，其传人王心葵和王燕卿功不可没。王心葵于1910年在济南大明湖畔创建“德音琴社”，从学者众，弟子詹澄秋后来成为诸城派最负盛名的一代琴家。

# 第六节 文化学术

明清时期，潍坊的文化学术绍继往古，绵延遗风，达到了学术史上的又一个高峰。理学、史学、文字学、金石学，代有学人，文献著述类目齐全，数量繁多。

## 一、理学

潍坊明代理学上承宋元，益都人崔迪，字惟吉，世习儒业，通经史，精于理学。益都人尼养德，洪武初由儒士举永年县教谕，倡明理学，启迪后进；其胞弟尼养性，克有师范，兄弟齐名，成就卓越。临朐冯裕师从理学家贺钦，安丘马从龙师从吕坤，开其先河。

清前期潍坊理学中心在安丘（刘源渌、马天撰、张贞等）、诸城（丘志广、王钺、张侗、刘棨等），皆马从龙后学。中晚叶以潍县麓台书院、潍阳书院师生为代表，中心在潍县、昌乐。清代“山左学派”理学家潍坊籍5人，有安丘刘源渌，昌乐阎循观，潍县姜国霖、刘以贵、韩梦周。

刘源渌（1619—1700），字昆石，号直斋先生，安丘人。他治学恪守程朱理学，其学术思想影响深远。安丘张贞，昌乐阎循观、周士宏，潍县姜国霖、刘以贵、韩梦周，德州孙于篁、梁鸿翥，胶州法坤宏等人，无不追随崇尚其理学观念。刘源渌精读《朱子》，集朱子书写成《续近思录》，又著有《读书日记》《周易解》《四书补注》《小学补注》《或问补注》《礼仪经传通解》等书，其中《续近思录》《读书日记》入国史馆。刘源渌治学独尊朱子，深得朱子理论精髓，践行“居敬”的道德自我修养，纠正了王守仁心学的虚伪倾向。

姜国霖（1694—1776），字云一，潍县（今潍坊市潍城区）浮烟山东北姜家村人。从学于昌乐周士宏，研习刘源渌之学说。喜读《论语》，认为其味无穷。姜国霖为一介布衣，终生安贫守素，因孝行留名于《清史稿》。[1]姜国霖死后，其墓被称为“孝廉坟”，村名亦被称为“孝子里”。先贤阎循观、韩梦周分别为其撰写了《姜云一先生言行记》和《姜云一小记》。

刘以贵（生卒年不详），字沧岚，潍县人，年 65 岁而卒。早年曾在麓台书院读书，清康熙二十七年（1688）进士。归乡后，他在麓台书院一边著述一边执教，著有《周易探源》《古本周易集解》《周易析疑》《初学正鹄》《春秋解》《古文尚书》《春秋三传公案》《尚书集解》《三礼通解》《藜乘集》《沧岚辨真文》《正命录》《文法真传》等，研讨诸经，考异同，辨得失，复兴了麓台书院著述教学的优良传统。

阎循观和韩梦周在麓台书院治学，广交师友，教授生徒，引领清中后期潍坊乃至山左理学的发展。潍坊各县及周边莱州、滨州、莒州等方圆数百里的文人学子慕名而来，阎、韩培养了大批士子人才。他们继承阎循观、韩梦周的理学精神，或彼此交游、互为唱和，或授徒讲学、代际传承，绵延百年之久，形成了潍坊理学的繁盛局面。

阎循观（1724—1768），字怀庭，号伊蒿，昌乐人。自幼在麓台书院发奋攻读，师从昌乐滕纲。清乾隆七年（1742）考中举人，清乾隆三十一年（1766）殿试取进士，曾任吏部考功司主事等职。后在麓台书院讲学 20 余年，著有《困勉斋私记》《西涧文集》《尚书春秋说》等。阎循观是继刘源渌之后山左理学的代表，为麓台书院的发展作出了贡献。阎循观治学宗程朱而斥阳明，把程朱理学尊如六经，认为程朱理学的思想核心在父子人伦之仪、修身治人之理，“程朱只是教人主敬”[2]。阎循观认为，为学要细究其理，此之谓“智”；要实际体察，此之谓“仁”；若不智不仁，就谈不上为学。阎循观去世后，韩梦周继续在麓台书院教学，后人把阎循观与韩梦周并称“山左二巨儒”。

韩梦周（1729—1798），字公复，号理堂，祖籍云南，自明中叶世居潍县。

---

① 《清史稿·列传·儒林一》。

② 〔清〕阎循观：《困勉斋私记》，《四库全书存目丛书》子部第二十九册，齐鲁书社 1995 年版，第 568 页。

少年时，韩梦周师从昌乐滕纲，勤学苦读。清乾隆十七年（1752）乡试中举人，清乾隆二十二年（1757）殿试取进士，为官有政声。韩梦周在程符山麓台书院讲学，也曾到益都、潍阳等书院讲学。韩梦周的理学观精深而通达，为学“以存养为根本，省察为修治，穷理为门户，笃守程朱”[①]。韩梦周所定学规非常严格，明确规定“止酒”“戒游”“禁聚谈”“绝戏谑”“重道谊”“慎威仪”“待宾客”“严督课”八项学规，体现了他主敬尊礼的理学观。韩梦周之后，长洲（今江苏苏州）彭绍升、胶州（今青岛胶州）法坤宏、吴县（今属江苏苏州）汪缙，新城（今江西黎川）鲁士骥等学者名流，相继在麓台书院任教，使潍坊及山左理学声誉日隆。

## 二、史学

明清时期，潍坊史学研究出现了一个新的高峰。

临朐冯惟敏于明嘉靖年间总纂《临朐县志》，设风土、官政、人物、杂志4卷48目，是临朐最早的县志，填补了临朐亘古无志之缺。之后，临朐私人撰修的志书有数部。晚明进士、户部郎中傅国所撰《昌国艅艎》是潍坊历史上个人修撰的第一部地方史志。

傅国（1576—1644），字鼎卿，号丹水、石者、云黄山人，自称“云黄氏”“云黄南史氏”，临朐人。傅国在明万历二十五年（1597）丁酉科乡试中亚魁，万历四十一年（1613）癸丑科进士，官至户部员外郎。傅国所著地方史志《昌国艅艎》历明清易代战火，以手抄本的形式流传于世，有清嘉庆二十四年（1819）傅国五世族孙傅宁抄本，清光绪二年（1876）傅道兴又据清嘉庆抄本转录抄存。《昌国艅艎》抄本共12卷、67目，近11万字。第七卷专设“碑刻”一节，这在明代地方志中极为少见。清代地方志多设包含碑刻在内的金石志，傅国“碑刻”一节的设立，在县志体例演变中起到发凡创举的作用。《昌国艅艎》又是一部极富文学性的地方史志，对山川的描述文采斐然，引

① 〔民国〕常之英修，刘祖干纂：《潍县志稿》卷二十九《人物志》，民国三十年（1941）铅印本。

图 3-6-1　老龙湾·江南亭

人入胜；收录的诗词文赋，有许多为其他史志所不见或残缺不全者，是珍贵的文学史料。

此外，临朐尚有众多私修专志存世。明万历年间，临朐名士王居易广搜博取，仿西镇吴山志体例，于明万历十四年（1586）修成《东镇沂山志》。清代临朐人张敦仁，以编年体记述临朐旧事、人物，自清雍正八年（1730）至清雍正十一年（1733），历三载，修成《临朐编年录》。清代临朐人窦作相为补清康熙《临朐县志》"人物"之略，撰修《临朐乡贤考》一卷，收录人物传记 46 篇。清代临朐人王嘉宾，为补清初县志缺漏，根据《昌国艅艎》，参照《临朐编年录》，撰成《古邾纪略》4 卷。清末临朐人谭凝德，为订补清光绪《山东临朐县志》之误缺，修纂《县志订补》4 册。

冯琦（1558—1603），字用韫，号琢庵，山东临朐人。明万历五年（1577）进士，授翰林院编修。明万历九年（1581），参与重修《大明会典》。明万历十七年（1589），撰《通鉴分解》。冯琦一生为学以实用为主，其著作传世者主要有《宗伯集》《北海集》《宋史纪事本末》《经济类编》等。《宋史纪事本末》为史学名著，也是明人改修宋史的著作中最为成功的一种。《经济类编》作为一部事文并举型的类书，保存了大量的文史资料。根据统计，全书共辑录了5119则材料，包括了明代以前的政治、经济、历史、军事、科举、刑法、文学、音乐、工虞、天地、人事、道术、物类等各个方面的材料，对于研究明代以前的社会历史状况具有重要的史料价值。

马文炜（1533—1603），字仲韬，号定宇，今安丘市新安街道马家楼村人。明嘉靖四十一年（1562）中进士。明万历年间，马文炜在其子马应龙协助下，主纂第一部《安丘县志》，记事上自夏初，下至明万历十七年（1589），内容丰富，体例严谨。后代马世珍纂《安丘新志乘韦》，马步元为宣统《山东通志》总纂之一，清光绪末年纂成《安丘县乡土志》。安丘马氏堪称“修志世家”。

安致远（1628—1701），字静子、如磐，号绒斋、拙石老人，寿光人。清顺治十一年（1654）拔贡出身，是一位杰出的史学家，参与清康熙《青州

图 3-6-2　安致远晚读堂

府志》《寿光县志》的纂修工作，著有《青社遗闻》《壬癸冬春纪事》《李将军全青纪事》等历史著作。安致远的《青社遗闻》对青州衡王府及衡王历史故事的记载，为后人研究衡王府历史遗迹、事件保留了珍贵的史料。安致远亲历明清鼎革，著《明季县境被兵纪略》，记清兵入关时百姓罹难的实况，秉笔直书，有胆有识。安致远在方志编纂和方志理论研究上尤有成就。清康熙三十七年（1698），安致远与其次子安箕主纂《寿光县志》32卷，仿万历《安丘县志》体例，义例严谨，考据精审。安致远秉持“不敢枉古人以从我，不敢欺后人以自信”[①]的修史精神，提出“志犹史也”的史学观，与后来章学诚“志乃史体”的史学观不谋而合。

李澄中（1629—1700），字渭清，号雷田，又号渔村、怡堂，晚号“秋水老人”“艮斋老人”。今山东诸城舜王街道辛庄子村人，清初著名文人、史学家、诗人、藏书家，与乐安李焕章、寿光安致远、安丘张贞合称“青州四大家”，一生著作颇丰。清康熙十八年（1679），试中“博学鸿词”，授翰林院检讨。李澄中是山东唯一博学鸿儒上榜、参与修《明史》者，对表彰明代故乡先贤，作出了很大努力。李澄中在其杂著《艮斋笔记》《艮斋杂传》中，表彰诸城人文者占了相当篇幅，“好阐扬乡人，乡人多赖以传，为人庞大慷慨”[②]。据清乾隆《诸城县志》记载，李澄中尚有杂著《齐鲁纪闻》，今已失传。《艮斋笔记》卷一《情话录》叙述诸城奇闻趣事，其实是“家园情话”或“东武情话”。一直到他去世前夕，仍念念不忘乡邦文献。

张贞（1637—1712），字起元，号杞园，别号渠亭山人，安丘人，祖籍江苏淮安。张贞一生著述丰富，有《渠亭山人半部稿》《杞纪》《渠丘耳梦录》《青州乡贤小传》《安丘乡贤小传》等。《渠丘耳梦录》不仅是文学著作，也是一部记载安丘风物民俗、史志文献的地方志书。《杞纪》一书突出代表了张贞的史学成就，上溯太康斟鄩之故居、下迄清朝数千年事，全书

① 〔清〕安致远：《寿光县志序》，《玉碢集》卷一，清同治二年（1863）自锄园重刻本。

② 〔清〕宫懋让修，李文藻等纂：乾隆《诸城县志》卷三十六《文苑》，清乾隆二十九年（1764）刻本。

22卷，清康熙年间刊印，国别体史书。《杞纪》采古籍400余种，爰征典籍，旁及诸子百家，考辨广博；全书分图考、星土、舆地、山川、系年、沿革、封建、年表、世次、原古、分国、系家（世家）、苗裔、春秋经传、经传别解、人物、遗书、艺林、杂缀19门，编辑条贯，文简事核，考据谨严，堪称地方史志的佳作，彰显了张贞“重史”的历史观。

李文藻（1730—1778），字素伯、茝畹，晚号南涧，世居益都东关春牛街，清乾隆二十六年（1761）进士。主持修纂乾隆《诸城县志》、乾隆《历城县志》。乾隆《诸城县志》是一部诸城通志，始自周惠王二十年（前657），终于清乾隆二十九年（1764）。

王驭超（1756—1832），字驾千，号约斋，今安丘市景芝镇宋官疃人。清乾隆丙午（1786）中顺天榜举人。王驭超生著述颇丰，影响最大的当属《海岱史略》。《海岱史略》140卷，记录自汉至明两千年间齐鲁历史上近千位名人的事迹，是齐鲁文化史上一部大型的历史传记。

昌邑高阳人张绍文，清道光三年（1823）撰成村志《高阳志》。该志由自序、地舆、疆域、形势、山川、古冢、桥梁、庙宇、祠堂、街道、集场、巷曲、田亩、税赋、烟户、土产、节序、村仪、灾祥、八景诗、人物、贞烈等20余篇构成，志例规范，内容翔实，堪为村志范例。

张昭潜（1829—1907），字次陶，号小竹，潍县东关（今潍坊市奎文区）人。张昭潜治古文，师法桐城派，著有《北海耆旧传》，文笔高雅、史料翔实、裁量得当、记述严谨。清光绪十五年（1889），张昭潜在颇有影响的泺源书院讲学，广收各地学子，以讲授经史注疏、评议时务著称。清光绪十八年（1892）张昭潜撤帐归里，讲学于潍阳书院。该书院创办于清道光十年（1830），主讲名师有张昭潜、阎循观、韩梦周、刘庄年、高守训、郭恩敷等人，影响了潍坊的文化教育发展历程。张昭潜在潍阳书院专心致志于授业课徒，为家乡培养了不少俊彦，如清光绪二年（1876）丙子科状元曹鸿勋。张昭潜博学多识，著有《山东通纪》《山东郡县沿革表》《山东地理沿革表》《通鉴纲目地理续考》《潍志纠谬》《潍县地理沿革表》《北海耆旧传》等。

## 三、文字学

明清时期，潍坊出现的文字学著述有 50 余种，主要有郭麐《潍言》、李文藻《隶补》、傅国《韵总》、马益著《庄农日用杂字》、张新修《齐雅》、任象益《经字纂诂》、张名珂《韵图正字》、尹彭寿《石鼓文汇》、宋书升《古韵微》、单可琪《音韵同异辨》、于始瞻《字别义通》等，大多已佚。

清雍正年间，安丘韩际中以明代梅膺祚《字汇》为基础，参考其他韵书，分部别类，按音排列，总列 35 韵而编辑成书，名为《字韵类编》。

马益著（生卒年不详），字锡明，一字梅溪，今临朐县七贤镇胡梅涧村人。屡试不第，只于清乾隆二十二年（1757）得岁贡。所著《庄农日用杂字》为五言杂体，共 474 句，总计 2272 字，通俗易懂又富有趣味。此书最大的特点是将日常用的单字组成句，句句组合，又能成为完整反映农业生产活动的诗歌体文章，构思巧妙，意趣盎然，既是一部实用性的教科书，也是一部韵语读本，同时还保留着大量“活语言”，对研究清乾隆时期潍坊地域的方言有重要价值。马益著在对文字音韵学深入研究的同时，还注重学术普及。他的《四书声韵编》，将《大学》《中庸》《论语》《孟子》按平、上、去、入四声标出，便于学者诵读。这本书流传甚广，在潍坊及周近地域直至 20 世纪 40 年代还在教学中使用。

王筠（1784—1854），字贯山，号菉友，安丘宋官疃人。清道光元年（1821）举人，做过几年地方官，邃于经学，尤精“说文”之学。王筠一生著书近 70 种，校勘他人著作 60 余种。所著《说文释例》《说文句读》《文字蒙求》是语言学的经典著述。王筠的文字学成就主要有三：一是首次提纲挈领地梳理了《说文解字》的体例；二是从文字起源切入，明确了“六书”名称及次序，重审文字形音义一体的现象；三是将单字合入群体研究，揭示文字孳乳发展规律，首次提出“分别文”与“累增字”的概念。王筠从文字起源来论证文字形、音、义三者本为一体相生，从而说明许氏象形、指事、会意、形声、转注、假借六书顺序是正确的。他不但丰富了前人的六书理论，更促进了近代汉字结构理论的发展。王筠的许学著述尚有《许学札记》《说文系传校录》《说文韵谱校》《说文广训》《说文校记》等。王筠很注重普及童蒙教育，他的《文字蒙求》《正字略》《教童子法》是以启蒙教育为内容的著作。受王筠影响，王筹、王彦侗专攻文字学，以音韵为津梁，注重文字形义的学术普及。王筹《异同韵辨》及王彦侗《异同韵辨补遗》中，将字形易混、音义相近的文字，指出其不同，避免初学者误读。这两部书分辨音义，简明易了。

潍县郭麐（1823—1893）极为注重邑里俗语研究，撰写了《潍言》《潍方言》《潍语》三部书，是极为重要的文字学著作。《潍言》全书共四卷，分释天、水、火、地宅、亲名、婚姻等18类俗语，采录极详，取证广博，凡经史子集，诗词文章，无所不包。每则集潍地语声后，对比古今，探讨方言转变的源流，印证当地风俗遗留。《潍县志稿》收录有《潍言》，列为方言类目。

诸城尹彭寿（约1835—？），字慈经，号竹年，清光绪十一年（1885）拔贡。尹彭寿对文字学进行了深入考究，其著作《石鼓文汇》是在国子监校修石经时所作。全书先列模本，后为音训、集证、考略等，最后以校勘记作结。音训集证，每字先引他说，后附按语。凡见于宋代拓本而不见于石鼓的字，择要解释。

## 四、金石学

因考据学家研古鉴古的需要，碑石鼎彝备受重视。自清乾隆以后，潍坊金石学再度兴盛，至清中晚期蔚为全国金石重镇。

清乾隆二十九年（1764），李文藻主纂《诸城县志》，首创“金石考”一章，认为金石“而于古迹，有足以救其销歇；于建置，有足以核其原委；于宦绩、人物，有足以补史氏之阙，订承说之误；蕲于志乘，有所发明焉耳矣”[①]。这是清代潍坊金石研究的先声，李文藻也因此成为潍坊本土金石研究的开创者。其后，益都段松苓、孙文楷，诸城李仁煜、王玮庆、李璋煜、

① 〔清〕宫懋让修，李文藻等纂：乾隆《诸城县志》卷十四《金石考》，清乾隆二十九年（1764）刻本。

刘喜海、尹彭寿、王绪祖，潍县陈介祺、郭麐、高鸿裁等人专注于金石学，著述弘富。益都、诸城、潍县三地并列成为潍坊的金石学中心，影响及于全国，其中刘喜海、陈介祺卓然大家，贡献良多，推动了山东乃至全国金石学的发展。

潍坊历史积淀深厚、金石资源极为丰富，经常出土稀见碑碣和青铜重器，潍县陈氏、郭氏等收藏名家的许多藏品都是从益都购买的，如陈介祺收藏研究的纪侯钟，原为益都李氏藏。陈介祺收藏的古印、碑拓等，也多是从益都及其周边得到的。益都金石收藏的特点是碑刻与佛教造像藏品极多，李氏、董氏、房氏、苏氏世家都富于金石收藏，涌现出李文藻、段松苓、孙文楷等金石大家。

李文藻的金石研究成就主要在于摩崖碑刻，著述丰富，有《泰山金石考》《益都金石考》《金石书录》《尧陵考》《山东元碑录》《云门碑录》《粤东金石略》《粤西金石刻纪》。另有古迹考证、碑跋多种，为山东碑刻的传承作出了突出贡献。

段松苓（1744—1800），字劲伯，又字赤亭。段松苓修纂的《益都金石记》面世后，各县的金石专著如雨后春笋般不断涌现。段松苓另著有《赤亭金石跋》《山左碑目》等，协助阮元纂修《山左金石志》。

与段松苓同时代的益都金石学家还有傅洪，字子涛，号锡畴，著有《益都金石略》《钱谱》等。

孙文楷（1846—1912），字模山、模卿、穆山、木山，号稽庵、东田耘叟、柳泉，清同治十二年（1873）举人，清末益都士绅领袖。孙文楷致力于金石考据，潜心著述。清光绪末年，孙文楷继胶州法伟堂续成《益都县图志》54卷，独自撰写其中的“金石”“艺文”部分。后来任清宣统《山东通志》青州府采访，对其中“金石志”多所添补。另著有《稽庵古印笺》《木庵古陶文释》《古钱谱》《鉴斋秦汉印存》《木盦印存》等金石著作多种。孙文楷倾尽家财购买金石古器，收藏门类齐全，甲骨、吉金、印玺、封泥、造像、钱币、摩崖碑刻题拓，应有尽有。孙文楷还是陶文、甲骨的最早收藏者和研究者之一，所辑《木庵古陶文释》在中国金石史上有开创之功。孙文楷从弟孙文澜、子孙延宾亦精于金石学。

清代中后期，诸城出现了李仁煜、李璋煜昆仲，刘喜海，王锡棨、王绪祖、王维朴世家三代，尹彭寿等一批金石学者。

李仁煜（1764—？），字书山，号溪亭，清乾隆五十四年（1789）举人。他尤精于古文物赏鉴，协修清道光《诸城县续志·金石考》。

李璋煜（1784—1857），字方赤、礼南，号月汀，是金石学家陈介祺的岳父。清嘉庆二十四年（1819）进士，官至广东布政使。李璋煜著名的藏品有商父癸爵、兕形父乙举、汉大梁鼎等，撰有《爱吾鼎斋藏器目》。李璋煜嗜好金石，藏品极丰，直接影响了陈介祺的金石研究。

刘喜海（1793—1853），字吉甫，号燕庭，清嘉庆二十一年（1816）举人，累官至浙江布政使，是著名藏书家和金石学家，是古钱币学的集大成者。刘喜海精心博古，嗜好金石，取径广泛，视野开阔，富于著述，尤其对古泉、造像、封泥有开创性的研究。刘喜海与吴式芬、鲍康、李佐贤、陈介祺往来论学频繁，关系密切。有《金石苑》《海东金石苑》《长安获古编》《嘉荫簃论泉绝句》《古泉苑》《皇朝钱法》《四川访碑录》《燕庭金石丛稿》等近40种著述。

王锡棨（1833—1870），字戟门，号符斋、簠斋，诸城王家巴山人，王玮庆之子。他博学好古，尤嗜金石，与金石学家李佐贤、鲍康相称莫逆。《泉苑萃珍》一书是其《泉货汇考》的未定稿，也是一部研究古钱币的珍贵资料。此书以古币冠首，齐刀次之，后列古圜法、周秦汉泉布、六朝唐宋元明正品及外邦藩属厌胜钱，载录共近600枚。《泉货汇考》12卷，清同治二年（1863）定稿，载泉货图录，并为释说，末附拓谱四卷。此外，王锡棨还著有《邃古阁藏古刻录》《选青阁藏器目》《金石家题跋存录》等。王锡棨之子王绪祖、孙王维朴皆是金石学家。

王绪祖（1853—1919），字兰溪，号鄦阁，专研金石，精于古泉，著有《王氏吉金释文》《古泉汇补缺订讹》《周句鑃斋藏石全目》《十布秘藏之室日记抄》《金石刻跋》《泉话》等。其《王氏吉金释文》共载吉金50余种，每器皆列原器墨本，后附释文，宋书升为之校订。

尹彭寿精通小学和金石学，从安丘王彦侗治文字学，著有《山东金石志》《说文类编》《诸城金石小识》《山左南北朝石刻存目》《石鼓文音训集证》《汉隶辨体》《周秦魏晋石存目》。尹彭寿博学多识，除自著书外，还帮助益都段松苓刊刻金石著作行世。

清咸丰年间，金石学在潍县开始发展。潍县金石学群体以陈介祺为中心，郭麐、高庆龄、高鸿裁、宋书升、郭祐之等为骨干。清咸丰四年（1854），金石大家陈介祺回归故里，从此不再复出为官，专心研古鉴古藏古，交游皆为金石名家，收藏富甲天下，且勤于提掖后学。在此基础上，潍县金石学后来居上，成就斐然。

陈介祺（1813—1884），字寿卿，号簠斋，晚号海滨病史、齐东陶父，清道光十五年（1835）举人、二十五年（1845）进士。陈介祺的青铜器研究著述，主要有《簠斋藏古目》《簠斋金文考释》《簠斋传古别录》等数十种。在这些著述中，贯穿了他以古物考文字、以文字晓古史的金石学思想。陈介祺的玺印封泥类著述超过70种，最重要的是《十钟山房印举》与《封泥考略》。他的《十钟山房印举》荟萃先秦两汉以至六朝官私古印成一书，分130册，历代印钤以此为大观。这本著作的原意是将每印各字，皆归类考释分韵。所以这并非一部简单的古印谱，而是以古印载托文字的文字音韵巨著，遗憾的是没有最终定稿。陈介祺的金石收藏，珍品富甲天下，无一赝品，被《清史稿》誉为“近代之冠”。他精于赏鉴，视野广博，志在传古，不断开拓新的收藏研究领域，成为近代金石学研究集大成者。陈介祺治学思想高屋建瓴，欲以毕生之力，将夏商周三代藏品文字之遗与经史典籍文字一一论议相合，最终考证群经，补阙古史，发掘学术。在他的影响带动下，潍县一带在清代晚期成为全国金石学研究的中心。

郭麐（1823—1893），字望三、子嘉，是潍县第一个受陈介祺影响而开始金石类著述的人，所著《潍县金石志》是继段松苓《益都金石志》之后

图 3-6-3　陈介祺故居十钟山房

的又一巨著。

高庆龄，字叔余，号南郑，别署古雪书庄主人。高庆龄痴好金石，尤嗜古玺印，将自己所搜古印 500 余钮与其侄子高嘉钰所藏 150 余钮，于清光绪七年（1881）辑成《齐鲁古印攈》4 册，宋书升为之跋。

郭祐之，字锡民，号申堂，藏印之多，仅次于陈介祺。清光绪十八年（1892）年，郭祐之将自藏的 1200 余钮古玺印，辑成《续齐鲁古印攈》16 册。

宋书升（1842—1915），字晋之，号旭斋，清光绪十八年（1892）进士，专于学术，著述等身。他以金石证经史，真正将金石学问融入经史研究当中，著有《释鑃》《跋季良壶拓本》《赵婕妤印文跋》《隋东阿曹子建庙碑跋》等。

高鸿裁（1852—1918），字翰生。他好古文，嗜金石，多藏秦砖、汉瓦、六朝墓志，与学者王懿荣、缪荃孙、罗振玉、孙葆田、徐坊、柯劭忞等书函往来，互相切磋，研讨学问。高鸿裁将所集历代墓志铭拓片辑为《历代志铭徵存》，共分石部、砖部、杂类，采录完备，蔚为大观。所辑《上陶室砖瓦文攈》富赡精美，海内无双。

## 五、文献典籍

明清时期，潍坊的文献类目齐全，著述数量繁多。据不完全统计，文献著述囊括经、史、子、集四部共近40个属类，总计5000余种。

明清时期，潍坊的经部著述近500种，易类、四书类、礼类、小学类最多，书类、诗类、春秋类次之，孝经类、乐类、谶纬类则稀见。书类文献如马应龙《尚书考订》，今有万历刻本，《第二批河北省珍贵古籍名录图录》著录，汉孔安国传，明马应龙、孙开校，今河北大学图书馆藏。诗经类著述，今复旦大学图书馆藏明古吴钱世杰万历刻本《毛诗》七卷，汉毛氏传，郑氏笺，明马应龙、孙开校。礼类著述有蒋祺《礼经解说》、邱橓《礼记摘训》、邱元复《礼记提纲集解》、阎循观《读礼札记》、孙自务《读礼窃注》、王筠《礼记读》、单为鏓《丧服古今通考》等。春秋类著述共50余种，阎循观的《春秋一得》被收入四库全书存目。明清潍坊经学受程朱影响最深，四书类著述极为丰富，如刘源渌、邱橓、张世则、王训、韩梦周、邱石常、李玠、钟谔、孙乾元、傅豫、王萦绪、黄润、马益著、阎循观、王赓言、王筠、张丰、高连峻、单为鏓、王锡第等，皆对四书类有精到的研究。

明清时期，潍坊的史部著述共有800余种，以地理方志类、金石考古类、奏牍政书类为最多，正史类、杂史类、传记类占少数，编年类、目录类极少。

家谱又称家乘，根据所载人物的范畴可以分为族谱、宗谱、支谱、房谱等，是以表谱形式记录一姓的家族源流、迁徙分布、世系人物、家规族约、人口迁变、田产先茔、艺文典籍、门第通婚等的历史文献。潍坊各县文化科举世家的家谱尤为重要，主要有临朐《冯氏家乘》，高密《单氏家乘》《李氏家谱》《任氏族谱》，诸城《东武刘氏家谱》《臧氏族谱》，昌乐《阎氏家乘》，潍县《郭氏族谱》《陈氏族谱》，安丘《张氏族谱》《虎林马氏族谱》《连池曹氏族谱》，昌邑《于氏族谱》《姜氏族谱》等。其中潍县《郭氏族谱》始创修于清康熙二十六年（1687），后数经续修，终成浩然巨帙。内纪略、记、叙、疏、传、行述、墓志等史料详细，世表中几乎每人都载有生卒年月、子女嫁娶、个人小记等。安丘《韩氏族谱》、高密《任氏世业》中载录了族人诗文集，极为珍贵。

明清时期，各府县志总共有65种，这些古方志记载了潍坊大量的历史信息，异常珍贵。现知最早的明代方志为明永乐《诸城县志》，已佚。潍坊现存最早的县志为明嘉靖《昌乐县志》，为明嘉靖二十七年（1548）邑人高凌云主笔，今存残本三卷，藏于浙江天一阁。

明清时期，潍坊的子部著述有700余种，主要有儒家类、农家类、医家类、历算类、艺术类、杂家类等，兵家类、道家类、小说类、法家类、术数类极少，墨家类著作未见。

明清潍坊文献，以集部文献最多，约近3000种，主要以别集类为主。

## 第七节　名门望族、社会风俗与宗教信仰

明清时期，潍坊在国内颇具影响力的文化家族众多，民众生活的方方面面受到理学的影响。潍坊各地诸教并存，既有当地原始崇拜遗风，又有主流的儒佛道文化渗透，衍生出了地域色彩鲜明的乡风民俗。

### 一、名门望族

明清时期，潍坊在政治、文化领域颇具影响力的名门望族众多。诸如潍县郭氏、丁氏、陈氏、张氏，青州刘氏、朱氏、高氏、赵氏、冯氏，诸城丁氏、刘氏、窦氏、相州王氏、臧氏、李氏、丘氏、普庆张氏，临朐马氏、冯氏，高密单氏、李氏、管氏、任氏，安丘曹氏、张氏、刘氏、马氏，昌乐阎氏，昌邑姜氏、李氏、黄氏，寿光斟灌李氏、泊头张氏等，这些家族历经数代而长盛不衰。

明清时期崛起的名门望族，大多由农耕而走上科举之路，然后由宦达而逐渐完成家族文化的积累，走向诗书雅道。如安丘曹氏，据族谱记载，明洪武年间，始祖曹德迁居安丘县连池里村，遂世称安丘人，以农为业。至第

四世祖曹端，因为服乡里徭役的需要，移居安丘县城东关南巷。第五世祖曹滕，考取明弘治九年（1496）丙辰科岁贡生，是安丘曹氏第一个取得功名的人，标志着家族成员开始由平民阶层跻身于“士”的行列。此后，一直到清代晚期，曹氏家族书香日起而功名日多，终成邑里著姓。尤其在清顺治、康熙年间，曹贞吉、曹申吉以兄弟双进士的身份，达到了曹氏家族的高峰，兄弟俩在诗词文创作上创下了安丘曹氏的最高成就，注入了安丘曹氏300年的家族文化最强基因。

清代声名显赫的诸城刘氏家族（今属高密），也是由农而仕，耕读起家。明朝晚期，诸城刘氏一世祖刘福带着儿子刘恒等迁入逄戈庄村，经过三世勤苦经营，至四世开始有读书人。明天启四年（1624），六世刘必显考中了刘氏家族史上第一位举人，28年后考中进士，刘氏家族随之进入鼎盛期。刘必显的三儿子刘棨，是清康熙朝名臣，官至户部广西司员外郎。刘棨有10个儿子，出了8个举人、3个进士，其中最为人所知的是刘统勋，官至东阁大学士兼军机大臣，在诸城刘氏家族中政绩最为显赫。据清嘉庆十九年（1814）刘氏重修家谱时统计，家族科考得中198人，其中进士11位，举人35位，贡生12位，庠生29位，荫生、监生107位，廪生4位。刘氏八世至十世，谱载总人数为235人，登科名数占同时期人口总数的62.55%。这样的中举比例非常惊人。其中刘统勋、刘墉、刘镮之均官至正一品，分别得谥为“文正”“文清”“文恭”，成就了诸城刘氏“三世一品、两代名相”的佳话。科举成就与刘氏兴衰紧密相联，保证着诸城刘氏世家望族的绵延繁盛。在清前中期，刘氏家族科举兴盛，仕宦发达，人才辈出，成为中国历史上颇有影响的文化世家。

由农而仕的潍坊名门望族，大都坚守耕读两行、读书为要的家族教育传统。如教育世家昌乐阎氏家族，其先世是山西太原人，自明洪武初迁居昌乐，至明中后期，八世阎桧着力培养儿子阎认、阎谏读书，家族始由农耕走向诗书雅道。阎谏之子阎世绳，号丹崖，清康熙十五年（1676）丙辰科进士第二名，历任翰林院庶吉士、翰林院修撰、会试同考官、东宫讲官等职，他奠定了阎氏家族的教育传统。阎愉等后辈整理记录下阎世绳平日的言行而成《思成录》，其中许多言论体现了阎世绳以读书为要的家族教育观，带来了阎氏家族科第的连绵兴盛和家学的丰富厚重。

潍坊名门望族的家族教育是家族兴旺发达的基础，对教育的重视表现在家族生活的方方面面，代代相承。重教传统是保持一个家族科甲连绵、长盛不衰的有效途径，这是潍坊名门望族发展的共性。比如潍县郭、陈、丁、张四大家族之一的郭氏家族，历明清两朝，儒雅相传，文风绵长，人才辈出，这与郭氏家族崇尚读书、重视教育的门风息息相关。郭氏一世祖郭礼就是塾师，郭氏家族重学也重教，其家族成员或亲身从事教育，或为官致力于地方教育。如郭一璐知饶州时，督建书院，劝士勤学，倡变文风。郭伟勣居乡行善助学，扶危解困。郭梦龄任四川顺庆知府时，励精图治，修补朱凤书院，振兴文教事业，深得人心。教育家郭恩敷更是郭氏家族投身教育的代表人物。郭恩敷（1864—1928），字荫汀，郭氏第十五世，郭康之长子，毕生致力教育事业。戊戌事变后，郭恩敷辞官归里，决心走兴教救国之路。他重建潍阳书院，自任算学讲席，又讲学于诸城观海书院，培养出诸多数学人才。

昌乐阎氏，历代族人广建书院义塾，一直保持着乐于出任教职的重教风尚。阎氏家族成员有出仕者任教职的，有辞官、致仕回乡后在家乡教书育人的，也有许多未进入仕途的家族成员积极从事教育工作的。阎世绳致仕后，没有安享逸乐生活，而是致力于家乡的教育事业。清康熙四十年（1701），他捐款建立敬业堂书院，并设义学两处，名为“集义”“由义”，聘师训课，自己也重操教书旧业，亲自主讲。阎循观，字怀庭，号伊蒿，博学多识，清乾隆三十一年（1766）考中第九名进士，授吏部考功司主事，为官三年后即告归不复出，又重返麓台书院，继续他的教学著述工作。阎氏家族义设书院、资助书院的家族风尚一直传承。清光绪年间，昌乐知县程休宁倡集营陵书院学款，阎兆麟捐书数百册，价值数百金，其中有《佩文韵府》《皇清经解》《古文渊鉴》《山左诗集》《纲鉴易知录》等。昌乐阎氏在教育理论与实践中逐渐培育起独具特色的家族教育文化，诸如先行后文的道德教育观、黜华崇实的经世教育观、物尽其性的教育原则与方法等。

科举兴盛，仕宦发达，是潍坊名门望族形成的原因和条件，也是其兴盛发展的重要表征。

潍县郭氏家族，明清两朝，科第连绵，世代簪缨，先后产生过太学生等各类生员 457 人，其中有郭尚友、郭梦龄、郭梦惠、郭雄飞、郭圩、郭璋、郭恩庚、郭育才进士 8 人，举人 27 人，武举 2 人，贡生以上 83 人；一至七品官员 224 人，八至九品官员 117 人，其中尚书 2 人，郭守经、郭伟勣、郭梦惠、郭肇堂、郭衍芬、郭绥之、郭康之、郭恩庚、郭恩煌、郭树棼 10 人先后供职翰林院。正是家族科举事业的兴盛，成为郭氏家族历数百年而繁盛不衰的有力保障。

昌乐阎氏从清康熙到嘉庆连续五代直系血亲科考中榜，有阎世绳、阎愉、阎廷佶、阎循琦、阎循观、阎学淳、阎学海 7 名进士，举人 20 多名，监生、贡生 50 多名。连续五代考取进士的科举盛况，在清朝同时期文化世家中仅此一家，在山东 1300 多年科举史上也绝无仅有。阎氏家族有 40 多人被《昌乐县志》《青州府志》《山东通志》《国史》收录，被誉为“一代尚书府，七世科第家”。

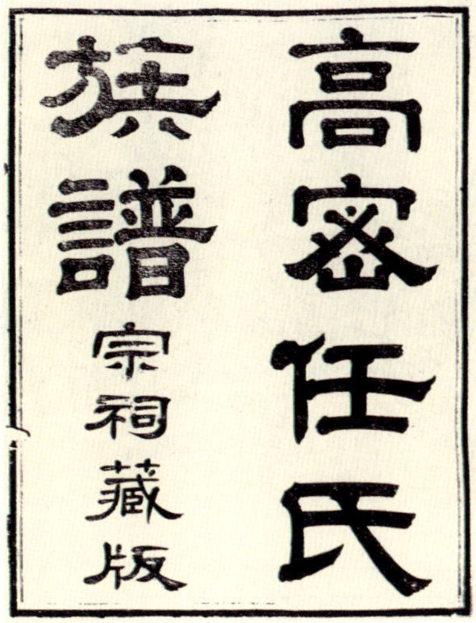

图 3-7-1　清光绪二十九年（1903）版《高密任氏族谱》书影

高密单氏家族自明万历年间九世单崇考中进士至清晚期近 300 年间，先后有 78 人中文武举人，23 人中文武进士，1 位武榜眼，3 位文解元。单氏家族孕育了户部郎中单崇、顺天巡抚单明诩、江南提督单登龙、桐城派古文传人单作哲、理学家单为鏓等显宦名流。高密任氏，据清光绪二十九年（1903）《高密任氏族谱》[1]统计，清代有进士 5 人、举人 15 人、贡生 40 人、廪生 6 人、监生 108 人。有清一代，高密任氏出现“兄弟进士、祖孙进士、朱笔点翰林”的盛况。

## 二、社会风俗

### （一）民居

明清时期，封闭式院落是潍坊区域民居建筑的主流形式，富家大户则深宅大院，贫民多居住草房，常以四合院规制为主。目前，潍坊存世的明清民居典型有：

潍城区松园子街民居目前保存较为完好，尚存 20 多处建筑，大多为普通民居，少数为达官贵人府邸。街道呈东西走向，民居分居南北两边，沿街屋檐下铺青石，中间则为夯实的土路。路北多为达官富人住宅，现存有郭家大院、张俊卿宅、刘鸿翱之绿野斋。

潍坊市区的明清民居还有十笏园。十笏园原是明嘉靖年间刑部郎中胡

图 3-7-2　十笏园全景图，　姜光辉摄于 2018 年 7 月 2 日

① 今存世的《高密任氏族谱》有清乾隆十六年（1751）版、清道光二十三年（1843）续修版、清光绪二十九年（1903）续修版及《高密梁尹任氏世业》、2009 年续修版《高密梁尹任氏族谱》与 2010 年续修版《高密梁尹任氏世业》。

邦佐的故宅，清光绪十一年（1885）被潍县首富丁善宝以重金购作私邸，修葺了北部三间旧楼，题名砚香楼，开挖水池，堆叠假山，始成私人花园。十笏园是中国北方地区古典园林袖珍式建筑，吸纳了南北园林建筑的精髓，被誉为“鲁东明珠”。[①]

青州的四合院民居以北屋三间或五间为正房，一明二暗或一明四暗，暗间前窗方格木棂纸糊。东西屋为偏房（厢房），讲究对称。南屋多为仓库或厨房，所有偏房不得高于正房。院门多开东南，取“向阳门第”之意，建门楼、甬道、影壁。水道顺门走。门板由厚木制作，坚固沉重。穷人建房多为砖基，山村全为石基墼墙、木架、草顶；富家为石基、砖墙，重梁重檩，鳞瓦盖顶，方砖铺地，门窗镶嵌玻璃。北城满族民房为砖瓦结构，较汉民房低小，向阳面全为木格小窗。城区房屋，面街开门，临街工商户设门面房，木板门墙，可拆可上，以便经商出入。

（二）服饰

明朝规定男子必须束发，多戴六合一统帽或四方平定巾。妇女在发饰上较为自由，基本维持宋元样式。明嘉靖以后，妇女喜欢将头髻梳高，以金银丝挽结，发型名目繁多，样式则从扁圆趋向长圆。小男孩后脑勺下留发小撮，称“老毛”；男40岁始留短胡，60岁方留长胡，到时不留则遭人白眼。[②]清代有剃发令，男子必须将脑袋前半部分头发剃光，后半部分蓄发编辫子，多戴瓜皮帽或毡帽。妇女发饰初分满、汉型，后来相互影响，女子幼时挽双髻，长大而未婚梳长辫垂于背后，结婚后则解开辫子挽一圆髻于脑后，年老挽纂成鬏。年轻女子无论婚否，一律额覆短发，称为“刘海儿”。女式帽子有“头箍”，箭形叶状，表面绣花。

服装方面，明代男子多穿短衣，清代男子多穿马蹄箭袖衣。清代官宦士绅，夏服质料多为绸缎、麻葛类。男服式样讲究肥大宽绰，女服为大襟褂、

---

① 周嘉昌：《鲁东明珠——十笏园》，载《民俗研究》1989年第1期。

② 青州市志编纂委员会编：《青州市志》，南开大学出版社1989年版，第932页。

罗裙。冬服多用珍贵毛皮，男着长袍马褂，女着大襟花袄、筒裤。青年以红绿色带、中老年以黑色带扎束裤角，戴孝期换扎白色带。贫穷人家四季衣服以自织印染粗布做成，夏季男着布结五扣对襟小白褂，或光背披披布，下穿白布高腰黑单裤，冬穿四扣大襟小棉袄、扎腰黑棉裤；女常穿蓝褂黑裤。除满族妇女天足穿平头鞋外，妇女皆缠足穿尖头鞋。

回民服饰略异于汉民。戴礼拜帽从事交易以示回民，礼拜帽夏季为白色纱布料，冬天为蓝黑色呢料，一般为六瓣有顶结式，教长多用 1.2 丈白布缠头七遭。

（三）婚丧嫁娶

明清时期，潍坊市域的婚丧嫁娶与山东其他地域的习俗大抵相似。“父母之命、媒妁之言”是两家联姻最基本的要求，在门当户对的同时考虑相貌、年龄、财产等因素。晚清之前，汉民婚龄偏低，一般男小（12—16 岁）、女大（18—25 岁）。婚礼必遵古制：问名、纳采、请期、亲迎、合卺，俗称：议婚、订婚、铺房、迎娶、回门等。结亲一般分提亲、定亲和结婚三个阶段，习俗细繁。回、满族有“内婚制”传统，但满民同姓同宗者不能婚配，回、满族男子可娶外族女，而回、满族女子不可外嫁。明清时，民间指腹为婚、童养媳、娶阴亲、休妻、纳妾等流弊盛行。贫家男子就婚女家被称为“入赘”或“招养老”，须在女方拜堂成亲，子女随母姓，赘婿常受人歧视。已定亲而未婚或已婚妇女丧夫，终生不再改嫁，谓之“守节”。老年丧妻再娶会遭人讥笑。[①]

明清时期，潍坊地域极重丧葬，有初丧报丧、入殓成服、吊孝、出殡安葬、烧七、烧周年等仪式。汉民素来重视寿终正寝，老人年过 50 岁，子女就为其准备寿衣、寿棺、寿圹，富家更是不惜钱财早做准备。家人在发现亲属生命垂危时即为其沐浴更衣，忌讳裸体去世。去世后，转移至堂屋里提前准备好的灵床上，之后在门前挂招魂幡。孝子孝女着白衣到土地庙烧纸钱祭拜土

① 青州市志编纂委员会编：《青州市志》，南开大学出版社 1989 年版，第 937 页。

地神，称“报庙”；到村头或十字路口烧纸马、纸元宝等，称“送盘缠”。接着将死者入殓，子女守孝三天，接受亲友凭吊。孝女守灵屋、孝子跪灵棚，亲友“吊孝”，择日出殡、下葬。葬后三日添坟土，称“圆坟”；“五七”（第 35 日）烧“摇钱树”，“百日”“周年”哭坟祭奠，去世三年时举行隆重的大祭，至此子女守孝结束。

回民葬俗有自己的特点，丧礼从速从简，采用土葬，不看风水，坟为长方形，南北向洞坑，亡人一律头北面西，坟外用黄土筑成长方驼峰形。纪念亡人是每天下午请阿訇诵经至第七日，后每星期五一次，至第 40 日一次，至第100日再做一次。逢冥忌或逝世周年特别是逢十、廿、卅周年要隆重纪念。①

## 三、宗教信仰

### （一）道教

明代，全真教在潍坊境内依然较为兴盛，武当山全真道士张三丰曾在青州居留，传道法、教武术，为潍坊全真教增加了新的道派，即武道士。这一时期，潍坊的几座大宫观香火兴旺。清代，潍县玉清宫有道士 100 多人，庙产 400 多亩。每年农历九月初九和十二月初一为香火会，香客来自全国各地。总体来看，明清时期潍坊境内道观的存量少于前代。道教发展日益趋向世俗化，道家文化不断向社会的各个层面渗透，戏曲、音乐、民俗、信仰中充满了浓厚的道教色彩。尤其是民俗、信仰方面，道教的教理、教义和伦理意识已深深地扎根于社会各阶层民众的生活，如关帝、玄武、八仙、吕祖、城隍、三官大帝等道教诸神在民间被广泛祭祀。在民间乡社广泛存在着大量的小型道教神祇庙宇，道教教义被民间宗教大量吸收，成为明清时期民间宗教思想的来源之一。

### （二）佛教

明清时期，流行于潍坊的佛教宗派主要是禅宗和净土宗，另有天台、

① 青州市志编纂委员会编：《青州市志》，南开大学出版社 1989 年版，第 939 页。

华严等佛教流派。此外，潍坊各地还有浓厚的观音菩萨信仰。在潍县历代修建的佛寺中，以观音菩萨为主尊的佛寺尤多，仅根据寺名来判断，清代至少有 37 所。相较于道教，明清时期潍坊的佛教要兴盛一些，潍县的佛寺达 82 所。[①]明初，朝廷设专职机构僧录司，府设僧纲司，州设僧正司，县设僧会司。青州府僧纲司设有弥陀院，潍县僧会司于明洪武十五年（1382）设石佛寺。明弘治年间，衡王就藩青州，笃信佛教，开始对前代废弃的寺院进行大规模重建，新建王府心寺。清代前期，朝野普遍崇奉佛教，潍坊各地大建佛寺。清代山东四大禅院，除长清灵岩寺外，其他三座都在青州府：益都法庆寺、诸城侔云寺、五莲光明寺，这与本地佛教文化历史积淀有关。益都法庆寺原名丛林院，建于明末清初。初建时，寺院规模不大。清顺治三年（1646），青州明衡王府被查抄，衡王府故物多归丛林院，丛林院得到扩建。清顺治十六年（1659），又颁国库帑银扩建寺院。青州柳峪寺、龙泉寺，皆属法庆寺辖管。鼎盛时，法庆寺占地 60 余亩，寺田 800 余亩，僧众 100 余人。青

图 3-7-3　青州法庆寺

① 王振民主编：《潍坊文化三百年》，文化艺术出版社 2006 年版，第 553 页。

州满洲旗城由清代雍正帝提议建立，城址在青州府北，清雍正八年（1730）建，雍正九年（1731）竣工。旗城内共有各类庙宇21座，其中普恩寺为雍正敕建并赐额。普恩寺落成后，举行了隆重的庆贺典礼。清后期，潍坊的佛寺只是偶尔翻修，没有新建。至晚清，受西学东渐以及“洋教”的冲击，潍坊佛教日益衰微，前代所建佛寺，因为没有僧人住坐，得不到重修而日益废圮，以至于曾经极度辉煌的五莲山光明寺最终沦落到“该寺已成残壁颓瓦；住持者，只有本成和尚一人”的局面。[①]

明清时期，潍坊的佛教也渗入社会文化的各个领域，与潍坊的传统文化融为一体，深刻影响着当地民间宗教的发展，成为民间宗教的又一思想来源。

（三）地方神信仰

明清时期，潍坊地域的地方神信仰大致可分为自然崇拜、先贤崇拜及异类崇拜。

潍坊地域有悠久的自然崇拜传统。明清时期，承袭前代东岳崇拜的传统，信仰东岳泰山之神，在境内建造了大量的碧霞元君庙，目前尚存有不少创修碧霞元君庙的碑碣。此外，还有祭祀东镇沂山之神的传统，地方民众视东镇沂山为神灵。在清代，东镇沂山之神更是被纳入官方祭祀神灵系统之中，受到朝廷、地方官和士民各界的崇奉。每遇大典、灾荒等重大事项，皇帝即遣官祭告，而地方官更是春秋致祭。据统计，清代仅皇帝遣官和地方官祭祀东镇庙的碑就有53通，其中清顺治至清乾隆时期31通。[②] 除山岳崇拜之外，亦重视江河崇拜并进而衍生出对江河神灵——龙王的崇拜，“龙泉”遍布境内，建有龙王庙，香火兴盛。

潍坊有祭祀孔子、郑玄的传统，这种祭祀活动一方面来自官方的提倡，另一方面则受潍坊当地重儒风气的推动。祭祀郑玄的形式很多，参与人员很

---

① 范风学主编：《五莲山志》，中华书局1999年版，第111页。

② 王振民主编：《潍坊文化三百年》，文化艺术出版社2006年版，第568页。

广。商贾、医生、乡绅多在农历的三月、九月举行祭祀郑玄的“丰年祭”。读书人多在七月五日郑玄生辰之时进行祭祀，地点在书院、私塾学校或书斋中，立郑玄神位，整肃衣冠跪拜，称为“拜圣贤”。

异类崇拜是明清时期潍坊颇具特色的地方神信仰，其中尤值一提的是潍县五道堂的路神祭祀和禹王台的狐仙祭祀。“五道堂，城西南半里许。旧有知县郭公梦麟祠，年久倾圮。明嘉靖二十六年（1547）邑人于□改建。五道庙，东关庆成门南。清雍正年间创建，清乾隆十九年（1754）韩木斋重修，清道光二年（1822）李琅三修，清同治十三年（1874）四修。”[1] 五道庙、五道堂，主要是信奉和祭祀路神，是由先秦时期人们对道路神的信奉与祭祀演变而来。潍县人有信奉异类动物的习尚。在潍县城北30千米建有禹王台，除祭祀大禹外，还建有供奉狐仙的寺庙。这种祭祀狐仙的信仰渊源悠久。

（四）民间宗教

白莲教在潍坊地域具有深厚的社会基础。贫苦民众在官府、豪强的压榨下被迫加入白莲教，走上反抗道路。明永乐十八年（1420），白莲教女首领唐赛儿以青州为根据地发动反明起义。自称“佛母”，秘密往来于益都、诸城、安丘、寿光、即墨、莒州等州县，借传白莲教发动群众，组织农民军数千人，于青州卸石棚寨起义。之后，潍坊地域民间秘密宗教的发展，或多或少皆有白莲教的影子。

清雍正年间，东平人牛三花拉在青州秘密组织三元会活动。从清嘉庆年间开始，民间宗教创教、传教活动此起彼伏，愈演愈烈，有的民间宗教成为下层群众自保或反清、反侵略的思想武器和组织形式。影响较大的民间宗教组织有一贯道、天柱教、义和团等。一贯道又名天道，创始人为青州人王觉一。一贯道的别名很多，有先天大道、孔孟圣道、孔孟大道、中央大道、白阳教、性理大道、明理道、中庸道、明一道、老母道、真道、真天道、崇华堂、中华道德慈善会等，实际上衍生于明朝的“罗祖教”（山东即墨人罗

---

① 〔民国〕常之英修，刘祖干纂：《潍县志稿》卷九《营缮·坛庙寺观》，民国三十年（1941）铅印本。

孟鸿创立）。清末，一贯道举行过反抗清朝暴政的起义。

清道光年间，安丘一带发起“坎卦教”，系白莲教支派秘密组织，蔓延到潍县。清道光十六年（1836），总教头马刚（今潍坊市奎文区人）将坎卦教改名为“天主教”（又写为“天柱教”），以“入教可以免灾”治病为由发展教徒，密谋起义。清道光十七年（1837）正月初七晚上，马刚率教徒攻入潍县县衙，毙伤官僚乡绅数人，打开监狱，释放囚犯。因起义仓促，又遇大雪，各处教徒未能按时到场，起义终因寡不敌众而失败。

义和团兴起于19世纪末，前身是义和拳，又有金钟罩、大刀会、梅花拳、神拳等别称。义和团由白莲教及其支派发展而来，是由民间秘密结社而成，具有浓厚的宗教色彩。清光绪二十四年（1898）3月6日，德国强迫清政府签订《胶澳租界条约》，随后德国开始勘测修筑胶济铁路。潍坊各地民众奋起反抗帝国主义侵略，高密、昌邑等地义和团相互联合，拔掉铁路路桩、拆毁德军房屋和窝棚。同时，潍县义和团焚烧城南耶稣堂、李家庄乐道院以及坊子矿务局德国技师房屋。潍坊地域的反帝反洋教斗争在山东巡抚袁世凯和德国侵略者的联合镇压下，终告失败。

# 第四章　民国时期

本章叙述潍坊民国时期政治、经济、文化等方面的变革与发展的历史场景。

## 第一节　政　治

“民国肇造，变乱纷乘。”[①] 民国时期，潍坊境内的资产阶级革命党人、北洋军阀、中国国民党、中国共产党等政治力量，纷纷登台角逐。

### 一、行政治理

清末，现今潍坊地域内的益都、诸城、安丘、寿光、临朐、昌乐属于青州府，昌邑、潍县属于莱州府，高密属于胶州直隶州。[②]

1913 年，潍坊境内划属胶东道（治所驻烟台），设诸城、寿光、益都、临朐、昌乐、潍县、安丘、高密、昌邑 9 县。

1914 年 12 月 29 日，北洋政府颁布《地方自治试行条例》，几经反复，在徐世昌任总统期间，颁布了一系列关于地方自治的法令，确立了县、乡两

① 孙中山：《黄花岗七十二烈士事略·序》，1921 年 12 月。

② 《民国山东通志》编辑委员会编：《民国山东通志》第 1 册，山东文献杂志社 2002 年版，第 230 ~ 231 页。

级地方自治的基本框架。在县一级实行议员选举制建立县议会，任期 3 年，每届满 3 年全数改选。

1925 年，潍坊境内改属淄青道、莱胶道，昌乐、潍县、诸城、高密、昌邑、安丘 6 县属莱胶道，临朐、益都、寿光 3 县属淄青道。

1927 年，山东省裁撤道一级行政建制，县直属省辖。①

民国初创，在境内实行州县、镇（乡）两级自治制度。

## 二、辛亥革命时期

1905 年 8 月 20 日，中国同盟会在日本东京成立。潍坊籍的留日学生齐树棠、吴怀文、鄄文翰、周廷弼等 13 人陆续加入同盟会，高密康庄村人刘冠三在济南加入同盟会，成为山东省第一个在国内加入同盟会的会员。刘冠三在济南、高密、诸城、青岛等地宣传革命，发展同盟会组织。1908 年，李曰秋、赵魏、赵惠斋、刘冠三、陈干等在青岛创立震旦公学，将其作为革命领导机关，串联山东东部的同盟会员进行革命活动。

1912 年 1 月，王长庆率领革命军千余人攻打青州城，不克。挥师安丘，休整队伍。之后，革命军推举王长庆、邓天乙为正、副司令，李凤官为参谋长，南下占领诸城城北五里堡。臧汉臣、臧少枚等在城内担任内应，迫使守城清兵退走，知县吴勋逃入天主教堂，督办丁昌燕率部投降。1912 年 2 月 3 日，宣布诸城独立，成立山东军政分府。

1912 年 1 月 27 日夜，班麟书、王林肯、邵麟勋、马海峤等 10 多名同盟会员率领革命军顺利从高密城东门攻入县署，宣布高密独立②，班麟书为临时司令。

1912 年 2 月 12 日，清宣统帝颁诏逊位，南北议和，潍坊境内的同盟会组织转为公开活动，在县一级设立分会，在区一级成立自治会，管理地方政务。

---

① 潍坊市地方史志编纂委员会编：《潍坊市志》，中央文献出版社 1995 年版，第 84 页。

② 于天助：《辛亥革命在高密》，见政协潍坊市委员会文史委编《潍坊文史资料选辑》（第七辑），1991 年，第 52 ~ 59 页。

图 4-1-1　刘冠三墓

## 三、北洋政府时期

### （一）中国国民党地方组织的成立及发展

1912 年 8 月，宋教仁将同盟会改组为国民党，寿光、潍县、昌乐等地的同盟会分会随之改组为国民党地方党部，同盟会会员大部分转为国民党党员。1913 年，袁世凯下令解散国民党，寿光、潍县、昌乐等地的国民党地方党部被取缔，党务活动被迫转入地下。[①]1919 年 10 月，孙中山将中华革命党改组为中国国民党。1924 年之前，国民党在潍坊境内的政治力量很薄弱，组织机构也不健全。国民党一大之后，共产党员、青年团员以个人身份加入国民党，加快了国民党地方组织的发展。

1924 年 4 月，中国共产党领导的中国社会主义青年团青州支部的团员均登记为中国国民党党员，帮助国民党进行改组。9 月，王为铭任国民党益

① 潍坊市地方史志编纂委员会编：《潍坊市志》，中央文献出版社 1995 年版，第 1094 页。

都县临时党部常务委员。王为铭是中国社会主义青年团团员，他的当选标志着潍坊境内国共合作的政治局面开始形成。1924 年 12 月，国民党潍县直属区分部成立，郭伯民任常务委员。1925 年 1 月，共产党员庄龙甲以国民党省党部特派员的身份回到潍县，与郭伯民取得联系，合作开展活动。1925 年 12 月 25 日，召开第一届国民党员代表大会，正式建立县党部，选举产生了执行委员会等组织机构。

1926 年，国民党益都县临时党部改建为执行委员会，中共青州支部书记杜华梓为该执委会的常务委员。此外，在王尽美等人的指导下，诸城、高密、寿光、昌邑等地也建立了国民党的县、区两级组织。

（二）国民党同北洋军阀势力的斗争

袁世凯称帝，孙中山领导资产阶级革命党人开展护国运动，潍坊的革命党人积极响应。

1916 年 5 月 4 日夜，东北军总司令居正率中华革命军攻占坊子。第二天黎明，革命军袭占潍县火车站后继而攻打县城，张树元部于 25 日撤出城里。革命军入城，居正的总司令部从杜家庄迁到城里的丁家花园，宣布潍县独立。

中华革命军第三支队司令吕子人部于 1916 年 5 月 9 日攻打高密，王林肯率军从青岛增援高密，守军弃城逃跑。革命军宣布高密独立。

1916 年 5 月 16 日，中华革命军第二支队司令马海龙率军从安丘向诸城进发，当晚占领诸城巴山。第二天，诸城县知事黄维谦闻讯弃城逃跑。革命军宣布诸城独立。

五四运动爆发的消息传到潍坊境内，1919 年 5 月 12 日，以潍县县立中学为首，潍县的各个学校联合起来，成立外交后援会，后改称学生联合会，公推学界领袖张永和为会长。爱国学生聚会时集体痛打了包庇日货经营商的商会会长潘同科，打开了抵制日货的局面。5 月 24 日，青州各界在法庆寺（今青州南燕都）集会，组建起“爱国学生救国会”，抵制日货，摧毁了继续出售日货的“怡翰斋”商号。驻益都的日本宪兵逮捕了爱国学生马忠怀，激起了各界的罢工、罢市和游行示威。迫于压力，日本宪兵最终释放了马忠怀。

6 月 7 日，诸城的学生举行示威游行和反日大会，爱国学生在城乡各地搜查销毁日本货，设卡堵截、销毁从青岛方向流入的日本商品。

### （三）中共党组织的建立和发展

五四运动中后期，王尽美代表山东学生会到北京与罗章龙、李大钊建立起联系。1920 年夏秋之交，王尽美、邓恩铭在济南秘密成立了“康米尼斯特学会”（即共产主义学会），研究和传播共产主义理论。1921 年 7 月，王尽美、邓恩铭参加了在上海举行的中国共产党第一次全国代表大会。会后，二人返回济南继续发展党的组织。青州市侯庙村人侯志等人经过王尽美、王翔千的培养，在济南加入中国共产党。侯志成为山东早期妇女运动的主要领导人之一。

中共党组织从无到有，从小到大，逐步发展起来，成为领导潍坊各地民主革命的中坚力量。

1924 年 9 月，在寿光、广饶党小组的基础上，成立寿（光）广（饶）党支部，张玉山任书记，这是潍坊地域的第一个中共党支部，是山东省最早的农村党支部。

图 4-1-2　张玉山故居

1925年8月底，高密县第一个中共党支部在傅书堂家里秘密成立，傅书堂任书记。次年秋，秘密成立了中共高密地方执行委员会，傅书堂、尚鲁民先后任书记。八七会议后，傅书堂、刘子久等在诸城、高密、安丘交界处发展革命武装，策划发动“潍河秋收暴动”。

1925年10月，中共山东地执委书记邓恩铭召集全体成员在益都东圣水村魏嵋的家里召开扩大会议，推动党团组织建设，开展农民运动。1926年10月，宋伯行代表山东省地执委到东圣水村建立活动基地，建立起中共益都县地方执行委员会，党团队伍迅速壮大，在附近6个县建立16个党支部，有170多名党员。1928年1月，中共青州地（执）委组织部长杜华梓在上海发表声明、公开叛党，青州地（执）委遭到严重破坏。活动在益都北部东朱鹿村附近10多个村子的共产党员，在东朱鹿村党支部的领导下坚持斗争，中共山东省委在其基础上建立了中共益北特别支部。青州的东圣水村、东朱鹿村，是中共山东省委早期的活动基地，在党内被称为“小莫斯科”“红色莫斯科”，闻名全国。

图 4-1-3　中共东圣水党支部旧址

1926年春，中共在潍县发展党员120名、团员200多名。6月，20多名中共党员聚集在廿里堡茂子庄（今属潍坊市奎文区）共产党员王全斌家的场院屋，召开中共潍县第一次代表大会，选举产生中共潍县地方执行委员会。1927年冬，中共潍县地执委改称中共潍县县委，庄龙甲任书记。这是中共山东省第一个县级党组织。八七会议后，中共潍县县委积极发展自己的武装。1928年春，中共潍县县委组建赤卫队，王永庆任队长。

图4-1-4　庄龙甲故居

此外，傅书堂在坊子、王兴选在岞山、王翔千在诸城分别建立了党的基层组织。1923年之后，寿光、青州等地相继建立中国社会主义青年团团支部。1925年2月，在王尽美、邓恩铭、傅书堂等的领导下，胶济铁路和四方机车厂工人罢工，取得胜利，成立胶济铁路总工会，在潍坊市境内的高密、坊子设立分会，吸收工人入会。这是山东省最早按产业系统建立的工会组织。

## 四、国民政府前期

1928—1938 年，是南京国民政府执政的前期。

### （一）地方党政运行机制

1928 年 8 月初至 12 月底，诸城、潍县、高密、昌邑、昌乐、安丘、益都、临朐等临时县党部先后改称党务指导委员会。1929 年后，各县国民党组织名称时有变更，如潍县，1929 年 4 月由党务指导委员会恢复为执委会和监委会名称。9 月，执、监委会奉命解散，成立党务整理委员会。1931 年 11 月，又恢复执、监委会。1934 年 10 月 28 日，省党部再次下令解散执、监委会，成立整理委员会。此间，潍县、昌乐、昌邑、寿光等县分别召开了国民党党员代表大会。

在地方党政关系上，国民政府推行党政分开，地方政府与地方党部分属两个系统。潍坊境内各县的行政与参议会分离，县级政权组织架构与法律地位明确，运行机制职业化、分层化。行政体制中出现了行政会议、区长会议、党政谈话会、专门会议等工作方式。

南京国民政府建立后，乡一级组织正式被纳入国家行政体制。1928 年 9 月开始，县以下设区，区以下设里、村；1929 年 7 月，村改称乡，里改称镇。区级政权是县级政权的派出机构，负责管理乡村事务。从 1929 年开始在乡镇以下设闾邻，一般以 25 户为闾，5 户为邻，设闾长、邻长，由居民会议推选、罢免、改选。闾长的责任主要是征收赋税。1933 年，在乡镇以下推行保甲制，人员有薪酬，办公有经费、有固定的场所。保甲制即：户设户长、十户一甲；甲设甲长，十甲一保；保设保长，进而形成联保，形成组织严密的乡村管理体制。

### （二）中共地方党组织的发展

1928 年 1 月，王永庆、王兆恭、成希荣 3 人领导的特工队成立，不久又建立赤卫队，王永庆、王兆恭任队长。1933 年 7 月 2 日，中共山东临时省委组织部长宋鸣时叛变，带领国民党特务到坊子逮捕了书记刘良才，潍县中心县委遭破坏，与上级党组织失去联系。为了恢复革命活动，1933年9月，平度乔家村人乔天华由中共青岛临时市委委员调潍县，组建新的中共潍县中心县委，任书记。乔天华利用广文学校图书馆作掩护，秘密发展了10多名党员，健全了组织。次年10月，因为叛徒告密，乔天华不幸被捕。1937年8月出狱回家乡组建抗日武装，成为传奇式民族英雄。

宋鸣时叛变，刘良才牺牲，潍县及其附近的党组织均与上级失去联系。寒亭区牟家院村党员牟铭勋时任组织委员，他自筹经费，历尽艰难，先后两次赴上海寻找党组织，终于与中共中央上海分局取得联系。1934年4月18日，根据党中央指示，中共鲁东工作委员会在潍县成立，牟铭勋任书记，隶属中共中央上海局。7月，牟铭勋三赴上海汇报工作，后被派到东北工作。1938年6月，牟铭勋回潍县任县委书记，不久被杀害。

1932年7月，中共山东省委军委书记张鸿礼到益都召开会议，讨论益都暴动。会上，县委书记段亦民认为时机不成熟，被张鸿礼以省委名义当场撤销职务，张鸿礼指定宣传委员郑心亭任暴动总指挥。8月18日，县委在郑母镇仓促发动武装暴动，两天后暴动失败，段亦民、郑心亭等人被捕，后遭敌杀害，县委机关同时遭破坏。

## 五、抗日战争时期

1938年1月9日，日军侵占潍县。不久，潍坊全境沦陷。

### （一）中共在潍坊境内组建的主要抗日武装

1937年11月初，中共鲁东工委书记鹿效曾等在潍县、昌邑北部组织了几支小规模的抗日武装。次年初，成立八路军鲁东游击队第七支队，王培汉任支队长，鹿效曾任政委。1月27日拂晓，300多人在潍北蔡家栏子村举行起义，正式打出了第七支队的旗帜，下辖5个中队，以瓦城为根据地。3月中旬，张鸿礼领导的国民党军委会第34别动大队加入第七支队建制，整编后，张鸿礼任代理支队长，鹿效曾任政委。

1937年12月29日，中共鲁东工委和寿光县委在巨淀湖边的牛头镇组织领导抗日武装起义，建立国民革命军第八路军鲁东抗日游击队第八支队，马保三任正指挥，韩明柱任副指挥，队伍700余人，武器以长短枪为主，有500余支。1938年3月23日，第八支队奉命东进昌邑与第七支队会师；4月6日成立联合指挥部，马保三任指挥，鹿效曾任政委，仍保留原建制。10日，这支队伍继续东进，渡过潍河、胶莱河，在平度、掖县、黄县一带坚持武装斗争，给日军以沉重打击，部队发展到5000多人，开创了胶东抗日新局面。6月下旬，队伍挥师西进，在邹平、长山一带协同三支队创建了清河平原游击根据地。之后，队伍南跨胶济铁路，进入沂蒙山区，开创了鲁中南抗日根据地。进入鲁中后，这支队伍编入山东纵队。到抗战胜利时，这支队伍作战200多次，为创建和稳定山东抗日根据地作出了重要贡献。

图4-1-5　马保三故居

1938年春，同盟会员、国民政府原蒲台县长王林肯率领蒲台县大队在安丘、沂水、莒县一带进行抗日武装斗争，队伍发展到500多人。9月，八路军山东纵队任命王林肯为第九支队队长，傅骥为政委，队伍活动在柘山、召忽一带。1939年1月，该部编入第八支队。

全面抗战爆发后，中共在临朐境内组建抗日民众武装，称“互济会”。1938 年 3 月，各地的“互济会”接近 100 人在夏家台子集结，计划到寿光牛头镇加入第八支队。由于第八支队已经离开牛头镇，无奈至益都县东朱鹿村驻扎，与中共益都县委领导的抗日武装会合。4 月 5 日，益都县委书记李云鹤等召开会议，宣布成立国民革命军第八路军鲁东抗日游击队第十支队，李云鹤任司令员，胡维鲁任党代表，队伍有 300 多人。6 月，部队改编为八路军山东人民抗日游击第三支队，马耀南任司令员，霍士廉任政委，战斗在清河平原，收复临淄县城，破袭胶济铁路，建立清河区抗日根据地，是坚持平原游击战的主力部队。

（二）主要战事

1938 年 4 月 16 日，国民革命军抗日游击队曹克明部在日军的重要交通线胶（县）沙（河）公路孙家口村附近的运河古桥上伏击日军。击毙日军 39 人，俘虏伪军 10 多人，缴获军刀 3 把、手枪 10 多支、步枪 41 支、子弹一批、轻重机枪各一挺。

1939 年 3 月 30 日，日伪军千余人进犯临朐蒋峪。驻防蒋峪的苏鲁战

图 4-1-6　孙家口伏击战旧址

区新编第 4 师 2 团，在烟墩岭阻击日伪军，蒋峪失守。4 月 2 日拂晓，战区部队组织反攻，2 团官兵冲入蒋峪村内，与敌人近战，毙伤日伪军数百人；2 团战士阵亡 200 余人。11 日夜，八路军山东纵队一支队破坏蒋峪以北公路 15 千米，炸毁县城南弥河大桥。日伪军惧战，于 13 日撤离战场。

1939 年 6 月 17 日中午，日伪军向昌邑潮海发起突然袭击，与八路军山东纵队一部在村东白衣庙激战。日伪军强攻进入潮海东门，从背后向八路军阵地发起攻击。八路军伤亡较大，通过村西迅速转移到张家车道村构筑新阵地。战斗一直持续到夜间，日伪军伤亡惨重，狼狈撤退。战斗中，山东纵队 3 营牺牲 20 人，毙伤日伪军 130 余人，其中日军中队长 1 人。

1939 年 10 月 24 日夜，驻青州和临朐的日伪军袭击五井。八路军山东纵队一部在钱钧指挥下多次打退日伪军进攻。次日 13 时许，八路军夺回莲花山阵地。钱钧率部激战 3 个多小时，击毙日军青州守备队长有田等 63 人、伪军参谋长等 120 人，俘日军 1 人，缴获重机枪 1 挺、轻机枪 2 挺、掷弹筒 1 具、长短枪 70 余支。

1942 年 8 月 20 日，日军华北驻屯军司令官冈村宁次率独立第 5、第 6 混成旅团及伪军张步云部共 2 万余人，包围了刚刚移防到安丘唐王山一带的鲁苏战区总司令部及国民革命军 113 师。日军出动飞机 10 余架、大炮数百门，轮番轰炸唐王山、虎眉山、擂鼓山一线阵地。战役在方圆约 50 千米的山区激战 5 昼夜，击毙日伪军 400 余人，国民革命军伤亡 300 余人。其中，鲁苏战区总司令于学忠负伤，少将军务处长兼高参张树澍阵亡。

1943 年 2 月 17 日，日军独立第 5、第 6 混成旅团及第 7 旅团一部，连同伪军及刚刚投敌的吴化文部共 2.5 万余人，在日本驻山东派遣军第 12 军司令土桥一次指挥下，向城顶山鲁苏战区总部发动攻击，企图消灭战区主力第 113 师。国民革命军驻军不足万人，激战 7 日。113 师师部及所属 678 团被困在山头，战斗最为激烈的时候，敌我数次短兵相接，113 师将士展开白刃格斗，杀声震天。战区政治部主任、中将周复率数十人的敢死队冲杀在第一线，不幸中弹身亡。第 113 师参谋长张植桴少将身负重伤，眼看就要被俘，面向家乡河北省大城县从容举枪自尽。673团团长曹业彭、678团团长刘斌等为国捐躯。城顶山战役虽歼灭日伪军1000余人，但经此战役，鲁苏战区主力51军元气大伤，战区总部及所辖51军南撤至安徽和河南驻防，从此结束了在山东正面战场的抗战。

## 六、解放战争时期

### （一）国民党地方党组织的衰亡

抗战胜利之初，中国国民党党员数量在潍坊境内继续增长。高密县有国民党党员约500人，寿光县1200余人，安丘县1400余人，益都县800余人，昌乐县457人。随着国共双方在战场上力量的转化，国民党迅速退出潍坊的政治舞台。

1946年，境内部分村镇陆续解放，诸城县国民党党部流亡青岛，昌邑县党部流亡潍县，寿光县党部流亡昌乐，其他各县国民党组织的活动范围也大大缩小。

1947年秋，各县国民党组织乘国民党军对解放区重点进攻之机重返原籍。同年冬，国民党组织奉命与三青团合并，改组为党团统一委员会，由省党部直接委派各委员会的执行委员和正副书记长。1948年3月29日，“国民大会”在南京召开，不久，蒋介石就任总统，中华民国进入“宪政时期”。

1948年5月，潍坊全境解放，除安丘县党部流亡济南、诸城县党部流亡青岛外，其他各县国民党组织解体，潍坊地域的国民党地方党组织彻底消亡。

### （二）主要战事

在“和谈”幌子的掩护下，国民党军第一战区第8军李弥部由青岛登陆，沿胶济线西进，1946年初进占昌潍一带。原盘踞潍坊境内的伪军张步云所部、伪军厉文礼所部接受国民政府收编，执行总统蒋介石指令，配合国民党军抢占解放区地盘。

1946年6月，当国民党军第8军西调，后续部队尚未赶到青岛之际，胶县、高密、即墨守备空虚，解放军胶东军区从6月8日开始发起胶高即战役，历时8个昼夜，先后攻克胶县、高密、即墨三座城池，歼灭国民党军8489人。

1946年10月上旬，国民党军第8军独立2团占据昌邑县城。19日，胶东军区6师和西海独立团进攻昌邑城。20日晨7时许，国民党军由寒亭、朱阳两路增援，胶东军区阻击部队与援敌展开激战，重创敌军。20日夜，攻城部队撤离阵地。此后，再战于1947年3月1日，收复昌邑城。

1946年11月8日，解放军山东军区某部和寿光的地方武装向驻寿光城的敌军发起进攻，守敌弃城逃跑，寿光城获得解放。1947年夏，国民党军张景月部重占寿光城。11月，新组建的人民解放军渤海纵队发起围歼张景月部队的战斗。守敌弃城东逃，寿光城再获解放。

1947年7月8日，国民党军师长胡琏率整编11师进占南麻地区，与解放军陈毅、粟裕率领的华东野战军四个纵队展开南麻战役。阵地战从7月17日夜间开始，华野部队猛攻南麻外围的敌军阵地，战斗异常激烈，战局对华野不利，主力部队遂撤往临朐，于24日发起临朐战役。29日晚，华东野战军全力发起总攻，激战7昼夜，未能突破城垣。30日晚，参战各部队撤出战场，战役结束。南麻战役与临朐战役歼敌约9000人，解放军伤亡2.1万人。

1947年7月26日夜至27日，韦国清、张震指挥山东兵团2纵攻打高密城。第一个登上城墙的是17团2营4连2班副班长李鼎祥，打开并守住了第一个突破口。10团、12团攻入城里展开巷战。2纵鏖战13小时，再次攻克坚固的高密城防，歼敌整编64师467团2300余人，俘敌团长陈杰等1423人。

1947年9月1日，国民党军陆军副总司令范汉杰指挥6个整编师20个旅，在海空军配合下，由潍县、高密、胶县一线向胶东解放区发动进攻。解放军山东兵团节节阻击，许世友、谭震林指挥部队在运动中寻找战机，组织开展了胶河战役（三合山战役）。至10月10日胶河战役结束，山东兵团毙伤俘敌 20711 人，挫败了国民党军在胶东歼灭人民解放军的“九月攻势”计划，粉碎了对山东解放区的重点进攻。山东战场自此转入反攻作战阶段。

1948 年 4 月 2 日，解放军山东兵团在许世友、谭震林的指挥下完成胶济铁路西线作战后挥戈东进，发起潍县战役。至 18 日攻占坊子等 50 多个外围据点，肃清潍县城四关敌人。24 日零时 21 分，9 纵 27 师 79 团指战员采用连续爆破的方法炸开城墙缺口，后续梯队进入城区投入巷战。27 日攻克潍县东城。这是华东战场上第一场城市攻坚战。5 月 8 日，中共中央华东局、华野总部颁布嘉奖令，授予第 27 师第 79 团“潍县团”荣誉称号，命名李耘田、王志谦、李聚法、李延福为“潍县四勇士”。此战，山东兵团伤亡约 0.8 万人，歼敌近 4.6 万人，俘虏第 96 军军长兼整编 45 师师长陈金城等人，击毙山东第八区专员兼保安总队少将司令张天佐。战役胜利后，胶东、渤海、鲁中三大解放区连成一片。

图 4-1-7　潍县战役指挥部旧址

1948年4月29日举行群众集会，成立潍坊特别市政府。5月1日，解放军乘胜攻取保安第3师师长张景月所部7000多人据守的昌乐城。至此，潍坊全境脱离了国民党统治，各地陆续建立起新的民主政权。

## 第二节　经　济

民国时期，潍坊境内农业、工业、商业获得了发展，经济实力明显增强。诸多门类形成了具有地域特色的产业优势，在全省乃至全国有一定的地位。

### 一、农业

#### （一）种植业

潍坊的粮食种植因地制宜、品质优良。玉米、高粱、大豆、谷子、小麦等粮食作物在北部平原和中部丘陵种植较广，在南部山地地瓜种植面积较大。大多以小麦加玉米为主要轮作形式，耕作制度实现一年两熟，比明清时期的两年三熟前进了一大步。

小麦种植在潍坊境内的粮食作物中居于首位。民国时期的品种主要有白秃头、红秃头、时麦等，适宜不同地域种植。白秃头和红秃头品种耐寒、耐旱、杆高细软、穗小粒小、生长期长、越冬休眠期长，适宜丘陵旱薄地、沿海地带种植。时麦茎秆粗壮，适宜在较肥沃的平原地区种植。

境内各县都有瓜果蔬菜种植，诸城、寿光、昌邑、潍县、安丘等地种植蔬菜较多，其他地方不成规模，多年平均蔬菜种植面积大约为15万亩。安丘为生姜、大蒜集中产区，昌邑为白菜集中产区，潍县为萝卜、芹菜集中产区，诸城为菠菜集中产区，寿光为韭菜、大葱集中产区。境内各地都种植瓜类，其中弥河两岸为集中种植区，盛产银瓜。

棉花在各县都有种植，但面积较少，总产量不高。1922年统计，各县

图 4-2-1　青州城北的网格化成块田地，摄于 1936 年 9 月

总面积都低于百顷。[①] 种植品种以本土品种为主，有高密的小白花、小黑种、小毛种，青州的青茎棉、紫茎棉，寿光的紫色棉等。其中小白花品种优良、单产最高，种植面积较大，直到 1945 年才被美国斯字棉取代。1949 年，潍坊棉花种植面积为民国时期有统计数字年份的最高值，达 37.2 万亩，主要分布在高密西北部、昌邑南部、诸城西部、寿光东北部，以及潍县、青州、昌乐、安丘胶济铁路沿线两侧的丘陵平原地带。其中盐碱地、低洼地占 60%，平原和丘陵各占 20%。[②]

烟草是潍坊的重要经济作物。1914 年，英美烟公司在坊子租赁 180 亩地用作种植试验场，由日本人田俊川承租种植，试种美烟获得成功。接着，英美烟公司教农民仿种，向农民有偿供应种子、肥料，按等级收购产品。“一

① 林修竹：《茂泉实业文集》，见沈云龙主编《近代中国史料丛刊三编》第四十七辑，台湾文海出版社 1988 年版，第 81 ~ 107 页。

② 潍坊市地方史志编纂委员会编：《潍坊市志》，中央文献出版社 1995 年版，第 204 ~ 205 页。

战”爆发后，烟价暴涨，坊子附近的粮食作物区大部分改为烟田。1915 年，烟田种植面积有 0.95 万亩，1917 年猛增至 2.98 万亩。20 世纪 30 年代，烤烟产区由东向西扩展，弥河流域种植面积逐年增加，其中以昌乐以西、青州以南及临朐一带烤烟品质最佳。烤烟产地在胶济铁路沿线，西自辛店东至岞山之间形成三大产区。东部：安丘全境及诸城、高密一部；中部：潍县、昌乐；西部：临朐、临淄、寿光、广饶、博兴一带。1949 年黄烟种植面积达 19.3 万亩，总产量达 24.15 万担。

潍坊有着历史悠久的植桑养蚕生产习惯，植桑养蚕是潍坊农业生产的一大传统优势产业。到民国年间，末端产品销售依赖国外市场，造成了产业发展的沉浮。20 世纪 20 年代，蚕丝业在临朐成为繁荣的农副业项目，农民纷纷将粮田改植桑树，增加蚕茧量，支持丝织业。

### （二）林业

民国初年，各州、县明令栽植“中山纪念林”。1933 年，昌乐县有中山纪念林 380 亩、民有林 700 亩。高密、益都、昌邑、安丘、诸城等县，国有林面积均有 800 多亩。1939 年前后，临朐、益都林业比较发达。益都境内，寺院林、民有林随处可见，山麓、村庄附近树木甚多，约有 120 万株。由于近代内忧外患，战火不断，林木成为战场资源，林业资源屡屡遭受破坏。到新中国成立前夕，潍坊境内除部分残次林和寺庙、村镇有树木外，成片林木被破坏殆尽，林木覆盖率仅有 2.9%。①

### （三）畜牧业

民国年间，潍坊人主要养殖牛、马、驴、骡、猪、羊、鸡等畜禽，为农业生产提供畜力和肥料，商品率低，收入甚微。在畜牧业结构中，以大牲畜养殖为主，养猪次之。1949 年总饲养量折合 40 万头标准畜，其比重为大牲畜占 78.9%，猪占 9.9%，羊占 4.3%，家禽占 6.8%。潍坊境内牲畜饲料资

① 潍坊市地方史志编纂委员会编：《潍坊市志》，中央文献出版社 1995 年版，第 256 页。

源丰富，沿海和山区有广袤的草场，但利用甚微，是民众个体自由放牧和收割草料的基地。

在长期的生产实践中，潍坊在民国时期选育出了大量畜禽良种，如寿光慈伦大鸡、南部的琅邪鸡、寿光黑驴、临朐黑山羊、潍坊黑猪、五莲山地牛等，久负盛名。特别是寿光慈伦大鸡，一直影响到 20 世纪 80 年代北方地区的养鸡业。民间的孵化法主要是使用母鸡自然孵化法、火炕孵化法等传统技艺。①

（四）海洋渔业

1931 年，寿光县渔会成立。在管理方面，渔会劝导渔民依法登记，制作渔轮旗帜发给渔船，以明确渔船的身份，区别所属地区，方便保护。在生产方面,渔会团结渔民一道研究改良渔网渔船,提高生产水平,改善渔民生活。1936 年《中国经济年鉴》载，潍坊境内有渔民 1151 户，其中寿光县 750 户、昌邑县 200 户、潍县 201 户；从事海洋捕捞业的渔船有 2291 只，年产量达到 9638 吨。

日本入侵后，潍坊渔业生产日趋衰弱。至 1948 年，沿海地区仅有渔船 229 艘，从事渔业生产的劳动力 1813 人，年总产量 4817 吨。1948 年，潍坊全境解放后，渔村进行了民主改革，加强了治安管理，废除了影响生产的剥削制度，渔业生产得到迅速恢复和发展。②

## 二、工业

（一）制盐业

海盐业是潍坊境内的传统优势产业。

潍县（今潍坊市寒亭区北部）有横里路、林家央子、横家央子三处盐滩，都采用井滩法制盐；每滩一井，每井三圈四池。每年农历二月二日开始晒盐，

① 潍坊市地方史志编纂委员会编：《潍坊市志》，中央文献出版社 1995 年版，第 256 ~ 277 页。
② 潍坊市地方史志编纂委员会编：《潍坊市志》，中央文献出版社 1995 年版，第 481 页。

至夏至日结束。每圈池晒成盐 40 余席包，10 吨。1933 年以后，国民政府在潍坊北部海滩加强了盐场建设，要求盐场改善盐民生活，海滩各地着手兴建仓坨。全面抗战爆发后，坨垣建设被迫中断。[①]

1938 年 1 月，日本侵略者占领莱州湾沿岸盐区，招募汉奸建立伪滩业公会作为其代理人，组织盐业生产，要求所有盐民、滩户必须全部加入所谓的"盐民自治"，走殖民化生产道路。日本侵略军在占领区到处设置关卡，对私盐一经查获，轻则重罚，重则没收、处死，越来越多的盐民弃滩转农。[②]

图 4-2-2 羊角沟盐田地面滚压作业，摄于 1940 年 9 月

解放区盐业在中共民主政权领导下，采取扶持发展的方针，原盐产量、质量均有提高。1944 年昌邑、潍县、寿光 3 县产盐 3.035 万吨；1945 年 10 月，渤海贸易公司在羊角沟西面小清河北岸新建盐田 8 副，年产盐 2400 吨左右。1946 年昌邑、潍县产盐 4.88 万吨，1948 年寿光产盐 4.886 万吨。[③] 尽管大力恢复盐业生产，但是日本侵略造成的创伤直至 1948 年都难以抚平，盐区仅有 812 副盐滩，年产 4.9 万吨原盐，不及清末。[④]

① 何维凝：《产盐收仓及其有关问题——盐政刍议仓收篇》，载《盐务月报》1946 年第 12 期。

② 山东省盐务局编著：《山东省盐业志》，齐鲁书社 1992 年版，第 325 页。

③ 潍坊市盐业公司编：《潍坊市盐业志》，1988 年，第 11 页。

④ 潍坊市盐业公司编：《潍坊市盐业志》，1988 年，第 67 ~ 68 页。

### （二）纺织业

民国时期，潍坊境内的土布纺织业发达起来，诸城、高密、益都、昌乐、寿光等地广泛分布着棉麻纺织作坊。以家族为主组织生产销售，有自己的招牌，比如高密东北乡的“永浩布坊”，从王台镇购进先进的机械，把产品销往即墨城和青岛市区，形成了棉麻种植、收购、纺织、染布一条龙生产，有职工 80 多名。

民国年间，潍县织布业在山东省最为著名，产业链条全，产品数量大，技术与市场最为成熟，带动了机械、染料以及棉花种植业、流通业的发展。

1912 年，潍县东乡人从天津购回数架织布机，对织布业开始了技术革新，所产布匹质地优良，销路渐开。数年间，东乡沿潍河各村庄织布者众多。至 1923 年，潍县有织布机 5 万架以上，从业者 10 万多人，由此带动织布机生产企业、漂染企业的创办和发展。[①]1931 年之后，新式织机从潍县遍及昌邑、昌乐、寿光等地，形成以潍县为中心的棉纺织工业区。据潍县棉纱业公会统计，20 世纪 30 年代中期织布机已达 9 万台，赢得了“十万织布机”的赞誉。到 1937 年，潍县年产棉布 6000 万米，拥有千台以上织布机的企业 10 多家，从业人员近 20 万人。

潍县的工业项目以棉麻布织染业最为兴盛，同时带动铁工、印染、印刷、运输等相关产业相继兴盛，形成了产业集群。据 1933 年调查，潍县布品产出量达 108 万匹，产值 756 万元，分别占到山东省的 63% 和 77%，以胶济铁路转运或邮局寄递的形式销往全国各地，成为全省乃至全国的织布产业重心。大华染织厂创办于 1931 年 3 月 3 日，生产效率高，产品色泽鲜明，远销云南、四川、贵州、北平、江苏及本省 70 多个城市。所产阴单士林布，色泽美、质地精，工艺炉火纯青。城乡男女皆可穿用，一时穿士林布风靡四境，久盛不衰，改变了当地人只穿青衣粗布的历史。从此，潍县印染业跃居华北之冠。[②]

---

① 实业部国际贸易局编：《中国实业志·山东省》（辛），1934 年，第 47 页。

② 潍坊市地方史志编纂委员会编：《潍坊市志》，中央文献出版社 1995 年版，第 1814 页。

随着染织业的发展，作为染布原料的颜料，需求量日益增长，颜料业随之产生。

清末民初，昌邑柳疃镇及其附近的柞丝绸业发展到了鼎盛时期，以柳疃为中心的数百个村庄，几乎家家有织机，总数不下两万台，约有10万人从事丝织生产和贸易，年出口柞绸达60万匹，远销日本、东南亚和欧美各国，享誉海内外，号称“柳绸”。

1908年，宋传典公司在益都创立，专门生产花边。1919年，宋传典成立德昌花边社，扩大生产规模，建起生产车间：楼房两栋85间，平房100多间，购民宅13处，用工达到2300人。在周边县城及青岛、烟台、河北安平等地设有分支机构，组织农村妇女从事花边生产，号称“十万织花女”。德昌花边共有18种针法，织工十分细腻，产品质量上乘。到1920年，宋传典的资本超过100万银圆，成为山东首富。青州府花边，从宋传典开始销往西欧、美洲，一直是青州的传统出口产品。

（三）能源工业

民国初年，德国人继续独占坊子煤矿的开采权。1914年9月，日本侵占坊子煤矿，至1922年共经营了8年，坊子煤矿是当时山东省最大的煤矿。[①]1923年，中日分别出资合作成立“鲁大公司”，负责管理经营坊子煤矿。

1940年，日本胶澳电气股份有限公司鲁东支店由青岛迁至坊子，投资100万元在坊子区徐家大路村筹建燃煤火力发电厂——坊子发电所。发电所于1942年投入运营，使用坊子煤矿的煤炭，利用两台1500千瓦汽轮发电机组发电，日耗煤50多吨，是山东第二大发电厂。日本投降后，国民政府接管坊子发电厂，仅仅维持了600千瓦时的发电能力。1948年4月，民主政权的华东工矿部接管坊子发电厂，维修设备，增加发电机组，逐渐恢复到1400千瓦时发电能力。到1949年10月，发电能力增加到4500千瓦时。

---

① 白眉初：《中华民国省区全志·鲁豫晋三省志》，中央地学社1925年版，第236～237页；张玉法：《中国现代化的区域研究—山东省（1860—1916）》，台湾“中央研究院”近代史研究所1982年版，第212页。

1940年，日伪经营的鲁东电力公司益都营业所投资3712元，在北关西河滩建立益都发电所。1941年底开始运营，发电能力为1200千瓦时，供驻车站的日军、政府机关和部分商号使用。日本投降后停止发电，1949年8月1日由人民政府恢复生产，改称新益电灯公司。

（四）机械工业

1920年，滕虎忱变卖了全部家产，换了500银圆作为启动资金，联合文华中学校长尹焕斋等5人共筹资3000银圆，在潍县城东关大街租用了10多间草房，创建华丰机器厂，尹焕斋任董事长。华丰机器厂陆续制造出铁制水车、铁制织布机、榨油机、弹花机、柴油发动机等产品，生产规模日益扩大。1932年秋，华丰机器厂第一台15马力柴油机诞生，之后又有8马力、25马力、40马力等不同型号的产品问世，质量不次于进口产品。到1936年，华丰机器厂发展到最高峰，被业内称为“长江以北第一厂”。

华丰机器厂还具备生产各种重工机械的能力。在华丰周围形成了洪丰、天丰、大丰、新华、益民等配套厂家或关联企业，组成了一个颇具规模的机械工业产业集群。华丰机器厂的诞生，成为潍坊民族资本主义工业起步的标志。

（五）烟草业

潍坊境内各地烤烟种植的成功，引发了烟草工业的发展。

1915年，英美烟公司在坊子建成一座复烤房，日产烤烟454千克，以后逐步提高到10888千克，开启了潍坊的烟叶复烤业。1917年，公司扩大生产，在廿里堡建起占地近100亩的烤烟厂，使用两台复烤机，日产能达到125000千克。1919年，续建了第二座烤烟厂。廿里堡烤烟厂承担英美烟公司全部的烟叶复烤任务，成为烤烟生产的龙头。英美烟公司后来改称颐中、振兴烟公司，掌握了烤烟产业的生产、加工、销售等环节，生产主导权掌握在英美商人手中。

1924年，华商南洋兄弟烟草公司在坊子也建起一座烤烟厂，生产能力与廿里堡烤烟厂持平。20世纪30年代，日商米星烟公司、南信洋行、华商上海、有力烟草等 6 家公司先后在交通方便的潍县、益都开设烤烟厂，共有复烤机 11 台，年复烤能力约 3 万吨。1941 年 12 月，日军接管廿里堡烤烟厂和坊子南洋烤烟厂，统属华北烟草株式会社，垄断烟草生产。日本投降后停止生产。潍县战役结束后，潍坊特别市组织人力、财力恢复廿里堡烤烟厂生产，1948 年 10 月 14 日开机复烤，当年复烤烟叶 4345 吨。

1930 年 3 月，华商鹤丰烟草公司卷烟厂携资本 10 万多元从青岛迁到廿里堡车站西侧。烟厂有职工 100 多人，使用小型卷烟机 2 部、15 马力柴油机 1 台，实现自动生产，日产卷烟近 8 万支。后来，这家企业因受抗日战争影响而破产。

日军侵占潍县后，日商华北烟草株式会社垄断生产、控制市场，禁止个体卷烟。日本投降后，潍县的手工卷烟再次兴起。到 1947 年，有 500 多家，一般每家拥有手工卷烟机 1—3 台，日产卷烟 5 万支左右。在益都县，有 3000 多人从事卷烟生产，手工卷烟机 1000 台。其中，李静修、谭波生产的卷烟最有名，有“花果”“黑人”品牌，经久畅销。

1945 年秋季，刘洪岩和王洪汉筹资成立裕中卷烟厂，位于潍县城东关针巷子，雇工 78 人，半机械化生产，最高产能为日产 40 万支，产品有“814”“海鸥”“飞马”等品牌。

解放战争时期，华东军区供给部建有随军卷烟社，1948 年 5 月转交地方管理，称“利华烟草公司青州烟厂”。有职工 360 人，使用小型卷烟机 9 台、切丝机 10 台、柴油机 4 台，厂房面积近 3000 平方米，固定资产 15.6 万元。到 1949 年，能够生产卷烟 3.35 亿支。这就是闻名遐迩的国营青州卷烟厂的前身。

## 三、商业贸易

1904 年胶济铁路全线通车后，潍县辟为商埠，铁路沿线的高密、益都和安丘、昌邑、诸城等地，商业兴盛起来。

潍县地处新建的胶济铁路与烟潍公路、台潍公路的十字路口，交通便利。渤海、黄海的物产通过潍县中转鲁中、鲁南直达江苏。民国初年，潍县的进出口贸易量大，进口货多经胶济铁路由青岛运入。潍县的大宗货物进出口在5个火车站，即南流、坊子、蛤蟆屯、大圩河、廿里堡，每年运输货物达数万吨至十几万吨。① 据1934年调查，潍县有工商业2267家，118个行业，以布业为主，兼营杂货、药业、颜料、糕点等。②

20世纪30年代末，潍县“布庄二百五十七家，全年营业额共银圆3073000余元，然若据布机数量估计其出布数量，以约计其总产值当不止此数”③。另有史料记载，每年潍县布匹产值达7000万元。④ 土布产业的发达成就了棉纱业的兴旺。1933年后，在日本棉纱的冲击下，本土棉纱贸易一蹶不振。

图4-2-3　潍县正月大集上的杂货市，加藤（日本）摄于1941年1月

此外，潍县的杂货业、洋布业、颜料业、竹货业、药业、煤炭业、点心业、服装业、鞋业等规模较大，多为商店批发或零售形式。“为山东布匹等荟萃之所，

① 实业部国际贸易局编：《中国实业志·山东省》（乙），1934年，第106～112页。

② 唐致卿：《近代山东农村社会经济研究》，人民出版社2004年版，第444页。

③ 〔民国〕常之英修，刘祖干纂：《潍县志稿》卷二十四《实业》，民国三十年（1941）铅印本。

④ 实业部国际贸易局编：《中国实业志·山东省》（乙），1934年，第106～112页。来源据杨天宏《口岸开放与社会变革：近代中国自开商埠研究》，中华书局2002年版，第254页。

又为山东烟叶之最大市场”[1]。据统计，潍县的商业市镇有23处，市场贸易量：面纱2.7万件、糖2.4万包、茶叶0.5万包、香烟0.2万箱、猪鬃5万公斤。[2]

烤烟烟叶首先在潍县、坊子和廿里堡开市收购，后来向西扩展至益都、临朐一带，临朐、寿光、益都3县烟叶销售集散地为益都谭坊。[3]潍坊区域是国内外烟草公司采购原料的云集之地，彼此竞争十分激烈。外国烟草公司占领了潍坊境内80%的原料采购市场，华商烟草公司在竞争中处于劣势，只控制了20%的市场。烟草原料价格的高低操控在英国和美国公司手中。

清末民初，随着胶济铁路的开通，具有殖民特色的内外贸易深刻地影响着潍坊境内城镇功能的变化，形成了“一横三纵”的经济布局。

在东西向上，大约沿胶济铁路，高密—岞山—坊子—潍县—昌乐—益都，形成了山东经济的重心，一些村庄迅速崛起为商业城镇，如坊子、廿里堡、南流、蛤蟆屯、大圩河等辐射周边，商贸发达。益都的杨家庄本来是个名不见经传的小村庄，胶济铁路通车后，这个仅有60户的小村庄，“兴起了大小商号二十余家”[4]。

在南北向上，自东向西分布着三条：东线大约沿平日公路，依次是夏庄—高密—柴沟—百尺河—诸城；中线大约沿台潍公路，是羊角沟—固堤和柳疃—潍县、坊子、昌乐—安丘—景芝—相州—枳沟；西线是寿光—益都—临朐—蒋峪。

人们在不同季节可以流动到不同的城镇找工作，规模大的市镇已经有了市场分工，形成了自己的专业经济特色。市镇上，手工作坊繁多，店铺林立，每五天一次开市交易，每年有两次大山会，形成了区域性的文

① 实业部国际贸易局编：《中国实业志·山东省》（乙），1934年，第124页。

② 实业部国际贸易局编：《中国实业志·山东省》（乙），1934年，第159页。

③ 中国科学院上海经济研究所、上海社会科学院经济研究所编：《南洋兄弟烟草公司史料》，上海人民出版社1958年版，第200～201页。

④ 王守中、郭大松：《近代山东城市变迁史》，山东教育出版社2001年版，第185页。

图 4-2-4　坊子镇早市，有泽（日本）摄于 1941 年 8 月

化娱乐中心、土产交易和百货商贸中心。1938 年之前各市镇商业购销繁盛，辐射周边。这些市镇从传统发展而来，也出现了一些新型城镇，比如高密夏庄集的商品贸易辐射到胶州、平度、即墨三县，被誉为“小青岛”。城乡集市有序分布，是民国商品经济发展程度的标志。

## 四、交通运输

### （一）公路

1920—1922 年，北洋政府交通部附收赈捐，以工代赈修筑了烟台至潍县城的汽车路，称烟潍公路，是潍坊境内的第一条公路，也是民国时期修建的质量最好的公路。此后 10 年间，潍坊境内的公路发展较快，共修建公路 12 条，其中，烟台—潍县、台儿庄—潍县、诸城—高密、益都—临沂 4 条路面覆铺碎石粗砂，路况较好。其他公路则因陋就简，沿旧官道用土稍加填平修整而成，经过的村庄路段大多路基狭窄、路面坎坷、弯急坡陡、少桥缺涵。

民国时期，按车辆类型分别建设车站以方便靠站、登乘，有汽车的单位设立汽车站，有畜力大车的设立骡马车店。潍坊境内最早的汽车站是 1922 年由烟潍汽车处在潍县东关游麟门里设立的潍县汽车站，1924 年移至游麟门外新建站房。此外，烟潍汽车处还在寒亭、王耨、昌邑设有汽车站，由潍县汽车站分管。此后，潍坊境内先后有些官营和私营运输机构在潍县、高密、益都、昌邑、诸城等地设立汽车站（点），售票发送旅客。

（二）铁路

1904年6月1日，由德国政府主持修建的胶济铁路全线通车，到1913年，日通行客车2列、混合车16列、货车13列。到1914年6月，全程通行平均时速44千米。

1914年，日本取代德国侵占胶济铁路，为行驶较重型机车，更换了部分地段的钢轨，进行了技术改造，改建了潍河大桥。在高密、坊子、潍县、昌乐、益都等站设进站、出发信号机，在各站装设单线电器路牌机和长途电话通信设备。1917年，胶济铁路开始夜间行车，提高了运输能力。此后，民国政府和日本第二次侵占时期，均对胶济线进行过技术改造和扩建，机车牵引定数由600吨提高到1800吨，货车仍以载重30吨的车辆为主。

到1936年，胶济铁路的通行能力为旅客列车5对，其中包含2对区间列车，开行货车8对。抗战时期，日军占据交通线，开行旅客列车6对、货车10对。解放战争时期，胶济铁路基本瘫痪，只有少量区间客运。1945年以后，由南京国民政府管理胶济线期间，没有投资改造，直至新中国成立前夕，胶济线使用的交通设备全是1945年以前遗留下来的德日制造的旧设备。

（三）水路

民国时期，潍坊境内的内河水路运输主要是小清河、潍河、胶莱运河、弥河、白浪河等水道，以货运为主，兼有少量客运，运输受河流径流量限制明显。

潍坊北部沿海主要有三个港口：小清河入海口的羊角沟港、潍河入海口的下营港和白浪河与弥河入海口的央子港。三个港口通过海河联运，货运开通大连、营口、秦皇岛、天津、龙口、烟台、海庙等线路。

央子港以渔业为主，1938年之前，莱州湾的海产品可以通过小型货船载运，经过白浪河水道逆流直达潍县城里的鱼店街码头。

图 4-2-5　羊角沟原盐正在装船外运，摄于 1940 年 9 月

下营港在民国初期达到鼎盛，1928 年之前，每天进出港的船只达 300 多条。

羊角沟港是山东省唯一的、也是潍坊境内最重要的河海联运港口，沿小清河河道连接莱州湾至济南，主要运输粮食、食盐、煤炭等。港口位于今寿光羊角沟镇东侧，小清河河口段南岸。1939 年，日军控制了羊角沟港口的运输。

民国时期，有不少大型船只改造为汽轮机机动船泊，在港口停靠，从事客运、货运和远洋捕捞。1928—1939 年，海匪猖獗、日军入侵，潍坊北部沿海的河海运输基本中断。

（四）机场

1916 年 7 月，孙中山在日本一手创办的中华革命党近江八日市飞行学校迁至潍县。1934 年韩复榘部围剿惯匪刘黑七（刘桂堂）时，四架飞机由潍县起飞助战，在今五莲潮河一带迫敌投弹。同时诸城沿海有民国海军军舰堵截。海陆空协同追剿土匪，这是中国历史上仅有的一次。

1941 年，潍坊机场被日军侵占并进行翻修，名为廿里堡飞机场，地址位于今潍坊市奎文区茂子庄以南，占地 1500 亩，基础为砂石、水泥，覆沥青。抗战胜利后，飞机场起降过美国运输机，帮助空运在潍坊的外国侨民到青岛。后来，国民政府军队接收机场，建设为空军站。内战爆发后，机场成为国民党军运兵基地。同时，潍坊与青岛之间的急需商品和紧急客运服务也通过这里空运。

# 第三节　教　育

民国肇始，潍坊教育在资产阶级思想指导下除旧布新，很快建立了相对完整的教育体系。至抗战爆发前的近十年间，潍坊教育发展迅速。日军侵潍后，国共两党在艰难环境下积极办学，弦歌不辍。解放战争时期，国统区和解放区教育恢复发展，新民主主义教育在曲折中发展壮大。

## 一、民国初年和北洋政府时期的教育

民国初年，潍坊的中学教育进入第一个发展高峰期。

1913 年 4 月，经过潍县同盟会的长期努力，张树棻会同县府礼房改组潍县官立高等小学堂和县立初级师范学堂，在潍阳书院旧址创办了潍县县立中学，公推同盟会会员、学者郭恩敷为首任校长，学制四年，成为潍县第一所公立中学。

1913 年 5 月，同盟会会员、高密县知事王达以原官立高等小学堂为基础，创办高密县立中学，同盟会高密分会会长侯芝庭出任首任校长，高密县自此有了中学。1913 年，青州中学校（前身是青州府官立中学堂）被编列为山东省立第十五中学，翌年更名为山东省立第十中学，1933 年奉省谕更名为山东省立益都初级中学，1937 年停办。

“壬戌学制”推行后，潍坊中学教育发展呈现第二次高峰。

1923 年，今潍坊市范围内的中学均改为初级中学。为适应胶东学生上高中的需求，省立十中在 1925 年设高中部，招收文、理各 1 个班，成为当时办高中的四所省立中学之一，也是当时潍坊境内唯一的高中学校。1926 年，高中部迁到济南，与其他三所学校高中部共同组成了山东大学附属中学，省立十中再度改为初级中学。

1924 年，诸城、寿光、临朐县立初级中学相继成立。翌年，郑书云会同文化界人士续办安丘县立中学，称安丘县立初级中学。临朐县立中学由师范讲习所所长高升堂创办，1925 年春季开课，数月后校舍被军警占据，临朐县第一所中学就此夭折。

为适应新学之需，民国成立后，各县均设一两处师范讲习所（最初称传习所）、小学教员养成所或单级教员养成所。师范讲习所学制半年或一年不等，具有速成的特点。1917 年后，有的县把学制改为 2 年或 3 年。以益都县立师范讲习所为例，1912 年更名为单级教员养成所，学制为半年，两年后改称小学教员养成所，到 1917 年定名为益都县立师范讲习所，学制改为两年，逐步走向正规。

1914 年，山东省政府裁并省立师范，将莱州、登州、胶州及武定等府的师范学堂迁至青州，与青州府师范学校合并，改称山东省立第四师范学校（简称“省立四师”），校址在益都城里卫街东首路北，首任校长为刘尚敬。1933 年改称山东省立益都师范学校，1937 年停办。省立四师以造就小学教师为目标，最初设本科和讲习科两种教学班，修业年限各为 5 年和 2 年。1923 年后分为前期师范和后期师范，学制各为 3 年。1929年后期班改称师范部，前期班改称初级部，学制未变。学校吸引了济南以东至胶东半岛的三十余县的学生。省立四师在 24 年的办学时间里，共有 4000 多名学生在此求学，为今潍坊乃至山东省培养了大量师资，被誉为“造就胶东小学教师的摇篮”。[1]

图 4-3-1　山东省立第四师范学校

① 青州市教育志编纂办公室：《青州市教育志》，1990 年，第 150 ~ 154 页。

清末民初，潍坊工商业的发展急需各类实业人才，促进了实业教育的发展。

1912年，寿光县立实业学校、益都县立乙种蚕业学校成立。1916年后，益都、寿光、昌乐、昌邑、高密各县纷纷设立乙种蚕业（或蚕桑）学校。据1919年统计，今潍坊境内有初等实业学校5处，在校生346人，中等实业学校2处（公立1处，教会1处），在校生约200人。1920年实业学校改称职业学校。1928年前后，因军阀混战，多数学校停办。至1936年，有初等职业学校8处，学生155人。这些实业学校以乙种实业学校为主，属初等职业学校，有县办的，也有工商界联办的，招收高小毕业生，学制2—3年。各种职业学校均设立实习基地，重视将理论和实践相结合。

在实业学校中，影响较大的是省立第一甲种农业学校。1914年，青州蚕桑实业学堂改称山东省立第一甲种农业学校，合并武定府甲种农校，屈希佛任校长。当时全省只有两所甲种农校（另一所在兖州）。该校学制四年，初设农、林、蚕三科，到1919年时只保留了蚕科，后改为省立第四职业学校，1930年秋停办。自建校到1930年，这所学校实际毕业生有500余人。

1912年，高密山东官立中等工业学堂迁往济南，与济南中等工业学堂合并组建为山东高等工业学堂。8月，高密海右法政学校成立，设刑法、民法、警察法课程，举办一届即停。1915年，益都县立乙种工业学校建立，不久停办，商会在此基础上建立益都公立乙种商业学校（后改名为县立乙种商业学校），1931年停办。1917年，潍县在城内石佛寺建立乙种商业学校。1918年，美国人在潍县基督教医院创办附设护士学校，每届一班，学制三年。日军入侵后，除潍县的基督教医院附设护士学校外，其他实业学校基本停办。

进入民国，潍坊各地教会学校规模不断扩大，办学质量逐步提高。

民国时期，潍县的教会小学主要有5所，其中培基小学、三德小学、慈航小学办学时间较长。安丘县有景芝仁德小学、诸城有培新小学，分别由德国基督教信义会和美国基督教会创办。德国基督教信义会还在昌邑创办信义小学，在高密火车站、沙窝、张鲁等地创办小学。瑞典基督教瑞华浸信会

1914 年在诸城创办了诸城瑞华小学，后来发展成一所 150 人左右的完全小学，在抗战时期依旧开办，直至 1947 年停办；1915 年，在高密创办瑞华小学（即北关小学）和田家庄瑞华小学。1917 年天主教法籍神父法式善在益都天主教堂北院创办崇新小学，1941 年底停办。同年，益都的崇实中学中学部合并到守善中学，小学部取名崇实小学，至 1928 年停办。除外国传教士外，还有部分中国的教徒创办学校，如单卓然、王友堂和李养斋于 1921 年在高密创办东鲁圣经学校，后改名为明新小学。[①] 教会小学往往地处偏远的乡镇。如 1912—1924 年，教会在高密张鲁、田家庄、姚哥庄、钟家王吴、周戈庄、大沟头等地建立小学。据 1919 年统计，教会办初级小学 33 所，学生 1185 人；高级小学 2 所，学生 60 人。1936 年统计，教会办初级小学 40 所，学生 1286 人；高级小学 2 所，学生 122 人。

图 4-3-2　广文中学

① 高密市教育志编纂办公室：《高密市教育志》，1995 年。

抗战以前，教会办的中学有华德中学、德育中学、萃文女子中学、守善中学、崇道女子中学、文华中学、文美女子中学、广文中学 8 处，主要分布在诸城、安丘、益都、潍县，以益都和潍县最多，影响最大。

1914 年，文华学校毕业的基督教牧师刘光照在安丘南关创办德育中学，其中学班吸引了附近十余县的求学者。

守善中学是民国初期省内著名的私立学校，1917 年英国浸礼会在益都郭罗培真书院[①]旧址建立。1924 年，守善中学发展到初高中 9 个班，教室有电灯照明，成为一所设备较好的完全中学。

图 4-3-3　培真书院北楼全景

潍县的文华书院按照民国政府规定于 1912 年改为文华学校，又于 1915 年改为文华中学，1925 年学制改为高初中各三年，校长由中国人尹焕斋担任。

① 一般典籍简记为“培真书院”。该书院初建于清光绪七年（1881），由英国浸礼会牧师怀恩光创办。建校经费由英国爱德华夫妇捐助，为了纪念其双亲郭某与罗宾逊，命名为“罗宾逊神道学院”，旋即易名为“郭罗培真书院”。见青州市教育志编纂办公室编《青州市教育志》，1990 年，第 99 ~ 100 页。

潍县女子文美书院于1913年更名为文美女子中学。鉴于女生毕业后大多当家庭妇女，学无用武之地，1921年美籍校长李恩惠宣布将毕业班再加一年的师范课，学制改为四年，使女生毕业后能到自己创办的小学充任教师。于是在1923年设立了模范小学，后改为培基小学，由华人张素梅任校长，文美中学毕业生有了实习和就业之地。

民国时期教会办的大学有广文大学和华北神学院。

1904年开学的广文大学由青州广德书院和登州文会馆两校大学部合并而成，是一所设施先进的文理学院，校址在潍县乐道院内。1906年，青州的郭罗培真书院合并了北美长老会的数处学校，组成了广文大学的神科和师范科，仍在青州办学，又称青州共合神道学堂。1917年，广文大学设在潍县的文理学院和设在青州的师范科、神科迁往济南，与共合医道学堂合并，更名为齐鲁大学（亦称基督教共合大学）。

1919年，基督教北美长老会教士、时任齐鲁大学神学院院长的赫士博士和18位离开齐鲁大学的神学学生来到潍县，创办了华北神学院，地址在乐道院内的妇女学道院旧址，1922年迁往滕县。

## 二、南京国民政府前期的教育

1934年，潍坊各县按照《小学法》和《小学规程》，开始兴办短期小学和简易小学。简易小学招收不能入初级小学的学龄儿童，分半日制、全日制和分班补习制3种，2800课时。短期小学招收10—16周岁年长失学儿童，学制一年，540课时。短期小学一般由乡公所举办，课程设国语和算术两科，学生毕业后达到小学三年级程度，不交学费，所用书籍、石板等由山东省教育厅提供，教师工资略高于普通小学教师。至1936年，各县基本达到每乡一处短期小学，每校有学生80—100人，创民国办学最高峰。据1936年统计，潍坊适龄儿童入学率仅达到20.3%，升入高级小学学习的不及十分之一。

1935年，为培养小学师资，省督学在潍县城举办短期小学师资训练班，其中安丘县30人参加，结业后回县办起短期小学46所。为充分利用学校空

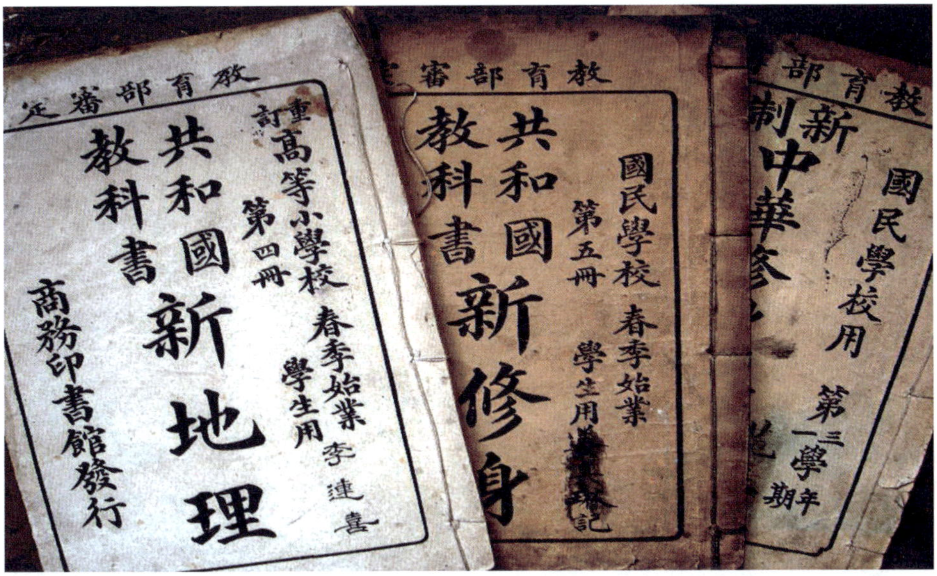


图 4-3-4　民国时期的教科书

间，多数小学实行二部制教学，或开展巡回教学。同时对私塾进行改良，符合普及义务教育要求的称“改良私塾”，或直接改为短期小学、简易小学、代用小学等。

按照新学制，综合中学被废除，分别设立中学、职业学校和师范教育。据 1930 年统计，公立中学中，潍坊有省立中学 1 处，即省立十中；县立中学 5 处，分布在潍县、安丘、高密、诸城、寿光。私立中学获得立案的 1 处，为私立育秀中学。到 1936 年，潍坊有公办中学 6 所（其中两所省立中学），教会中学 1 所，私立中学 3 所，在校学生 1955 名，教职工 168 名。其中私立学校在校生 730 人，教职工 65 人，中学教育有了较大发展。[①] 值得注意的是，这时各中学男女兼收，扩大了女子上学的机会。

1929 年，山东省创办乡村师范学校，学制 1—4 年，招收初中毕业生或相当程度的肄业生。1929 年后，师范讲习所多附设在县立中学内，不再单

① 潍坊市地方史志编纂委员会编：《潍坊市志》，中央文献出版社 1995 年版，第 1372 页。

独立校。如潍县县立女子师范讲习所和县立师范讲习所，同时并入潍县县立中学建立师范班，后改为师范部。学师范的学生得到政府补助，如高密县中学师范班每人每月有助学金 4 元，能基本满足生活需要。1932 年前后，潍坊境内的师范学校以设在益都的省立第四师范规模最大。

教会学校的发展引起了政府的警惕，国人收回教育权的呼声日高，青

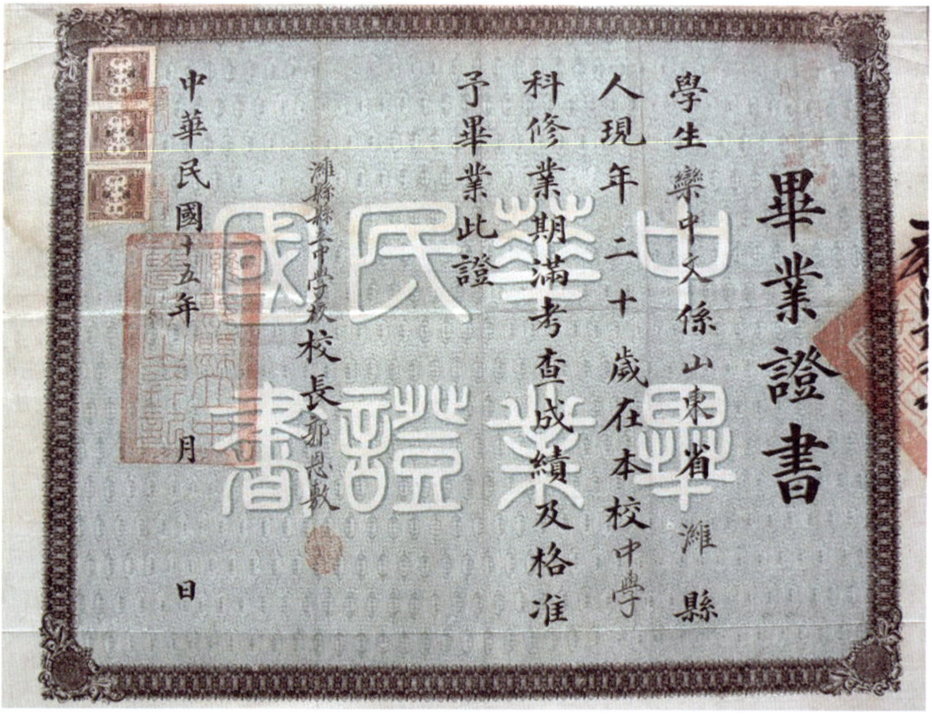
畢業證書

學生欒中文係山東省濰縣人現年二十歲在本校中學科修業期滿考查成績及格准予畢業此證

濰縣縣立中學校校長

中華民國十五年 月 日

图 4-3-5　潍县县立中学毕业证书

州守善中学、崇道女中、崇实小学和安丘德育中学相继停办。1931 年 3 月，潍县原有的几所学校议决合并，取名为“广文中学”，推举崔德润任校长。1932 年 10 月，获得省政府批准。

为解决教职工和医护人员学龄前子女教育问题，乐道院幼稚园也创办起来，以文美女中毕业的刘玉梅为园长。1930 年，英国基督教会在青州城里办了一处幼稚园，法国天主教堂创办了一处育婴堂。它们首开潍坊幼儿教

育的先河。抗战爆发后，教会学校多数停办。抗战胜利后，部分中小学复学招生。这些学校于1952年由人民政府接办，自此结束了潍坊教会学校的历史。

民国初年，私塾数量仍多于小学。私塾教材陈旧，教法落后，难以贯彻民国教育宗旨和课程标准。政府对私塾采取“奖进主义”，强令塾师到讲习所学习。1931年，境内各县下令废除私塾，规定教师必须取得县许可状后方可任教。1940年，民国政府在国统区再次下令取缔私塾，但始终不能彻底执行，所以民国时期私塾一直存在。据不完全统计，潍县有私塾190处，有姓名可查的塾师103人，每人教授学生多则十余人，少则七八人，共有学生1910余人。[①]

潍县望族“郭、陈、丁、张”四家，重视家族子弟的教育，设学、助学，推动了潍县教育的发展，也带动了其他家族的办学热情。如在1906年，丁毓庚创办丁氏继志高等小学堂，由其三子丁锡纶为首任校长。1923年，这所学校改名为“丁氏私立继志小学”，成为一所颇有声望的六年制小学。潍县解放后停办。

## 三、抗日战争时期的教育

### （一）国统区的教育事业

1937年9月，日军未过黄河时，潍坊中等及以上中学、师范和职业学校接教育厅令到河南许昌集结。省立十中60余名同学在校长朱骏声和体育教师毛献亭带领下，携带仪器、图书等先到临沂，后到许昌，与流亡至此的四五十所山东各地中学汇合。不久因日军向中原进攻，山东学生又奉命迁至河南南阳，在此组建了“山东联合中学”。1938年初，学校再度西迁，到达湖北均县、郧阳，奉国民政府教育部令更名为“国立湖北中学”。半年后，武汉三镇告急，学校再迁四川绵阳，再更名为“国立第六中学”。另外，广文中学师生按照省教育厅和山东高中生军训会迁到临沂办学的命令，校长崔

① 潍坊市教育志编纂办公室：《潍坊市教育志（1840—1983）》，1983年，第46页。

德润和教务主任张振河、军训教官于敬斋等带领500多名中学生徒步（少数骑自行车）到达临沂，因无人接待安排，只好原路返回。少数要求抗日救国的广文中学学生徒步至徐州投考了空军学校。

1939年开始，在政府和有识之士努力下，潍坊教育薪火不绝，呈壮大之势。据1941年统计，潍坊境内有中学14所（不含潍县），教师187人，学生2399人。据1945年统计，有中学15所、学生8040人、教师461名。[①]这些中学体现了战时教育的时代特征，有的是山东省政府创办或确认的省立联合中学或独立中学，有的是驻地军队办学，有的是县立、区立或联立中学，有的是私人创办的学校。

学校在严酷的战争环境下经常处于迁徙变动状态，往往建立起校本部和多处分校，分散办学。学校的学制较为灵活，一般设有初中、高中、简师、后师、师范训练班等班级，适应了不同文化层次、不同家庭条件的学生就学。

### （二）抗日民主政权的教育事业

最初，抗日民主政权的教育事业执行中国共产党《抗日救国十大纲领》精神，重点推行国防教育，强调教育为民族战争服务，以提高和普及大众的抗日知识、技能和民族自尊心为中心。1940年12月，《山东省战时国民教育实施方案》颁布，明确提出了新民主主义教育的方针，各县的教育开始步入新民主主义教育的轨道，小学教育和社会教育有了一定发展。1944年11月，抗日民主政权对普通教育实施改革，取消普通中学和正规小学，壮大干部教育和群众教育，导致普通教育的削弱和小学教育的成人化。1945年夏开始调整教育结构。

中共及其民主政权始终重视社会教育、干部教育，构成了新民主主义特色的教育体系，为夺取抗战胜利发挥了作用。各地开展以识字为主的群众教育活动，举办妇女识字班和民众夜校。妇女识字班以中青年妇女为主，利用中午时间开展“午学”。民众夜校利用晚上学习1—2小时。民众教育形

---

① 潍坊市地方史志编纂委员会编：《潍坊市志》，中央文献出版社1995年版，第1371页。

式主要有冬学、庄户学、县学、民众学校、夜校、半日校、数日校、识字组、读报组、俱乐部、民教馆、图书馆、文化棚等。冬学是规模最大、成绩最突出的形式。在较大的村子一般都建有小学，形式多样，灵活有效。较小的村一般联合办学，如昌潍联合县政府在1941—1944年办了3处高级小学：昌潍县泊子联小、昌潍县立石桥联小、昌潍联立高级小学。

1940年，按照《山东省战时国民教育实施方案》，根据地民主政权开始实行“二二二”学制，即以普及二年制初等小学教育为基础，发展两年中等和两年高等小学教育。小学教育要求做到简单化、军事化。每学期上课12—15周，每日授课4小时，半天授课，半天参加社会活动或救亡工作。至1945年，潍坊境内中共领导的抗日根据地建设的小学共有609所，学生23546人。

（三）日伪占领区的教育

1938年初，在原省立第十中学校址上设立山东省立益都初级中学，1941年增设高中部，后更名为山东省益都中学。潍县县立初级中学于1939年9月在原址恢复，徐培基为校长，招收初中一年级学生40余人，称作第二十六级；1940年后招收女生班。此外，高密县立中学、诸城县立中学、安丘县立中学等恢复办学，推行奴化教育。日伪政权还创办益都私立青光中学、高密崇德中学、诸城云龙中学和桃园中学等。到1945年初，潍坊境内的日伪占领区有中学13所，在校生2258人，教职工179人，日寇投降后全部解散。①

日伪政权恢复了三处师范学校，即青州道立简易师范、山东省潍县简易乡村师范、昌邑县立简易师范。1945年，三处师范在校生484人，教职工28人。简易师范的学制一般是3年，培养初级小学教员。学校教室内悬挂孔子画像，下方印有日伪山东省政府制定的校训，星期一的第一节课让学生背诵。升旗时，由校长领读伪省长唐仰杜编写的山东省教育主旨歌；开会

---

① 潍坊市地方史志编纂委员会编：《潍坊市志》，中央文献出版社1995年版，第1373页。

时，唱日伪政权规定的《卿云歌》（原北洋政府时期的国歌）。日语课为中小学必修课程，一般为每周三节，由日籍教官兼任或汉人担任。为弥补师资的不足，还设立了日语学校培养速成教员。除了课堂教学，学生要使用日语喊操、学唱日语歌曲、参加日语游艺会等。学校将尊孔、亲日思想杂糅，极力灌输封建道德和“东亚共存共荣”的思想。日伪占领区的学校专设日本教官，严密监视师生日常行为，一般兼教日语课。“潍县青年团”等日伪组织派人到学校兼任军训教官，组织军事训练。“新民会”“青年团”等日伪组织经常干预学校事务，强令师生组织“追悼会”“祝捷会”纪念周等，大肆宣扬“国共匪贼是我们的敌人”“中、日、满联盟，东亚和平”“中日亲善，防共自卫”等，妄图实现愚民同化。日伪政权的奴化教育激起了人民的反抗，在乡村出现了一批“两面学校”，学校既向日伪政权备案，又暗中向中国共产党抗日民主政权或国民政府备案。学生大多有两套教材，一套是日伪指定的，摆在桌上，以掩人耳目；一套是抗战前的课本，甚至是抗日课本。如日伪在临朐纸坊办的“兴华中学”就是如此。

## 四、解放战争时期的教育

### （一）国统区的教育

日本投降后，国统区中学从乡间迁回城内，部分学校与沦陷区的学校合并办学、分批开学。省立潍县中学迁至潍县城，合并了原日伪潍县县立初级中学，因规模过大，该校析分为潍县县立初级中学、潍县简易师范学校和省立潍县中学三所学校。安丘县立中学与省立第八联合中学于1944年合并，抗战胜利后迁回县城办学，改名为“山东省立安丘中学”。省立益都初级中学从常家庄迁到松林书院旧址办学，不久与日伪创办的山东省立益都中学合二为一。

1946年统计，山东省共办有15所省立中学，其中潍坊有山东省立安丘中学、省立昌乐中学、省立潍县中学、省立益都中学、寿光初级中学5处，占全省的三分之一。1947年统计，有省立潍县中学、省立益都中学、省立昌乐中学和十五联中（寿光）4 所省立中学。潍坊省立中学数量较抗战前增加，办学规模有所扩大。1947 年，昌乐县立初级中学在马宋乡河西村建立，为昌乐县民国时期设立的第二所中学，次年撤销。1946 年，高密县立中学在原址恢复办学，人民解放军攻克县城，学校流亡青岛，1949 年解散。广文中学于 1946 年秋招生复学，牧师黄乐德出任校长。另外，地方人士筹款或党政官员出面建立了一批私立学校。1946 年，国民党军第 12 集团军司令夏楚中、第八区专员张天佐联合地方绅商，为给国民党总裁蒋介石 60 岁献寿，创办了潍县私立中正中学，张振河任校长，后改名为私立新华中学。1947 年 9 月，曹子政创办潍县私立青年中学。潍县解放后，上述两校合并为私立新青中学，成为今潍坊三中的前身。1948 年创办的私立学校有潍县私立育建中学、私立建中补习学校以及潍县医师公会和乐道院医院合办的私立助产学校，这些学校在潍县解放后停办。

解放战争初期，潍坊域内国统区有 5 所师范学校，53 个班，148 名教师，2532 名学生。此外，各中学内设有师范班。1946 年，益都简易师范建立，招收高小毕业生入学。1947 年安丘县立简易师范学校创办，后奉省府令改为安丘简易乡村师范学校。同年，民国政府在昌乐县境恢复山东省立益都师范学校。上述学校到 1948 年均停办。

1945 年，小学改称国民学校，完全小学改称中心国民学校。由于社会上存在大量失学儿童，民国政府采取多种措施，督促学龄儿童入学。随着国民党统治的危机，国统区面积不断缩小，1946 年潍坊国统区小学在校生由 1945 年的 158374 人，下降到 74160 人。1946 年统计，全省恢复的省立小学 10 所，潍坊有 2 所，即省立益都师范附属小学和省立潍县乡村师范附属小学。这两所小学的办学经费由省库拨付，每年每生经费 37.70 元，是普通小学每年每生经费 9.36 元的 4 倍。

学业水平测试形式有开学考试、学期考试、期末考试、毕业考试、月考等，全县组织学期抽考和统考；招生考试按照正取和副取两榜公布，分两批录取。各校制定《考试须知》，成绩通知家长，报教育厅备案，对不及格的学生实行补考，对转学、复学的学生也都组织考试，按照成绩编入相当的年级学习。成绩优良的学生还会获得面试升学的资格。

（二）解放区的教育

抗日战争胜利后，中国共产党领导的解放区有所扩大，教育工作得到较快发展。随着解放区的扩大，农民在政治和经济上得到翻身，办学条件逐步成熟，一批中小学校初步建立起来。1946 年成立的高崖民主小学，由农会选举教师，招收 150 名学生，成为当时安丘县（今属昌乐县）的一所新型学校。

解放战争时期，潍坊先后创办有滨北中学、昌潍联立中学、青州中学、西海中学昌潍分校、寿光县立中学五处，在校生 835 人，教职工 86 人。[①] 中学规定学制 3 年，但因为战争环境，实际学无定制，多数为 1—2 年。学生主要是军地基层干部、战士、工作积极分子或其子女，免收学费。学校根据战场形势的需要，随时动员学生参军、参政、参加教育工作，支援战争。战场所及，中小学校被迫暂时放假，师生疏散回家。1947 年 12 月，全省大、中、小学一律停办，解放区教育工作因此停滞，中小学教育一度中断。

解放战争初期，解放区的师范教育发展缓慢。据统计，有 4 个师范班附设在中学内，学生 182 名。民主政权还创办县学培养师资。青州教育会议后，各地师范教育得到发展，陆续设立潍坊市师范学校、青州中学师范部、滨北中学师范部，共有学生 903 名，为潍坊境内教育事业的发展奠定了师资基础。

为满足战争结束后国家建设对专业人才的需求，中共中央华东局驻诸城和益都期间，创办了几所高等学校。华东交通学校于 1947 年在诸城建立，1949 年 6 月迁往益都，后迁至济南。1948 年 7 月在益都创办了华东邮电专科学校，半年后停办。同期，华东财政干校在青州东阳河村建立。山东省农

---

① 潍坊市地方史志编纂委员会编：《潍坊市志》，中央文献出版社 1995 年版，第 1373 页。

业专科学校、山东教育研究院（后更名山东教育学院）于1948年在青州创办，同年迁往济南。1948年8月，华东大学在潍坊特别市建立，首批共录取学生500余人，后迁往济南。

## 第四节　科　技

民国时期，在战争和动荡的社会环境中，潍坊的有识之士怀揣实业救国的梦想，赴日本和欧美发达国家求学深造，寻求科学救国。他们在极其艰难的条件下进行科学研究，为民族复兴做了人才和技术上的储备。

### 一、农作物品种的改良

民国二年（1913），寿光建立农场。农场进行了功能分区，在果树区种植“蜜桃、银杏、莱阳梨、肥城桃等，果树之下种落花生”，对农业生产进行种植技术的示范和引领，“培养小麦、棉花优良品种以期推广”，[①]为农民增收。民国年间，政府拨款在昌乐建设农场、苗圃、林场等农林作物良种推广试验基地，开展高粱、小麦、谷物、加拿大苗木、中美棉花生产对比试验，“所得成绩推及乡间”[②]。1937年之前，政府努力在各地兴办试验农场、农桑学校和其他推广机构，各种农作物良种陆续育成，一些种植业新技术开始被认可采用，推动了种植业的发展。

小麦良种。1932年，各地引进一批外国小麦品种，用于杂交育种。1940年，青州、高密、坊子等地的农场都建立了采种圃，试验了洛系1—8号，历城大白和青系1、2号，中系3号，推广了洛青系列品种。

玉米良种。马牙玉米在20世纪30年代从东北引进，零星种植。

甘薯良种。甘薯俗称地瓜。1935年6月，昌乐县在城东建设农场，雇

① 〔民国〕宋宪章修，邹允中纂：《寿光县志》，台湾成文出版社1968年版，第991～992页。

② 〔民国〕王金岳等修，赵文琴、王景韩纂：《昌乐县续志》，台湾成文出版社1968年版，第194页。

佣日本人索田为技术员，对“西曼”“冲绳”“护国”三个地瓜品种的生产与产量进行比对试验。1945 年，高密引种胜利百号（原称冲绳 100 号），很快推广到安丘、诸城、昌邑和潍县等地。

烤烟引种与复烤工艺。烤烟是烟草中的一个品系，原产美国弗吉尼亚。1913 年 3 月，英美烟公司派美籍烟叶技师布洛克、格雷戈里等 5 人到坊子考察，租用坊子煤矿空场 180 多亩，作为种植美国烤烟的试验场，获得成功，开烤烟型黄烟种植之先河。1915 年，英美烟公司在坊子建设烟叶复烤房。1917 年和 1919 年，该公司在廿里堡建起两座烟叶复烤厂，各安装两条生产线。20 世纪 30 年代，产区自东往西扩展，形成了以青州为中心的集散地。至此，“凡山东胶济铁路沿线所产烤烟”，概称“青州烤烟”，[①] 蜚声中外。

桑蚕新技术。1918 年，国民政府山东实业厅在青州建立山东省蚕丝劝

图 4-4-1　大英烟公司旧址

① 潍坊市地方史志编纂委员会编：《潍坊市志》，中央文献出版社 1995 年版，第 230 页。

业场，开始饲育新品种诸桂、新园，年制种量4000余张。1923年，该场改称“蚕种制造所”。1929年又改称“山东省蚕业试验场”，出版技术刊物《鲁桑培植浅说》《养蚕浅谈》《制丝浅谈》等，传播桑蚕新技术新知识，养蚕300余种，其中引进日本、欧洲和国内品种100多种，由蚕学专业毕业生宣传指导蚕农科学养蚕。桑蚕技术专家许椿亭（1872—1927）出生于桑蚕之乡——临朐县下五井村。1918年，许椿亭到省立蚕丝劝业场养蚕部任技士，1925年在临朐县女子蚕校任校长，教授新法养蚕。许椿亭一生潜心研究桑蚕生产，主要著作有《鲁桑述》《中国实用蚕论》《养蚕浅说》《栽桑》等。

棉花良种。从1917年开始，日本商人和国民政府建立的棉花种子田已在潍坊境内出现。1921年，国民政府购买美国棉花良种，无偿给农民试种。1934年，青岛工商学会棉业委员会在高密辛庄建立棉场，委派叶德备技师作指导，引种金氏棉，获得成功，当年繁育1400亩。到1936年时，潍坊的植棉面积达14.9万亩，是民国初年的18.6倍。在1939—1946年，日伪政府和国民政府在高密、平度、昌邑、潍县引进、繁育、推广金氏棉和斯字棉。在1945年之前，潍坊的棉花品种以小白花为主，面积较大，品种优良，产量最高。1945年之后，引进的美国品种斯字棉取代小白花，成为主力品种。植棉技术专家杨熙光（1883—1928），字绍云，寿光人。1908年，杨熙光毕业于日本北海道札幌农科大学。1921年到临清县城东门外，筹建山东省立棉业试验场。次年又筹建山东省立棉业讲习所，进行中美棉种对比试验和植棉技术的培训推广。1927年，在齐东县筹建山东省立棉花育种场，试验改良纯化棉种，为改善山东的棉花生产作出了历史性贡献。1919年，杨熙光在临清繁育成功“脱字棉6号”。[1]

①　刘嗣元：《山东省棉花品种更换更新》，载《种子世界》1996年第1期。

## 二、新技术与新设备的应用

民国时期，潍坊科技事业的进步，不仅表现在先进技术的研究上，更表现在某些新技术、新设备的推广使用上。

1912年1月24日，今潍坊市区内开始使用有线电话，电话线路连接潍县县署、西大营和团防局。手摇话机，人工接驳。1914年10月，日本侵略军架设起济南至青岛的长途电话，日军在益都（今山东青州）火车站设立“电信办事处”，面向社会经办电信业务。1920年2月，潍坊诞生的长途电话用于军事需要，后来开放民用电报业务，报话同线。1941年，长途电话首次安装载波电话终端机，提高了通讯质量，当年交换量5.5万张。1932年，潍县商界集资兴建了“潍县电话股份有限公司”，初装西门子磁石电话机100门，接入电话288部，到1949年前夕，发展到500门。

1912年，金融企业家、山西汇兑庄老板徐济川，投资建设羊角沟—刘家呈子运盐专用轻便铁路，总长20千米。1913年，泰谷轮船公司在寿光羊角沟港设立办事机构，由“闽江”“沙市”两艘客货混装船承运，开通羊角沟—龙口—烟台之间的客货海上运输。这是潍坊境内最早的定期客轮。1920年10月17日，烟台—潍县公路开始测量，这是山东兴办汽车运输业的开端。

1912—1937年，华丰机器厂等几家铁工厂仿制日本“石丸式”脚踏织布机，替代了纺织企业沿用数百年的木质结构纺织机，提高了生产效率。到1937年全面抗战爆发前夕，华丰机器厂培养了1000多名技术工人。1930年，大华机器染厂建成投产，开创了山东省机械印染业的先河。设备有烧毛机、染槽、烘干机、拉宽机、挤水机、水洗机、叠布机等，全部从日本引进，“运用间歇式卷装工艺染制各种色布”，产品质量优于作坊生产，效率提高了50—100倍。

1918年，马惠阶等人筹资3万元，创办了“坊子电灯公司”。1921年又集资10万元，在市区的南关后伙巷创建了“潍坊电灯公司”，用75千瓦发电机发电，供城区照明。潍坊市区的主要企业、机关和部分居民开始用上了照明电灯。1940 年，日本侵略者投资 100 万元，在今潍坊市坊子区徐家大路村附近强行征地 200 亩，组建坊子发电所。1942 年 2 月正式运营发电，装机容量 3000 千瓦，取代了坊子、潍县和铁路用电的小型发电机组。1940 年，日伪经营的鲁东电力公司益都营业所在益都城北关西河滩建设益都发电所。

1920 年，滕虎忱集资兴建华丰机器厂，开始研制柴油机。1931 年从英国引进柴油机样机和精密关键设备，次年秋试制成功第一台单缸低速卧式 15 马力柴油机，这是中国长江以北最早的柴油机，质量不亚于英国产品。1934 年，在北京太庙举办的展览会上，华丰柴油机获超等奖，研发成功、后续投产形成了 8 马力、25 马力、40 马力三种柴油机，1949 年研制生产仿德国 1200 型每分钟 360 转的单缸低速 11 马力柴油机 4 台。

图 4-4-2　华丰机器厂外貌

潍坊在民国年间的著名科学家有：

机械专家徐宝陞（1912—2007），又名廼霆，昌邑市饮马镇刘家埠村人，是 20 世纪世界上连续铸锭的开拓者。

船舶专家王公衡（1906—1987），原名王世铨，潍坊市人。1948 年，作为中国政府代表，出席“一九四八年国际海上人命安全会议”，参与制订和翻译《一九四八年国际海上人命安全公约》。

航海技术专家金月石（1893—1977），满族，青州北城人，是我国最早的海轮船长，对我国的航运事业贡献卓著，是一位爱国航海家，为中国收回了航权和引水权，培训建设起国家第一支引水员人才队伍。

力学专家刘先志（1906—1990），字士心，高密市周戈庄人，在国内外享有盛誉，为我国的教育和现代科学事业作出了重要贡献。

汽车专家李嘉会（1899—1975），寿光市上口镇李家南邵人。著有《汽车构造与原理》《实用汽车电学》等。

## 三、天文地理

清末民初，中国的地质理论与勘探技术几乎空白，潍坊境内的煤炭资源勘探由德、日殖民者控制。1914 年，日本北支那开发株式会社调查局在昌乐五图一带进行煤田地质调查，撰写了地质调查报告，绘制了 1∶5000 的五图地质图。1914 年春，德国工程师欧德尔曼对坊子煤田进行了调查，认为坊子煤矿已无可采煤层存在，[①] 德国山东矿产公司决定放弃坊子煤矿。

栾来宗（1857—1927），寒亭区华疃村人。他认为天气有 59 年小周期和 237 年大周期，开创了行星影响大气的理论，留下了一套启迪后人如何运用的法则，使其接力者栾巨庆终于完成了世界上第一部解开天气异变之谜的学术专著——《星体运动与长期天气地震预报》。栾来宗的《天文与农时》全书分 12 篇，记录了 30 多年的潍坊市物候、农作物丰歉、天气变化等基础资料。

王锡恩（1872—1932），字泽溥（泽普），青州市高柳镇东王车村人。清光绪二十四年（1898）毕业于登州文会馆，后留校。历任登州文会馆、

① 潍坊市地方史志编纂委员会编：《潍坊市志》，中央文献出版社 1995 年版，第 544 页。

山东大学堂和广文学堂教习。1917 年，齐鲁大学建立，任天文算学系（天算系）教授兼主任至去世，是当时齐鲁大学各系主任中唯一的中国人。著有《实用天文学》《力学测算》《图解三角》《勾股演代》等。

刘恩兰（1905—1986），昌乐县红河镇东石山子村人。1938 年入英国牛津大学研究院攻读，完成《中国农业气象》博士论文，获博士学位，成为中国第一个自然地理女博士。刘恩兰学术研究成果丰硕，著有《中国雨量变化》《中国雨量变率的研究》《河西走廊经济发展中的地理条件》《川西之高山聚落》等。

秦馨菱（1915—2003），昌乐县鄌郚镇高崖村人。南京沦陷后，秦馨菱随李善邦从事地质勘探工作，先后测绘出攀枝山、尖包包山和金沙江畔倒马坎三幅地形图，进行了多处槽探和磁力线剖面探测，仔细制作了地质填图和标注，采集了含钛磁铁矿的矿石标本。她的发现为攀枝花大型钢铁基地的诞生提供了重要信息。1941 年，秦馨菱协助李善邦试制成功一套水平摆地震仪，命名为"霓式地震仪"。秦馨菱利用这台机器记录了 109 次地震，这是继东汉张衡发明地动仪之后，中国人又一次用自己制造的仪器观测研究地震。

朱树屏（1907—1976），字锦亭，号叔平，昌邑市北孟镇人。1942—1945 年，朱树屏受聘英国普利茅斯海洋研究所研究员，转英国淡水生物研究所，担任英国淡水生物协会淡水化学部主任、浮游生物学部主任，亲自考察了英伦三岛的海岸和大小湖泊。1943—1945 年，朱树屏连续获得英国海洋生物学会雷兰克斯特研究奖，李约瑟称他为"世界著名的藻类学家"。1946 年 5 月，朱树屏受聘为美国伍兹霍尔海洋研究所高级研究员，创建了高水平的实验室，发表了《浮游植物对有机磷的作用》《海洋硅藻无菌栽培技术》《朱氏人工海水》等在国际学术界极有影响的研究成果。以他的名字命名的朱氏人工海水培养液是人工海水研究史上的里程碑，至今在国际上被广泛采用，其中"朱氏 10 方法"被列入国际标准经典配方。1947 年，朱树屏在山东大学创办水产系，任系主任，主持创设海捞、养殖、加工三个专业，这是我国第一个水产本科教育，为国家培养了大批水生物化学人才。

吴克明（1898—1977），青州市城区偶园街人。1919年在济南齐鲁大学毕业，留校在化学系任教。1929年，前往苏联、波兰、瑞士等八国参观，并到美国欧柏林大学研究院学习化学，获硕士学位，曾发明三种镉之磷酸盐。1931年归国后，继任铭贤学校教员兼训导主任。1945年秋，任齐鲁大学校长。1951年后，先后在山西大学、太原工学院、山西化工学院任教授，是我国知名的化学与化学防毒专家。

## 四、医疗卫生

### （一）西医西药的兴起

最初的西医治疗机构、人才来自西方教会。今潍坊市区的西医治疗开启于潍县乐道院附设诊所。1911年，张羡祯在今市区东关开设济坤药房，应诊妇产科，开始使用新法接生。此后，各地陆续有西医诊所、药房兴办，从业人员多为教会培养的医护人才。

20世纪20年代后期，西医西药逐渐被普通民众接受。同时，毕业于医学院校的专业人员渐渐增多，大多在城镇设立诊所，私营的西医西药业迅速发展，在20世纪30年代进入兴盛期。这时，诊所与药房并存，至胶济铁路沿线沦陷前，在潍县城区有惠东、亚东，在高密有永安医院，经营有一定规模，颇具声名。

除了建设医疗机构，教会还举办具有西方特色的现代医学专门学校培养专业人员。

魏一斋（1906—1975），曾用名魏兴谦，寿光市洛城街道孙家庄村人，就读于耶稣教会举办的本村小学和文华中学，1927年考入济南的齐鲁大学医学院，走上了从医之路。1939年至1947年1月，魏一斋出任延安中央医院医务主任、院长。1947年1月至1948年4月，任联防司令部重伤医院院长。在延安期间，魏一斋一直兼任中央医科大学教师，担任中共中央主要领导人的保健大夫，是边区医务工作者中的模范人物。1940年，毛泽东为他题词“为革命服务”，鼓励他干好医疗事业。

王福溢（1911—1970），安丘市大尚庄村人，毕业于齐鲁大学医学院，医学教授，著有《人体寄生虫学》《公共卫生学》《卫生学及保健组织》等。

到1949年，潍坊境内共有西医诊所46个，医师65人，医士117人，床位231张。除乐道院医院规模较大，其余均为小型诊所。

1925年，亚东大药房在潍县城区的大十字口路南的三间门市房开业，发起人是丁寿卿、毛宗山、程顺卿等。这时，人们对西药尚不能完全接受，亚东大药房为宣传西药，附设了亚东医院，设有门诊部、药剂室、产床等，高薪聘请齐鲁大学医学院毕业生孙明廉、邓仁德挂牌应诊。亚东重视西药房的专科知识，从社会上专门“公开招考”录用了张顺义等10名初中毕业生作为练习生。这种招考录取人才的方法开创了潍坊医药界的先河。

潍县城区的另一个医药巨头是惠东大药房。1934年，派副总经理魏子宜到日本考察西药生产，返潍后办起了惠东制药厂，号称华北第一家。惠东大药房的西药经营业务远及济南、青岛、西安、郑州、成都、兰州等城市。这时的惠东已经集店、药、医院于一体。

在西医医学科研方面，临朐人冯兰洲（1903—1972）是我国著名的寄生虫学家，医学昆虫专家，中国医学科学院寄生虫病研究所所长，中国科学院生物学学部委员。

在医学寄生虫学的研究方面，还有昌乐县高崖村人秦耀庭（1889—1978）教授，同样贡献卓著。

（二）西医医院的发端

清光绪八年（1882），纽约北美长老会拨款在今潍坊市区的李家庄建设乐道院，附设诊所。1889年，乐道院增建了药房等经营设施，Mary Brown、William Faries 等3名美国医生、护士受聘从美国到潍县服务，建立医院。1925年定名为“潍县基督教医院”，由华籍医生张执符任院长，合并男女分院，设立内、外、妇、儿、产各科及手术室、X光室、化验室等，有病床72张，职工80余人。该院的技术强项是开展肠梗阻、肠穿孔手术，就诊者远及高密、平度、沂水等地，是省内屈指可数的大医院。1929年底，医院停办。次年，美籍医生梅仁德任院长，主持重新开业。1934年后，先后由美籍医生章和鸣、巴路德继任院长。20世纪30年代，医院附设护校四班的大多数男生和部分职员共30多人投身抗日，加入国民政府组建的第三后方医院。太平洋战争爆发后，日军占领乐道院并将其改建为集中营，医院成为集中营的医务所，医院的医疗器械和基础设施遭到严重破坏。1945年日军投降后，华籍牧师黄乐德接管乐道院，恢复了医院并兼任院长，于1946年元旦开业，有职工40多人，设内外两个科，病床50张。3月，恢复护士学校。不久，美籍牧师芮道明、医生梅仁德到潍，组织成立了乐道院复兴委员会，梅仁德再次出任院长，联合国救济总署拨物资充实了医疗器械设备。1948年春潍县战役前夕，美籍人员离开乐道院。1948年4月9日，中国人民解放军入城部队派驻工作组到医院，5月改称潍坊特别市乐道院医院。1949年1月，改称潍坊特别市市立医院，潍坊特别市政府给予经济补贴。这就是今潍坊市人民医院的前身。

清光绪十年（1884），英国基督教浸礼会传教士武成献在青州城里建浸礼会施医所。1892年扩建，定名为广德医院，有医护人员30多人，1928年左右的极盛时期，员工超过50人，配备有X光机、万能手术床、显微镜等，开设腹部、四肢、眼科手术，平均每天门诊量70多人次。1938年，日本人接管医院。1946年青州解放后，解放军接管医院，华东军区卫生部进驻医院，1947年撤离，医院停业。1948年青州二次解放后，中共昌潍地委机关曾迁驻该院，继而由专属直属医院接管。几经沿革，成为今潍坊市益都中心医院，是潍坊西部的医疗服务中心。

较著名的教会医院还有两所：一是诸城的神德医院（1887—1930），二是高密的瑞华医院（1919—1926）。

民国年间，政府建设的公立医院有昌乐县医院（1935）、潍县卫生院（1945）、安丘县卫生院（1946）。

民国年间，日伪政权建设的公立医院主要有日伪高密县立医院（1938）、日伪潍县县立医院两所。1940 年，台湾籍人郑英博在潍县城区的南坝崖创办了英博大药房，附设英博医院。1942 年，日伪潍县县政府购买原私立英博医院的房产设备，组建成立县立医院。1945 年抗战胜利后，被国民政府接管改为战场后方医院，收治军队伤病员。

中共民主政权建设的医院有滨北医院（1944—1949）、坊子临时医院（1948—1949）、昌北治疗所（1944—1946）、昌邑益民医院（1948—1949）等。

于少卿（1898—1980），原名于绍庆，字复先，寒亭区寒亭街道寒亭二村人。在医疗健康、公共卫生管理方面的创新与成就尤为突出。1943 年秋至次年 2 月，他组建流动手术队随缅甸远征军开展救护工作，被远征军总司令关汉骞授予少将参议。于少卿献身医学教育事业，在极其艰难的抗战环境中坚持从事军医教育。1945 年冬，接办广东陆军总医院，任少将院长至 1947 年。去台湾数年后，又随亲属到美国生活。

邢明（1901—1972），原名邢京东，曾用名邢惠卿、马迁，潍坊市寒亭区站后村人。1938 年 8 月，邢明在烟台、黄县等地动员组织了一批医务人员，创建了胶东八路军第一个后方医院，任院长。1945 年后，邢明又领导组建了东海、南海、西海三个医院。在宋庆龄的资助下，邢明筹建了胶东国防和平医院。到 1949 年之前，邢明历任胶东第三军卫生部部长、后方医院院长、胶东行署卫生局局长、胶东军区卫生部部长等职，为驻地农村群众的传染病、流行病治疗作出了贡献。

### （三）中医药业

民国时期，药店设有坐堂医生，是民众看病就医的主要场所。王万春堂眼药老店创办于清顺治元年（1644），创始人王庆宇，起初在潍县城区的东门瓮城外设摊卖药，以后在官府新建的三间瓦房内经营，主营自制的杏核丹眼药、拨云散、扫乌丹、上清散、明目退翳散和拔毒膏等。

1920 年，今潍坊市区的惠东大药房，在东关沙子岭开业，创办人魏子宜、张执符、何纫秋，在全国 7 个城市设有分号。1925 年，惠东大药房附设的惠东医院开业，这是潍坊境内医疗卫生业实现医院与药店分设的开端，[①]所需西药制剂主要依赖进口。

抗战时期，日伪政权统治下，潍坊境内医药行业惨淡经营，惠东、亚东等大商号陷入厄运。

抗战胜利后，小型诊所、药房的开办数量略有增加。1949 年 7 月统计，今潍县城区内有西药房 23 家，诊所 38 家，镶牙馆 12 家。[②]

青州“金城顺”药店在上海、郑州、丹东、沈阳、张家口、香港等地设有行栈，专收道地药材。潍县城区的“颐寿昌”药店派员到京、津、川、穗等药材集散地坐庄收购。“颐和堂”孙家药铺原本是自家经营的传统名号，从经理到店员都是孙家子孙。民国以后，孙家开始聘用外姓人做经理，先后有李洪昌、张重光、宋聆之等，孙家仅以资方出现。随着孙家子孙繁衍，1945 年春，水巷子孙家和金巷子孙家提出分号，从此颐和堂分为两家。

清末民初，兵荒马乱，民众饱受战争之苦，骨伤疾病成为人们心头的阴影。潍坊市寒亭区双杨镇华疃村人栾景宣结合祖传秘方，试验成功了“华疃正骨”康复手法和“栾氏膏药”，历经栾同成改进创新，治愈率超过 95%，影响省内外，声名远播。

私营药店的中药炮制倡行“雷公十七法”，常用的炮制工具有药碾、药锅、药匾、药筒、药筛，名店名医的炮制工艺考究。潍县城区的“颐和堂”“王万春堂”“颐寿昌”和青州城的“金城顺”等百年老店炮制的中药名闻遐迩。“颐寿昌”药店在 1932 年前后拥有房产 80 余间，库存名贵药材 20 万公斤，[③]常年雇佣店员 30 余人，经营的药材遍销省内外。当然，利欲熏心的店主和江湖游医出售的假药也不少，比如用密制凉席草当作密制麻黄、寒水石加工后当炉甘石、滑石粉加醋加铜末当自然铜等假药就常年出现在药材市场上。

① 潍坊市奎文区档案局编：《老潍县中医》，中国文史出版社 2015 年版，第 6 页。
② 潍坊市地方史志编纂委员会编：《潍坊市志》，中央文献出版社 1995 年版，第 1426 页。
③ 潍坊市奎文区档案局编：《老潍县中医》，中国文史出版社 2015 年版，第 48 页。

民国年间，诸城白龙山和昌乐木梁台的药会闻名遐迩。白龙山又称虹霓山，位于诸城市百尺河村附近，每年农历二月十五日、四月初八日、六月初八日、十月十五日是山会。以二月和十月的山会交易尤为兴隆，交易货物主要是药材，故称“白龙山药会”。[1]白龙山药会起源于东汉末年，持续已近2000年。据《诸城县乡土志》记载，民国二十年（1931）之前的山会在二月和十月持续三五天，全国药商竞相赴会。历届山会会主由白龙寺和尚担任，副会主由高密、诸城的药店掌柜担任。1954年药会停止。

民国时代传承下来的著名中成药有王树奎祖传保坤丹、张绍文的张氏接骨散、沈余庆家传七代的古方将军丹，都是潍坊籍中成药学家留下的宝贵财富，至今仍发挥着救死扶伤作用。

1929年，民国政府发布“废止旧医案”，遭到中医界人士的强烈反对。在舆论的压力下，民国政府成立了中医审查委员会，推行中医考试、遴选合格者颁发证书的方法，加强对中医药的管理。昌乐、临朐等县进行了这种资格考试，类似于现在的执业资格考试。受战争影响，从1938年开始中医药业日渐萧条，到1949年之前，著名中医尚能独立，一般中医仅能维持生计。青州的王乐山、邵林书、吴云图等内耳眼三科皆通。胡澄治麻疹、王荫远疗瘟疫、王英魁擅针灸，在临朐一带颇有名气。昌邑王汉礼擅妇科、儿科，尤长豆疹，享有盛誉；还有朱良玉长于外科，救危济困，名扬四方；更有尹化远、温德珩、魏孔举等尊崇黄元御，传承“黄氏八种”，成为黄氏中医流派的传人。名医王乐山在1938年民国山东省政府官医考试中名列第二。著名的中医还有刘贯一、邢明等，而名医蒯仰山、郭谷石、王彝民、王玉润、孙来朋等在新中国成立后成为发展中医药事业的中坚力量，冯鹤年、丁瑞麟等成为省城名医。

蔡玉珂（1830—1923），又名蔡玉恪，字敬林，晚年乡谥“蔡恪老人”。名中医，潍坊高新区清池街道办事处于家庄人。少时勤奋好学，早年任村塾

① 潍坊市地方史志编纂委员会编：《潍坊市志》，中央文献出版社1995年版，第1455页。

教师，自学成为远近闻名的中医。擅长外科，在治疗疮疡方面技术尤为精湛。精研《医宗金鉴》，结合实际，有所创新，著有《内外经验良方》和《外科辑要》。

冯鹤年（1893—1974），字鸣九，中医学家，临朐县冶源镇泉庄人，世传中医，称誉乡里。从医60余年，擅长中医内科、妇科、肿瘤杂症等，医德高尚，是颇负盛名的临床专家。

蒯仰山（1905—1968），字洪涛，儿科名医，潍坊市潍城区城里人。对婴幼儿麻、痘、惊、疳四大症有深入研究和独到见解。

## 第五节　文　学

民国时期，潍坊籍的文学家在反帝反封建、谋求中华民族生存的紧要时刻，利用文学唤醒民众，传播自由、民主、独立的思想，撒播科学、文明、进步的种子，在文学发展史上留下了浓墨重彩的一笔。

### 一、民国初年的文学

民国初年，社会动荡，政局不稳，各种形式的文学作品深刻反映了这种时代特点。从1911年辛亥革命到1919年五四文学革命前，是潍坊文学创作活动的新旧过渡期。

张公制（1876—1966），原名介礼，字公制。安丘县城里人。清光绪二十八年（1902）中举人。清宣统元年（1909）七月当选为山东省咨议局议员。次年因曲诗文案，被社会进步舆论赞为“鲁东六君子”。1912年在济南与丁佛言组织共和党支部（翌年改进步党）并当选为部长。1913年第一届山东省议会成立，当选为议长。张公制为“高密诗派”殿军，吟诗成癖。清末民初，与县内知名人士共建渠亭吟社，曾汇编石印《渠亭吟社诗草》。自1912年至七七事变共写诗200余首，1945年又将1937年至1945年的诗作汇编为《奇觚集》。此外还著有《济南杂诗》《军阀统治山东时期纪事诗》等。

辛亥革命前后，刘大同追随孙中山参加革命活动，他在《岭南吟百二首》中写道："顾留夷齐骨，上撑不情天。"1918 年春，长诗《九哭黄花岗》问世，1920 年被镌刻在广州黄花岗七十二烈士墓道碑上，此外还有《吊黄花岗七十二烈士墓》。

拥有革命理想、诗词情怀的革命家还有陈干。1911 年，陈干出任淮泗讨虏军北伐司令，从凤阳起兵，有《江南有感》诗。1913 年 4 月，陈干编辑出版了诗文集《倥偬集》。

王尽美，这位青年革命者诗情豪放，其诗作带有特别的思想情感。1918年春，王尽美时年20岁，离开潍河边的小村庄到济南寻求真理，赋诗《沉浮谁主问苍茫》。

诸城还有一位革命的觉醒者隋理堂。1911 年武昌起义后，隋理堂在村里开展破除迷信、倡导现代文明生活的革命活动。隋理堂自己写的春节对联是"文明进化，世界大同"，倡导废除腊月二十三辞灶风俗。

1909 年 1 月开始的 3 年里，隋理堂的民主革命引路人刘冠三游遍 300 多个县，宣传革命思想，在泰山上留下的诗作表达了他的信念、胸怀、追求和理想。

1918 年，丁锡纶与王统照、丁东斋等组织"潜社"，由老师傅丙鉴主持社务。丁锡纶早年的诗词内容多写个人生活与感受，这个时期有了描写社会生活的作品。

潍县人陈天泽创作了长篇章回体武侠小说《连环剑》《波光剑影》等，出人意料地获得成功。小说脍炙人口，出版后畅销全国。不过，这种纯粹娱乐功能的文学创作，不是民国文学的主流。

王统照 1913 年创作章回体小说《剑花痕》，1916 年发表文言小说《新生活》、创作话剧剧本《云南起义》。从这些创作活动来看，青年王统照一开始便涉猎多种文学形式，尝试适合自己文学创作的方向。

## 二、五四时期的文学

陈干在五四时期创作了不少诗文，但没有受到五四新文学运动的影响。

五四运动及其后，王统照、臧克家、陶钝主动接受新文化的洗礼，在创作思想、创作手法上迅速成长为中国文学史上的艺术巨匠。五四运动时期，潍坊境内进步知识分子发表的诗歌，大多宣传反帝爱国思想，传播新文化新思想。1916 年，王统照发表新体诗集《童心》，以诗人的面貌与五四新文坛握手。

五四时期潍坊文学的繁荣，表现在张眺、孟超、崔嵬等为代表的左翼作家群的出现，他们的文学创作活动带有鼓吹革命的性质，是革命文学的重要组成部分。

张眺（1901—1934），1927 年之前创作的《晚潮》和《白骨塔》是两篇反映婚姻问题的小说，反映了对社会生活的思考，认为革命对于爱情是一种解放。张眺以文学艺术作为战斗武器，批判旧世界，号召人们走向革命队伍，成为大革命时期的喇叭手。[①]

孟超（1902—1976），1927 年出版第一部诗集《候》，标志着以新诗人的面貌出现在中国文坛上。1928 年初，孟超和蒋光慈等人组织的“太阳社”在上海成立，出版《太阳月刊》，创办春野书店，充当了革命文学的先锋。1929 年秋，孟超参与筹建中国左翼作家联盟。11 月，上海艺术剧社成立，他与夏衍、郑伯奇、冯乃超等是早期的创始人，对左翼戏剧运动的发展起了推动作用。

跟左翼的革命文学不同，代表士绅文学的丁锡纶继续按部就班地在文坛上精耕细作。

---

① 政协潍坊市寒亭区委编：《寒亭文史大观》，2005 年，第 184 页。

## 三、20世纪三四十年代的文学

20世纪30年代是新文学的繁荣期，这种繁荣体现在潍坊地域就是新体诗大量出现、白话文的纪实文学和游记散文登上时代舞台，文学社团、文学期刊进一步增多。

在文学社团发展上，潍坊文学界发生了两件影响中国文学史的大事：

一是1930年7月，在“左联”的帮助下，上海美术界进步人士联合全国各地的美术界名人，发起成立了左翼美术家联盟。寒亭人张眺作为“一八艺社”的代表参加了成立大会，成为中国共产党在“美联”的主要负责人。

二是1935年夏天，孟超召集王统照、臧克家、老舍、洪深、吴伯箫等人在青岛创办文艺副刊《避暑录话》，随《青岛民报》发行，成为固定的撰稿人，在全国的文学艺术界传为美谈。

这个时期，潍坊的诗歌创作继续着民国初期以来的繁荣，所不同的是，白话新体诗代替韵律诗词成为主流，张眺、王翔千、臧克家等有不少诗作问世。其中臧克家的诗集《烙印》于1932年出版，第一次完整展示了臧克家的新体诗诗品和在文学史上的地位。1930年3月22日，张眺的新体诗《将来》显示了一个革命文学吹鼓手进行不断革命的迫切心情。

臧亦蘧（1903—1946），名瑗望，笔名一石，异名“多问之”，今诸城市吕标镇臧家庄人，酷爱新诗。1922年得到鲁迅、王统照的赏识。[①]在王统照的帮助下，臧亦蘧出版了第二本诗集《霜》。1927年出版诗集《茶炉主》，1925—1932年的7年间先后出版了《弦响》《霜》《碎鞋诗集》三部新体诗诗集。臧克家是臧一蘧族侄，在新诗创作中两人建立了深厚的友谊。臧一蘧在求学和生活上对臧克家帮助很大，1928年前后，两人形影不离，一起谈心、畅游、论诗、写诗、改诗。为此，臧克家称臧一蘧是他思想的启蒙者、新诗创作的领路人。

---

① 鲁迅：《鲁迅日记》，人民文学出版社1976年版，第447、466～467页。

在小说方面，突出代表是作家张眺。张眺首先是一个革命者，他的创作活动是建立在革命实践基础上的。他在短暂的生命旅途中留下的优秀作品，包括小说、古体诗和新体诗、漫画，都是他在20世纪二三十年代所从事革命活动的文学影像。特别是20世纪30年代，张眺的创作进入了成熟期，为红色革命文学留下了难忘的记忆。其小说《村中》于1931年12月发表在“左联”机关刊物《北斗》第一卷第四期上，作品把握住了中央红军反“围剿”这一重大题材，用辛辣的笔墨揭露了蒋介石背叛革命、屠杀革命群众的罪行。1932年小说《月台上》《开辟》先后发表在“左联”机关刊物《文学月报》上，作品用现实主义笔法，以对工人阶级的熟知和饱满的热情，直接反映出中国共产党领导工人团结奋斗的生活。张眺由此以崭新的姿态，在左翼文坛上崭露头角，作品的生命力至今还存在。①

孟超于1930年3月加入左联，成为中国共产党领导下的文艺战士。1935年夏，孟超在青岛与王统照、臧克家、老舍等人创办《避暑录话》文艺副刊，做起了撰稿人。1939年夏赴桂林工作，致力于杂文和历史小说创作；1940年8月，与夏衍等人创办杂文刊物《野草》，撰写杂文抨击时弊，宣传抗日。

民国时代，“沉樱文学”是个优美的存在。沉樱（1907—1988），原名陈锳，1907年出生于今潍坊市潍城区胡家牌坊街一个知识分子家庭。沉樱与张眺早年小说的取材相同，但思想不同。沉樱的小说多着笔于爱情与婚姻，思考狂热爱情下的婚姻危机，作品具有一定的思想性和艺术性。沉樱在抗战之前的作品有《夜阑》《某少女》《喜筵之后》等小说集，代表作有《妻》（成名作，署名小铃）、《回家》（署名陈因）。

1941年10月，丁锡纶把自己的诗作刊印成诗集《枕戈集》，封面依然题写《养静轩诗草》，存诗作42首，选取了作者在安丘、诸城山区参加抗日时的诗作，内容既有战场硝烟味道，也有战斗生活叙述，表达了作者在战

① 张以让主编：《百年张眺》，华夏文化艺术出版社1984年版，第1页。

斗间隙的所思所想，吐露了爱家爱国的文人情怀。

抗战期间，王希坚在中国共产党领导的刊物《山东群众》《群众文化》任主编。抗战胜利后，1946 年创作了长篇小说《地覆天翻记》，1947 年 5 月由华东新华书店出版，这是王希坚的成名作和代表作。这部长篇小说采用章回体结构，分 22 回，语言采取人民群众喜闻乐见的民歌快板书式，以鲁南革命根据地莲花汪为背景，围绕减租减息、建立政权、“反扫荡”等内容，形象生动地展示了在抗日战争时期，中国共产党领导的贫苦农民在斗争中逐渐觉醒和成长的过程。小说塑造了老年农民、青年农民、地主和农村干部等形象，故事通俗易懂，情节曲折，反映的生活真实、具体，富有生活气息，艺术感染力强。这部小说真实地描写了抗战时期共产党在农村开展的减租减息工作，具有重要的史料价值。

1940 年 8 月 20 日，孟超在桂林与夏衍、聂绀弩、宋云彬、秦似等人创办《野草》杂文月刊，由此得名“野草杂文流派”，在文风上继承鲁迅。孟超一直是“野草杂文流派”的核心创作成员。1941 年，孟超编辑出版《野草丛书》，把自己的杂文进行了选辑，在桂林出版杂文集《长夜集》。1943 年，又有杂文集《未偃草》出版。直到 1949 年，孟超“借古讽今”，发表了许多融知识性、趣味性、思想性于一体的杂文。

1937 年，刘白羽出版了第一部小说集《草原上》，从此走进文坛、走上文学创作之路。1938 年春，刘白羽到延安参加革命，创作了小说《龙烟村纪事》等。1944 年，刘白羽到重庆在《新华日报》担任副刊编辑，向大后方人民介绍了大量陕甘宁边区的信息。1946 年初开始，刘白羽先后在北平、东北战场担任新华社随军记者，亲身经历了东北、华北、华南各个战场的大多数战役，直到解放战争结束。这样的战斗生活经历成为刘白羽旺盛的创作源泉。刘白羽热情地刻画人民解放军指战员的英雄形象，创作了短篇小说《政治委员》《战火纷飞》《无敌三勇士》、中篇小说《火光在前》和报告文学集《为祖国而战》等。

胡刚、胡旭、胡可三兄弟是青州北城满族人，抗战爆发后，三兄弟先后加入共产党参加抗日，同在革命军队中一手拿枪、一手拿笔，从事文化宣传工作。胡刚曾任职于延安抗日军政大学，一生酷爱诗文创作，著有诗词专辑《丹枫集》。胡旭在晋察冀边区的“抗敌剧社”任社长，从事抗战宣传。胡可在河北参加共产党领导的抗战队伍之后开始了剧本创作，创作了话剧《戎冠秀》《清明节》等，1949 年创作的话剧《战斗里成长》轰动全国，先后被翻译成朝、日、俄、英等国文字，介绍到国际文学艺术界。该剧后来被改编成同名电影。

陶钝（1901—1996），原名徐宝梯，字步青、步云，诸城人。在曲艺方面，留下了名篇力作《书曲赞》。陶钝有良好的家学传承，自幼爱好文学，在五四运动中接受了新文学。1939 年，山东省文化协会成立，陶钝加入该组织，写了通俗文艺读物《廉蔺交欢》《火牛阵》等历史故事。受山东省政府教育处委托，陶钝编写了小学五六年级中国历史课本。陶钝在对联、诗词歌赋方面有浓厚的兴趣。1942 年，陶钝开始做文艺工作，践行文艺的民族化、大众化。不久，真实记录农民生活的记叙体短篇《上昇》问世，用“陶钝”这个笔名发表在《山东文化》上，开始了文学创作生涯。1943 年，陶钝开始致力于通俗文学的创作，接连发表了《马大娘探儿子》《刘秀娟卖豆腐》《新编杨桂香鼓词》以及短篇小说《上升》《黄犍》《麦黄杏》等，真实、生动地反映了中国共产党抗日民主政府领导下的根据地人民群众的斗争与生活。陶钝的巅峰之作是长篇唱本《新编杨桂香鼓词》。鼓词紧贴生活，语言质朴易懂，朗朗上口，深得群众喜爱，一时争相传诵。

## 四、王统照、臧克家与田仲济

### （一）王统照与文学研究会

王统照（1897—1957），字剑三，诸城人，新文学的先驱者之一，是从 20 世纪 20 年代开始影响中国文坛数十年的小说家、诗人、作家。

1913 年，王统照试笔章回体小说《剑花痕》。1918 年，在《妇女杂志》上发表第一篇白话短篇小说《纪念》，完成了文言长篇小说《苦学共产记》。

此后，艺术风格明显受鲁迅影响，陆续发表了小说《湖中的夜月》等。

1920年底，王统照参与创立文学研究会的筹备工作，先后参与编辑《曙光》《晨光》《晨报副刊·文学旬刊》《自由周刊》等报刊，为新文化、新文学运动摇旗呐喊。

1921年1月，文学研究会在北京正式成立，王统照被推为书记干事，负责文学研究会北京分会的会务工作。"文学研究会是现实主义文学流派的代表，影响较大、成绩卓著，标志着五四时期形成的文学革命逐步向革命文学迈进，五四新文学运动已经形成了自己的独立的队伍。"[①] 由此形成了民国文学的第一个创作高峰。

王统照是最早写白话长篇小说的作者之一，随着对现实生活实践与思考的不断深入，作家的视野不断扩大，表现人生社会的各种悲剧成为重要主题。1922年10月出版的第一部长篇小说《一叶》，是我国现代文学史上最早的长篇小说之一。1923年完成第二部长篇小说《黄昏》，由商务印书馆出版发行。这两部作品从不同的侧面描写时代知识青年的苦难人生，揭露缙商地主家庭的罪恶，反映了被欺凌被侮辱的弱女子的痛苦生活，具有鲜明的反封建思想倾向。在艺术水平上，这两部小说不如后来的长篇小说《山雨》成熟。短篇小说集《春雨之夜》于1924年出版、《霜痕》于1932年出版，这些小说以浪漫主义为主要倾向。

1932年王统照集中主要精力创作完成了描写中国北方农村的长篇小说《山雨》，1933年9月由上海开明书店出版发行，轰动文学界。《山雨》生动真实地再现了当时北方农村受军阀横征暴敛，兵匪劫掠蹂躏，地主豪绅剥削压迫，民不聊生的痛苦现状，有力地反映了日本帝国主义疯狂侵略下的民族危机。文学艺术界给予《山雨》以高度评价，茅盾认为《山雨》"在目前这文坛上，是应当引人注意的著作"，吴伯箫则把《子夜》与《山雨》同时出版的1933年誉为"子夜山雨季"。

---

① 茅盾：《关于"文学研究会"》，载《现代》第3卷第1期（1933年5月）。

1936年6月，中国文艺家协会召开成立大会，王统照是34个发起人之一，随后出任大型文艺杂志《文学》主编。10月1日，王统照与鲁迅、茅盾、郭沫若、巴金、林语堂、冰心等21人联名发表《文艺界同人为团结御侮与言论自由宣言》，这标志着中国文艺界抗日民族统一战线的初步形成。王统照为抗日救亡奔走呼号，发表了大量充满爱国热情的诗歌散文，有散文集《青纱帐》、诗集《夜行集》和长篇小说《春花》等。长篇小说《春花》由良友图书印刷公司精装印行，1948年5月晨光图书公司改版重印，易名为《春华》。

王统照是较早唱出民族解放战歌的重要诗人之一。1925年第一部诗集《童心》问世，收集了王统照在1919年到1924年写的新诗。这些诗叙述了对人生道路的思索和探求，充满着对黑暗现实的诅咒，透视出诗作者痛苦、悲愤的心情。继而出版诗集《这时代》《夜行集》，基于时代壮潮的激荡和思想水平的提高，诗的内容较前期思想深邃、格调昂扬。正是在这样的基础上，在民族存亡的历史时刻，诗人创作了以抗日救亡为主题的诗篇——《横吹集》和《江南曲》。

1945年夏，王统照携全家回青岛居住，王统照为《民言报》主编副刊《潮音》。抗战结束后，王统照被聘为山东大学中文系教授。

1949年7月2日，中华全国文学艺术工作者代表大会在北京开幕，王统照与会，受到毛泽东、周恩来的亲切接见，周恩来还题词纪念。他被誉为"文艺老战士，党的好朋友"[1]。

### （二）臧克家的诗与诗论

臧克家（1905—2004），号孝荃，今诸城市吕标镇臧家庄村人。1923年，臧克家试写新诗。1929年到青岛，进山东大学读书；年底在青岛《民国日报·恒河》发表新诗《默静在晚林中》，得到诗人闻一多的赏识和鼓励。

臧克家青年时期，受新月派诗人闻一多的影响甚大，诗风质朴严谨、

① 1957年11月29日，中共山东省委的挽联语。

图 4-5-1　臧克家铜像

凝练含蓄，给诗坛带来了新的生机。1932 年，臧克家开始大量发表新体诗，翌年出版第一部诗集《烙印》，由闻一多写序言，王统照等人集资自印。诗集出版后，得到茅盾、老舍等人的热情赞扬，国内较有影响的报刊，陆续发表了近 10 篇评介文章，诗人因而被称为“一九三三年的文学新人”。

1934 年，臧克家出版第二本诗集《罪恶的黑手》，大学毕业后写完了《自己的写照》和第三本诗集《运河》。抗战之前，是臧克家诗歌创作的早期。诗人执着于现实人生，关注下层群众，踏上了坚实的现实主义创作道路。三本抒情诗集勾画了北方农村动乱、破败凄凉的景象，描绘了挣扎在社会底层不幸的一群。

抗战时期，臧克家先后出版了《从军行》《泥淖集》、长诗《淮上吟》《呜咽的云烟》《向祖国》《泥土的歌》《古树的花朵》《国旗飘在雅雀尖》《感情的野马》等 12 个诗集；还出版了通讯报告集《津浦北线血战记》《随枣行》、散文集《我的诗生活》等。抗战时期，臧克家在重庆中华全国文艺界抗敌协会工作，从事诗歌创作，诗风较从前有明显变化，诗的意境趋于开阔，气势宏伟激越，语言洒脱自然，字里行间充满着抗战必胜的乐观主义精神。

1946 年，臧克家在上海主编《侨声报》副刊——《星河》《学诗》《文讯月刊》，参与组织星群出版公司，创办《诗创造》，出版《诗创造丛书》。抗战结束后，民主运动日益高涨，诗人把政治讽刺诗作为战斗武器，辑入《宝贝儿》《生命的零度》《冬天》。这些诗语言犀利、感情炽热，把愤怒的揭露与入骨的讽刺结合在一起。

1949年3月，臧克家从香港移居北京，任华北大学研究员，后任《诗刊》主编。1949年11月1日，臧克家为了纪念鲁迅逝世13周年而创作了《有的人》。

臧克家一生出版了26部诗集，同时他又是诗歌理论家。[1]1934年，臧克家在《太白》月刊上发表诗歌理论文章《新诗答问》。此后，臧克家对诗歌发表的个人见解结集为《诗与生活》等多部文艺随笔，形成了自己独具特色的理论体系。

臧克家是新诗苦吟派，注重字句的锤炼和意象的营构，坚持诗歌与现实相结合，表现人民疾苦的创作道路，是现代文学史上勤奋多产的著名诗人之一，对于中国现实主义诗歌的发展作出了重要贡献。

（三）田仲济的杂文与文学史论

田仲济（1907—2002），潍坊市潍城区人，学者、杂文家、文学史家、文学理论家。田仲济少年时在家乡读书，1929年夏天到上海中国公学社会科学院政治经济系学习，开始文学创作。1929年，田仲济在青岛创办《野光》文学周刊。1931年春，在《青岛时报》创办《处女地》文学周刊。1932年参与组织青年文化社，在济南创办《青年文化》，先是月刊，后改半月刊，直到1936年在上海停刊。抗战爆发后，田仲济参与抗日救亡行动，在西安创办《报告》半月刊。

田仲济早期的文学创作主要集中在杂文方面，单在1940年就发表杂文52篇，著名的有《变》等。1944年在重庆教书之际，与陈纪滢、姚雪垠组织微波社，出版《微波》月刊，编辑出版了10册《东方文艺丛书》。在重庆期间，田仲济的杂文创作进入丰收期，结集出版有《情虚集》《发微集》《夜间相》等，另有近百篇杂文见诸当时的报刊。这些杂文继承了五四文风，带有社会批判性质，成为民国社会的透视镜，闪耀着文学思想的光彩。

---

① 吕进：《臧克家：现实主义与中国风格》，载《文史哲》2004年第5期。

在重庆期间，田仲济编纂了中国现代文学史上第一部断代史——《中国抗战文艺史》。田仲济秉承以史带论、持中记事的方式，正确处理了文学与政治、历史的关系，认真审视文学史的学科性质，为现代文学史学科的最终确立作出了重要贡献。[①] 该书于 1944 年完成初稿，1947 年由上海现代出版社出版。后被日本汉学家波多太郎翻译成日文，于 1949 年在日本评论社出版。

20 世纪 40 年代，田仲济的学术成果有《新型文艺教程》《作文修辞与讲话》以及文学理论与评论著作《短篇小说作法》《杂文的艺术与修养》《小说的创作与鉴赏》，这些著作对中国现代文学理论体系的建构作出了积极贡献。

## 五、民歌的创作与流传

民歌，一般都有传唱地域范围和著名的传唱人物，若追根溯源，甚至可以找到最早版本的民歌创作人。

于清书（1905—1931），字画舫，潍坊市区前阙庄村人，是著名的民歌创作人。1929 年 3 月底，于清书为了组织工人罢工，赶写《妇女解放歌》《绑鬏工人歌》《工人创世界歌》等，教给于芝荣等 4 名女工党员，让她们分头暗地里教工友传唱。4 月 4 日，“恒盛德”90 余名女工齐集厂门前，高唱《绑鬏工人歌》。麦收时，短工们唱着于清书编的《短工罢市歌》。这些民歌成为群众斗争的工具，震动了鲁东地区各县。

王尽美创作的民歌被广泛传唱。1919 年夏，王尽美在家乡成立了反日会，到农村集市上演讲，利用《长江歌》的调子重新填写了爱国歌词，亲自指导群众演唱，激发和鼓舞了民众的爱国热情。为了广泛宣传革命道理，教育更多的群众，王尽美发挥自己的特长，编写了不少歌谣，这些歌谣思

① 赵树勤、刘若凌：《前无古人 后启来者——论田仲济〈中国抗战文艺史〉对中国现代文学的学术贡献》，载《中国文学研究》2009 年第 3 期。

图 4-5-2　王尽美故居外观

想明确、通俗易懂、押韵上口、易记易传。1923 年，王尽美编写了著名的《革命天才明》五首，使用《苏武牧羊》的曲谱，为不同社会阶层的群众填了新词，教群众演唱。内容类似、思想接近的民歌作品，还有《送郎参军》在青州附近传诵。

抗战时期，民歌的主流内容是反映救国存亡、表达美好生活愿望。寿光、高密、安丘等地的农民用民歌形式创作了《抗日小调》《打黄石板坡》《解放夏坡》《王大娘掩护八路军》《送战士》《募棉曲》等大量反映军民团结战斗的优秀作品。1948 年，潍坊特别市文工团创作了《新气象》等歌曲，收集民歌编排歌舞，广为流传。

## 第六节　艺　术

潍坊的艺术事业在民国时期一度繁荣。曲艺、戏剧、话剧、地方戏、电影、书画以及潍坊风筝、杨家埠木版年画、高密剪纸、扑灰年画、聂家庄泥塑等，丰富了潍坊的民国记忆。

## 一、曲艺

从清末到民国初年是潍坊曲艺活动的兴盛时期，有评词、鼓书、梅花调、莲花落、渔鼓、武老二、琴书等十多个曲种。民国时期，说书场遍布城乡，艺人们除说唱传统段子外，有时也把身边的社会现实编成段子说唱，涌现出一批较有社会影响力的曲艺艺人，在城乡各地承担了娱乐聚会、教育教化、价值观趋同、普及文学的功用。潍县城区白浪河畔有沙滩，号称“四十亩沙滩一头牛”，来去自由，是市场也是群众的娱乐场所。附近各县的商旅前来摆摊营业、现场献艺，曲艺表演、打拳卖艺、评书鼓戏、跑马魔术、京剧清唱等，应有尽有，尽人皆知——沙滩市场遍地是宝，能养活穷人。

国民政府县长厉文礼主政潍县期间，在今潍坊市区南坝崖街新建中华戏院，把临河地段开辟为“快活林”，专供评书和曲艺演出，成为闻名山东的娱乐场所。说书人演出场地设备简单，一般一条凳子、一张桌子，支一个大棚围场，演出最多时同时开 20 多家书场，白浪河书场成为潍坊人的业余文化生活记忆。

在众多说书艺人中，以潍县陈柱、诸城台五最有特色。

陈柱（约 1882—1926）早在民国成立前，陈柱就在白浪河沙滩书场上以说书为生，他极少袭用传统唱本，自编了通俗书目《本身传》《乱党传》《铁牛传》《乡绅传》等，内容大都是揭露社会黑暗，讽刺和怒斥官僚乡绅压榨迫害群众，曲折地抨击封建势力，表达人民群众对美好生活的向往。陈柱语言丰富、刻画人物形象细腻，所唱类似韵诵体山东快书，伴奏与数来宝相同，加之以陈柱那符合不同人物性格的神态、动作，让各种人物在书场上活灵活现，引人入胜。①

台五（1872—1948），原名台福云（台福元），诸城人。12 岁拜师习唱东路大鼓，15 岁出徒，18 岁已唱红家乡。20 岁时进青岛演唱一举成名，

---

① 山东省潍坊市文化局史志办公室编：《潍坊文化志》，齐鲁书社 1997 年版，第 372 页。

图 4-6-1　20 世纪 40 年代的潍县沙滩大集

而后曾到济南、烟台、徐州、沈阳、北京、太原、开封、南京等城市说书。台五唱腔高亢有力，婉转流畅，风度清雅，口齿利落，擅长演唱《金鞭记》《响马传》《包公案》《三国演义》《水浒传》等书。

民国年间，在坊子区、高密、昌邑、寿光、安丘、临朐、昌乐的集市、茶社等地方，都形成了较大的说书场，来自济南、烟台、滨州、济宁甚至河北的外地著名艺人流动到场说书。抗战爆发后，作为演出场合的集市处处萧条，曲艺生存面临绝境。民国中期，高密的 10 多位鼓书艺人组成了大鼓书曲艺队，一年四季走街串巷，在村头巷尾说唱故事，清脆的鼓点和悠扬的琴声消除了人们的疲劳。这在民国农村是最受欢迎的文艺形式，人们在大鼓书中获得精神满足。鼓书内容多是历史故事，如四大名著、说岳、说唐、大八义、小八义、八仙过海、包公放粮、乾隆下江南、白蛇传等。

## 二、戏剧

从清末到民国年间，有淄博、滨州一带的民间吕剧艺人来潍坊，在昌乐农村传授唱法，在今潍坊市区的白浪河沙滩、东关天蟾舞台演出谋生，吕剧逐渐成为潍坊民众喜闻乐见的戏剧形式，不过潍坊本地人没有作品和著名演员出现。在 20 世纪 20 年代，戏剧被潍坊人称作“文明戏”“新剧”，在诸城和青州等地开始上演，其内容大都在宣传新风俗、新文化、新思想，这种新的演出形式逐步赢得了观众。

### （一）话剧的发展与戏剧革新

1928 年下半年，丁信[①]任导演，在潍县城里的城隍庙广场戏台组织女学生表演话剧《孔雀东南飞》，丁信出演主角焦仲卿，彭淑英出演刘兰芝，这是潍县城历史上第一次话剧演出，轰动全城。全面抗战爆发后，为适应抗战救亡宣传的需要，话剧得到了迅猛发展。话剧工作者从生活中提炼民族精神和文学素材，创作出时代急需的精彩剧本，甚至亲自导演或演出，戏剧从来没有像抗战话剧这样走近生活、引领社会。

抗战期间，王绍洛（1909—1990）组建“抗战剧团”，演出活报剧《放下你的鞭子》《最后一课》《共赴国难》和话剧《维持会长的一家》等。在潍县，爱国青年郎益文、陈秉忱、郭味蕖、于希宁、成范武等20余人组建了“抗敌剧团”，排练了话剧《血洒卢沟桥》《黄河岸上》等，在剧场、街头、集市演出，广受欢迎。此外，在诸城、青州、高密等地，都有抗日话剧演出。抗战期间，中共领导的抗日武装建立了专业剧团，话剧、歌剧的创作与演出活动异常活跃。山东纵队八支队话剧团、西海军分区红旗剧团、渤海第三军分区宣传队等，活跃在各地的城镇乡村，演出《吴家小铺》《侵略者的末路》《圣战的恩惠》《白毛女》等话剧和歌剧，宣传抗日救亡。

李云鹤（1914—1991），名李淑蒙、李进孩，化名李鹤、张淑贞，电影艺名蓝苹，在延安时改名江青，诸城市东关街人。1929 年春，李云鹤考入山东省国民政府资助的实验剧院，从此走上文艺之路。1930 年底，李云鹤到青岛，加入了左翼剧联和左翼作联，投入海鸥剧社的活动，演出话剧《放下你的鞭子》等剧。1933 年离开青岛到上海，进入左翼戏剧界。跟随陶行知参加业余剧团的话剧演出，演出《杀害婴儿的凶手》。20 岁时，以艺名蓝苹成功扮演易卜生作品、章泯导演的《玩偶之家》中的娜拉，轰动了上海戏剧界。1937 年 7 月中旬，蓝苹赴延安。1938 年 4 月 10 日，鲁迅艺术学院在延安成立，江青担任戏剧系指导员，演出了话剧《被糟蹋了的人》《锁在

---

① 丁信（1909—1978），女，本名丁秀菱，字鉴蓉，潍坊市潍城区人。

柜子里》，改编并演出京剧《打渔杀家》。

王大化（1919—1946），潍坊市潍城区东关人。抗战初期，王大化创作了剧本《八百壮士》。1940 年，苏联名剧《马门教授》在陕北公学大礼堂上演，年仅 21 岁的王大化扮演剧中的老科学家马门洛克，成功塑造了该角色。1941 年春，中共中央组织部调王大化到鲁迅艺术学院戏剧系教朗诵和表演。其间，他演出了《海滨渔夫》《神手》《七七大活报》等。1943 年元旦，王大化、李波创作了《拥军花鼓》。王大化敲铜锣，李波打花鼓，边扭边跳边唱，桥儿沟的老百姓沸腾了，高兴地说："新秧歌太好了！"此后，王大化、李波、路由、安波等根据真人真事创作了秧歌剧《兄妹开荒》，塑造了延安新型青年农民的生动形象。这是延安文艺座谈会后结合社会实际的优秀作品。主角哥哥和妹妹分别由王大化和李波扮演。从此，王大化的名字便和《兄妹开荒》联系在了一起，"把我们老百姓的事儿，都编成了戏，过去是没有的"[①]。歌颂劳动、歌颂人民，这在戏剧艺术史上是前所未有的。随后，王大化和水华、马可、王家乙等人继续创作演出了《赵富贵自新》《张丕模锄奸》《二流子变英雄》等秧歌剧，还有多幕秧歌剧《周子山》、话剧《前线》等，均获得极大成功。1940 年冬，王大化被边区政府表彰为"甲级文教英雄"。1944 年冬到 1945 年春，延安鲁迅艺术学院创作大型民族歌剧《白毛女》，王大化跟贺敬之、舒强、丁毅一道创作歌词，和马克研究探讨音乐创新，在秧歌剧的基础上，探索创作出民族形式的新歌剧。王大化担任了首次演出的执行导演。《白毛女》的舞台演出经久不衰，获得了巨大成功，成为跨时代的艺术作品，誉满全国。1945 年 8 月，王大化随第一批东北干部团到东北，在沈阳成立了东北文工团，任戏剧部长。王大化是戏剧艺术方面的全才，参与创作和导演了话剧《祖国的土地》《我们的乡村》、秧歌剧《大特务》，导演了活报剧《东北人民大翻身》、话剧《合流》《把眼光放远点》等。1946 年 12 月 21 日，王大化在奔赴工作现场的途中

---

① 宋伯良：《人民艺术家王大化的一生》，见政协潍坊市委员会文史委编《潍坊文史资料选辑》（第一辑），1985 年，第 50 页。

牺牲，年仅 27 岁。新华社发了讣告电文，毛泽东批示授予他最高荣誉——“人民艺术家”。

在延安期间，潍坊有两位艺术家参加了延安文艺座谈会、参与了著名歌剧《白毛女》的创作与演出。一是潍城区的王大化，二是昌邑人王滨。

王滨于 1938 年初春到达延安，任鲁迅艺术学院实验剧团副团长和导演、戏剧系教授。1940 年，他导演了曹禺的四幕话剧《日出》，1942 年导演了苏联革命历史名剧《带枪的人》（与水华合作），参加了考涅楚克《前线》的导演工作。1944 年，王滨组织和参加了新歌剧《白毛女》的集体创作、演出和导演工作。抗战胜利后，王滨到胶东军区任文化部副部长。

崔嵬（1912—1979），原名崔景文，诸城人。1931 年在青岛组织海鸥剧社，改名崔嵬。[①]1932 年春，崔嵬加入青岛左翼戏剧家联盟并成为骨干。1933 年 2 月，崔嵬与杜建地合作，创新性地把《放下你的鞭子》改编成适合百姓观看的街头剧（也称为广场剧），改名为《饥饿线上》，经演不衰。1935 年 8 月，崔嵬到上海从事戏剧和电影活动。八·一三事变之后，崔嵬由一个爱国主义作家转变为无产阶级艺术家。1938 年 2 月，崔嵬到延安参加了鲁迅艺术学院的筹建工作，在戏剧系任教。

（二）茂腔

民国时代，随着戏剧人才的成长，本土戏剧——茂腔日趋定型，成为群众最欢迎的“家乡戏”。茂腔，源自本地剧种——周姑子戏。民间传说是一个姓周的道姑传下来的，因为观众大多是妇女，民国年间就有了“拴老婆橛子”之称。内容多涉及家庭矛盾，如婆媳、姑嫂、妯娌关系或者是男女爱情等，故事的主题多是惩恶扬善、追求美好生活的愿望。茂腔的角色只有小生、小旦、小丑、老旦、老末（净末之末），使用女演员，男女同台演出茂腔的剧目极其丰富，民间有赞词说“待要听，四大京”，东西南北四方的京城都有剧名；“看好戏，八大记”，如《绣鞋记》（又名《王定宝借当》）、

① 另据山东文艺出版社 1991 年版《难忘的历程》，记载时间是“在 1932 年，中共青岛大学支部领导成立了海鸥剧社”。

《空棺记》（又名《李天保吊孝》），还有《白蛇传》《梁祝》《蓝桥会》等，都是很受群众欢迎的剧目，在每个村子都有能随舞台演出跟唱几个片段的戏迷。

1920年开始，高密西南乡人范志礼戏班在青岛东镇的一个小戏院挂牌演出茂腔戏，营业三年之久。民国初年，高密出现了一位著名的茂腔艺人——常茂，教授徒弟多，专为大户人家唱戏哭丧，喜欢披猫皮学猫叫之声，由此形成了茂腔的代表行腔——“大悲调”。20世纪40年代初，人们渐渐不太喜欢“冒肘鼓”每句句末尾音翻高八度、频繁“打冒”的效果，唱腔发生了明显变化，演员逐渐减少了八度翻高次数，只是在花腔演唱的段落才使用“打冒”，唱腔形式更易掌握，艺术效果提升了。

1949年，高密的戏班艺人根据“打冒”的特点，取茂盛之意，谐其原音，“茂腔”的叫法逐渐传开，取代了“冒肘鼓”的称谓。根据地域语言差别，茂腔有东路、西路之分，胶州以东为东路茂腔，高密、诸城、安丘、胶南以西为西路茂腔。五四运动以后，茂腔出现了“时装戏”形式，内容多为针砭时弊。

茂腔的曲牌大都是从京剧、梆子等借用过来的，比如《满江红》《锁南枝》《耍孩儿》等。茂腔自有的曲牌不多，艺人们习惯称之为“胡琴褂”，有《驴耳朵》《四不像》《捻线》《三瞪眼》《播簸子》等，这些曲牌大多与当地人民的日常生活、风俗习惯、民间传说有密切联系，乡土气息浓重，格律要求不严，易于传承、接受，生活趣味性和艺术感染力强。

茂腔的板式有原板、二板、散板、摇扳，还有老母调、哭咪子、吆二三等，原板的基础上有大悠板，又称慢原板、大悲调、快原板等。

（三）京剧票友之乡

清末民初以来，潍坊是著名的京剧票友之乡，北京等地的京剧名角纷纷来潍献艺。

1929年，刘德美、刘寿山带领青岛东镇永安班近30名演职人员来到潍县（今潍坊市潍城区）地界长期演出。次年入住新落成的永乐戏院，结合四喜班的王永年、许世成等组成永乐戏院演出的固定班底，俗称“底包”。从此，潍坊境内有了固定的演出场所和相对固定的演出队伍。他们经常邀请京剧名家前来联袂演出，俗称“搬角儿”。著名京剧艺术家如李宗义、裘盛荣、程砚秋、尚小云、杨宝森、荀慧生、金少山、李万春等，都曾前来献艺，对提高潍坊京剧戏迷的欣赏水平和京剧团队的演出水平产生深远的影响，潍坊因此被称为全国著名的京剧票友之乡。

1930 年之前，潍坊没有专门的戏院，戏剧演出活动主要在农村进行，艺人们走村串寨，赶集进乡，每到一处，或封闭场院，或就地以绳结棚，场内收费。在潍县（今潍坊市潍城区）北关有个张家店，民间称为“戏子市”，来潍坊演出的演职人员和戏班大都在这店里居住，名角也不例外。店里设一个大院，草房数间，屋内是通铺，老幼尊卑都睡通铺。店老板照顾艺人，不必先交食宿费，食宿等费用由招徕演员演出的人代付，这是演出报酬的一部分。在这样的艺人群体里诞生了不少群众喜欢的时代名角儿。

1948 年 5 月，潍县战役刚结束，民间职业剧团——永乐戏院就恢复了正常的演出活动，著名剧作家马少波[①]亲自为该院排练了新编历史剧《闯王进京》。6 月，昌潍特区司令部成立文工队，壮大了戏剧队伍，编排《闯王进京》《王贵与李香香》等剧目，在全区巡回演出。还在淮海战役期间奔赴战场慰问演出，鼓舞了士气。1948 年 12 月，潍坊特别市文工团成立。翌年元月，排练了歌剧《解放》，到安徽慰问中国人民解放军第九纵队指战员。同时，潍坊特别市文工团成立后培养了 100 多名文艺工作者，成为共和国的优秀文艺人才，其中的郎咸芬[②]后来成为著名的吕剧表演艺术家。

著名京剧演员孙彦福（1879—1959），原名孙作辑，潍坊市寒亭区东南孙村人，工男旦。1890 年进入著名的张大友京剧班学习京剧，1905 年成立四喜班，常年在潍坊境内各县以及青岛、烟台等地演出，代表剧目有《断桥》

---

① 马少波（1918—2009），原名马志远，笔名苏扬、红石等，山东莱州人。文艺理论家，曾任中国艺术语言研究会会长等职。主编《中国京剧史》，代表作有京剧《木兰从军》《闯王进京》和话剧《岳云》等。

② 郎咸芬（1935—），女，山东寿光人，国家一级演员，国家级非物质文化遗产传承人，吕剧表演艺术家，代表作有《李二嫂改嫁》等。

《战宛城》《双怀印》《罗章跪楼》等。20 世纪 30 年代，孙彦福在济南演出，与著名京剧演员梅兰芳切磋艺术，受到高度评价。孙彦福没有正式上学堂念过书，全凭听、记，竟然掌握了 360 多出折子戏。他饰演的角色，不只是角色形象生动，更善于揭示人物的心理活动，被称为“潍县的梅兰芳”[1]。

王永祥（1878—1955），原籍山东省广饶县王家道口村，少年时逃荒到潍坊。8 岁时在莱州进戏班学戏，逐渐以花脸唱响，先后在烟台、北京等地演出，被赞为“山东圣人”“活张飞”，誉满南北。代表剧目有《芦花荡》《九江口》《金钱豹》《盗御马》等传统戏。

民国年间，潍坊著名演员还有老生郭全禄、张雨亭，丑旦山药豆（徐德修），丑角曹举、白亭子、何洪奎、张德旺、孙大喜、王全保等人。他们的角色形象和经典对白被潍坊数代戏迷传颂。

在剧本创作方面，潍县的丁尚志（1906—1965），字士修，潍县（今潍坊市潍城区）人，爱好京剧。丁尚志在北京辅仁大学英语系读书时，正值京剧四大名旦之一荀慧生声名大振。出于对荀慧生的敬慕，丁尚志根据《红楼梦》的有关情节，用业余时间专门为他创作了剧本《鸳鸯剑》，荀慧生阅读了剧本后大为赞赏，与编剧陈墨香研究改定为《红楼二尤》排演，荀慧生前饰尤三姐，后饰尤二姐。从 1932 年 3 月 11 日在北京哈尔飞戏院（今首都西单剧场）首演，连演三天，场场爆满，满城争传，报社竞评。《红楼二尤》成为荀派的经典代表剧目之一，亦是荀派六大悲剧之一，至今演出不衰。

## 三、电影

民国初年，潍县城区的东关石家巷子华东面粉厂、城隍庙戏楼和昌乐三清殿、昌邑东关等地是潍坊境内最早的电影放映场所，放映过《欧洲大战》《孤儿救母》《无底洞》等无声影片。1939 年，位于潍县城区南坝崖的中

---

① 政协潍坊市寒亭区委员会编：《寒亭文史大观》，2005 年，第 280 页。

华戏院改名为兴亚剧场，开始用35毫米放映机放映有声电影。潍坊人观看过故事片《千里送京娘》《灵与肉》《秋海棠》等影片。到了20世纪40年代，在青州、高密、寿光、诸城等地相继有了电影放映业，能够供观赏的影片没有什么变化。

1935年，国民政府潍县县长厉文礼主持拍摄了潍坊历史上第一部本土电影片——黑白无声影片《潍县大观》，成为潍坊历史上重要的真实影像资料。这是一部文献纪录片，成品片全长1650米，格式为每秒16格，用当时的标准放映机每分钟可以播放66米，正好播放25分钟。影片真实地记录了潍县（今潍坊市潍城区、奎文区）的政治、经济、军事、教育、文化、基础设施建设、交通与工商业等社会基本面貌，展现了风土民情，生活气息浓郁，是研究民国潍坊地方史和民国历史的珍贵影像资料。

潍坊电影成为一门艺术，是从王滨取得的艺术成就开始的。电影艺术家王滨（1912—1960），原名王绍杰，今昌邑市夏店村人，1930年考入上海联华影业公司在北平的演员养成所，进入电影界，次年就在故事片《故宫新怨》中担任主角。1935年，在上海受天一影片公司之聘，王滨任编剧，编写了剧本《母亲》《重归》，编导了《海葬》。《海葬》这部电影反映了在不公平的社会环境下，一个贫苦渔民家庭悲惨的生活遭遇，在创作思想上属于揭露旧制度罪恶的进步作品。由此，王滨经田汉、夏衍介绍加入左联影联。辽沈战役后，王滨奉调到东北主持成立了中国共产党领导的第一个电影制片厂——东北电影制片厂。1948年，王滨担任故事片《桥》的导演，这部歌颂工人阶级的影片在1949年上映，成为新中国第一部故事片。新中国成立后，王滨的电影艺术更入佳境，成为新中国电影事业的奠基人。

## 四、美术

民国年间，潍坊的书画有着广泛的大众化消费基础。“同志画社”把书画艺术的师徒相传习惯转变为社会化开放式的现代教育，传播了创作的知识与经验，为书画人才和书画名家名品的培育做了储备。1921年12月，潍县（今潍坊市潍城区）人郭兰村与同窗好友赫保真[①]、傅柳坪[②]三人组织“益社”，拜潍县著名书画家丁东斋、刘秩东为师，研讨国画。丁东斋建议继续发展益社。到1922年，参与活动的逐渐有20多人，特别是著名书画家丁锡纶等人的参与,壮大了这支国画研究队伍。“同志画社”是由10人发起成立的，社长丁锡纶为其定名。规定：自民国十一年（1922）九月建社，每周聚会一次，交作品一幅，一起评阅，互相切磋。民国十二年（1923）农历二月，“同志画社”借用丁氏私立小学南门里校舍举办了第一次国画展览会，展出社员作品，引起社会各界的关注，带动潍坊画坛一时活跃起来。潍县沦陷后，“同志画社”活动终止。

潍县书画艺术源远流长，代不乏人，是著名的书画之乡。郭味蕖（1908—1971），原名忻，后改慰劬、味蘧、味蕖；曾用别号汾阳王孙、浮翁，晚号散翁；堂号知鱼堂、二湘堂、疏园等。出生于潍县名门郭氏，其外公家族是潍县名门陈氏。郭味蕖自幼受到良好的书画艺术熏陶。五四运动后，郭味蕖随地方名家丁东斋学习国画，1924年得到花鸟画家刘秩东指导。1929年考入上海艺术专科学校西洋画系，随倪贻德学习素描、水彩、油画。1932年6月，郭味蕖在济南举办个人画展，展品有西画、国画。随后参加了家乡的“同志画社”，加深了对国画的讨论和研究。1937年春，郭味蕖考入北平故宫博物院古物陈列所古画研究室,随黄宾虹学习画史、画论及鉴赏,着手编写《宋元明清书画家年表》，对中国传统绘画系统地进行临摹和研究。1945年前后，郭味蕖成为蜚声艺坛的画家。1948年12月，郭味蕖举办了潍县解放后潍坊市第一届画展。郭味蕖在绘画理论和实践上都很有造诣。他提出了花鸟与山水相结合、工笔与写意相结合（勾勒与没骨相结合、白描与点染相结合）、泼墨与重彩相结合的创作方法，为中国花鸟画的发展开辟了道路。郭味蕖在构图、着色、晕染、意境创作等方面均有突破，提出焦点透视和散点透视结

① 赫保真（1904—1987），字聘卿，又名赫抱真、赫葆真，潍坊市潍城区人，书画家。

② 傅柳坪（1905—1924），名傅葆桎，字柳坪，原籍昌邑，生于潍坊市潍城区，画家。

合运用，将西画的技法与中国画的特征融为一体。其作品立意清新，韵味高雅，色彩秀丽，构图新颖，题画诗句别具一格。把过去不登大雅之堂的山花野卉、果蔬、农具等平凡景物幻化为诗画，富有时代气息，摄人心魄。

图 4-6-2　郭味蕖故居

张茂材（1895—1963），原名孟白，又名笃允，谦称茅材、茆材，号车石富翁、牧羊老人，今潍坊市坊子区解戈庄村（时属安丘）人。张茂材1917年考入济南高等师范学校手工图画专修科，毕业后留济南任教。日军侵占山东后，他辞去教职，回家乡牧羊为生，闭户潜修。张茂材在济南任教期间，初学西画，后攻国画，以大写意花鸟画名世，长于画鹅、鸭，用笔简练，构图奇妙，充满生活情趣。代表作《明湖夏》，寥寥数笔，便将夏季平静的大明湖里群鸭戏游的神韵描绘出来，妙在似与不似之间。

徐培基（1909—1970），字植生，别号山左布衣，生于潍县东关（今潍坊市奎文区）荀家巷。8岁接触绘画，1929年赴上海新华艺专国画系学习，1932年8月毕业后留校任国画系教授，兼任师范部辅导主任，住在恩师余剑华家里边学习边创作。1931年夏，徐培基联络王乐轩、郭味蕖在潍县举办联合画展，徐培基的山水画深得好评。徐培基在20世纪30年代成为融汇北京画派和上海画派的著名画家。1935年，徐培基在潍县故居画室里绘制全国十大名山站屏10幅，技艺精湛，是其代表作。

民国年间，版画与漫画在潍坊境内还不是很普遍。张眺、王大化是卓有成就的专家。

1931年底，张眺在上海为丁玲的中篇小说《水》做插图约30幅。1932年1月28日，日本军队侵略上海，国民革命军第十九路军奋起抵抗，张眺为上海反帝大同盟领导的《反帝画报》《民众画报》《慰劳画报》等创作《反帝组画》27幅。1933年，他在《红色赣东北报》上发表《春耕组画》，积极宣传红色根据地的生产繁荣景象。

九一八事变后，王大化"把愤怒融入刻刀"[①]，第一套木刻作品——《呐喊》问世。全面抗战初期，王大化与刘砚联合创作了《抗战版画》，宣传救国救民的真理。1938年，王大化在成都组织木刻讲习班，传授木刻艺术。其间为肖军抗日题材的长篇小说《八月的乡村》刻了一套插图，作品还有《列宁像》《鲁迅像》《高尔基像》《风雪中行军》《二万五千里长征》《日寇暴行——腹部取子》等。王大化举办大型木刻展览会，把自己的木刻作品代表作做成卡片义卖，把收入全部捐给前线的抗日部队做棉衣。在成都期间，王大化组织成立了"中华全国木刻界抗敌协会"成都分会，亲自担任理事。为了纪念鲁迅，王大化在重庆完成了套色木刻连环画《阿Q正传》。1939年7月，北京太庙举行的美展，展出了王大化的巨幅木刻"抬棺游行"，因而王大化被民国北平政府通缉，随后他便离开北平到南京学习舞台艺术。

王炳照（1913—1986），字景秋，常自署丙召，青州市张高村人，自幼酷爱美术。1935年8月到1937年7月，在苏州美术专科学校学习绘画。1938年8月到1941年7月，在四川国立艺术专科学校学习雕塑，毕业后留

---

① 宋伯良：《人民艺术家王大化的一生》，见政协潍坊市委员会文史委编《潍坊文史资料选辑》（第一辑），1985年，第50页。另见《潍坊市文化志》人物"王大化"条目。

校任教。1944 年 8 月到 1945 年 7 月，王炳照在雕塑大师刘开渠工作室任助手，协助完成了《孙中山先生》铜像，至今矗立在成都市锦江区春熙路中山广场。1946 年 8 月到 1947 年 4 月，在北平美术学院任教。北平解放后，应院长徐悲鸿邀请到中央美术学院任教，先后创作了雕塑《神枪手魏来国》《战斗英雄苟福龙》和一尊战士塑像，还创作过郭沫若、李宗仁、冯玉祥等名人塑像。王炳照是人民英雄纪念碑碑座大型浮雕的十位作者之一，承担了《金田起义》的创作。

## 五、民间艺术

### （一）杨家埠木版年画

杨家埠木版年画起源于明末清初，是我国民间绘画艺术发展史上的一朵奇葩。

民国初年，年画生产有过短暂繁荣，画店有 160 多家，杨家埠人到滕县、周村等地开店卖画，受聘给当地人画稿、刻板、印画。1922 年以后，上海、天津、青岛等地的石年画和月份牌年画输入潍县一带，使杨家埠木版年画销量锐减，只有门神、灶马等个别民俗品种销量变化不大。西杨家埠的杨太贞作了积极探索，办起了石印局，生产销售石印神像画，结果市场表现不好，一批画卖了五年。后来杨太贞父子被日本人残杀，年画创作后继无人。

公茂画店是民国年间杨家埠年画业的代表，该店于清康熙年间由杨惟新创立。1938 年，其中的一个分支设立为公茂祥画店。到 1949 年 10 月之前，公茂画店及其传承人的画店已经兴盛了 200 多年，存有画版 100 多套。

1938 年，日本军队侵占潍县，交易年画的集市被迫关闭，数百家画店几乎全部停业，少数画匠携带画版到潍县城里（今潍坊市潍城区）、济南、烟台等地以卖画为生。日本投降后，国民政府进驻潍县，年画生产开始恢复，但难以维持正常运营。个别画匠会在春节之前出产少量商品画，这时生产的纸张规格发生变化，旧有的木版无法直接使用，市场状况无法催动新一代雕版画工创作新的版面，画店就采取粗制滥造的方式，比如截版，截去一部分画面再印，这就使得杨家埠木版年画的艺术品位大大降低。

（二）风筝

民国年间，潍坊风筝品种发展为硬翅、软翅、船风筝、蜈蚣风筝、片子风筝等种类。潍坊风筝具有鲜明的地方特色和民间工艺特性，扎、糊、绘工艺精湛，适于放飞；人物动物造型逼真，生动形象；风筝世家、名人迭起，流派纷呈。全盛时，在潍县城区的风筝店铺、作坊有 30 多家，年产风筝 4 万只以上。立春过后，白浪河滩上有专门的风筝集市。

在风筝工艺的传承方面，胡景朱是最重要的艺人。胡景朱（1895—1967），字次陶，潍城区东关人。13 岁即开始扎风筝，扎的风筝式样多，形态美，工艺精巧，彩绘鲜明。他尤其擅长“龙头蜈蚣”的扎绘，着色选用红、蓝、黄三色，色彩浓艳。他制作的风筝独出心裁，放飞效果极好。他能巧制一种形如蝴蝶或像蝙蝠、风车的“风筝碰”，沿线展翅，随风自动向上，及顶触机，并翅而下，令人叫绝。

（三）高密剪纸

剪纸在高密民间有着绵延不绝的生命力。民国年间，高密剪纸基本没有变化，每个艺人的剪纸题材偏好和特长会有差异，但是在不同时期、不同区域，品类却极其相似：比如婚礼用的双喜、净脸盆花儿、梳妆吊镜花儿，孩子百日庆祝用的红线圈、饽饽花儿，春节用的窗花，丧仪用的鞋花儿等，无论剪纸的花样还是用途，如出一辙。每个村子都有高手艺人精通此道。

（四）扑灰年画

民国初年，高密扑灰年画的生产、交易一直保持着清乾隆以来的繁荣。清嘉庆初年形成的栈庄①交易方式一直延续到 20 世纪 40 年代，外地画子客②争相抢购外运。

高密扑灰年画中盛行仕女娃娃图：造型圆熟习练、饱满俊秀。仕女形

① 栈庄：专门进行年画买卖的市场。

② 画子客：高密方言，指贩运年画的外地人。

象面如满月、眼似流星、头簪丽花、衣袂飘飘、身段婀娜、气度娴雅，透射出人们仰慕盛唐仕女善良美丽的心理取向。童子娃娃形象：眉清目秀、憨稚可人、装饰锦绣，镶金银嵌珠玉，衬画牡丹、石榴、莲花、如意、柿子、蝙蝠、古瓶等，寄托纳福与祥和。

民国时代的高密扑灰年画有独特的艺术风格，一是狂放如泼的写意风格，二是细腻诱人的工笔特点。扑灰人物画，多将人物充满画面，构图简洁丰满，甚至大胆省略背景，采用平面构图法，情节简单，艺术效果鲜明。多为一两个人物，着重于形象描绘，造型稚拙、粗犷，深受群众喜爱。

因面临与石版印刷的竞争，抗战爆发前，高密隆顺永画店掌柜王增胜从天津源合印刷厂购进一列车厢的石印年画，裱糊匠日夜忙活赶进度裱装、出售。到了民国末年，姜庄人高明山带着老画样到青岛的石版印刷厂大量印刷年画。这些革新方法并没有使产业获得新生，传统的高密扑灰年画市场式微。

（五）泥塑与核雕

民国时期，高密聂家庄泥塑以三维立体形式表现艺人的精神情感，把游艺之道与艺术之美结合起来，赋予象征意义，彰显出独具特色的艺术魅力。

艺人们大多出身于泥塑世家，自幼即开始学艺，以泥塑为生，有人从7岁起就开始出作品。高密聂家庄泥塑和潍城区黄家庄的泥塑代表了潍坊泥塑的艺术水平，在声、形、色、动四个方面独具特色，品种多达150多个。聂家庄泥塑追求意蕴、形式、技巧的和谐统一，基本色调是桃红、绿色，实现了吉祥欢乐、富丽堂皇的艺术追求。

民国时期，潍坊的核雕艺术影响较大。核雕艺人都兰桂（1881—1960），潍坊市潍城区都家村人。都兰桂自幼随父都渭南学习核雕技艺，20岁成名。从此，他用一把雕刀担起全家生活的重担。他曾用一枚桃核，精心雕刻了一件珍品，取名《马拉轿车》。在不足方寸的天地里，龙腾虎跃的骏马拉着一辆轿车，在强悍有力、衣着朴实的赶车人扬鞭驾驭下，奔驰在大地上；面部俊逸、衣冠华丽的乘车人稳坐车内，似乎陶醉在沿途大好风光中；

骏马的蹄、胸、辔头、套索、串铃清晰可见，轿车的窗、帘、篷、轮、轴形象逼真。

（六）青州府花边和中国毛纺

青州府花边的创始人是清末民初的宋传典。1900年，青州广德书院的教师宋传典弃教从商，筹资在青州城里设立栏杆房，从意大利引进原料和图样，开始生产花边。宋传典把花边生产下放到农村，传授技艺，发放原料，加工销售，生产规模和市场范围不断扩大。宋传典公司生产的花边销售，逐步扩大到整个西欧和南美地区，后来又打开美国市场。德昌花边共有18种针法，织工十分细腻，产品质量上乘。直到今天，在国际市场上仍然享有盛誉。

宋棐卿（1898—1956），名显忱，字棐卿，宋传典长子。1925年，宋棐卿从美国留学回国，在济南协助父亲管理公司。随后增设毛纺部，从德国禅臣洋行购进生产设备生产毛线，注册商标“富国牌”。1932年之前，国内市场毛线都是进口货，有日本的麻雀牌、英国的蜜蜂牌等。为抵制洋货，创立了民族品牌，宋棐卿以“抵洋”谐音为产品取名“抵羊”。1932年4月1日，天津东亚毛呢纺织有限公司正式宣告成立，生产“抵羊”牌毛线。产品畅销全国，引领消费潮流。“抵羊牌”毛线历经80多年，至今仍然熠熠生辉。

（七）音乐活动

古琴是音乐活动中最高端、小众的门类，最讲究一个“品”字。有“六忌、七不弹”之说。古琴是在西化滔天洪流冲击下，唯一一个继续保持传统特色和民族个性的艺术门类。

1911年，诸城古琴演奏家王燕卿（1867—1921）在南京带徒教琴，创立新的流派——梅庵派，作为诸城琴派的一个分支，影响深远。1919年，王心葵（1878—1921）在北京大学任古琴教师，为古琴教学进入高等学府开了先河。[①]

① 潍坊市地方史志编纂委员会编：《潍坊市志》，中央文献出版社1995年版，第1494页。

诸城古琴演奏采用立调体系，以三弦为宫、以律吕命调之法，以《平沙落雁》《长门怨》《捣衣》《搔首问天》《流水》为基本曲操。独有名曲《长门怨》《秋风词》《关山月》等，在20世纪30年代风靡全国。

民国时期，潍坊各地的音乐活动一般是群众自发形成，乐曲多被用于跑旱船、扭秧歌、耍龙灯等的伴奏，或为婚丧嫁娶渲染气氛，艺人被俗称为“吹鼓手”。潍坊民间音乐可以分为打击乐、吹奏乐和弦乐。吹打乐艺人组成职业鼓乐班，专门从事婚丧嫁娶的演出，遍布潍坊各地城乡，其中以昌邑、高密的演出队伍为最多。①

## 第七节　文化和宗教

在考古学研究、考古发掘和文献的传承、纂修、编著方面，民国时期的潍坊人做出了影响后世的成就。潍坊近现代新闻传媒事业发端于1912年。潍坊人从报刊、广播电台上了解国内外时事动态进行信息消费，成为时尚的生活方式。随着西方自然科学知识和人文科学知识的传入，各种迷信思想受到尖锐批判，宗教形态开始向现代化转化。

### 一、文物保护与考古发掘

#### （一）“琅邪台刻石”的修护

清光绪二十六年（1900），琅邪台遭遇特大雷雨，已有两千年历史的琅邪刻石遭受雷击破碎。琅邪台刻石高129厘米，宽67.5厘米，厚37厘米，篆有秦二世诏文，由李斯篆刻，是秦篆精品。1921年，孟昭鸿受邀和政府官员一道到琅邪台海滩寻找失落的琅邪刻石残块。1922年春，诸城教育局局长王景祥又遍访寺庙道观和琅邪台下的居民，将碎石找齐，命工匠黏合，竟然成为完璧。孟昭鸿精通金石，对修复好的琅邪刻石精心制作了拓片。

① 潍坊市地方史志编纂委员会编：《潍坊市志》，中央文献出版社1995年版，第1492页。

修整好的琅邪刻石于1923年运到诸城，放置在诸城教育局。1938年，日本人侵占诸城，为了防备不测，又将刻石移到文庙大成殿，再转城北天齐庙，1940年又迁至刘猛将军庙。1945年，琅邪刻石被日本人发现，强令送往日军驻地。诸城县政府官员崔子山把刻石转移到后营街小学隐藏。青岛解放后，刻石被送到胶东文管会保管。现在，这块珍贵的秦碑收藏于国家博物馆。

（二）祁延霈与苏埠屯商代墓葬群

祁延霈（1910—1939），字霈苍，化名天民，满族，青州人。1934—1936年，在李济、梁思永指导下，祁延霈先后调查了山东沿海古代遗址、益都青铜器时代墓葬地，参加了山东滕县安上村、日照两城镇、河南安阳第十至十三次殷墟的发掘工作。

1936年1月，祁延霈赴故乡青州苏埠屯调查铜器出土情况，对1931年出土的15件商代青铜器做了调查和著录，完成了《山东益都苏埠屯出土铜器调查记》。据记载，在青州市苏埠屯东有一个高约5米的埠岭，这个小土岭子南北长300米，东西宽200米，坡度不大，远观不显，是商代墓葬群，总面积约200万平方米。墓的时代可以早到殷商，晚至汉代。墓都在岭面下五六米，上面都覆以黄沙土。墓葬在前，黄沙土的堆积在后。第一批发现的青铜器与殷墟出土的青铜器相比要早，恐系商器。第二批略晚，恐系商末周初之物。①

图4-7-1　苏埠屯墓群

到目前为止，苏埠屯商墓是除河南安阳武官村

① 台湾“中央研究院”历史语言研究所：《田野考古报告》第二册，商务印书馆1947年版，第167～177页。

商代王陵外全国已发掘的最大的商代墓葬群，对研究商代东方各诸侯国的历史提供了极为珍贵的资料。

### （三）吴金鼎与中国现代考古

吴金鼎（1901—1948），字禹铭，安丘市景芝镇万戈庄村人。1928 年 3 月 24 日，吴金鼎到章丘龙山镇调查汉代东平陵故城时途径城子崖，发现断崖上暴露出的土层和陶片，断定这是一处极为重要的文化遗址。他于 1929 年 10 月之前，又先后 5 次前往考察。1930—1931 年，吴金鼎与李济、董作宾、梁思永、郭宝钧等人一道，先后两次对城子崖遗址进行科学发掘，1933 年发表了考古报告集《城子崖》，命名为“龙山文化”，科学地证明了中华远古文化源于本土的史实，揭开了中华远古文化的根源之谜，震动了国际学术界。龙山文化大致存在于前 2500—前 2000 年，属新石器时代晚期的文化遗存。这一结论现在已经成为人们的一般历史常识。

1933 年，吴金鼎受山东省国民政府公派到英国伦敦大学留学，师从颜慈教授。不久，用英文写成了《中国史前的陶器》一书，1938 年在英国出版。1933 年冬天，吴金鼎随英国著名考古学家皮特里教授到巴勒斯坦从事野外考古工作。1937 年以优异的成绩获得博士学位，回国后先在中央博物院筹备处工作，后回历史语言研究所。

1938 年至 1940 年，吴金鼎与曾昭、王介忱一道去云南苍洱地区进行考古发掘和调查，发现遗址 32 处，写成了《云南苍洱境考古》一书，奠定了西南地区史前考古学的基础。

1941—1943 年，吴金鼎对四川彭山汉代崖墓和成都前蜀王建墓进行了清理发掘。

抗战胜利后，吴金鼎在齐鲁大学历史系为学生讲授《田野考古学》。吴金鼎注重理论与实践相结合，为中国的考古事业培养了众多骨干力量。

### （四）杨钟健与山旺化石

在临朐县城东北 22 千米的尧山脚下、山旺村东一个面积 1.2 平方千米的小型盆地上，藏有古生物化石的硅藻土页岩。民国《临朐续志》载：“在山东麓溪涧边有特别产物曰万卷书，自地中掘取极易，其质非土非石，平正洁白，层叠若纸。”[①]1980 年，这里被列入国家级古生物化石保护区。

图 4-7-2　山旺化石保护区全景

山旺化石形成于距今约 1800 万年前，属新生代第三纪中新世。

杨钟健（1897—1979），字克强，陕西华州（今陕西渭南市华州区）人，地质学家和古生物学家，中国古脊椎动物学的开拓者和奠基人。1935 年 5 月，杨钟健从青州骑毛驴专程到山旺进行了首次调查，采集的标本除植物和鱼外，还发现了昆虫、爬行、两栖、哺乳动物化石。1936 年，杨钟健发表了山旺地层古生物的第一篇论文，将本地层命名为“山旺统”，是“中新世标准底层”[②]。山旺是我国重要的中新世鱼化石产地。杨钟健、张春霖教授首先进行了研究并建立四个新种。[③]之后，古生物学界、地质学界的中外专家相继前来考察，采集标本，发表了大量论文，论证了化石的成因和研究价值。如

① 〔民国〕周钧英修，刘仞千纂：《临朐续志》，台湾成文出版社 1968 年版，第 181 页。

② 李泰来、赵弢：《山旺古火山口的发现与山旺化石的形成环境》，载《现代地质》1988 年第 4 期。

③ 周家健：《山东山旺中中新世鲤科化石》，载《古脊椎动物学报》1990 年第 2 期。

今，山旺已成为举世闻名的古生物化石产地。

## 二、文献著述与地方志书的编纂

### （一）文献著述

民国时期，潍坊各地的文献著述成就蔚然，出现了许多名家。孙葆田、宋书升、柯劭忞、徐坊被誉为“潍上四贤”。宋书升是潍县（今潍坊市潍城区）人，其他三人都是寓居潍县。

宋书升（1842—1915），是一位颇有精神风骨的博学之士。1914 年，中华民国成立国史馆，袁世凯派儿子袁克定两次登门，重金聘请宋书升编修国史，遭到坚决拒绝。遂后，宋书升把所著《论语义证》《春秋分类考》《周礼明堂考》及古文诗词等 10 多种文稿全部焚毁。宋书升博学强记，精通经史百家，著有《周易要义》。写此书时，宋书升“上溯河洛，中萃汉宋，下采毛惠、张焦诸家之说”，取其精华、去其糙粕，形成了自己的观点。成书时，宋书升已年近 70 岁，所著《周易要义》没能刊印，直到 1988 年 6 月才由齐鲁书社出版发行。《周易要义》10 卷，主要内容包括周易上下经、卦象传、彖象传、爻象传、文言传、系辞传、说卦、序卦杂、卦篇，周易附说，附插图 26 幅。作者强调“占易用变”“易占贵变”的辩证观点，对卦爻变例的叙述尤为详细。

柯劭忞（1850—1933），民国初年为前清逊帝溥仪侍讲，曾当选为中华民国参政院参政、约法会议议员，均未就职。20 世纪 20 年代，日本与民国北京政府在北平成立东方文化事业总委员会，柯劭忞因为学识渊博、德高望重，被推选为委员长。在经学方面，柯劭忞对“春秋三传”之一的《谷梁传》进行了深入研究，1927 年 15 卷本的《春秋谷梁传注》刊行问世。此外，柯劭忞还著有《尔雅注》《说经札记》《十三经考证》。史学方面，柯劭忞独自编纂巨著《新元史》，总成《清史稿》，称誉史学界。在编纂清史的 14 年里，柯劭忞一直以总纂的职位参与编修，呕心沥血。他以编纂这部史书作为纪念前清的平台，亲自执笔撰写了其中的《天文志》《时宪志》《儒林传》《文苑传》《畴人传》等。

（二）地方志书的编纂

民国时期，方志编纂成就显著，涉及省志、市志、县志、乡镇志、乡土志、风土笔记、调查记等多种类型。地方名人学者高度重视方志的价值，纷纷参与志书的编修，在编纂和理论研究方面颇有建树。

民国期间的《诸城县乡土志》和《潍县乡土历史谭》是根据国家要求编写的用于教学的具有教材功能的志书。民国《诸城县乡土志》是根据清光绪三十三年（1907）的铜版版本重新修订的，没有做大的改动。光绪版由陈观圻[①]辑、王熙昭等人编纂，王炜辰（字纪龙）是参与编纂的学者之一。王炜辰主编的民国《诸城县乡土志》照搬了光绪版本，分为上下两卷14章，多文言用语，语言凝练，简洁扼要。全书上卷51页，下卷31页，加目录1页，共83页。体例上与旧地方史志没有显著差别，内容上增加了民国初期的新内容。

民国《昌邑县志》始修于民国二十三年（1934），完稿后国家进入战争状态，未及刊印。手稿在战火中残缺，至今看不到全貌，残本现存昌邑市档案馆。民国三年（1914）修成的《安丘新志》是在清乾隆五十五年（1790）《安丘新志乘韦》的基础上，经过125年间数次修订完成的。民国九年（1920）出版的《安丘全志》是历史上安丘志的合印本。

按照刊印发行时间排序，民国年间现潍坊境内编纂的六部主要县志依次是：《续安丘新志》（1920），《昌乐县续志》（1934），《临朐续志》（1935），《高密县志》（1935），《寿光县志》（1936），《潍县志稿》（1941）。

1890年，孙葆田被聘为《山东通志》总纂，后搁置近20年，直到1907年孙葆田再次出任《山东通志》总纂，历尽艰辛成书100多卷。1911

---

① 陈观圻（1841—1917），字鸿吉，号起霞、息龛，上海市宝山区人，拔贡，工诗文，兼通医术，曾任新泰、阳谷、范县、诸城等县知县，有政绩，参与编纂《诸城县乡土志》等。

年 1 月 30 日，他积劳成疾与世长辞，纂修再次中辍。1914 年冬，有学者接续他的工作，到 1915 年夏天校补完善原稿，下半年交付铅印，1918 年完成刊印。一部《山东通志》几经波折，历时近 30 年才竣工。因为完稿于清宣统年间而称宣统《山东通志》，因刊印于民国年间，又称民国《山东通志》。《山东通志》卷帙浩繁，分成 200 卷，首 9 卷，附录 1 卷，补遗 1 卷，共 620 多万字，体例完整，记述翔实，系统地记载了山东省域内自上古至清宣统年间的地理与社会发展史，对研究山东地方史具有重要的参考价值。

## 三、私人藏书、书店与公共图书馆

### （一）藏书家

民国时代，读书人继承家藏万卷书这一优秀的家族文化传统。潍坊域内知名的藏书家有宋书升、丁锡田、孟昭鸿、张鉴祥等。

宋书升藏书丰富，多善本，藏于家中“初篁书庐”“旭斋”内。藏书家李文藻的藏品散出后，他购得多种善本。宋书升的藏书后被王献唐高价购得，存入山东省立图书馆。

徐坊（1864—1916），原籍今山东省临清市，字士言、梧生，号矩庵。年轻时，随母亲寓居潍县。1909 年 9 月 9 日，清政府在北京什刹海后海北岸广化寺成立京师图书馆，徐坊任副监督。后徐坊应诏出任毓庆宫行走，继而成为逊帝溥仪的汉文老师。徐世昌的《潍上四贤咏》之《徐忠勤》中说：“藏书亦云富，买山恐不深。”徐坊有两个藏书处，一个在北京城，一个在河北定兴县，共收藏 500 多种图书，多为宋元时期的善本和钞本，不少是极为罕见的珍品。2009 年，国家图书馆为纪念建馆 100 周年征集历任馆长、副馆长遗物，徐坊遗物名列首位。

陈干，酷爱读书，家中设书阁五间，藏书万卷，较为珍贵的藏书有《十七史》《二十四史》等。1947 年，陈干之子陈孝祖携主要藏书经青岛乘船去了台湾。

孟昭鸿（1883—1947），字方陆，中年改字方儒，自署曰放庐，祖居诸城市城里督府巷。出身于仕宦之家、书香门第，早年师宗著名学者郭金篆，工诗文、擅汉隶；精治印、善鉴赏。集有《放庐印存》一册、《放庐诗集》二卷，并编辑出版《汉印文字类纂》《汉印分韵三集》。孟昭鸿为近代著名藏书家，其祖、父均喜聚书。孟昭鸿少年有文采，但未得中科场，逍遥乡里，继承祖、父遗书，以藏书校雠为乐，建藏书楼五楹，题为“静远堂”，有钤记。邑中学士，凡有所求，均允阅读，而不以秘藏深阁，深受称道。孟昭鸿藏书之丰，质量之高，在山东仅次于聊城海源阁，珍藏达万卷。经、史以外尤重子部，而以山东人著述、小学等语言文字内容为重点。既有宋堑元刻，也有梓刻戏曲，较为广泛。藏书最多时达十余万卷。从20世纪30年代初，因家道中落，藏书逐渐散出。孟昭鸿在诗中慨叹：“牙签十万富收藏，一邑人推静远堂。三世校雠多善本，只今零落旧缥缃。”

抗日战争爆发，孟昭鸿移居青岛，无以为生，卖书度日，十万静远堂藏书多数散出。1947年，孟昭鸿病逝于青岛。①

于恩波（1884—1941），字沐尘，号沐禅，昌邑人。一生博学多闻，曾任山东省教育厅长，除继承祖上遗存的大量古籍外，又购置了大量名贵书籍。于恩波在故居设“友仁堂”书阁，藏有《四库全书纲目》《廿四史》《左传》《史记》等珍贵古籍。抗战期间，所存书籍毁于战火。

郑时（1891—1958），又名再时，字云渠，号爰居，诸城人。性明敏，邃于文字学。著有《西崑酬唱集笺注》《王箓友先生年谱》《王筠文集校录》。郑时曾任青岛市文物管理委员会主任，广泛搜集有宋代史书、笔记，均为善本。

张鉴祥（1892—1972），字镜夫，一作镜芙，自署千目庐主人，山东诸城人。早年就读于青岛德化大学，后任职于青岛市博物馆，文史功底极厚，喜购古籍碑帖，访求各地书肆，收藏历代书目1041种，3597册，所以名其藏书楼为“千目庐”，遂以“千目庐”自号。张鉴祥搜罗山东先贤译著颇丰，1934年春在诸城旧藏书家曾发现《天一阁旧目》4册，既无编撰时间，亦无

① 鲁海：《近代藏书家孟昭鸿》，载《图书馆杂志》1994年第3期。

撰人，惟卷首有例言一篇，经他研究，为刘喜海（字燕庭）登天一阁观书随手所记录者，然无序跋印章，未能遽信。次年，他在抄录书目后，详校一遍，忽于末叶左角下发现白方小印“嘉阴簃”三字，乃知为刘喜海故物。刘喜海任职浙江布政使，曾到天一阁访过书，作有《天一阁见存书目跋》。张鉴祥亦手抄自辑数种目录成册，有《张镜夫辑目录书》，其中包含手抄《惠定宇先生考求应查书目》《顾亭林皇明修文备以采书目》《刘声木苌楚斋书目》《雪泥书屋遗书目录》《牟墨人遗书目录》《赵氏家剩著书目录》《庐乡丛书目录》等。另有《千目庐鬻书简目》1 册，收录了公藏书目、私人藏书目录、本土书目、外文书目，是研究国内外目录学的重要参考书。其藏书印有“胶海张鉴祥字镜夫藏书画印”“张鉴祥藏书印”“张镜芙藏书印”“胶海张鉴祥四十岁后所得书”等。所藏书大部分现皮藏于青岛市历史博物馆，山东地方先贤遗著 2000 余种、2 万余册归于青岛市图书馆，所藏目录类书籍售给山东大学图书馆。1931 年编有《山东艺文志考证》《江苏艺文志引用书目目录》。著有《古籍书目考略》。[1]

丁锡田（1893—1941），字卓干，号稼民，潍县（今潍坊市潍城区）人。平生博览古籍，搜集整理保存的名人著作集有《白浪河上集》《潍县方言》《木皮子传》《板桥竹枝词》等珍本 100 多种。丁锡田广泛搜求地方志书，除本县氏族志、职官志外，还以收购、传抄、交换等方式，收集全省各县县志，其中明万历《潍县志》、清乾隆《潍县志》均为罕见版本。丁氏还收存了 20 多年的《申报》《北京农报》《大公报》等 10 多种具有珍贵价值的报刊。1941 年 3 月，丁锡田在北京病逝，全部图书分别藏于北京和潍坊两地。丁锡田收藏的古书 20 多箱捐赠给了辅仁大学。1948 年潍坊解放后，其女丁志萱把剩余的图书全部捐献给国家，收藏于潍坊特别市市立图书馆、山东省图书馆和山东博物馆。

---

① 李玉安、黄正雨：《中国藏书家通典》，中国国际文化出版社 2005 年版。

（二）书店

清末民初至1937年之前，图书主要表现为商品属性。在城乡读书人集中的城镇都出现了书店，如高密县夏庄街上的嵝峰书店，潍县城里的翰文斋、承文信、文友堂、公益书局等，生意兴隆。此外，在城乡集市上还会有书摊。1937年前后，潍坊出现了开诚书店、人文书店、荣光书店、潍县书店、宏文书店等新式书店，其中荣光书店日均零售额在30—40银圆，逢集市日，有贩书人上门批发，交易额可达100多银圆。

20世纪30年代，潍坊书店经营的书籍主要是由商务印书馆、中华书局、开明书店出版的，内容、装订、印刷、用纸质量精美，定价高，销量少。小型出版社印刷出版的书质量差，比如大达图书供应社出版的书，粗制滥造，一折就卖。

书店经营的书籍主要是文学类的。潍县书店、开诚书店等在经营理念上倾向于新文化方面，可以买到鲁迅、郭沫若、冰心、丁玲、王统照的著作，读者大多是知识分子和青少年学生。承文信、文友堂的书架上摆放的大多是古色古香的线装套书，有的书甚至只是陈列封面，中间夹上纸条、书签，标明书名、价格等信息，便于选购。再就是经营文化教育类的书籍，有课本、参考书、字典辞书等，政治理论类书籍很少见。

日本侵占今潍坊市区以后，书店大多萧条萎缩，难以为继。日伪政权控制了出版业，在华北成立了新民印书馆，各地设立分销机构，潍坊的分销商是广文书店。抗战结束后，国民政府实行严格的新闻与图书检查制度，限制了图书业的发展。国民政府接管广文书店成立正中书局，但受交通条件限制，货源紧缺，仅仅维持开门，没有什么社会影响。

1915年，昌邑市昌南王家庄村的朱元训、朱元奎兄弟二人，在自己的临街房子里建起了昌邑第一家书店——广文堂书局，发行新式课本，经营文房四宝，生意兴隆，门庭若市，朱家阖族参与经营。1931年，朱氏兄弟分家，朱雨辰与父亲朱元训先是在北孟村前街路北新建文和堂书局，继而又在高密周戈庄村建起了分店，其叔父朱元奎仍在原址经营。1933年，文和堂书局购进石印机一台，印制信封、信纸、仿贴、练习本等文教用品，还承印广告、名片、表格、账簿等，批发兼零售，增加了书籍经营之外的一大笔副业收入。北孟文和堂书局聘用职工 20 多人，自行车 10 多辆，赶山赶集、设摊卖书，征订课本、推销图书。1938 年秋，朱雨辰购买了数台石印机，重新招聘工人，开张了鲁东文化社。1939 年秋，迁到平度市崔家集东官亭一带坚持生产。趁“书荒”的有利时机，朱雨辰边生产边扩大规模，到年底便发展到拥有石印机 20 台、小型铅印机 6 台、大型活字铅印机一台。鲁东文化社设总务部，下设 5 个工厂，全社职工超过 200 人，主要产品是翻印抗战前由国民政府教育部审定的、原商务印书馆和中华书局编印的小学课本。1940—1941 年，鲁东文化社为抗战部队出版、翻印了《总裁训词》《抗战必胜　建国必成》《麻湾战役》《步兵操典》《野外勤务》《射击教范》等训练教材，还出版了毛泽东的《论持久战》《论游击战争》等著作。数年后，企业遭受地方武装的洗劫，朱雨辰走投无路，到高密蔡家庄站东端南北街路东办起了一个只有一副挑担的流动书店，类似其父辈早年挑担走村串塾的“坊馆”生意，聊为糊口。1945 年秋，朱雨辰在青岛恩县路上办了一家小书店，直到新中国成立。

（三）公共图书馆

潍坊的公共图书馆自出现至今，已有 100 多年的历史。1910 年，清廷学部颁布《图书馆通行章程》，临朐县率先设立了通俗图书馆，高密成立了阅报所。民国时期，潍坊地域图书馆事业发展较快。

1915 年，中华民国政府教育部颁布《图书馆规程》与《通俗图书馆规程》，督饬各省县建设图书馆，高密、诸城随之建起了公用图书馆，其余各县没有完成建设。

1929 年，民国山东省政府教育厅发布《山东市县立图书馆暂行规程》后，安丘、寿光、益都（今青州市）、潍县（今潍坊市潍城区）第一区分别建立了新馆，昌乐、昌邑在民众教育馆内附设了图书阅读场所，潍坊公共图书馆事业的发展进入兴盛期。

1930年，按照山东省教育厅的指令，各县图书馆并入民众教育馆，诸城、高密等地的图书馆已经在农村发展，一些乡镇建起了阅报所。各图书馆都有比较固定的财政划拨经费，多的如益都、安丘有1200多银圆，少的也在300银圆左右，这些经费除支付工作人员薪水外，还可以购买少量图书。

藏书方面，藏书最多的是益都图书馆，有1700多种5360册，报刊12种，藏有《万有文库》《大藏经》等珍贵善本。藏书少的县立图书馆仅有数百册。

抗战爆发后，日军先后侵占潍坊各地，责令成立新式民众教育馆，取代抗战前的民众馆，馆内大都设有图书部或阅览部，图书量少质差，采购的多是有关中日亲善的图书、画报，宣扬日本军国主义的武功，图书馆实质上变成了日本侵华的工具。[①]

解放战争期间，图书器具损失殆尽，珍贵图书被人分抢，有的图书甚至成为商品包装纸，公立图书馆名存实亡。

1948年6月，中国共产党领导的山东省政府派李季华、陈秉忱（1903—1986）到潍坊，会同潍坊特别市政府发动民间收藏家捐赠所藏文物古籍。为了保管好募收的文物古籍，8月7日在市府礼堂成立了潍坊特别市古代文物管理委员会，同时建立了潍坊特别市市立图书馆，文管会秘书陈君藻兼任图书馆馆长。11日，市立图书馆接受了丁志萱、郭坻生等藏书家的捐赠。11月，民众教育馆附设的大众图书馆与市立图书馆合并，馆址设在胡家牌坊街八号，即十笏园。11月16日正式对外开放。1949年6月，更名为潍坊市市立图书馆。

## 四、新闻传媒

民国时期，有识之士不断引进西方的新闻思想，发展新闻事业，各种政治力量的角逐需要言论阵地，从而促进了民国新闻传媒事业的繁荣。

民国时期的新闻报刊承载着“宣传不同政见，建设社会舆论”的作用。

---

① 山东省潍坊市文化局史志办公室编：《潍坊文化志》，齐鲁书社1997年版，第260页。

潍坊近现代新闻传媒事业发端于 1912 年。潍县（今潍坊市区）的先进知识分子成立了革命党派——共和党。他们在潍县县治前街办起了共和印刷所，石印出版《潍报》，作为宣传共和思想的舆论阵地。

1925 年，刘大同在上海主办《野语》杂志，进行反封建反迷信宣传。1936 年前后，又在天津法租界主办《渤海日报》，进行反蒋宣传。

国民党县党部的机关报和驻军军报是最常见的新闻报。1928 年，今潍坊境内开始有中国国民党主办的报纸，即潍县指导委员会主办的《民生周刊》。

1929 年 1 月，中国国民党昌邑县党部成立。8 月，第一届县党部机关报《昌邑党声》创刊。报纸的国内外新闻主要是摘录编发国民党中央发行的《中央周报》，本县新闻和新闻评论则由编辑部采编人员承担。报纸先是油印，后改铅印，1930 年 9 月停刊。

《益都新闻》是国民党益都县党部的机关报。1933 年 4 月创刊，县党部提供经费支持。该报由中华邮政特准挂号，属正规的新闻报刊。报纸四开四版，竖排铅印。创刊初期，附设于益都县党部。1934 年 5 月，改属国民党益都县党务整理委员会，为三日刊，后改为周刊。

《时事简报》于 1937 年 7 月下旬由国民党诸城县党部创办。报纸为八开两版，主要刊登各地战讯、时评、社论文章、国际简讯、本县消息。基本上每天一期，由诸城新闻印刷社铅印，全县发行。

《鲁报》。抗战初期，国民党昌乐县政府安排专人记录国民党中央通讯社播发的消息，用复写纸誊抄清楚后分发各机关、各部队传阅。因为要求分发订阅的数量迅速增多，已无法靠誊抄满足需求，故于 1938 年 8 月 1 日改为油印发行，定名为《抗敌情报》，每日发行 200 份左右，八开一版。报道内容主要是国内外新闻、各战场战事报道等。该报于 1940 年秋正式使用无线电台工作，打破了日伪军的新闻电讯封锁。1941 年 5 月改为石印，更名为《昌乐日报》，发行 500 多份。7 月，报社迁到安丘县孙家庄，扩大了规模，继续坚持出版发行工作，出版副刊《小战友》《俯冲》《自己的园地》

等，发行量增至1000份左右。1942年10月，该报改为油印，名为《昌乐日报临时版》，此后在艰苦的转战中坚持发行，甚至出增刊。曾名《抗战新闻》，1944年秋更名为《简报》，1945年春更名为《和平日报》。1945年8月抗战结束后定名为《鲁报》。《鲁报》正式在国民党中央宣传部登记，日刊，三版或四版，登载国内外新闻，不再报道本地新闻。1946年11月，报社迁到济南，12月25日正式出刊。

《民声日报》是民国山东第14区（驻寿光）创办的报纸。创刊于1940年8—9月间，主要刊登国内新闻、国际新闻，还有少量地方新闻，设立《时代少年》《冲锋》专栏，经常发表社论或时事评论文章。

《安丘日报》是民国安丘县政府的机关报。报社附设于安丘县民众教育馆，经费全部由政府财政开支。该报创刊于1946年6月，11月休刊。1947年7月7日易名为《安丘简报》重新发行，先是八开一版，日刊，油印，印数150份。旋于17日扩版，改为四开两版、单面印刷的油印报，安丘县石印局承印。20日改回原名《安丘日报》刊行，印数一度达到860份。1947年底停刊。

《益光周报》创刊于1948年2月7日，四开两版，铅版单面印刷。社址在益都（今青州市区）文庙街。1948年3月21日，中国共产党领导的民主政权进驻青州，报纸停刊。

民国时期，潍坊境内官方主办的新闻媒体还有《扫荡周报》《战时情报》《昌乐青年周报》，以及山东青年通讯社益都分社。

解放战争时期，潍坊产生了一份特殊身份的报纸——《统一日报》。这是一份军办地方报纸。1946年1月，国民革命军第八军进驻潍县城，为了传达政令，引导民众，决定创办《统一日报》，社址设在棋盘街原广文书店旧址，军长李弥兼任社长。2月7日创刊，先出四开两版，隔日发行，2月18日成为真正的日报。10月10日改为四开四版，直排铅印，每期发行1000—1600份。1948年4月下旬潍县战役后停刊。《统一日报》注重版面编排艺术，制作标题考究，新闻体裁丰富，使用了连续报道的样式，从而拉住了持续关注报道的忠实受众，成为最具社会影响力的新闻传媒。

《齐鲁日报》是由国民党潍县县党部和山东第八游击区第三支队主办的政治机关报纸。社址位于东关大街66号，开始出两版，石印，1945年10月10日改为四版。刘金第等人先后任主编。1946年秋停刊。《齐鲁日报》的本地新闻由本报记者自采完成，内容多为党政团体活动、花边新闻或黄色新闻，新闻价值不高。此外，所有新闻均收录自国民党中央通讯社的电讯新闻稿。在民国期间党、军、地新闻报纸中，社外编辑副刊的出版是这张报纸的一大特色，似有大报风范，吸引了不少学生读者。

1920年11月2日，王尽美和邓恩铭等十多人发起组织“励新学会”，在济南出版《励新》半月刊，王尽美任编辑主任。此后，王尽美还与王翔千等人主编过《山东劳动周刊》《现代青年》《晨钟报》《十月》等革命报刊，传播新思想新文化，宣传革命思想。1921年初，王尽美组织成立劳动周刊社，出版《济南劳动周刊》，进行“提高劳动者的地位，改善劳动者的生活”的宣传，为革命进行思想准备，积极酝酿建立共产主义组织。

刘贯一（1907—1973），原名刘圣道，字贯一，坊子区刘家庄村人。1928年后，刘贯一边卖报边自学，逐步走上了职业新闻工作者之路，担任了报社的战地记者。1942年夏，刘贯一到西安任《华北新闻报》记者，1947年在济南创办《工商晚报》，报社配套创建了私营印刷所。

1932年2月，张眺在上海的《文艺新闻》战时特刊《烽火》上发表通讯《前线一瞥》《到火线上去》，称誉抗日战士是属于劳苦大众的士兵，可爱的兵士兄弟。[①] 这种时效性新闻作品的出现是文学史和新闻传媒史上的大事。

陶钝在全面抗战爆发后，到蒙阴野店区后阴子参与组织成立“鲁南国民抗敌协会”，任宣传部秘书，出版一个四开四版的石印报纸《新山东报》，半月一期，没有专门记者，选用《大众日报》的余稿和已经刊发的文章。《新山东报》是《大众日报》的抄本，发行1000份。

---

① 姚辛编著：《左联词典》，光明日报出版社1994年版，第153页。

刘白羽1944年到重庆在《新华日报》担任副刊编辑，向大后方人民做了大量关于陕甘宁边区正面形象的报道。1946年初开始，刘白羽担任新华社随军记者，亲身经历了“北平和谈”以及东北、华北、华南各个战场的大多数战役，深度报道了有关消息。

刘建，昌邑泊庄人，于1949年3月任《鲁中南报》副社长、副总编辑。

民国年间，中共地方党组织始终把举办发行党报党刊作为重要的信息传播和舆论宣传工具，在客观上推动了新闻传媒事业的发展。

1924年，潍坊境内第一份中国共产党党报诞生，这是由寿光党组织的早期领导人张玉山创办的《群众报》，形似传单，以发布命令为主，旋即停刊。稍后，中共高密县委的《红星》周刊问世。

《抗战简报》。抗日战争爆发后，中共地下党员陈庆泉根据组织指示，由北平返回故乡昌邑开展抗日救亡工作，创办了油印小报《抗战简报》，八开一版，发行300—600份。该报于1937年8月15日发行，主要报道抗战消息、宣传中国共产党的抗战主张、揭露批判妥协投降的悲观言论。报纸通俗易懂，被誉为“庄户孙报”，发行90多期后停刊。1938年4月复刊，发行10期后，经中共昌邑县委同意，再次停刊。

《群众报》是中国共产党清河地委（辖今寒亭北部、昌邑、寿光、青州等地）的机关报，创刊于1939年8月1日，发行初期是16开的油印小报，发行量在500—600份。报纸起初附设在中共清河地委秘书处编辑发行，消息主要来自电台播送的新闻。1940年5月成立报社，编辑部设在寿光史家庄，社长刘洪轩，总编辑张逢之。当月改为石印版，四开四版，三天一期，发行3000—5000份。1944年1月，中共清河区委与冀鲁边区委合并为中共渤海区委，已经出版505期的清河区委机关报《群众报》也就与冀鲁边区委的机关报《烽火报》合并为《渤海日报》，7月1日正式出版，1944年6月停刊。

《新潍坊报》是中国共产党潍坊特别市市委的机关报，是中国共产党领导的新生政权在山东省创办的最早的党报。于1948年5月1日创刊，日刊，铅印，排印以直排为主，间有横排，邮发代号为“山东邮管局新闻纸类登记第五一号”，创刊号和重大节日时采用红色印刷。市委设立报社委员会，报社与新华社潍坊支社合署办公，先是在棋盘街《统一日报》报社旧址办公，9 月 12 日迁到城区博古街南首。报纸的编辑指导思想是：宣传中共中央的政策，主要是城市政策、劳资政策和土改政策，宣传新民主主义政治纲领，宣传共产党恢复、建设、发展地方经济的措施方针，反映群众情绪、人民愿望和人民生活状况，报道群众性社会活动和民主建设进程。《新潍坊报》创办之初为八开两版，第 11 期开始扩为四开四版。初版时头版为地方新闻，二版为国内外新闻；扩版后，一版为地方要闻版，二版为地方新闻，三版为国内外新闻，四版先为广告版，从第 13 期开始辟为综合副刊。5 月 27 日开始，又在副刊位置上不定期地设立了《青年生活》《戏剧》《卫生》《工人园地》《通讯工作》等几个专页。其间，副刊改名为《文综》。随着潍坊市（中共中央华东局直辖市）社会秩序的逐步安定，进行了改版，一版改为刊登解放战争最新战果，报道中共中央关于解放区的最新政策与工作指示；二版为地方新闻版；三版为《文综》专刊，兼发国际新闻；四版辟为《经济》版，设有《社会服务》等栏目，刊登商业行情等内容。这时的《新潍坊报》在如何办好新闻报纸、提高专业水平上作了大胆探索和尝试，讲究编排艺术，新闻报道内容力求专业化，报纸的宣传功能、新闻功能、生活服务功能、经济服务功能和文学艺术特征得以显著加强。1949 年 2 月 16 日报纸停刊，报社留下 3 人继续从事新华社潍坊支社的新闻采访与通联工作，其他人员南下参加新区开辟。

新华社潍坊支社是中共在潍坊市创办的新闻通讯社，成立于 1948 年 5 月 1 日，与《新潍坊报》一套工作班子。9 月 1 日，支社业务与报社业务分开，统由报委会负领导责任。支社的主要任务是以新闻的形式对外地宣传潍坊工作，是潍坊市对外宣传的主要新闻信息窗口，有两名记者从事广播电台新闻采访，有一名编辑从事广播新闻编辑工作，还有一名培养与管理广播新闻通讯员队伍的内勤编辑，编发刊物《新闻工作》。支社的广播新闻稿一般也发给《新潍坊报》共同使用，涉及政策性、问题性的重点报道，需要报送华东总分社先行审阅批准。

新华社昌潍支社，成立于1948年8月1日，机构附设于中共昌潍地委宣传部。支社的主要任务是以广播新闻的形式对外宣传潍坊工作，是上级和外地了解昌潍地区工作动态的主要信息窗口。支社不定期出版《昌潍通讯》党刊，每期印发数百份，面向区乡以上干部发行。内容特征属于工作通讯，主要是介绍发动群众、建立政权、清剿匪特等工作中的经验教训、政策把握、干部作风、思想与组织领导、典型报道等，有时也登载一些中共昌潍地委的指示、决定。1949年9月，随着昌潍行政专署节约整编方案决定，并入《昌潍大众》报社运行。

1948年5月16日起，华东新华广播电台的筹建人员在五莲县洪凝村开始进行广播发射机的装配工作，8月21日开始筹建电台，台址选在临朐县城西1千米的程家庄。9月12日试播，12月20日正式播音，呼号为XNEC，开始曲为《解放区的天》，结束曲为《大路歌》。开播时，除原有的一部500瓦短波广播发射机外，又增加了600瓦机一部，波长48.2米，频率6222千赫；400瓦机一部，波长601米，频率为5020千赫；1000瓦机一部，波长303，频率为9900千赫。1949年2月下旬陆续迁往济南。电台的主要节目内容有：对华东国民党军队广播，主要内容是在华东战场上弃暗投明的军官的介绍、书信、文章和演讲，以及华东人民解放军发布的文告、领导人讲话等。对华东人民解放军广播，主要内容是军人家书、后方社会与经济建设情况、战斗英雄事迹介绍、军队文化娱乐材料等；对京沪杭闽台等民国南京政府统治地区广播，主要是中国共产党领导的人民解放军在各战场的胜利消息、华东解放区情况介绍等。也转播陕北新华广播电台的节目。华东新华广播电台的领导机构是电台管理委员会，由7人组成，下设编辑室、机械室、秘书室，工作人员61人。另有警卫人员30人，属于军队编制。

在抗战爆发前，今潍坊境内还发行出版过民营报纸《天津大中时报·潍县特刊》《鲁东日报》《鲁东公记报》等。其中《鲁东日报》最有社会影响力，该报创刊于1935年5月，社址位于潍县城坝崖大街，报头由于右任题写。报纸八开两张四版或者八开四张八版，铅印，每份报纸零售价为2分钱，本埠每日上午十时送报上门。版面安排：一版为国内外新闻，二版上半版为省内新闻，三版为经济版，五版为潍县新闻，六版为文艺副刊或专刊，七版为外埠新闻，其余版面为广告内容。该报把新闻做成了产业，坚持报道的客观性立场，建设社会舆论中心，新闻可读性强。受全国新闻传媒事业兴盛的影响，潍坊境内也出现了有经营实力、社会影响力，坚持客观报道的民营大报，创刊于1924年9月1日的《青岛时报》就是这样的代表。七七事变后，为了维持新闻业，报社部分迁潍，于10月10日在潍县正式创刊《青岛时报·潍县版》，铅字印刷，日刊，发行量1000份，四开四版。1938年春停刊。

图4-7-3　青州北关文昌宫，摄于1936年9月

## 五、宗教

### （一）对自然神的崇拜

民国时，潍坊境内的自然神神庙大都已经荒废，重要的立坛设祭场所几乎没有修缮，更没有进行礼仪祭祀活动。如各县的雷雨山川坛、社稷坛、先农坛、城隍庙、火神庙、土地祠、马王庙、龙王庙、文昌阁等，合适的都已经挪作他用，不适用的就废弃了。据民国《高密县志》记载，高密地界尚存的16所各类自然神坛庙，有4处“民国建立后无祀”。到1935年之

图 4-7-4　青州文庙，摄于 1936 年 9 月

前，废止祭祀仪式的场所已有 11 处之多。高密的这种情况在潍坊境内是普遍现象。

民国初年，随着袁世凯倒台，政府颁布实施的祀天通礼等也退出了历史舞台。中国传统的祭天、祭地的宗教仪轨受到剧烈冲击，民众对自然神的崇拜逐步衰弱。

（二）对人物崇拜的变化

自古以来，对人物的崇拜不断丰富演化着潍坊文化的内涵。孔子被推为“文圣”，以他为代表的儒家人物得到普遍经久的尊崇；关羽被尊为“武圣”，民国时与岳飞合祀；再就是对本地名宦、乡贤、节孝人物的祭祀活动遍及域内各县的城镇乡村。民国初年，潍坊境内各县对孔子的崇拜依然盛行，奉祀持续。潍坊各县都建有关帝庙（或者关岳庙），有的县甚至不止一处。对其他人物的崇拜祭祀行为却明显减少。

（三）宗教的发展变化

大略来看，民国时期潍坊宗教的发展经历了四个时期：

1. 1912—1927 年，国家推崇政权与宗教分离，提倡信仰自由，儒教与教育紧密结合的历史开始落幕。经过民主革命运动的猛烈冲击，儒、释、道和其他教派一样，在混乱的社会生活中黯淡生存。

2. 1927—1936 年，宗教文化事业在改良中有所发展，在宗教教育和学术研究上有所作为。潍坊境内基督教的发展状况明显好于释、道两教。他们办学行医，建设社区生活，传播宗教思想，社会影响深刻。

3. 1937—1945 年，在民族存亡的关键时刻，儒、释、道与伊斯兰教的绝大多数信众坚持了爱国抗日抵御外侮的立场，少数宗教分子依附日伪政权生存。来自日本的佛教势力侵入今市区及附近地区，为政治上、军事上的侵略服务。基督教等传自欧美的教派站在了抗日的立场上。

4. 1945—1949 年，国民党执政的民国中央政权迅速瓦解，中国共产党代表的新生民主力量成为社会政治的主流，各大宗教面临着政治立场的选择。基督教受西方国家政治立场影响，基本选站国民党一边，儒、释、道各教有的支持中国共产党领导革命，成为社会进步团体和进步人士。民间低层次的部分宗教势力站在了反对中国共产党的立场上，1949 年之后遭到坚决取缔。

## 第八节　社会生活与民俗

民国年间，人口与家族在更新，现代体育得以启蒙，运动与健康开始走进民众生活。民国社会风气逐渐开放、文明、进步，风俗民情颇具地域特色。

### 一、人口与家族

清光绪三十二年（1906），在今潍坊市境内人口数量达 195 万人，到 1936 年增至 428 万人。经过抗日战争、解放战争、灾荒和疫病流行，到 1949 年仍有 470 多万人。在这 43 年的时间里，潍坊境内人口约增加了 275 万人，平均每年增加 6 万多人。

民国初年至 1934 年，据昌邑、寿光、诸城、高密、潍县、安丘统计，男性占 53%，女性占 47%；到 1936 年男性减少到 49.58%，女性升到 50.42%；经过抗日战争和解放战争，到 1949 年男性占 49.03%，女性占 50.97%。市境人口平均寿命仅 35 岁左右。

清末民初，随着胶济铁路的开通，高密、青州、昌乐和潍县（今潍坊市区）的沿线城镇商业逐步繁荣，人口流动频繁，迁入人口显著上升。1936 年统计数据显示，人口城镇化率为 4.6%。①

潍坊市域内姓氏众多，据统计有 809 姓。追究姓氏本源，孔、孟、孙等圣贤人物都有后裔，除明代初年由河北、山西、云南等地迁入潍坊境内的姓氏有家谱记载外，其他本源难溯。民国之前，生活与思想相对闭塞，名门望族起到维持地方社会运转的作用。从高祖到玄孙的九代人称为九族，俗称

---

① 潍坊市地方史志编纂委员会编：《潍坊市志》，中央文献出版社 1995 年版，第 151 页。

“一支股”，又以五服论远近，俗谓“一个门里”，同族同宗的会有统一的辈分。有一定社会地位的家族一般都有堂号，命名堂号的做法一直延续到20世纪30年代。民国年间纂修的县志，如《诸城志》《潍县志》《临朐志》都设立了“氏族”志略，专门介绍本土望族的演变历史。相关家族的名人事迹，不惟传闻乡里，地方史乘乃至省志国史亦有记载。

民国年间，潍坊境内的名门望族对本地社会文化风气的影响与推动显而易见。潍县（今潍坊市区）和诸城的丁家、王家、郭家在文学、书画上的成就引数代风骚，不仅在省内，在全国也占有一席之地。一家数代成为地方文化艺术发展的领袖人物，比如丁家在历史文学方面的研究、郭家在书画上的成就，闻名全国。诸城、高密、临朐的名门望族重视文学艺术，如今这些地域流传下来形式多样的文艺形式，比如高密的茂腔、临朐的小戏。名门望族的子弟往往热心于举办家塾，积极参与民国政府倡导的现代化学校建设，开办国民教育，兴学育人，使得出身于农工家庭的贫困人家也有机会读书、留学。

19世纪末兴起的民主革命，动摇了传统政体的根基，社会开始转向现代化，这就直接冲击了科举制度。依靠科举进入上层社会的名门望族无不感到生存与消亡的危机，其中的有识之士不顾旧制度的制约，利用各种机会，争先投身于晚清兴起的新经济、新政治、新文化及新教育等领域的活动，逐渐应变，完成了自身的转化。[①] 他们在各种新型社会组织中担任领导角色，重建自己的合法地位和社会权威。比如潍县的郭氏家族既有文化、教育、艺术人才，又投资商业，成为民国新时代的社会精英。

尽管民国时期新的社会价值标准不断弱化家族的凝聚力，但名门望族仍然延续传统习惯进行家族文化建设。编修家谱是一个家族的重要文化工程，历来有“三十年一小修，六十年一大修”的传统。民国时期，家谱修纂成风，时间集中在民国初年和1937年全面抗战爆发之前两个阶段。寒门小户，祖

---

① 王振民主编：《潍坊文化三百年》，文化艺术出版社2006年版，第32页。

辈缺少科举功名，所修纂的族谱一般只有序言和世系两个部分，序言简单，直奔主题，世系一般只记代际、世次与姓名。名门望族所修纂的族谱，内容相对丰富，分为历代序言、新续序言，主修人会邀请与本族有交往的名人名家为族谱撰写序言；世系表（含字号、功名、迁徙、承嗣等信息）、家传（甚至分为列传、内传、外传、世业等）、家风、家训、艺文、世袭封赠、祖先坟茔绘图、宗祠图示、族产等，比较全面地记载了家族的基本情况。民国族谱样式继续采用传统的苏式和欧式[1]，也有少量族谱两者兼用。

## 二、体育运动

### （一）风筝放飞

潍坊城乡在清明时节放飞风筝的习俗至少在明代中期就已盛行。潍坊人把放风筝叫“放郁”，是在春天里祈福的行为，象征着把一年的“郁闷之气”放出去。潍坊风筝的放飞比赛，最早可追溯到清乾隆年间，是群众自发的娱乐项目，每年都有。

1933 年春，潍县县政府应民众要求，决定举办潍县风筝赛会，计划两年一届。同年 4 月 5 日，首届潍县风筝赛会在县衙大堂开幕，全县有 80 只风筝参加了比赛。整个比赛分为两个阶段：上午在县衙举办风筝展览，下午在白浪河滩进行放飞比赛。在飞舞的风筝中，最引人注目的是唐家的“八仙过海”和杨家埠的“四季花神”。这次赛会没有进行评比与奖励，应该算是一次风筝表演，但是在赛会上充分展示了潍坊风筝的美学欣赏价值和体育运动价值。

1935 年清明节，潍县在市区南关举办了第二届风筝赛会，经过筛选产生的 60 只优秀风筝按照体型大小分三组分别参加了比赛。赛会组织者对所有参赛选手进行了奖励。

---

① 家谱（族谱）编辑的传统体例主要有欧式和苏式两种。欧式，即横行式，是北宋文学家欧阳修所创。苏式，即垂珠体，是北宋文学家苏洵创立的。两种谱书成为后世效仿修谱的规范。

1937 年清明节，潍县商会在白浪河沙滩举办了第三届潍县风筝赛会，60 多个品种 90 只风筝参加比赛，比赛分类进行，但因为天气原因提前结束。

20 世纪 30 年代举办的三次风筝赛会，是潍坊风筝由自发的民间娱乐活动，向有组织的官办的正式比赛发展的初步尝试，成为后世发展风筝产业、风筝文化、城市文明的重要历史渊源。[①]

（二）地方武术的传承

民国时代，社会动荡，民众多以习武保身，少林拳、形意拳、太极拳等众多拳种传入潍坊。

20 世纪 30 年代，山东省国术馆和武术传习所在济南成立，临朐人窦来庚任副馆长。随后，昌邑、青州、临朐、安丘和潍县陆续开设国术馆，组织教授武术，民国“武术热”和“武林高手”应时而生。据民国《续临朐县志》载，临朐县于 1933 年春成立国术馆，馆址在北关财神庙，后转城南门里紫微观，经费系省里拨款，县长周钧英（河北霸州人）任馆长，郎益文为副馆长。国术馆设教练两人，招生学习国术，共有学生 30 余人。各县国术馆的规格、办学规模、经费来源大抵均如此。

1933 年，昌邑姜修信在济南举行的国术考试中获得短兵器甲等奖。1935 年 10 月，他又在南京举行的第五届全运会上荣获剑术轻量级第一名。昌邑人王子久、纪学福甚至漂洋过海到印度尼西亚开设华人国术场，把武术传到海外。

1933 年，青州回族拳师赵明远创办回民武术研究所，招收回族青年在清真寺里授艺习武。

在 20 世纪 40 年代，武师们或被聘请为中学的国术教师，或流落江湖卖艺为生。

**高密九五拳术**

李振福（1904—1970），字九五，今高密市夏庄镇河西村人，出身于

---

① 潍坊市地方史志编纂委员会编：《潍坊市志》，中央文献出版社 1995 年版，第 1516 页。

民间拳师之家，其先祖李宣忠在青州军籍，系河北枣强县哨门里人，军营教头，身怀绝技，精通太祖长拳、少林五虎棍、武当剑等，开武术世家传统。李振福是李氏家族拳术第十七世传人，自幼苦练六合拳、太祖长拳、少林五虎棍、小五手、连五掌等拳法，武艺超群，被称誉“文武双全功盖夷安，德才兼备名扬齐鲁”。

民国年间，李振福被高密县政府聘为国术馆副馆长，培养弟子 300 多名。1937 年，李振福代表高密参加山东省中华武术比武大会，进入前 20 名，以武德、武艺赢得山东武术界的尊重，县长曹梦九为其改字“九五”，从此九五拳术名扬齐鲁，传播至今，已有三代传人。

九五拳共有 49 式，特点是闪转腾挪、步伐稳健、捶出捷径、出手阴阳、彼来我往，招招制敌，攻击性强。动作与套路动静结合、阴阳平衡、刚柔相济、内外兼修，在运动中根据对方的招数，快速变化为拳钩掌肘肩等，招即打、打即招。九五棍法分为单练套路、对打套路。棍式有 55 式。

**潍县四通捶**

潍县四通捶是潍坊民间特有拳种，被列入山东四大名拳。民国之前称边家捶、贴煞卧陡功。拳理讲求：意与势通、势与法通、法与气通、气与力通[①]，故称四通捶。四通捶于清道光年间由龙口人冯立旺（约 1777—？）传入潍县城区一带，清末民初进入鼎盛期，著名传人依次有边相廷[②]、边淮[③]、边毓才（1871—1950）、边荣、边环、边仪，此后遍传潍坊各地习武之人。民国年间，产生了一代武术名家武玺钰[④]，随后又有杜瑞麟（1882—1949，潍坊市奎文区人）、陈锡俸（1892—1978，潍坊市潍城区人）、王明春（1919—1979，潍坊市潍城区人）等。潍县四通捶是一种传统的功力拳，有基本套路散手单练 32 式等，被载入《中国武术大辞典》。

---

① 政协潍坊市潍城区委员会文史委编：见《潍城文史资料》（第十九辑），2003 年，第 118 页。

② 边相廷（1787—1860），本名边佑，字相廷，潍坊市潍城区人，潍县四通捶的关键传承人，师承冯立旺。

③ 边淮（1829—1906），潍坊市潍城区人，潍县四通捶第三代传人，武师。

④ 武玺钰（1854—1919），潍坊市奎文区人，潍县四通捶第四代传人，著名武术家。

**地龙经拳**

地龙即蚯蚓，地龙经拳又称地趟拳，属象形拳，发源于武当拳派。始祖陆一刀于清雍正年间传至平度崔家集，历来习练者极少。高密张氏家族素有习武传统，1847 年张氏十三世孙张桥，字云鹤，清咸丰五年（1855）乙卯科山东乡试举人，继承尚武家风，名闻遐迩。偶遇友人习练地龙经拳，遂入门求学，学成后设坛授徒，经过第二代传人张祚升，再传官维鑑（1882—1951）、官志臣（1913—1992）、杜文明至今。

地龙经拳有 24 路拳法，其中以鸳鸯腿、中风剪、六合掌、十字披、酒醉八仙为特色，主要特征是武者倒地后开展的腿脚功夫。

（三）伦秀桂“武冠齐鲁”

伦秀桂（1901—1996），今寿光市大伦村人，字丹亭，自幼习武。1933 年，寿光在城里举行武术比试大会，伦秀桂以拳脚胜出到省馆深造，受到窦来庚、于化行等武林高手的指点，拓展学习了少林拳、形意拳、太极拳等，博采众家之长。在拳术的基础上，伦秀桂还兼习了刀术、剑术和棍术。

在山东省国术馆结业后，伦秀桂到益都国术馆任副馆长、武术教练，多次参加省赛。1936 年，山东省第四届国术考试比赛大会在济南千佛山下的体育场举行，观众数万人，全省参赛武师有数千人之多，盛况空前。伦秀桂第三次参加比赛，打了 40 场比赛，总分第一，夺得冠军。

伦秀桂一度进地方部队任武术教官，正义感强，武德高尚，门下弟子众多，有不少人从军报国。

（四）中国象棋

民国年间，今潍坊境内的中国象棋著名棋手有李震川、陈天才、陈知儒、郎致平等。1937 年 4 月，潍县举行首届中国象棋比赛，有 18 名选手参赛，著名棋手李子正被誉为“棋王”[1]。潍县（今潍坊市潍城区）的状元胡同出现了姚家义象棋世家，师承陈天才，代代相传，连续三代都是地方著名棋手。

---

① 潍坊市地方史志编纂委员会编：《潍坊市志》，中央文献出版社 1995 年版，第 1465 页。

邵次明（1881—1969），潍坊市寒亭区郭家廿里堡村人，是闻名全国的中国象棋大师，被尊称为“山东棋圣”[①]。邵次明于12岁开始师从象棋名家王尚纯学棋，得象棋秘谱《自出洞来无敌手》进行研读，棋艺大进，三年后称雄潍县，被誉为“少三杰”之首。1922年，在北京天桥茶社，邵次明与当时名冠京津的孟文轩激战10局，以和四各负三局平分秋色，被誉为“鲁邵燕孟”。1936年，邵次明邀请“象棋总司令”谢侠逊访问青岛，推动了山东棋艺水平的提高。1937年，他在上海参加由谢侠逊倡导的“海滨区象棋赛”，先后击败陈玉麟、窦国柱、连学正、鲍子波等江南名手，轰动了上海棋坛。他与谢侠逊连战三局，均以和终。随后在上海八仙桥坐擂5小时，连挫29名棋手，一时传为佳话。

邵次明一生遍访11省78个市，甚至出国到越南，弈局数万。他把弈棋要领归纳为“才、静、法、度、势”五个方面，要求以“气胜、智胜、势胜”整体配合、量敌而进。著有《象棋战略》。

（五）现代体育运动发端

民国时期，在新生活运动的影响下，各地把发展现代体育运动作为社会文明进步的主要指标。在竞技体育方面，田径运动于20世纪20年代初传入潍坊，成为学生体育课学习的重要内容，随之涌现出许多运动健将。1925年4月，潍县中学的学生考斌之在华北运动会上，以2分21秒零2的成绩获男子800米冠军。1934年，临朐冷培根在第十届远东运动会上，获男子铁饼、铅球两项冠军。

篮球、排球都是在20世纪20年代初期传入潍坊的，主要是在军队和学校里开展。

20世纪三四十年代，潍坊各地方政府都举办过体育比赛，高密、昌邑、青州、临朐、昌乐和潍县（今潍坊市区）都创建了公共体育场。

---

① 政协潍坊市委员会文史委编：《潍坊文史资料选辑》（第十辑），1994年，第41～48页。

## 三、礼制、礼俗与生活时尚

### （一）礼制及礼俗

民国成立，颁发执行新的典礼规制。后来开展新生活运动，倡导新的生活风尚。

袁世凯主政时期的 1914 年，由政事堂礼制馆颁行“祀天通礼”。于每岁冬日，各地方行政长官代表地方人民祀天于南郊，县知事各于所在地方代表人民祀天。因故不能参加，可以“以其属代”，“在城文武委任以上咸与祭”[①]。又，国民必须祀天于家，主人或主妇主祭，家属与祭。祭所，扫除庭院以为露祭之所。祭品或生或熟，为家所宜。

1914 年，政事堂礼制馆颁布施行“祀孔典礼”。1934 年编纂的《高密县志》翔实记载了关于祭孔的礼仪程序，1933 年的《昌乐县续志》甚至记载了专用乐谱。民国祀孔典礼音乐有《昭平之章》《雍和之章》《熙和之章》《渊和之章》《昌和之章》《德和之章》《宣平之章》等。各地方行政长官皆以每年的农历二月和农历八月上旬的两个丁日，庙祀至圣先师孔子。各县知事各在所驻地，一般是在文庙，主持祭祀典礼。活动前以属官或公立学校校长“书祝版”，“陈设省齍”，“各以属官为之纠仪”。县知事以在城掾属、国家委任的政府文武官员都参加活动，“凡拜跪一切礼节均改为鞠躬，以三鞠躬为最隆重”[②]。1914 年，明令祀孔仍用跪拜。民国十七八年，各县实行党政统一，各项纪念旧祀典均废，因孔子为历代道统之宗，改诞日为特别纪念日，改大成殿为纪念堂。孔子纪念日各学校放假一日。地方官率所属及教育职员、学生，至文庙向孔子像行三鞠躬礼。礼毕依次演讲，然后退。其余一切祀典皆废。1934 年，省政府发布孔子诞辰纪念办法、程序等和《诞辰纪念告民众书》，规定纪念日为农历八月二十七日。

---

① 〔民国〕余友林、曹梦九修，王照青纂：《高密县志》，台湾成文出版社 1968 年版，第 256 页。

② 〔民国〕王金岳等修，赵文琴、王景韩纂：《昌乐县续志》，台湾成文出版社 1968 年版，第 284 页。

1914 年农历十一月，陆海军呈请关羽、岳飞合祀，1915 年奉令通行，礼制馆颁关岳合祀典礼。各地关岳庙以每年春、秋分节气后第一个戊日举行。

中华民国最隆重的纪念仪式有两个：一是国家通令规定公历 1 月 1 日为“民国新年”。二是民国诞辰国庆节。通令中华民国国庆日为公历 10 月 10 日。

南京国民政府重视移风易俗，于是全国成立新生活运动促进总会，各省陆续建立新生活运动促进会，各县设立分会，倡导新生活运动，指导生活革新。

在山东，另一个承载社会移风易俗功能的是进德会。山东进德会是民国山东省政府主席韩复榘主持成立的道德建设团体，于 1932—1937 年开展活动，以进德、修业、戒绝一切不良嗜好为宗旨。公约于四个方面：志于道、据于德、依于仁、游于艺。各地进德会经常发起各类体育竞赛、艺术表演、文化普及活动，深受群众支持和欢迎。

### （二）衣与容的时代风尚

民国时期，普通人家的一般生活装束与清代基本一致，瘦小紧身，方便行动。据记载，潍坊域内民众在民国时“制服多用棉织品且限用国货”，生活中的常服“以棉布为主，间有用丝织品毛织品者亦最寥寥，妇女嫁衣日趋华丽，自人造丝制品输入，价廉色美，用者渐多，所幸乡村人民尚乐用土布，虽为物力所限，亦朴素之性使然也”[①]。这种关于服装材料的记载具有普遍性。服饰穿戴上，人们的衣料以粗棉布为主，由家庭妇女用小型木制机杼织成的小作坊布，俗称“窄幅布”“粗棉布”，呢绒绸缎很少见。随着国门洞开，外国的洋纱、洋布以质细价低疯狂倾销入境，在城区已大量使用，在乡村的集市上也有了“宽幅的洋花布”，时髦的青年人开始穿起用洋纱裁剪成的洋装。

---

① 〔民国〕王金岳等修，赵文琴、王景韩纂：《昌乐县续志》，台湾成文出版社 1968 年版，第 346 页。

图 4-8-1　20 世纪 40 年代的潍县北坝崖大街

图 4-8-2　坊子农村，正月里的儿童，加岛（日本）摄于 1941 年 1 月

“城市居民以长服为多数，乡镇村居民以短服为多数”，妇女多穿旧式衣裳，穿长袍长裙稍微有些新式变化的也“多系本地粗布”[①]。清末民初，男子上身穿对襟褂、布扣，缀两个口袋，下着直裆带腰宽腿裤，用扎腿带扎裤脚。夏天披披布、穿短裤；冬穿棉袄或棉袍，腰束黑色扎布。女装上衣为右偏襟，其他与男装相同。富裕人家的男人穿长袍马褂，女穿元宝领、袖上绣花的宽袖装，下着绣花长裙或穿旗袍。20 世纪 20 年代以后，出现了学生服、中山装等制式服装。

在容妆方面，最重要的变革就是剪发了。辛亥革命后，革命党人提倡剪发，群众一倡百和，潍县城里有民谣唱道：“快剪发，快剪发，强似留着猪尾巴！”起初还有人心存顾忌，在草帽上、布帽上钉个假发；接下来，留辫子的人被视为顽固不化，剪发被认为是革命的象征，这样，清代坚持了 260

① 〔民国〕常之英修，刘祖干纂：《潍县志稿》卷十四《民社·风俗》，民国三十年（1941）铅印本。

多年留发辫的习俗被废除了。贫穷人家的男子多剃光头，富家子弟、学生、公职、教职人员则多留分头或平头。

（三）特产与名吃

民国时代，潍坊境内发展的农林特产名品主要有临朐全蝎、寿光大鸡、昌乐西瓜、青州蜜桃、青州银瓜、潍县萝卜等。

昌乐西瓜主要产于“南鄌北都”，以桂河、白浪河、丹河、九曲河、漳河、龙丹河沿岸的沙土地带为主要产区，昌乐北乡的都昌一带和鄌郚金山脚下出名产，品种有40多个，都是瓜农自己培育种子。民国《昌乐县续志·物产志》载：“北乡所产最多且佳，每岁运销青岛甚多。”

饮食风俗。在昌乐“食品以谷麦为大宗，乡农以麦价昂贵多不自食，而以红粱谷豆为养生要品”，“绿豆、黍子、玉蜀黍、红薯不常食”，“佐食以蔬菜、豆腐、粉皮、粉条、咸鱼、猪牛羊肉、鸡子鸡肉”等制成的小菜为多。“城市宴会常以大米为餐，乡间则面食。”[①] 进餐时一般全家共桌，一日三餐，但分老少、男、女三个营养层次，也有“团圆饺子送行面”之说。潍坊境内居民口味酸甜辣咸兼备，偏咸，佐餐多有咸菜、虾酱、大酱、咸鱼、虾皮，辣味料跟山东其他地区一致，主要是大葱、大蒜。

民国初年，潍徐路边的昌乐马宋镇诞生了传承至今的名吃——马宋饼，到20世纪30年代“大盛”，有70多户人家常年卖饼，四季经营。[②]

1924年秋后，临朐张家店村的张梅五（1896—1977）在五井街上开起了饭馆——张家店，又称五井正南店，以经过阉割后生长的公黑山羊为食材，按照羊的不同器官分别做菜成席，称“全羊席”。张梅五全羊席烹饪方法为烹、炒、煎、炸、烧、烤、蒸、焖、炝等，味道有酸甜辣咸等，最后加“全羊汤”成为全席，逐渐繁荣起来，成为著名的特色名吃。

景芝名吃传承数百年，包括景芝白乾、小炒肉、三叶饼和金丝面，其

---

① 〔民国〕王金岳等修，赵文琴、王景韩纂：《昌乐县续志》，台湾成文出版社1968年版，第347页。

② 政协潍坊市委员会文史委编：《潍坊文史资料选辑》（第九辑），1993年，第340～344页。

中景芝白乾在1915年代表中国白酒入展巴拿马万国博览会。来自安丘的特产名吃还有芝泮烧肉，是景芝镇芝泮村刘氏家族六百年的祖传工艺。

青州蜜桃、青州银瓜和隆盛糕点都是历代贡品，其中隆盛糕点是伊斯兰食品，来源于明代衡王府糕点坊，于清道光年间首创“隆盛”商号，经民国传承至今。

“高密大蜜枣”手工点心远溯至宋代，传承到20世纪二三十年代，单是在城里经营的糕点坊就有近百家，以胡少卿的“永和”、崔淑明的“玉祥斋”和傅质霖的“久大”名声最盛。诞生于清代的“高密炉包”久负盛名，20世纪30年代以高密城南荷湾的“林三炉包”名冠城乡。

寿光虎头鸡在清末民国繁盛、外传，称为鲁式虎头鸡，即煲炖式松鸡，是鲁菜代表作之一。清康熙年间，寿光王高王氏家族创制虎头鸡，到了清末民初，同盛、福有、洪烈三家菜馆制作的虎头鸡最负盛名。厨师王景顺于民国初年在天津参加四方食艺大赛，一举夺魁，获政府嘉奖。

潍县的传统名吃有肉火烧、芝麻烧饼、辣皮、鸡鸭和乐、朝天锅等，其中朝天锅起源于清代中期的潍县大集。清末民初，城区保持经营的朝天锅店稳定在数十家。1949年之前，著名的朝天锅店有蔡凤鸣的鸣凤居，位于东关五道庙街；胡智廷的朝阳居，位于南下河街地瓜市；胡羲培的双盛号，位于南门大街北段路西。

（四）民居、园林建筑

潍坊住宅风俗，各地差别不大，仍以地处中心位置的昌乐为例。据记载，这里“住室以草房为多，富者房屋多用砖瓦”[①]，旧式房舍规制一律以一院四屋为定格，又以主房、偏房、门楼、厨房、厕所各有定位，否则被视为不吉利。民国年间，在今潍坊市城区范围，居民房中草房占80%、瓦房占20%。

在今潍坊市境内留存的古建筑、私家园林主要有：

绿野斋，位于潍县城区松园街北，是郭鸿翱宅邸的西南院，清道光年

---

① 〔民国〕王金岳等修，赵文琴、王景韩纂：《昌乐县续志》，台湾成文出版社1968年版，第347页。

间修建，设假山水池、花草树木。民国初年卖给陈恒庆，改名怀白轩，后作为陈氏启幼小学，“园中景物荡然一空”[①]。

十笏园，位于潍县城区胡家牌坊街，是清光绪年间潍县首富丁善宝所建的“袖珍园林”，又称“丁家花园”，有假山莲池、春雨楼、砚香楼、读书堂、秋声馆、碧云斋等建筑，其中砚香楼是明嘉靖年间刑部郎中胡邦佐的住宅。1926 年，康有为来潍时入住十笏园 3 天，受到丁锡纶、丁锡田兄弟的热情接待，留有《十笏园留题》诗。

图 4-8-3　青州城里的古街市场，加藤（日本）摄于 1939 年 8 月

青州古城，到民国初年已有 2100 多年的城建历史，保存较为完好的有棋盘街、昭德街、卫街、偶园街、北门街、北关街等，街道首尾相连，绵延五千米，大多为明清建筑。

范公亭、范公井和三贤祠，坐落于青州古城西南隅，初建于北宋。民国初年，在范公台南侧建澄清轩八间，亮窗、前后出厦，供游人休憩。1934 年 5 月，爱国将领冯玉祥拜谒范公亭，留有书法碑刻。

偶园，位于青州城南偶园街，“偶园”是园林名，俗称“冯家花园”，是清康熙年间文华殿大学士、刑部尚书冯溥的私家花园，是一座具有艺术价值和史料价值的康熙风格园林。在民国末年之前，这里仍然归冯氏后裔所有，属私家财产。

① 政协潍坊市委员会文史委编：《潍坊文史资料选辑》（第十辑），1994 年，第 268 页。

（五）交通出行

行路风俗有显著变化，日趋便利。多安步以当车，全城无人乘坐洋车（旧式轿车），“自脚踏车盛行各机关及商家，购以乘坐者渐众”，“以修理自行车为业者现增至数家”。[1]

（六）休闲娱乐

民国时期，烟、赌、娼成为社会公害。国家严禁赌博、吸鸦片，但此陋习屡禁不止，“十室之邑，必有烟馆”。

民国年间，收费的娱乐服务场所主要有茶馆、酒馆，这里是说书听书、说唱快板书、会友谈生意的地方。其次是到戏院听京剧、看吕剧等，到影剧院看无声或有声的黑白电影。民间自由活动有荡秋千、春游、秋冬季登高等。至于踩高跷、扭秧歌、唱大戏等需要费用支出的节日娱乐活动，一般都是由族内的人员和大户人家分摊费用。今潍坊市区民国时的著名娱乐场所有中华大戏院、白浪河沙滩说书场等，有剧社等 10 所左右，是居民娱乐消费的场所，不少文艺名角在此成名。

## 四、侨务

（一）潍坊人在海外的苦难生活

传统上，华侨主要习惯流向：第一，上“北洋”，指去俄国。清末民初，潍坊境内，特别是昌邑、寒亭等地的人们继承先辈上北洋的传统，经过东北陆续到达海参崴附近，主要是贩卖家乡的丝绸或从事种菜、建筑、淘金等生意。到 1911 年，旅居俄国的潍县人增至 31 人，1937 年达到 327 人。第一次世界大战结束后，大部分参战华工回国，但是潍县华工留居俄国赤塔等地的有 40 多人。苏联建立后，大部分华侨或者回国，或者转去日本、欧美各国。第二，下南洋，是指去东南亚、南亚诸国。1902—1940 年，潍县下南洋的有 500 多人，分别定居于印度、马来西亚、新加坡、菲律宾等

---

① 〔民国〕王金岳等修，赵文琴、王景韩纂：《昌乐县续志》，台湾成文出版社 1968 年版，第 347 页。

国。第三，闯高丽，主要是指去韩国。民国初年，逃亡到东北地区谋生的潍坊人，被日军雇佣到今韩国境内开矿山、修铁路、下煤井，大部分惨死。抗战胜利后，幸存者仅仅45户，以做小买卖谋生。第四，港澳台胞移居海外。1949年，民国政府党政军人员撤离大陆，潍坊有11700多人随军去台湾生活，分布在军政界、商界，后来通过留学、经商、考察、旅游等渠道移居国外。港澳同胞移居东南亚、欧美诸国比较方便，在海外经商、搞实业，逐渐积累财力，下一代成为有实力的华侨。

清末民初，昌邑市南裴庄的杨氏家族远涉南洋销售柳疃丝绸。杨氏家族十三世杨嵩山、杨岱山兄弟，是柳疃镇上的丝绸工匠。清光绪四年（1878）正月，兄弟二人从青岛乘英国客轮经香港、新加坡，行程3个多月，到达爪哇岛销售柳疃丝绸，虽然本利全空，但柳疃丝绸的名声誉满爪哇岛。杨岱山于清光绪七年（1881）在三宝（保）垅去世，杨嵩山次年夏天在巴达威（今雅加达，又称巴达维亚）去世。杨岱山嗣子杨茂春（1858—1927，字曦和）决心继承父辈遗志，吸取经验教训，筹集资金，开拓南洋丝绸之路。1885年，杨茂春率亲属杨茂德、杨玉成等带丝绸到达南洋爪哇岛，不久开办了“源兴泰”丝绸庄，生意日渐兴隆，一年后回国，在柳疃街上开了“源兴恒”绸缎庄，专供外商，在广东汕头成立了“源兴泰”绸缎庄分号，作为向南洋运货的中转站。自此，隋忠堂、张明凤、杨秀圣等人跟随杨茂春出洋，柳疃丝绸源源不断地销往南洋，生意逐渐兴隆，影响带动了附近村庄的许多人跨洋过海走上丝绸之路。此后，杨茂春等又在南部非洲的德班开辟丝绸市场，设立绸缎庄。侄孙杨其泮继承祖业，继续下南洋。除了昌邑，杨氏家族还带动了潍县、平度、安丘等地的乡亲下南洋销售丝绸，在民国初年形成高潮。到民国二十五年（1936），在杨氏家族开辟的这条丝绸之路上谋生的已经超过1万人。他们遍布印度尼西亚群岛，远及澳洲、非洲。

1914年，第一次世界大战爆发。1917年8月，民国北洋政府决定以“以工代兵”的方式进入欧洲战区。法国在潍县火车站设“侨工局”，潍县应募者有4000多人。10月3日，临朐县胡梅涧村人马春苓（1886—1962，字芳洲、赞臣，号延襄）应招赴欧支援协约国作战，在战地炮火中和往返途中写下了《游欧杂志》，记录了自己的真实经历和见闻，留下了关于中国劳工在欧洲战场辛苦劳作的情形。《游欧杂志》是目前能见到的潍坊籍华工留下的唯一的第一手资料。“一战”期间，英、法、俄三国共招募华工 30 万人，有约 2.5 万名潍坊籍华工。按照约定，华工为非战斗人员，只承担战勤任务。但实质上华工在战火中修筑工事、挖掘战壕、装卸弹药、救护伤员、掩埋尸体等，甚至有少数华工直接参加了战斗，前后死亡数万人。他们用血泪、屈辱和生命，为中国赢得了“一战”战胜国的国际地位。他们和国内民众遥相呼应，迫使北洋政府拒签巴黎和约。

日本侵华战争期间，推行以战养战的策略，利用日伪政权以招工、诱骗、抓捕等手段，大肆掳掠中国百姓去日本，从事矿山、港湾、军工等危险工种。1942 年 11 月，东条英机内阁通过了“向国内移送华人劳工”的决定，日本人在潍县城设立了劳工协会，会址设在胡家牌坊街武衙门内。前后至少两批 100 多人被掳往花冈。

1945 年 6 月 30 日，被强掳到日本国秋田县花冈鹿岛组（鹿岛建设株式会社）的中国劳工不堪饥饿、虐待和迫害，在大队长耿淳领导下奋起暴动，惨遭镇压，暴动失败，113 名劳工被杀害，这就是震惊世界的花冈惨案。在花冈劳工中有今潍坊市潍城区挂角子村的陈世卿，在日本投降后得幸生还。陈世卿回家时还带回来了在花冈惨案中殉难的 4 位难友的骨灰盒。陈世卿于 20 世纪 60 年代病故。根据陈家提供的线索调查发现，在今潍坊境内的潍城、奎文、寒亭、坊子 4 区和高密等地都有被掳到花冈的华工。在所有日本劳工中，以“野人”刘连仁的经历最为惊险、奇特。刘连仁，高密市井沟镇草泊村人，1944 年 9 月 2 日被抓去日本做苦力。1945 年 7 月至 1958 年 2 月，他逃出魔窟后艰难谋生，成为穴居“野人”，轰动全世界。

（二）外国人在潍坊的工作与生活

从清末民初到 1949 年，在潍坊境内工作生活的外国侨民主要是来自欧美的传教士和来自日本的工商业者。

1914年7月，日军200多人占领潍县火车站，日本有八九户人家随之来潍居住，他们多从事军火、毒品和投机生意。到1916年，在潍县火车站的日本侨民已有40多家，他们开设赌场、吗啡馆和日本妓院，毒害中国人民。

日本人的投资经营带有强制和侵略性质，目的是为了控制地方经济、进行经济侵略。如日本青岛鲁东电力股份有限公司的监察——高桥光隆到潍县，强行与民丰电气公司实现日华合营，1938年10月31日签订合同，成立了鲁东潍县电力股份有限公司。公司高层常务董事乡内盛，董事驹井研三、平漱茂，经理中岛权。日本人实际操纵公司至1945年11月15日。抗战胜利后，由国民政府山东省第八专区专员公署接管成立建设计划复兴委员会坊子电气公司，日本技术人员东山胸幸、宝伏繁雄、中尾等继续留用。

1939年9月，潍坊信丰染印公司与日商井上洋行、菱田洋行实行日华合办，对内称“信丰染印株式会社”，对外称“日华合办信丰染印公司”，日本人重松隆吉任总务部长，太田任副部长，村上陆二任营业部副部长，上田中太郎任工务部部长，副部长有岩下初三、马场丁蹄二人。日本投降后，日籍人员被停止工作。

日本人在青岛开设的铃木丝厂于1920年委派有田治太郎考察后，在潍坊火车站前路西，买下了福顺隆的16亩地修建房屋，成立“南信洋行”，先是收购蚕茧，后改为收购黄烟。抗战爆发后，日本人回国，1939年有田治太郎携同土桥、大喜二人重返潍坊境内恢复收购黄烟。南信洋行经营到1948年8月彻底结束。

1941年，侵华日军把西方盟国在中国的所有侨民抓起来，分别关在上海龙华、山东潍县和香港等地。其中在潍县乐道院里关押着华北地区的全部侨民2000多人。后来其中的400多名天主教人士被转移到北京关押，其余外侨被押在集中营里长达三年半之久。日军称之为“敌国人民生活所”[①]。

① 杜书乐：《潍坊八年抗战史》，济南出版社2015年版，第220页。

图 4-8-4 潍县集中营

潍县乐道院集中营关押的都不是盟国战俘。这些侨民主要来自教育界、工商界、医务界、宗教界、演艺界等。集中营的日本官员有驻青岛领事馆副领事古贺、军方代表神保中佐古、集中营主管伊佐、警官小谷野等人，分别负责外交、军事、行政、安全。1945 年 8 月 30 日，以万伯格中校为首的 SOS 分队 19 人乘飞机来到集中营，代表美国在华驻军正式接管日军设立的盟国侨民集中营。随后，侨民们分别由廿里堡机场乘飞机经青岛陆续去了各自的目的地国。

# 参考文献

〔西汉〕司马迁撰：《史记》，中华书局2013年版。

〔东汉〕班固撰：《汉书》，中华书局1962年版。

〔东汉〕许慎撰，〔宋〕徐铉等校：《说文解字》，中华书局1985年版。

〔东汉〕宋衷注，〔清〕秦嘉谟等辑：《世本八种》，商务印书馆1957年版。

〔三国〕王肃注解：《孔子家语》，四部丛刊景明翻宋本（中国基本古籍数据版）。

〔西晋〕陈寿撰，〔南朝宋〕裴松之注：《三国志》，中华书局1982年版。

〔南朝宋〕范晔撰，〔唐〕李贤等注：《后汉书》，中华书局1965年版。

〔南朝梁〕刘勰撰：《文心雕龙》，明嘉靖二十二年（1543）刻本。

〔北魏〕郦道元撰，陈桥驿校证：《水经注校证》，中华书局2007年版。

〔唐〕房玄龄等撰：《晋书》，中华书局1974年版。

〔唐〕姚思廉撰：《梁书》，中华书局2020年版。

〔唐〕苏敬等撰，尚志钧辑校：《新修本草》（第2版），安徽科学技术出版社2004年版。

〔唐〕杜佑撰：《通典》，中华书局1988年版。

〔南唐〕史虚白撰：《钓矶立谈》，《文渊阁四库全书》本，台湾商务印书馆 1986 年版。

〔宋〕欧阳修、宋祁撰：《新唐书》，中华书局 1975 年版。

〔宋〕司马光撰：《资治通鉴》，中华书局 1956 年版。

〔宋〕李焘撰：《续资治通鉴长编》，中华书局 2004 年版。

〔宋〕王钦若等编：《册府元龟》，中华书局 1960 年影印本。

〔宋〕马令撰：《南唐书》，明嘉靖二十九年（1550）顾汝达刻本。

〔宋〕郑文宝撰：《南唐近事》，《丛书集成初编》本，中华书局 1985 年版。

〔宋〕黎靖德编：《朱子语类》，中华书局 1986 年版。

〔宋〕苏辙撰：《栾城集》，明清梦轩刻本。

〔宋〕孙觌撰：《鸿庆居士集》，《文渊阁四库全书》本。

〔宋〕唐慎微撰：《证类本草》，四部丛刊景金泰和晦明轩刻本。

〔宋〕佚名：《宣和画谱》，明万历三十六年（1608）高拱校刻本。

〔宋〕赵明诚撰：《金石录》，清光绪十三年（1887）朱氏槐庐丛书本。

〔元〕于钦纂修：《齐乘》，明嘉靖四十三年（1564）刻本。

〔元〕脱脱等撰：《宋史》，中华书局 1977 年版。

〔元〕马端临撰，上海师范大学古籍研究所、华东师范大学古籍研究所点校：《文献通考》，中华书局 2011 年版。

〔元〕黄庶撰：《伐檀集》，《文渊阁四库全书》本。

〔明〕焦竑辑：《国朝献征录》，明万历曼山馆刻本。

〔明〕石存礼等撰，冯琦编：《海岱会集》，《文渊阁四库全书》本。

〔明〕宋濂等撰：《元史》，中华书局 1976 年版。

〔明〕杜思修，冯惟讷等纂：嘉靖《青州府志》，天一阁藏明嘉靖四十四年（1565）刻本。

〔明〕熊元修，马文炜等纂：万历《安丘县志》，明万历十七年（1589）刻本。

〔明〕王家士修，冯惟敏等纂：嘉靖《临朐县志》，明嘉靖三十一年（1552）

刻本。

〔清〕张廷玉等撰：《明史》，中华书局1974年版。

〔清〕国史馆臣撰，王钟翰点校：《清史列传》，中华书局1987年版。

〔清〕刘有成修，安致远纂：康熙《寿光县志》，清康熙三十七年（1698）刻本。

〔清〕宫懋让修，李文藻等纂：乾隆《诸城县志》，清乾隆二十九年（1764）刻本。

〔清〕刘翰周修，金以城等纂：嘉庆《寿光县志》，清嘉庆五年（1800）刻本。

〔清〕马世珍等纂修，张柏恒增订，马步元补订：《安丘新志》，民国九年（1920）石印本。

〔清〕毛永柏修，李图、刘耀椿纂：咸丰《青州府志》，清咸丰九年（1859）刻本。

〔清〕纪昀等纂：《钦定四库全书总目提要》，1789年武英殿刻本。

〔清〕陈梦雷、蒋廷锡等辑：《钦定古今图书集成》，1726年雍正内府铜活字印刷版。

〔清〕宋朝桢修，陈传弼等纂：《潍县乡土志》，清光绪三十三年（1907）石印本。

〔清〕陶锦修，王昌学、王桯纂：康熙《青州府志》，清康熙六十年（1721）刻本。

〔清〕姚延福修，邓嘉缉、蒋师辙纂：光绪《临朐县志》，台湾成文出版社1976年版。

〔清〕岳濬、法敏修，杜诏等纂：雍正《山东通志》，清道光十七年（1837）补刻本。

〔清〕赵祥星修，钱江等纂：康熙《山东通志》，清康熙十七年（1678）刻本。

〔清〕曹寅、彭定求等编纂：《全唐诗》，清康熙四十五年（1706）

扬州诗局刻本。

〔清〕董诰撰：《军器则例》，清嘉庆兵部刻本。

〔清〕梁章钜等编：《楹联丛话》，中华书局 1987 年版。

〔清〕刘熙载撰：《艺概》，上海古籍出版社 1978 年版。

〔清〕严可均辑：《全上古三代秦汉三国六朝文》，中华书局 1958 年版。

〔清〕张贞撰：《渠亭山人半部稿》，清康熙安丘张氏家刻雍正印本。

〔清〕张贞撰：《杞田集》，清康熙四十九年（1710）春岑阁刻本。

〔清〕郑燮撰：《板桥集》，清乾隆四十八年（1783）酉山堂刻本。

〔民国〕周钧英修，刘仞千纂：《临朐续志》，台湾成文出版社 1968 年版。

〔民国〕常之英修，刘祖干纂：《潍县志稿》，民国三十年（1941）铅印本。

〔民国〕徐世昌撰：《晚晴簃诗汇》，上海三联书店 1989 年版。

〔民国〕宋宪章修，邹允中纂：《寿光县志》，台湾成文出版社 1968 年版。

〔民国〕王金岳等修，赵文琴、王景韩纂：《昌乐县续志》，台湾成文出版社 1968 年版。

〔民国〕余友林、曹梦九修，王照青纂：《高密县志》，台湾成文出版社 1968 年版。

台湾“中央研究院”历史语言研究所：《田野考古报告》第二册，商务印书馆 1947 年版。

《民国山东通志》编辑委员会编：《民国山东通志》，山东文献杂志社 2002 年版。

胶济铁路管理委员会编：《胶济铁路经济调查报告汇编》，文华印书社 1934 年版。

《四库全书存目丛书》编纂委员会：《四库全书存目丛书》，齐鲁书社 1997 年影印版。

中华书局编辑部：《唐宋注疏十三经（全四册）》，中华书局 1998 版。

杨伯峻著：《论语译注》，中华书局 1958 年版。

杨伯峻著：《春秋左传注》，中华书局 1981 年版。

中共中央马克思恩格斯列宁斯大林著作编译局译：《马克思恩格斯全集》，人民出版社 2006 年版。

安作璋主编：《山东通史》，山东人民出版社 1994 年版。

邓洪波著：《中国书院史》，武汉大学出版社 2012 年版。

范风学主编：《五莲山志》，中华书局 1999 年版。

高密市教育志编纂办公室编：《高密市教育志》，1995 年。

李昌集著：《中国古代散曲史》，华东师范大学出版社 1991 年版。

梁思成著：《中国雕塑史》，百花文艺出版社 2006 年版。

牟钟鉴、张践著：《中国民国宗教史》，人民出版社 1994 年版。

青州市教育志编纂办公室编：《青州市教育志》，1990 年。

青州市志编纂委员会编：《青州市志》，南开大学出版社 1989 年版。

山东省安丘县地方史志编纂委员会编：《安丘县志》，山东人民出版社 1992 年版。

山东省昌邑县志编纂委员会编：《昌邑县志》，1987 年。

山东省盐务局编著：《山东省盐业志》，齐鲁书社 1992 年版。

山东省诸城市地方史志编纂委员会编：《诸城市志》，山东人民出版社 1992 年版。

实业部国际贸易局编：《中国实业志·山东省》，1934 年。

孙友志编纂:《寿光县羊角沟镇志》,羊角沟镇志编纂小组 1985 年自印本。

王立胜主编：《青州通史》，中国文史出版社 2008 年版。

王守中、郭大松著:《近代山东城市变迁史》,山东教育出版社 2001 年版。

王献唐著：《山东古国考》，齐鲁书社 1983 年版。

王献唐：《五灯精舍印话》，齐鲁书社 1985 年版。

潍坊市地方史志编纂委员会编：《潍坊市志》，中央文献出版社 1995 年版。

潍坊市教育志编纂办公室编：《潍坊市教育志（1840—1983）》，

1986年版。

山东省潍坊市文化局史志办公室编:《潍坊文化志》,齐鲁书社1997年版。

潍坊市盐业公司编：《潍坊市盐业志》，1988年。

张玉法：《中国现代化的区域研究——山东省（1860—1916）》，台湾“中央研究院”近代史研究所1982年版。

黎翔凤撰：《管子校注》，中华书局2004年版。

缪文远校注：《战国策新校注》，巴蜀书社1998年版。

上海师范大学古籍整理研究所校点：《国语》，上海古籍出版社1988年版。

吴则虞撰：《晏子春秋集释》，中华书局1982年版。

郝桂尧著：《山东人的酒文化》，新华出版社2014年版。

李玉安、黄正雨编著：《中国藏书家通典》，中国国际文化出版社2005年版。

鲁迅：《鲁迅日记》，人民文学出版社1976年版。

吕金成主编：《印学研究》（第八辑），文物出版社2016年版。

[美]富路特、房兆楹原主编：《明代名人传》，北京时代华文书局2015年版。

石声汉著：《从〈齐民要术〉看中国古代的农业科学知识》，科学出版社1957年版。

孙建松著：《潍县竹枝词》，中国戏剧出版社2012年版。

孙敬明著：《潍坊古代文化通论》，齐鲁书社2009年版。

孙敬明著：《潍水集》，齐鲁书社2014年版。

孙敬明著：《海岱古钱新解》，齐鲁书社2016年版。

唐致卿著：《近代山东农村社会经济研究》，人民出版社2004年版。

陶钝著：《一个知识分子的自述》，山东人民出版社1987年版。

王恩田编:《中华文化通志·齐鲁文化志》,上海人民出版社1998年版。

王伟波著：《潍坊丝路文化》，济南出版社2019年版。

王献唐著：《五灯精舍印话》，齐鲁书社 1985 年版。

王振民主编：《潍坊文化三百年》，文化艺术出版社 2006 年版。

王志民主编：《齐文化概论》，山东人民出版社 1993 年版。

潍坊市坊子区政协文史资料研究委员会编：《坊子区文史资料》（第一辑），1986 年。

潍坊市奎文区档案局编：《老潍县中医》，中国文史出版社 2015 年版。

姚辛编著：《左联词典》，光明日报出版社 1994 年版。

于培杰著：《漫话风筝》，山东教育出版社 2017 年版。

俞绍初辑校：《建安七子集》，中华书局 2005 年版。

政协山东省委员会文史委编：《文史资料选辑》（第十二辑），山东人民出版社 1981 年版。

政协潍坊市寒亭区委员会编：《寒亭文史大观》，2005 年。

政协潍坊市潍城区委员会文史委编：《潍城文史资料》（第十九辑），2003 年。

政协潍坊市潍城区委员会文史委编：《潍城文史资料》（第三十二辑），黄海数字出版社 2016 年版。

政协潍坊市委员会文史委编：《潍坊文史资料选辑》（第一辑），1985 年。

政协潍坊市委员会文史委编：《潍坊文史资料选辑》（第五辑），1988 年。

政协潍坊市委员会文史委编：《潍坊文史资料选辑》（第九辑），1993 年。

政协潍坊市委员会文史委编：《潍坊文史资料选辑》（第十辑），1994 年。

中国科学院上海经济研究所、上海社会科学院经济研究所编：《南洋兄弟烟草公司史料》，上海人民出版社 1958 年版。

中华世纪坛艺术馆、青州市博物馆编：《青州北朝佛教造像》，北京出版社 2002 年版。

何维凝：《产盐收仓及其有关问题：盐政刍议仓收篇》，载《盐务月报》1946 年第 12 期。

李宝金：《元明时期胶莱运河兴废初探》，载《东岳论丛》1985 年第 2 期。

李道新：《崔嵬年谱》，载《当代电影》2013年第1期。

李凤琪：《抗击侵略者英勇悲壮的一幕——青州八旗兵赴镇江作战考略》，载《满族研究》2001年第3期。

李恒全：《试论汉代农业领域中的商品生产问题》，载《中国农史》2005年第4期。

李泰来、赵弢：《山旺古火山口的发现与山旺化石的形成环境》，载《现代地质》1988年第4期。

刘嗣元：《山东省棉花品种更换更新》，载《种子世界》1996年第1期。

鲁海：《近代藏书家孟昭鸿》，载《图书馆杂志》1994年第3期。

吕进：《臧克家：现实主义与中国风格》，载《文史哲》2004年第5期。

王兆鹏、郁玉英：《宋词经典名篇的定量考察》，载《文学评论》2008年第6期。

吴承学、李晓红：《任昉〈文章缘起〉考论》，载《文学遗产》2007年第4期。

燕生东：《渤海南岸地区商周时期盐业考古发现与研究》，载《齐鲁文化研究》2009年第00期。

殷之彝：《山东益都苏埠屯墓地和“亚丑”铜器》，载《考古学报》1977年第2期。

赵树勤、刘若凌：《前无古人 后启来者——论田仲济〈中国抗战文艺史〉对中国现代文学的学术贡献》，载《中国文学研究》2009年第3期。

周嘉昌：《鲁东明珠——十笏园》，载《民俗研究》1989年第1期。

周家健：《山东山旺中中新世鲤科化石》，载《古脊椎动物学报》1990年第2期。

附录 1：

# 潍坊市省级以上历史文化名城名镇名村、传统村落与乡村记忆工程名录

## 一、国家级历史文化名城：

青州

## 二、省级历史文化名城：

潍坊

## 三、省级历史文化名镇：

安丘市景芝镇
安丘市辉渠镇
安丘市柘山镇
安丘市庵上镇
临朐县冶源镇
临朐县大关镇
青州市邵庄镇
寿光市侯镇

## 四、中国历史文化名村（2019 年 1 月 30 日）：

昌邑市龙池镇齐西村

## 五、省级历史文化名村：

安丘市辉渠镇黄石板坡村

安丘市辉渠镇雹泉村

安丘市石埠子镇庵上村

昌邑市卜庄镇姜泊村

昌邑市龙池镇齐西村

寒亭区杨家埠村

青州市王坟镇赵家峪村

青州市五里镇井塘村

青州市弥河镇上院村

## 六、中国传统村落：

昌邑市卜庄镇姜泊村

昌邑市龙池镇齐西村

昌邑市卜庄镇夏店街村

寒亭区寒亭街道西杨家埠村

青州市王府街道井塘村

青州市庙子镇黄鹿井村

## 七、省级传统村落：

第一批（2014）：

安丘市辉渠镇黄石板坡村

安丘市柘山镇薛家庄村

安丘市辉渠镇下涝坡村

安丘市辉渠镇石门西沟村

昌邑市龙池乡齐西村

昌乐县乔官镇响水崖村

青州市王府街道井塘村

寿光市双王城生态经济园区牛头镇村

第二批（2015）：

安丘市石埠子镇罗家官庄村

昌乐县乔官镇土埠沟村

临朐县城关街道寨子崮村

临朐县嵩山镇北黄谷村

青州市弥河镇上院村

青州市邵庄镇王辇村

第三批（2016）：

安丘市柘山镇华家宅村

高密市东北乡文化发展区平安庄村

临朐县寺头镇大时家庄村

青州市庙子镇黄鹿井村

青州市邵庄镇北薛村

第四批（2017）：

安丘市郚山镇南官庄村

昌邑市卜庄镇夏店街村

青州市邵庄镇刁庄村

青州市邵庄镇东峪村

第五批（2018）：

安丘市柘山镇郜家崖村

安丘市大盛镇牛沐村

临朐县辛寨镇吉寺埠村

临朐县九山镇石瓮沟村

临朐县寺头镇赵家北坡村

临朐县五井镇隐士村
临朐县冶源镇李家庄子村
临朐县寺头镇东福泉村
青州市庙子镇窦家崖村
青州市庙子镇长秋村
青州市邵庄镇老山村

## 八、第一批山东省“乡村记忆”工程文化遗产名单

安丘市辉渠镇雹泉村
安丘市辉渠镇石门西沟村
安丘市辉渠镇下涝坡村
安丘市辉渠镇黄石板坡村
安丘市石埠子镇庵上村
安丘市柘山镇薛家庄村
青州市弥河镇上院村
青州市王坟镇赵家峪村
青州市王府街道井塘村
青州市云门山街道昭德古街
昌邑市龙池镇齐西村
昌乐县乔官镇响水崖村
寿光市双王城生态经济园区牛头镇村
坊子区坊安街道东王松村
寒亭区寒亭街道西杨家埠村

## 附录2：

# 第一批山东省历史文化街区名单

1. 潍城区十笏园历史文化街区
2. 坊子区坊茨小镇历史文化街区
3. 奎文区廿里堡火车站、大英烟公司历史文化街区
4. 奎文区潍柴老厂区历史文化街区
5. 青州市北关历史文化街区
6. 青州市东关历史文化街区
7. 青州市偶园历史文化街区

## 附录 3：

# 潍坊市全国重点文物保护单位名单

| 序号 | 名称 | 时代 | 类别 | 位置 | 批次 | 公布文号 | 公布日期 |
|---|---|---|---|---|---|---|---|
| 1 | 驼山石窟 | 北周至唐 | 石窟寺及石刻 | 山东省青州市 | 第三批 | | 1988 年 1 月 13 日 |
| 2 | 十笏园 | 明至清 | 古建筑 | 山东省潍坊市潍城区 | 第三批 | | 1988 年 1 月 13 日 |
| 3 | 田齐王陵 | 战国 | 古墓葬 | 山东省青州市 | 第三批 | | 1988 年 1 月 13 日 |
| 4 | 齐长城 | 春秋 | 古建筑 | 山东省临朐县、安丘市、诸城市 | 第五批 | 国发〔2001〕25 号 | 2001 年 6 月 25 日 |
| 5 | 崔芬墓 | 南北朝 | 古墓葬 | 山东省临朐县 | 第六批 | 国发〔2006〕19 号 | 2006 年 6 月 25 日 |
| 6 | 王尽美故居 | 清 | 古建筑 | 山东省诸城市 | 第六批 | 国发〔2006〕19 号 | 2006 年 6 月 25 日 |
| 7 | 西朱封遗址 | 新时期时代至夏 | 古遗址 | 山东省临朐县 | 第七批 | 国发〔2013〕13 号 | 2013 年 5 月 3 日 |
| 8 | 双王城盐业遗址 | 新石器时代、商、周、金、元 | 古遗址 | 山东省寿光市 | 第七批 | 国发〔2013〕13 号 | 2013 年 5 月 3 日 |
| 9 | 魏家庄遗址 | 新石器时代、东周 | 古遗址 | 山东省临朐县 | 第七批 | 国发〔2013〕13 号 | 2013 年 5 月 3 日 |
| 10 | 丰台盐业遗址群 | 周、汉、金 | 古遗址 | 山东省潍坊市寒亭区 | 第七批 | 国发〔2013〕13 号 | 2013 年 5 月 3 日 |
| 11 | 杞国故城遗址 | 春秋至汉 | 古遗址 | 山东省潍坊市坊子区 | 第七批 | 国发〔2013〕13 号 | 2013 年 5 月 3 日 |

（续表）

| 序号 | 名称 | 时代 | 类别 | 位置 | 批次 | 公布文号 | 公布日期 |
| --- | --- | --- | --- | --- | --- | --- | --- |
| 12 | 青州龙兴寺遗址 | 南北朝至明 | 古遗址 | 山东省青州市 | 第七批 | 国发〔2013〕13号 | 2013年5月3日 |
| 13 | 程家沟古墓 | 战国 | 古墓葬 | 山东省青州市 | 第七批 | 国发〔2013〕13号 | 2013年5月3日 |
| 14 | 安丘董家庄汉画像石墓 | 东汉 | 古墓葬 | 山东省安丘市 | 第七批 | 国发〔2013〕13号 | 2013年5月3日 |
| 15 | 衡王府石坊 | 明 | 古建筑 | 山东省青州市 | 第七批 | 国发〔2013〕13号 | 2013年5月3日 |
| 16 | 青州真教寺 | 清 | 古建筑 | 山东省青州市 | 第七批 | 国发〔2013〕13号 | 2013年5月3日 |
| 17 | 坊子德日建筑群 | 1898—1945年 | 近现代重要史迹及代表性建筑 | 山东省潍坊市坊子区 | 第七批 | 国发〔2013〕13号 | 2013年5月3日 |
| 18 | 呙宋台遗址 | 新石器时代、商周至汉 | 古遗址 | 山东省寿光市 | 第八批 | 国发〔2019〕22号 | 2019年10月7日 |
| 19 | 高密故城遗址 | 东周至东汉 | 古遗址 | 山东省高密市 | 第八批 | 国发〔2019〕22号 | 2019年10月7日 |
| 20 | 东镇庙大殿遗址 | 宋至民国 | 古遗址 | 山东省临朐县 | 第八批 | 国发〔2019〕22号 | 2019年10月7日 |
| 21 | 潍县西方侨民集中营旧址 | 1942—1945年 | 近现代重要史迹及代表性建筑 | 山东省潍坊市奎文区 | 第八批 | 国发〔2019〕22号 | 2019年10月7日 |
| 22 | 昌邑县抗日殉国烈士祠 | 1945年 | 近现代重要史迹及代表性建筑 | 山东省昌邑市 | 第八批 | 国发〔2019〕22号 | 2019年10月7日 |
| 备注：第七批国保公布“云门山石窟及石刻”并入第三批国保“驼山石窟”，共计22处。 | | | | | | | |

附录 4：

# 潍坊市省级文物保护单位名单

| 序号 | 名称 | 时代 | 类别 | 位置 | 批次 | 公布文号 | 公布日期 | 备注 |
|---|---|---|---|---|---|---|---|---|
| 1 | 王尽美烈士故居 | 1898—1925 | 古建筑 | 诸城市枳沟镇大北杏村南侧 | 第一批 | 鲁革发〔1977〕122 号 | 1977 年 12 月 23 日 | 已升格为第六批国保单位 |
| 2 | 驼山石窟造像 | 隋唐 | 石窟寺及石刻 | 青州市驼山 | 第一批 | 鲁革发〔1977〕122 号 | 1977 年 12 月 23 日 | 已升格为第三批国保单位 |
| 3 | 齐长城遗址 | 东周 | 古遗址 | 临朐县、安丘市、诸城市 | 第一批 | 鲁革发〔1977〕122 号 | 1977 年 12 月 23 日 | 已升格为第五批国保单位 |
| 4 | 山旺古生物化石保护区 | 第三纪中新世 | 古遗址 | 临朐县矽藻土矿区角岩山 | 第一批 | 鲁革发〔1977〕122 号 | 1977 年 12 月 23 日 | |
| 5 | 萧家庄遗址 | 新石器时代 | 古遗址 | 青州市谭坊镇萧家庄村 | 第一批 | 鲁革发〔1977〕122 号 | 1977 年 12 月 23 日 | |
| 6 | 呙宋台遗址 | 西周 | 古遗址 | 寿光市孙集街办呙宋台村 | 第一批 | 鲁革发〔1977〕122 号 | 1977 年 12 月 23 日 | 已升格为第八批国保单位 |
| 7 | 纪国故城 | 周至汉 | 古遗址 | 寿光市纪台镇纪台村 | 第一批 | 鲁革发〔1977〕122 号 | 1977 年 12 月 23 日 | |
| 8 | 苏埠屯墓群 | 商 | 古墓葬 | 青州市东夏镇苏埠屯东埠岭上 | 第一批 | 鲁革发〔1977〕122 号 | 1977 年 12 月 23 日 | |

（续表）

| 序号 | 名　称 | 时　代 | 类　别 | 位　置 | 批　次 | 公布文号 | 公布日期 | 备　注 |
|---|---|---|---|---|---|---|---|---|
| 9 | 云门山石窟造像 | 隋唐 | 石窟寺及石刻 | 青州市云门山 | 第二批 | 鲁政发〔1992〕77号 | 1992年6月12日 | 已升格为第三批国保单位 |
| 10 | 石门坊造像群（含墓塔） | 隋至明 | 石窟寺及石刻 | 临朐县纸坊乡大潭马村 | 第二批 | 鲁政发〔1992〕77号 | 1992年6月12日 | |
| 11 | 青州真教寺 | 清 | 古建筑 | 青州市云门山街道办事处昭德街 | 第二批 | 鲁政发〔1992〕77号 | 1992年6月12日 | 已升格为第七批国保单位 |
| 12 | 潍城城隍庙 | 明、清 | 古建筑 | 潍城区胡家牌坊街 | 第二批 | 鲁政发〔1992〕77号 | 1992年6月12日 | |
| 13 | 万印楼 | 清 | 古建筑 | 潍城区第三中学院内 | 第二批 | 鲁政发〔1992〕77号 | 1992年6月12日 | |
| 14 | 庵上石坊 | 清 | 古建筑 | 安丘市庵上镇 | 第二批 | 鲁政发〔1992〕77号 | 1992年6月12日 | |
| 15 | 衡王府石坊 | 明 | 古建筑 | 青州市王府街道办事处益都卫校院内 | 第二批 | 鲁政发〔1992〕77号 | 1992年6月12日 | 已升格为第七批国保单位 |
| 16 | 田家楼遗址 | 新石器时代、商、东周 | 古遗址 | 安丘市大盛镇田家楼村 | 第二批 | 鲁政发〔1992〕77号 | 1992年6月12日 | |
| 17 | 赵旺铺遗址 | 新石器时代、商周 | 古遗址 | 寿光市张建桥乡赵旺铺村 | 第二批 | 鲁政发〔1992〕77号 | 1992年6月12日 | |
| 18 | 西级遗址 | 新石器时代 | 古遗址 | 昌乐县北展乡西级村 | 第二批 | 鲁政发〔1992〕77号 | 1992年6月12日 | |

（续表）

| 序号 | 名 称 | 时 代 | 类 别 | 位 置 | 批 次 | 公布文号 | 公布日期 | 备 注 |
|---|---|---|---|---|---|---|---|---|
| 19 | 凤凰台遗址 | 新石器时代 | 古遗址 | 青州市何官镇杨家营村 | 第二批 | 鲁政发〔1992〕77 号 | 1992 年 6 月 12 日 | |
| 20 | 郑家下庄遗址 | 新石器时代 | 古遗址 | 安丘市白芬子镇郑家下庄 | 第二批 | 鲁政发〔1992〕77 号 | 1992 年 6 月 12 日 | |
| 21 | 郚城遗址 | 新石器时代 | 古遗址 | 安丘市红沙沟镇李家西郚村 | 第二批 | 鲁政发〔1992〕77 号 | 1992 年 6 月 12 日 | |
| 22 | 魏家遗址 | 新石器时代 | 古遗址 | 临朐县辛寨乡魏家村 | 第二批 | 鲁政发〔1992〕77 号 | 1992 年 6 月 12 日 | 已升格为第七批国保单位 |
| 23 | 边线王遗址 | 新时期时代 | 古遗址 | 寿光市孙家集镇边线王村 | 第二批 | 鲁政发〔1992〕77 号 | 1992 年 6 月 12 日 | |
| 24 | 袁家庄遗址 | 新石器时代、商 | 古遗址 | 昌乐县北岩乡袁家庄村 | 第二批 | 鲁政发〔1992〕77 号 | 1992 年 6 月 12 日 | |
| 25 | 庞家庄遗址 | 新石器时代、夏商 | 古遗址 | 昌乐县北岩乡庞家庄村 | 第二批 | 鲁政发〔1992〕77 号 | 1992 年 6 月 12 日 | |
| 26 | 营丘遗址 | 新石器时代、商周 | 古遗址 | 昌乐县河头乡营丘村 | 第二批 | 鲁政发〔1992〕77 号 | 1992 年 6 月 12 日 | |
| 27 | 河西遗址 | 新石器时代、商周 | 古遗址 | 昌乐县马宋镇河西村 | 第二批 | 鲁政发〔1992〕77 号 | 1992 年 6 月 12 日 | |
| 28 | 石河头遗址 | 新石器时代 | 古遗址 | 诸城市石河头乡石河头村 | 第二批 | 鲁政发〔1992〕77 号 | 1992 年 6 月 12 日 | |

（续表）

| 序号 | 名称 | 时代 | 类别 | 位置 | 批次 | 公布文号 | 公布日期 | 备注 |
|---|---|---|---|---|---|---|---|---|
| 29 | 田家汶畔遗址 | 商、周 | 古遗址 | 安丘市黄旗堡镇田家汶畔村 | 第二批 | 鲁政发〔1992〕77号 | 1992年6月12日 | |
| 30 | 营陵故城址（含窦公渠） | 东周、汉、唐 | 古遗址 | 昌乐县河头乡古城村 | 第二批 | 鲁政发〔1992〕77号 | 1992年6月12日 | |
| 31 | 稷山墓群 | 汉 | 古墓葬 | 青州市邵庄镇冷家庄村 | 第二批 | 鲁政发〔1992〕77号 | 1992年6月12日 | |
| 32 | 高家朱村墓群 | 汉 | 古墓葬 | 诸城市百尺河镇高家朱村 | 第二批 | 鲁政发〔1992〕77号 | 1992年6月12日 | |
| 33 | 郑玄墓 | 东汉 | 古墓葬 | 高密市双羊镇后店村 | 第二批 | 鲁政发〔1992〕77号 | 1992年6月12日 | |
| 34 | 程家沟古墓 | 战国 | 古墓葬 | 青州市邵庄镇程家沟村 | 第二批 | 鲁政发〔1992〕77号 | 1992年6月12日 | 已升格为第七批国保单位 |
| 35 | 海浮山墓群 | 北齐 | 古墓葬 | 临朐县冶源镇红新村 | 第二批 | 鲁政发〔1992〕77号 | 1992年6月12日 | |
| 36 | 衡恭王墓 | 明 | 古墓葬 | 青州市王坟镇王坟村 | 第二批 | 鲁政发〔1992〕77号 | 1992年6月12日 | |
| 37 | 前埠下古文化遗址 | 新石器时代 | 古遗址 | 寒亭区朱里镇 | 第三批 | 鲁政发〔2006〕136号 | 2006年12月7日 | |
| 38 | 呈（程）子遗址 | 新石器时代 | 古遗址 | 诸城市皇华镇呈子村 | 第三批 | 鲁政发〔2006〕136号 | 2006年12月7日 | |

（续表）

| 序号 | 名 称 | 时 代 | 类 别 | 位 置 | 批 次 | 公布文号 | 公布日期 | 备 注 |
|---|---|---|---|---|---|---|---|---|
| 39 | 前寨遗址 | 新石器时代 | 古遗址 | 诸城市枳沟镇前寨村 | 第三批 | 鲁政发〔2006〕136号 | 2006年12月7日 | |
| 40 | 六吉庄子遗址 | 新石器时代 | 古遗址 | 诸城市朱解镇六吉庄子村 | 第三批 | 鲁政发〔2006〕136号 | 2006年12月7日 | |
| 41 | 寒亭会泉庄遗址 | 商至汉 | 古遗址 | 寒亭区朱里镇会泉庄西南 | 第三批 | 鲁政发〔2006〕136号 | 2006年12月7日 | |
| 42 | 安丘董家庄汉画像石墓 | 东汉 | 古墓葬 | 安丘市潍安路 | 第三批 | 鲁政发〔2006〕136号 | 2006年12月7日 | 已升格为第七批国保单位 |
| 43 | 寒亭一孔桥 | 金 | 古建筑 | 寒亭区高里镇 | 第三批 | 鲁政发〔2006〕136号 | 2006年12月7日 | |
| 44 | 寒亭西杨家埠木版年画 | 明、清 | 古建筑 | 寒亭区西杨家埠村 | 第三批 | 鲁政发〔2006〕136号 | 2006年12月7日 | |
| 45 | 寒亭于氏宅院民居 | 明、清 | 古建筑 | 寒亭区寒亭街道寒亭村 | 第三批 | 鲁政发〔2006〕136号 | 2006年12月7日 | |
| 46 | 姜氏祠堂 | 清 | 古建筑 | 昌邑市区解放路 | 第三批 | 鲁政发〔2006〕136号 | 2006年12月7日 | |
| 47 | 东镇庙 | 元至民国 | 古建筑 | 临朐县沂山 | 第三批 | 鲁政发〔2006〕136号 | 2006年12月7日 | 已升格为第八批国保单位 |
| 48 | 郭味蕖故居“疏园” | 清 | 近现代重要史迹及代表性建筑 | 潍城区东风西街 | 第三批 | 鲁政发〔2006〕136号 | 2006年12月7日 | |

（续表）

| 序号 | 名称 | 时代 | 类别 | 位置 | 批次 | 公布文号 | 公布日期 | 备注 |
| --- | --- | --- | --- | --- | --- | --- | --- | --- |
| 49 | 德日式建筑群 | 清至1945 | 近现代重要史迹及代表性建筑 | 坊子区老城区 | 第三批 | 鲁政发〔2006〕136号 | 2006年12月7日 | 已升格为第七批国保单位 |
| 50 | 柏城向阳遗址 | 商、周 | 古遗址 | 高密市柏城镇 | 第四批 | 鲁政字〔2013〕204号 | 2013年10月10日 | |
| 51 | 城阴城遗址 | 汉 | 古遗址 | 高密市井沟镇 | 第四批 | 鲁政字〔2013〕204号 | 2013年10月10日 | 已升格为第八批国保单位 |
| 52 | 大荒北央盐业遗址群 | 西周、东周 | 古遗址 | 寿光市羊口镇 | 第四批 | 鲁政字〔2013〕204号 | 2013年10月10日 | |
| 53 | 东笔墨庄遗址 | 新石器时代至周 | 古遗址 | 安丘市景芝镇 | 第四批 | 鲁政字〔2013〕204号 | 2013年10月10日 | |
| 54 | 东利渔盐业遗址群 | 周、宋元 | 古遗址 | 昌邑市龙池镇 | 第四批 | 鲁政字〔2013〕204号 | 2013年10月10日 | |
| 55 | 东上林东南遗址 | 新石器时代、周 | 古遗址 | 临朐县龙岗镇 | 第四批 | 鲁政字〔2013〕204号 | 2013年10月10日 | |
| 56 | 东阳城马驿门遗址 | 北魏至清 | 古遗址 | 青州市王府街道 | 第四批 | 鲁政字〔2013〕204号 | 2013年10月10日 | |
| 57 | 都昌故城 | 东周至唐 | 古遗址 | 昌邑市都昌街道 | 第四批 | 鲁政字〔2013〕204号 | 2013年10月10日 | |

（续表）

| 序号 | 名称 | 时代 | 类别 | 位置 | 批次 | 公布文号 | 公布日期 | 备注 |
|---|---|---|---|---|---|---|---|---|
| 58 | 范家庄遗址 | 新石器时代至汉 | 古遗址 | 坊子区坊城街道 | 第四批 | 鲁政字〔2013〕204号 | 2013年10月10日 | |
| 59 | 公冶长书院遗址 | 明、清 | 古遗址 | 安丘市石埠子镇 | 第四批 | 鲁政字〔2013〕204号 | 2013年10月10日 | |
| 60 | 广固城遗址 | 晋 | 古遗址 | 青州市邵庄镇 | 第四批 | 鲁政字〔2013〕204号 | 2013年10月10日 | |
| 61 | 郝家庄遗址 | 新石器时代至周 | 古遗址 | 青州市黄楼镇 | 第四批 | 鲁政字〔2013〕204号 | 2013年10月10日 | |
| 62 | 火道—廒里盐业遗址群 | 东周、宋元 | 古遗址 | 昌邑市下营镇 | 第四批 | 鲁政字〔2013〕204号 | 2013年10月10日 | |
| 63 | 乐都故城 | 东周至汉 | 古遗址 | 坊子区九龙街道 | 第四批 | 鲁政字〔2013〕204号 | 2013年10月10日 | |
| 64 | 留山庙遗址 | 清 | 古遗址 | 安丘市辉渠镇、凌河镇 | 第四批 | 鲁政字〔2013〕204号 | 2013年10月10日 | |
| 65 | 鲁家口遗址 | 新石器时代、东周 | 古遗址 | 寒亭区开元街道 | 第四批 | 鲁政字〔2013〕204号 | 2013年10月10日 | |
| 66 | 庙山遗址 | 新石器时代至汉 | 古遗址 | 临朐县柳山镇 | 第四批 | 鲁政字〔2013〕204号 | 2013年10月10日 | |
| 67 | 南部遗址 | 新石器时代至汉 | 古遗址 | 安丘市凌河镇 | 第四批 | 鲁政字〔2013〕204号 | 2013年10月10日 | |

（续表）

| 序号 | 名称 | 时代 | 类别 | 位置 | 批次 | 公布文号 | 公布日期 | 备注 |
|---|---|---|---|---|---|---|---|---|
| 68 | 秦家淳于遗址 | 新石器时代、东周、汉 | 古遗址 | 昌乐县乔官镇 | 第四批 | 鲁政字〔2013〕204号 | 2013年10月10日 | |
| 69 | 桑犊故城遗址 | 新石器时代、东周、汉 | 古遗址 | 坊子区坊城街道 | 第四批 | 鲁政字〔2013〕204号 | 2013年10月10日 | |
| 70 | 山阳遗址 | 周至汉 | 古遗址 | 昌邑市饮马镇 | 第四批 | 鲁政字〔2013〕204号 | 2013年10月10日 | |
| 71 | 上院遗址 | 新石器时代至汉 | 古遗址 | 青州市弥河镇 | 第四批 | 鲁政字〔2013〕204号 | 2013年10月10日 | |
| 72 | 王家庄子盐业遗址群 | 西周、东周 | 古遗址 | 寿光市羊口镇 | 第四批 | 鲁政字〔2013〕204号 | 2013年10月10日 | |
| 73 | 吴家辛兴西北遗址 | 新石器时代至周 | 古遗址 | 临朐县龙山高新技术产业园 | 第四批 | 鲁政字〔2013〕204号 | 2013年10月10日 | |
| 74 | 西刘家遗址 | 新石器时代至周 | 古遗址 | 高密市柴沟镇 | 第四批 | 鲁政字〔2013〕204号 | 2013年10月10日 | |
| 75 | 下营海关衙署及下营古港 | 清 | 古遗址 | 昌邑市下营镇 | 第四批 | 鲁政字〔2013〕204号 | 2013年10月10日 | |
| 76 | 肖家庄遗址 | 新石器时代、夏、商、周 | 古遗址 | 昌乐县红河镇 | 第四批 | 鲁政字〔2013〕204号 | 2013年10月10日 | |

（续表）

| 序号 | 名 称 | 时 代 | 类 别 | 位 置 | 批 次 | 公布文号 | 公布日期 | 备 注 |
|---|---|---|---|---|---|---|---|---|
| 77 | 院上遗址 | 新石器时代至汉 | 古遗址 | 坊子区九龙街道 | 第四批 | 鲁政字〔2013〕204号 | 2013年10月10日 | |
| 78 | 臧台遗址 | 新石器时代至汉 | 古遗址 | 青州市何官镇 | 第四批 | 鲁政字〔2013〕204号 | 2013年10月10日 | |
| 79 | 张家羊遗址 | 新石器时代至汉 | 古遗址 | 青州市谭坊镇 | 第四批 | 鲁政字〔2013〕204号 | 2013年10月10日 | |
| 80 | 仉岗尧上遗址 | 新石器时代至周 | 古遗址 | 安丘市景芝镇 | 第四批 | 鲁政字〔2013〕204号 | 2013年10月10日 | |
| 81 | 朱虚故城 | 汉 | 古遗址 | 临朐县柳山镇 | 第四批 | 鲁政字〔2013〕204号 | 2013年10月10日 | |
| 82 | 鄑邑故城遗址 | 商至汉 | 古遗址 | 昌邑市龙池镇 | 第四批 | 鲁政字〔2013〕204号 | 2013年10月10日 | |
| 83 | 泊庄墓群 | 汉 | 古墓葬 | 昌乐县鄌郚镇 | 第四批 | 鲁政字〔2013〕204号 | 2013年10月10日 | |
| 84 | 大埠顶墓群 | 东周 | 古墓葬 | 青州市邵庄镇 | 第四批 | 鲁政字〔2013〕204号 | 2013年10月10日 | |
| 85 | 戴楼墓群 | 汉 | 古墓葬 | 青州市何官镇 | 第四批 | 鲁政字〔2013〕204号 | 2013年10月10日 | |
| 86 | 东肖汉画像石墓 | 汉 | 古墓葬 | 昌乐县经济开发区 | 第四批 | 鲁政字〔2013〕204号 | 2013年10月10日 | |

（续表）

| 序号 | 名称 | 时代 | 类别 | 位置 | 批次 | 公布文号 | 公布日期 | 备注 |
|---|---|---|---|---|---|---|---|---|
| 87 | 河南古墓 | 东周 | 古墓葬 | 临朐县龙山高新技术产业园 | 第四批 | 鲁政字〔2013〕204号 | 2013年10月10日 | |
| 88 | 黄福家族墓 | 元、明 | 古墓葬 | 昌邑市都昌街道 | 第四批 | 鲁政字〔2013〕204号 | 2013年10月10日 | |
| 89 | 黄元御墓 | 清 | 古墓葬 | 昌邑市都昌街道 | 第四批 | 鲁政字〔2013〕204号 | 2013年10月10日 | |
| 90 | 南辛古墓 | 东周 | 古墓葬 | 青州市益都街道 | 第四批 | 鲁政字〔2013〕204号 | 2013年10月10日 | |
| 91 | 齐胡公墓 | 东周 | 古墓葬 | 青州市邵庄镇 | 第四批 | 鲁政字〔2013〕204号 | 2013年10月10日 | |
| 92 | 齐襄公墓 | 东周 | 古墓葬 | 青州市邵庄镇 | 第四批 | 鲁政字〔2013〕204号 | 2013年10月10日 | |
| 93 | 邵庄北墓 | 东周 | 古墓葬 | 青州市邵庄镇 | 第四批 | 鲁政字〔2013〕204号 | 2013年10月10日 | |
| 94 | 神旺庄墓群 | 东周 | 古墓葬 | 青州市邵庄镇 | 第四批 | 鲁政字〔2013〕204号 | 2013年10月10日 | |
| 95 | 孙吕家古墓 | 明 | 古墓葬 | 奎文区廿里堡街道 | 第四批 | 鲁政字〔2013〕204号 | 2013年10月10日 | |
| 96 | 西黄墓 | 东周 | 古墓葬 | 青州市益都街道 | 第四批 | 鲁政字〔2013〕204号 | 2013年10月10日 | |

（续表）

| 序号 | 名 称 | 时 代 | 类 别 | 位 置 | 批 次 | 公布文号 | 公布日期 | 备 注 |
|---|---|---|---|---|---|---|---|---|
| 97 | 香山墓 | 汉 | 古墓葬 | 青州市谭坊镇 | 第四批 | 鲁政字〔2013〕204号 | 2013年10月10日 | |
| 98 | 辛置墓群 | 东周、汉、明 | 古墓葬 | 昌邑市都昌街道 | 第四批 | 鲁政字〔2013〕204号 | 2013年10月10日 | |
| 99 | 兴福墓群 | 汉 | 古墓葬 | 昌邑市都昌街道 | 第四批 | 鲁政字〔2013〕204号 | 2013年10月10日 | |
| 100 | 兴旺店墓 | 东周 | 古墓葬 | 青州市庙子镇 | 第四批 | 鲁政字〔2013〕204号 | 2013年10月10日 | |
| 101 | 玉皇庙墓群 | 东周 | 古墓葬 | 青州市邵庄镇 | 第四批 | 鲁政字〔2013〕204号 | 2013年10月10日 | |
| 102 | 月山墓群 | 东周 | 古墓葬 | 青州市邵庄镇 | 第四批 | 鲁政字〔2013〕204号 | 2013年10月10日 | |
| 103 | 丁村孟家孟氏家庙 | 清 | 古建筑 | 坊子区九龙街道 | 第四批 | 鲁政字〔2013〕204号 | 2013年10月10日 | |
| 104 | 东白塔陈氏家庙 | 清 | 古建筑 | 昌邑市龙池镇 | 第四批 | 鲁政字〔2013〕204号 | 2013年10月10日 | |
| 105 | 东王松民居 | 清 | 古建筑 | 坊子区坊安街道 | 第四批 | 鲁政字〔2013〕204号 | 2013年10月10日 | |
| 106 | 范公亭建筑群 | 清、中华民国 | 古建筑 | 青州市王府街道 | 第四批 | 鲁政字〔2013〕204号 | 2013年10月10日 | |

（续表）

| 序号 | 名称 | 时代 | 类别 | 位置 | 批次 | 公布文号 | 公布日期 | 备注 |
|---|---|---|---|---|---|---|---|---|
| 107 | 方山庙 | 明、清 | 古建筑 | 昌乐县城南街道 | 第四批 | 鲁政字〔2013〕204号 | 2013年10月10日 | |
| 108 | 傅振邦故居（含墓园） | 清 | 古建筑 | 昌邑市奎聚街道 | 第四批 | 鲁政字〔2013〕204号 | 2013年10月10日 | |
| 109 | 老龙湾江南亭 | 明 | 古建筑 | 临朐县冶源镇 | 第四批 | 鲁政字〔2013〕204号 | 2013年10月10日 | |
| 110 | 穆村天齐庙 | 明、清 | 古建筑 | 坊子区九龙街道 | 第四批 | 鲁政字〔2013〕204号 | 2013年10月10日 | |
| 111 | 偶园 | 明、清 | 古建筑 | 青州市王府街道 | 第四批 | 鲁政字〔2013〕204号 | 2013年10月10日 | |
| 112 | 青州万年桥 | 明 | 古建筑 | 青州市王府街道 | 第四批 | 鲁政字〔2013〕204号 | 2013年10月10日 | |
| 113 | 青州昭德古街 | 明、清、中华民国 | 古建筑 | 青州市云门山街道 | 第四批 | 鲁政字〔2013〕204号 | 2013年10月10日 | |
| 114 | 松林书院 | 清 | 古建筑 | 青州市王府街道 | 第四批 | 鲁政字〔2013〕204号 | 2013年10月10日 | |
| 115 | 潍县东关城墙 | 明、清 | 古建筑 | 奎文区东关街道 | 第四批 | 鲁政字〔2013〕204号 | 2013年10月10日 | |
| 116 | 潍县乐道院暨西方侨民集中营旧址 | 1882年 | 古建筑 | 奎文区广文街道 | 第四批 | 鲁政字〔2013〕204号 | 2013年10月10日 | 已升格为第八批国保单位 |

（续表）

| 序号 | 名 称 | 时 代 | 类 别 | 位 置 | 批 次 | 公布文号 | 公布日期 | 备 注 |
|---|---|---|---|---|---|---|---|---|
| 117 | 西金台李氏民居 | 明 | 古建筑 | 昌邑市饮马镇 | 第四批 | 鲁政字〔2013〕204号 | 2013年10月10日 | |
| 118 | 小南孟刘氏家庙 | 清 | 古建筑 | 昌邑市北孟镇 | 第四批 | 鲁政字〔2013〕204号 | 2013年10月10日 | |
| 119 | 修真宫旧址 | 元、明、清 | 古建筑 | 青州市弥河镇 | 第四批 | 鲁政字〔2013〕204号 | 2013年10月10日 | |
| 120 | 玲珑山郑道昭题刻 | 北魏至清 | 石窟寺及石刻 | 青州市王府街道 | 第四批 | 鲁政字〔2013〕204号 | 2013年10月10日 | |
| 121 | 马庄摩崖造像 | 唐 | 石窟寺及石刻 | 临朐县五井镇 | 第四批 | 鲁政字〔2013〕204号 | 2013年10月10日 | |
| 122 | 昌邑峡山灌区工程 | 20世纪60年代 | 近现代重要史迹及代表性建筑 | 昌邑市 | 第四批 | 鲁政字〔2013〕204号 | 2013年10月10日 | |
| 123 | 昌邑县抗日殉国烈士祠 | 1945年 | 近现代重要史迹及代表性建筑 | 昌邑市龙池镇 | 第四批 | 鲁政字〔2013〕204号 | 2013年10月10日 | 已升格为第八批国保单位 |
| 124 | 陈干故居（含墓园） | 中华民国 | 近现代重要史迹及代表性建筑 | 昌邑市龙池镇 | 第四批 | 鲁政字〔2013〕204号 | 2013年10月10日 | |

（续表）

| 序号 | 名　称 | 时　代 | 类　别 | 位　置 | 批　次 | 公布文号 | 公布日期 | 备　注 |
|---|---|---|---|---|---|---|---|---|
| 125 | 大英烟公司旧址 | 1917 年 | 近现代重要史迹及代表性建筑 | 奎文区廿里堡街道 | 第四批 | 鲁政字〔2013〕204 号 | 2013 年 10 月 10 日 | |
| 126 | 坊子牟山水库干支渠水利设施 | 1952 至 1978 年 | 近现代重要史迹及代表性建筑 | 坊子区九龙街道、坊安街道 | 第四批 | 鲁政字〔2013〕204 号 | 2013 年 10 月 10 日 | |
| 127 | 姜泊民居 | 清、中华民国 | 近现代重要史迹及代表性建筑 | 昌邑市卜庄镇 | 第四批 | 鲁政字〔2013〕204 号 | 2013 年 10 月 10 日 | |
| 128 | 廿里堡火车站 | 1902 年 | 近现代重要史迹及代表性建筑 | 奎文区廿里堡街道 | 第四批 | 鲁政字〔2013〕204 号 | 2013 年 10 月 10 日 | |
| 129 | 齐西民居 | 清、中华民国 | 近现代重要史迹及代表性建筑 | 昌邑市龙池镇 | 第四批 | 鲁政字〔2013〕204 号 | 2013 年 10 月 10 日 | |

（续表）

| 序号 | 名 称 | 时 代 | 类 别 | 位 置 | 批 次 | 公布文号 | 公布日期 | 备 注 |
|---|---|---|---|---|---|---|---|---|
| 130 | 青州基督教建筑 | 清末 | 近现代重要史迹及代表性建筑 | 青州市王府街道 | 第四批 | 鲁政字〔2013〕204号 | 2013年10月10日 | |
| 131 | 潍河碉堡群 | 1937年、1965年 | 近现代重要史迹及代表性建筑 | 昌邑市奎聚街道、都昌街道、围子街道 | 第四批 | 鲁政字〔2013〕204号 | 2013年10月10日 | |
| 132 | 潍县战役指挥部旧址 | 1948年 | 近现代重要史迹及代表性建筑 | 寒亭区固堤街道 | 第四批 | 鲁政字〔2013〕204号 | 2013年10月10日 | |
| 133 | 西黄埠天主教堂 | 中华民国 | 近现代重要史迹及代表性建筑 | 昌邑市围子街道 | 第四批 | 鲁政字〔2013〕204号 | 2013年10月10日 | |
| 134 | 夏店民居 | 清、中华民国 | 近现代重要史迹及代表性建筑 | 昌邑市卜庄镇 | 第四批 | 鲁政字〔2013〕204号 | 2013年10月10日 | |

（续表）

| 序号 | 名　称 | 时　代 | 类　别 | 位　置 | 批　次 | 公布文号 | 公布日期 | 备　注 |
|---|---|---|---|---|---|---|---|---|
| 135 | 徐长庚故居 | 清 | 近现代重要史迹及代表性建筑 | 昌邑市都昌街道 | 第四批 | 鲁政字〔2013〕204号 | 2013年10月10日 | |
| 136 | 青纱桥 | 明 | 其他 | 高密市夏庄镇 | 第四批 | 鲁政字〔2013〕204号 | 2013年10月10日 | |
| 137 | 新河桥遗址 | 明、清 | 其他 | 昌邑市卜庄镇 | 第四批 | 鲁政字〔2013〕204号 | 2013年10月10日 | |
| 138 | 段村烈士祠 | 1945年 | 抗战遗址、纪念设施 | 青州市高柳镇 | 第五批 | 鲁政字〔2015〕142号 | 2015年6月23日 | |
| 139 | 冯旭臣烈士墓 | 1946年 | 抗战遗址、纪念设施 | 青州市庙子镇 | 第五批 | 鲁政字〔2015〕142号 | 2015年6月23日 | |
| 140 | 黄石板坡战斗纪念地 | 1944年 | 抗战遗址、纪念设施 | 安丘市辉渠镇 | 第五批 | 鲁政字〔2015〕142号 | 2015年6月23日 | |
| 141 | 孙家口伏击战旧址 | 1938年 | 抗战遗址、纪念设施 | 高密市夏庄镇 | 第五批 | 鲁政字〔2015〕142号 | 2015年6月23日 | |
| 142 | 潍县侵华日军宪兵队原驻地 | 1938年 | 抗战遗址、纪念设施 | 潍城区城关街道 | 第五批 | 鲁政字〔2015〕142号 | 2015年6月23日 | |
| 143 | 半截楼村西遗址 | 东周、汉 | 古遗址 | 临朐县山旺镇 | 第五批 | 鲁政字〔2015〕142号 | 2015年6月23日 | |

（续表）

| 序号 | 名 称 | 时 代 | 类 别 | 位 置 | 批 次 | 公布文号 | 公布日期 | 备 注 |
|---|---|---|---|---|---|---|---|---|
| 144 | 崇山祭祀遗址 | 新石器时代 | 古遗址 | 昌乐县营丘镇 | 第五批 | 鲁政字〔2015〕142号 | 2015年6月23日 | |
| 145 | 董家庄遗址 | 新石器时代、汉 | 古遗址 | 昌邑市饮马镇 | 第五批 | 鲁政字〔2015〕142号 | 2015年6月23日 | |
| 146 | 和庄遗址 | 新石器时代、东周 | 古遗址 | 临朐县山旺镇 | 第五批 | 鲁政字〔2015〕142号 | 2015年6月23日 | |
| 147 | 凉台遗址 | 新石器时代、商周 | 古遗址 | 坊子区郑公街道 | 第五批 | 鲁政字〔2015〕142号 | 2015年6月23日 | |
| 148 | 狮子行遗址 | 新石器时代、商、周、汉 | 古遗址 | 寒亭区朱里街道 | 第五批 | 鲁政字〔2015〕142号 | 2015年6月23日 | |
| 149 | 武家遗址 | 新石器时代至东周、汉唐 | 古遗址 | 奎文区廿里堡街道 | 第五批 | 鲁政字〔2015〕142号 | 2015年6月23日 | |
| 150 | 禹王台遗址 | 周至汉 | 古遗址 | 寒亭区高里街道 | 第五批 | 鲁政字〔2015〕142号 | 2015年6月23日 | |
| 151 | 柴沟汉墓群 | 汉 | 古墓葬 | 高密市柴沟镇 | 第五批 | 鲁政字〔2015〕142号 | 2015年6月23日 | |
| 152 | 孤山墓 | 汉 | 古墓葬 | 昌乐县城关街道 | 第五批 | 鲁政字〔2015〕142号 | 2015年6月23日 | |
| 153 | 龙且冢 | 秦、汉 | 古墓葬 | 坊子区郑公街道 | 第五批 | 鲁政字〔2015〕142号 | 2015年6月23日 | |

（续表）

| 序号 | 名称 | 时代 | 类别 | 位置 | 批次 | 公布文号 | 公布日期 | 备注 |
|---|---|---|---|---|---|---|---|---|
| 154 | 木梁台墓 | 汉 | 古墓葬 | 昌乐县红河镇 | 第五批 | 鲁政字〔2015〕142号 | 2015年6月23日 | |
| 155 | 后寺墓塔林 | 明 | 古建筑 | 青州市云门山街道 | 第五批 | 鲁政字〔2015〕142号 | 2015年6月23日 | |
| 156 | 井塘古村建筑群 | 明、清 | 古建筑 | 青州市王府街道 | 第五批 | 鲁政字〔2015〕142号 | 2015年6月23日 | |
| 157 | 南阳城城墙 | 南北朝至清 | 古建筑 | 青州市王府街道 | 第五批 | 鲁政字〔2015〕142号 | 2015年6月23日 | |
| 158 | 太平崮建筑群 | 清 | 古建筑 | 临朐县城关街道 | 第五批 | 鲁政字〔2015〕142号 | 2015年6月23日 | |
| 159 | 小牟家关帝庙 | 清 | 古建筑 | 高密市大牟家镇 | 第五批 | 鲁政字〔2015〕142号 | 2015年6月23日 | |
| 160 | 云门山南路清真寺 | 清 | 古建筑 | 青州市王府街道 | 第五批 | 鲁政字〔2015〕142号 | 2015年6月23日 | |
| 161 | 仰天山题刻及古建筑群 | 宋至清 | 石窟寺及石刻 | 青州市王坟镇 | 第五批 | 鲁政字〔2015〕142号 | 2015年6月23日 | |
| 162 | 范企甄大院 | 中华民国 | 近现代重要史迹及代表性建筑 | 潍城区望留镇 | 第五批 | 鲁政字〔2015〕142号 | 2015年6月23日 | |

（续表）

| 序号 | 名称 | 时代 | 类别 | 位置 | 批次 | 公布文号 | 公布日期 | 备注 |
|---|---|---|---|---|---|---|---|---|
| 163 | 李福泽故居 | 中华民国 | 近现代重要史迹及代表性建筑 | 昌邑市下营镇 | 第五批 | 鲁政字〔2015〕142号 | 2015年6月23日 | |
| 164 | 刘冠三墓 | 中华民国 | 近现代重要史迹及代表性建筑 | 高密市醴泉街道 | 第五批 | 鲁政字〔2015〕142号 | 2015年6月23日 | |
| 165 | 南校场烧锅遗址 | 中华民国、中华人民共和国 | 近现代重要史迹及代表性建筑 | 安丘市景芝镇 | 第五批 | 鲁政字〔2015〕142号 | 2015年6月23日 | |
| 166 | 史家庄大屋 | 1932年 | 近现代重要史迹及代表性建筑 | 昌邑市柳疃镇 | 第五批 | 鲁政字〔2015〕142号 | 2015年6月23日 | |
| 167 | 植庭学校旧址 | 中华民国 | 近现代重要史迹及代表性建筑 | 寿光市田柳镇 | 第五批 | 鲁政字〔2015〕142号 | 2015年6月23日 | |

（续表）

| 序号 | 名 称 | 时 代 | 类 别 | 位 置 | 批 次 | 公布文号 | 公布日期 | 备 注 |
|---|---|---|---|---|---|---|---|---|
| 168 | 峠山火车站旧址 | 1901 年 | 近现代重要史迹及代表性建筑 | 坊子区峠山街道 | 第五批 | 鲁政字〔2015〕142 号 | 2015 年 6 月 23 日 | |
| 169 | 八角山寨址 | 清 | 古遗址 | 青州市王府街道 | 第六批 | 鲁政字〔2022〕18 号 | 2022 年 1 月 14 日 | |
| 170 | 邹家庄遗址 | 新石器时代、商至周 | 古遗址 | 昌乐县乔官镇 | 第六批 | 鲁政字〔2022〕18 号 | 2022 年 1 月 14 日 | |
| 171 | 南台头遗址 | 新石器时代、商至周 | 古遗址 | 寿光市台头镇 | 第六批 | 鲁政字〔2022〕18 号 | 2022 年 1 月 14 日 | |
| 172 | 潍县城墙 | 隋至民国 | 古遗址 | 潍城区城关街道 | 第六批 | 鲁政字〔2022〕18 号 | 2022 年 1 月 14 日 | |
| 173 | 东圈汉墓 | 西汉 | 古墓葬 | 昌乐县朱刘街道 | 第六批 | 鲁政字〔2022〕18 号 | 2022 年 1 月 14 日 | |
| 174 | 马家冢子墓群 | 东汉 | 古墓葬 | 昌乐县宝都街道 | 第六批 | 鲁政字〔2022〕18 号 | 2022 年 1 月 14 日 | |
| 175 | 管宁墓 | 三国 | 古墓葬 | 安丘市官庄镇 | 第六批 | 鲁政字〔2022〕18 号 | 2022 年 1 月 14 日 | |
| 176 | 召忽墓 | 东周 | 古墓葬 | 安丘市石埠子镇 | 第六批 | 鲁政字〔2022〕18 号 | 2022 年 1 月 14 日 | |

（续表）

| 序号 | 名称 | 时代 | 类别 | 位置 | 批次 | 公布文号 | 公布日期 | 备注 |
|---|---|---|---|---|---|---|---|---|
| 177 | 刘鄩墓 | 五代 | 古墓葬 | 安丘市新安街道 | 第六批 | 鲁政字〔2022〕18号 | 2022年1月14日 | |
| 178 | 刘珝墓 | 明 | 古墓葬 | 青州市高柳镇 | 第六批 | 鲁政字〔2022〕18号 | 2022年1月14日 | |
| 179 | 衡宪王墓 | 明 | 古墓葬 | 临朐县寺头镇 | 第六批 | 鲁政字〔2022〕18号 | 2022年1月14日 | |
| 180 | 松园子街民居 | 清 | 古建筑 | 潍城区城关街道 | 第六批 | 鲁政字〔2022〕18号 | 2022年1月14日 | |
| 181 | 王家圈村元帅楼 | 清 | 古建筑 | 临朐县辛寨街道 | 第六批 | 鲁政字〔2022〕18号 | 2022年1月14日 | |
| 182 | 南傅古民居 | 清至民国 | 古建筑 | 寒亭区朱里街道 | 第六批 | 鲁政字〔2022〕18号 | 2022年1月14日 | |
| 183 | 周戈庄古桥 | 清 | 古建筑 | 高密市大牟家镇 | 第六批 | 鲁政字〔2022〕18号 | 2022年1月14日 | |
| 184 | 锡山子抗日烈士纪念塔 | 1945年 | 近现代重要史迹及代表性建筑 | 诸城市贾悦镇 | 第六批 | 鲁政字〔2022〕18号 | 2022年1月14日 | |
| 185 | 马渠村革命旧址 | 1942至1947年 | 近现代重要史迹及代表性建筑 | 昌邑市龙池镇 | 第六批 | 鲁政字〔2022〕18号 | 2022年1月14日 | |

（续表）

| 序号 | 名称 | 时代 | 类别 | 位置 | 批次 | 公布文号 | 公布日期 | 备注 |
|---|---|---|---|---|---|---|---|---|
| 186 | 高密修道院 | 1932年 | 近现代重要史迹及代表性建筑 | 高密市醴泉街道 | 第六批 | 鲁政字〔2022〕18号 | 2022年1月14日 | |

附录 5：

# 潍坊市市级文物保护单位名单

| 序号 | 名　称 | 时　代 | 类　别 | 位　置 | 批　次 | 公布文号 | 公布日期 | 备　注 |
|---|---|---|---|---|---|---|---|---|
| 1 | 库沟恐龙化石保护区 | 中生代 | 古遗址 | 诸城市吕标镇库沟镇 | 第一批 | 潍政发〔2000〕25 号 | 2000 年 4 月 28 日 | |
| 2 | 前埠下遗址 | 新生代遗址 | 古遗址 | 寒亭区朱里镇前埠下村 | 第一批 | 潍政发〔2000〕25 号 | 2000 年 4 月 28 日 | 已升格为第三批省保单位 |
| 3 | 小李家庄遗址 | 新石器时代 | 古遗址 | 昌乐县尧沟镇小李家镇 | 第一批 | 潍政发〔2000〕25 号 | 2000 年 4 月 28 日 | |
| 4 | 三元王遗址 | 新石器时代 | 古遗址 | 寿光市孙家集镇三元王村北 | 第一批 | 潍政发〔2000〕25 号 | 2000 年 4 月 28 日 | |
| 5 | 桃园遗址 | 新石器时代 | 古遗址 | 青州市东夏镇桃园村南 | 第一批 | 潍政发〔2000〕25 号 | 2000 年 4 月 28 日 | |
| 6 | 西朱阳遗址 | 新石器时代至东周 | 古遗址 | 临朐县杨善镇西朱阳村南 | 第一批 | 潍政发〔2000〕25 号 | 2000 年 4 月 28 日 | |
| 7 | 鲁家口遗址 | 新石器时代、战国 | 古遗址 | 寒亭区张氏镇鲁家口村西南 | 第一批 | 潍政发〔2000〕25 号 | 2000 年 4 月 28 日 | 已升格为第四批省保单位 |

（续表）

| 序号 | 名　称 | 时　代 | 类　别 | 位　置 | 批　次 | 公布文号 | 公布日期 | 备　注 |
|---|---|---|---|---|---|---|---|---|
| 8 | 李家河遗址 | 新石器时代、商、周 | 古遗址 | 安丘市辉渠乡李家河村东 | 第一批 | 潍政发〔2000〕25号 | 2000年4月28日 | |
| 9 | 崔家庄子遗址 | 新石器时代、商、周 | 古遗址 | 昌乐县南郝镇崔家庄子村 | 第一批 | 潍政发〔2000〕25号 | 2000年4月28日 | |
| 10 | 安家遗址 | 新石器时代至西周 | 古遗址 | 寿光市台头镇南台头村西北 | 第一批 | 潍政发〔2000〕25号 | 2000年4月28日 | |
| 11 | 凤凰台遗址 | 新石器时代至东周 | 古遗址 | 寿光市台头镇南台头村西北 | 第一批 | 潍政发〔2000〕25号 | 2000年4月28日 | |
| 12 | 西朱封遗址 | 新石器时代至周 | 古遗址 | 临朐县临朐镇西朱封村 | 第一批 | 潍政发〔2000〕25号 | 2000年4月28日 | 已升格为第七批国保单位 |
| 13 | 后店遗址 | 商周 | 古遗址 | 高密市双羊镇后店村西 | 第一批 | 潍政发〔2000〕25号 | 2000年4月28日 | |
| 14 | 齐长城遗址 | 战国 | 古遗址 | 诸城市南部山区 | 第一批 | 潍政发〔2000〕25号 | 2000年4月28日 | 已升格为第五批国保单位 |
| 15 | 杞城遗址 | 春秋至汉 | 古遗址 | 安丘市黄旗堡镇杞城村西 | 第一批 | 潍政发〔2000〕25号 | 2000年4月28日 | |
| 16 | 城阴城遗址 | 汉 | 古遗址 | 高密市田庄乡 | 第一批 | 潍政发〔2000〕25号 | 2000年4月28日 | 已升格为第八批国保单位 |
| 17 | 龙兴寺遗址 | 北魏至汉 | 古遗址 | 青州市博物馆南侧 | 第一批 | 潍政发〔2000〕25号 | 2000年4月28日 | 已升格为第七批国保单位 |

（续表）

| 序号 | 名称 | 时代 | 类别 | 位置 | 批次 | 公布文号 | 公布日期 | 备注 |
|---|---|---|---|---|---|---|---|---|
| 18 | 寒浞冢 | 夏 | 古墓葬 | 寒亭区寒亭镇冢子后村 | 第一批 | 潍政发〔2000〕25号 | 2000年4月28日 | |
| 19 | 晏婴墓 | 春秋 | 古墓葬 | 高密市李家营镇四新村 | 第一批 | 潍政发〔2000〕25号 | 2000年4月28日 | |
| 20 | 齐胡公墓 | 东周 | 古墓葬 | 青州市普通镇南辛店村西南 | 第一批 | 潍政发〔2000〕25号 | 2000年4月28日 | 已升格为第四批省保单位 |
| 21 | 齐襄公墓 | 东周 | 古墓葬 | 青州市邵庄镇北马庄村南 | 第一批 | 潍政发〔2000〕25号 | 2000年4月28日 | 已升格为第四批省保单位 |
| 22 | 高密汉墓群 | 汉 | 古墓葬 | 高密市注沟镇、方市乡、田庄乡 | 第一批 | 潍政发〔2000〕25号 | 2000年4月28日 | |
| 23 | 袁绍墓 | 三国 | 古墓葬 | 高密市高戈庄乡后三皇屯村 | 第一批 | 潍政发〔2000〕25号 | 2000年4月28日 | |
| 24 | 马愉墓 | 明 | 古墓葬 | 临朐县七贤镇朱位村 | 第一批 | 潍政发〔2000〕25号 | 2000年4月28日 | |
| 25 | 刘墉墓 | 清 | 古墓葬 | 高密市方市乡白家庄北 | 第一批 | 潍政发〔2000〕25号 | 2000年4月28日 | |
| 26 | 孙文墓 | 清 | 古墓葬 | 高密市初家镇官亭村 | 第一批 | 潍政发〔2000〕25号 | 2000年4月28日 | |
| 27 | 范公井亭及三贤祠（含顺河楼建筑群） | 北宋 | 古建筑 | 青州市范公亭西路西端 | 第一批 | 潍政发〔2000〕25号 | 2000年4月28日 | 已升格为第四批省保单位 |

（续表）

| 序号 | 名　称 | 时　代 | 类　别 | 位　置 | 批　次 | 公布文号 | 公布日期 | 备　注 |
|---|---|---|---|---|---|---|---|---|
| 28 | 一孔桥 | 金 | 古建筑 | 寒亭区高里镇一孔桥村南 | 第一批 | 潍政发〔2000〕25号 | 2000年4月28日 | 已升格为第三批省保单位 |
| 29 | 观音阁 | 明 | 古建筑 | 奎文区北下河街南端 | 第一批 | 潍政发〔2000〕25号 | 2000年4月28日 | |
| 30 | 绿瓦阁 | 明 | 古建筑 | 奎文区北下河街北端 | 第一批 | 潍政发〔2000〕25号 | 2000年4月28日 | |
| 31 | 江南亭 | 明 | 古建筑 | 临朐县冶源镇冶中村 | 第一批 | 潍政发〔2000〕25号 | 2000年4月28日 | 已升格为第四批省保单位 |
| 32 | 万年桥 | 明 | 古建筑 | 青州市玲珑山南路北端 | 第一批 | 潍政发〔2000〕25号 | 2000年4月28日 | 已升格为第四批省保单位 |
| 33 | 后寺墓塔林 | 明 | 古建筑 | 青州市云峡河回族乡后寺村西 | 第一批 | 潍政发〔2000〕25号 | 2000年4月28日 | 已升格为第五批省保单位 |
| 34 | 西杨家埠木版年画作坊 | 明清 | 古建筑 | 寒亭区寒亭镇西杨家埠村 | 第一批 | 潍政发〔2000〕25号 | 2000年4月28日 | 已升格为第三批省保单位 |
| 35 | 松园子街民居 | 明清 | 古建筑 | 潍城区松园子街 | 第一批 | 潍政发〔2000〕25号 | 2000年4月28日 | 已升格为第六批省保单位 |
| 36 | 黄元御故居 | 清 | 古建筑 | 昌邑市城区 | 第一批 | 潍政发〔2000〕25号 | 2000年4月28日 | |
| 37 | 姜氏祠堂 | 清 | 古建筑 | 昌邑市城区 | 第一批 | 潍政发〔2000〕25号 | 2000年4月28日 | 已升格为第三批省保单位 |

（续表）

| 序号 | 名 称 | 时 代 | 类 别 | 位 置 | 批 次 | 公布文号 | 公布日期 | 备 注 |
|---|---|---|---|---|---|---|---|---|
| 38 | 偶园 | 清 | 古建筑 | 青州市偶园街南段 | 第一批 | 潍政发〔2000〕25号 | 2000年4月28日 | 已升格为第四批省保单位 |
| 39 | 坊子德日建筑 | 清、民国 | 古建筑 | 坊子区坊子镇 | 第一批 | 潍政发〔2000〕25号 | 2000年4月28日 | 已升格为第三批省保单位 |
| 40 | 郭味蕖故居 | 清 | 古建筑 | 潍城区岳王庙街64号 | 第一批 | 潍政发〔2000〕25号 | 2000年4月28日 | 已升格为第三批省保单位 |
| 41 | 满洲旗兵驻防城旧址 | 清 | 古建筑 | 青州市益都街道办事处北城村 | 第一批 | 潍政发〔2000〕25号 | 2000年4月28日 | |
| 42 | 玲珑山白驹谷题名（含白云堂题名和瑶池） | 北魏 | 石窟寺及石刻 | 青州市五里镇井塘村南 | 第一批 | 潍政发〔2000〕25号 | 2000年4月28日 | 已升格为第四批省保单位 |
| 43 | 仰天山摩崖题刻（含望月亭等古建筑） | 北宋至清 | 石窟寺及石刻 | 青州市王坟镇文里村西 | 第一批 | 潍政发〔2000〕25号 | 2000年4月28日 | 已升格为第五批省保单位 |
| 44 | 东镇庙碑林 | 宋至清 | 石窟寺及石刻 | 临朐县大关镇东镇庙村 | 第一批 | 潍政发〔2000〕25号 | 2000年4月28日 | 已升格为第三批省保单位 |
| 45 | 竹叶碑 | 明 | 石窟寺及石刻 | 坊子区车留庄镇东王松村 | 第一批 | 潍政发〔2000〕25号 | 2000年4月28日 | |
| 46 | 庄龙甲故居 | 民国 | 近现代重要史迹及代表性建筑 | 奎文区樱桃园街办庄家村 | 第一批 | 潍政发〔2000〕25号 | 2000年4月28日 | |

（续表）

| 序号 | 名称 | 时代 | 类别 | 位置 | 批次 | 公布文号 | 公布日期 | 备注 |
|---|---|---|---|---|---|---|---|---|
| 47 | 中共东圣水党支部旧址 | 民国 | 近现代重要史迹及代表性建筑 | 青州市东坝镇东圣水村 | 第一批 | 潍政发〔2000〕25 号 | 2000 年 4 月 28 日 | |
| 48 | 段村烈士祠 | 1945 年 | 近现代重要史迹及代表性建筑 | 青州市朱良镇段村 | 第一批 | 潍政发〔2000〕25 号 | 2000 年 4 月 28 日 | 已升格为第五批省保单位 |
| 49 | 锡山子抗日烈士纪念塔 | 1945 年 | 近现代重要史迹及代表性建筑 | 诸城市马庄镇锡山 | 第一批 | 潍政发〔2000〕25 号 | 2000 年 4 月 28 日 | 已升格为第六批省保单位 |
| 50 | 潍县战役指挥部旧址 | 1945 年 | 近现代重要史迹及代表性建筑 | 寒亭区泊子乡东常寨村 | 第一批 | 潍政发〔2000〕25 号 | 2000 年 4 月 28 日 | |
| 51 | 庙山遗址 | 新石器时代 | 古遗址 | 临朐县柳山镇庙山村 | 第二批 | 潍政发〔2007〕36 号 | 2007 年 6 月 26 日 | 已升格为第四批省保单位 |
| 52 | 埠子顶遗址 | 新石器时代、商 | 古遗址 | 寿光市化龙镇埠西一村 | 第二批 | 潍政发〔2007〕36 号 | 2007 年 6 月 26 日 | |
| 53 | 前寨遗址 | 新石器时代至商周 | 古遗址 | 诸城市枳沟镇前寨村 | 第二批 | 潍政发〔2007〕36 号 | 2007 年 6 月 26 日 | 已升格为第三批省保单位 |

（续表）

| 序号 | 名 称 | 时 代 | 类 别 | 位 置 | 批 次 | 公布文号 | 公布日期 | 备 注 |
|---|---|---|---|---|---|---|---|---|
| 54 | 程子遗址 | 新石器时代至商周 | 古遗址 | 诸城市皇华镇程子村 | 第二批 | 潍政发〔2007〕36号 | 2007年6月26日 | 已升格为第三批省保单位 |
| 55 | 朱虚故城遗址 | 汉 | 古遗址 | 临朐县柳山镇城头村 | 第二批 | 潍政发〔2007〕36号 | 2007年6月26日 | 已升格为第四批省保单位 |
| 56 | 南部遗址 | 新石器时代至汉 | 古遗址 | 安丘市红沙沟镇南部村 | 第二批 | 潍政发〔2007〕36号 | 2007年6月26日 | 已升格为第四批省保单位 |
| 57 | 香山汉墓 | 西汉 | 古墓葬 | 青州市谭坊镇大赵村 | 第二批 | 潍政发〔2007〕36号 | 2007年6月26日 | 已升格为第四批省保单位 |
| 58 | 董家庄汉画像石墓 | 东汉 | 古墓葬 | 安丘市潍安路 | 第二批 | 潍政发〔2007〕36号 | 2007年6月26日 | 已升格为第七批全国重点文物保护单位 |
| 59 | 黄福墓 | 明 | 古墓葬 | 昌邑市都昌街办黄家辛戈村 | 第二批 | 潍政发〔2007〕36号 | 2007年6月26日 | 已升格为第四批省保单位 |
| 60 | 刘珝墓 | 明 | 古墓葬 | 青州市朱良镇阳河村 | 第二批 | 潍政发〔2007〕36号 | 2007年6月26日 | 已升格为第三批省保单位 |
| 61 | 于氏宅院民居 | 明、清 | 古建筑 | 寒亭区寒亭街办寒亭二村 | 第二批 | 潍政发〔2007〕36号 | 2007年6月26日 | 已升格为第三批省保单位 |
| 62 | 云门山南路清真寺 | 明、清 | 古建筑 | 青州市云门山路 | 第二批 | 潍政发〔2007〕36号 | 2007年6月26日 | 已升格为第五批省保单位 |

（续表）

| 序号 | 名 称 | 时 代 | 类 别 | 位 置 | 批 次 | 公布文号 | 公布日期 | 备 注 |
|---|---|---|---|---|---|---|---|---|
| 63 | 陈氏家庙 | 清 | 古建筑 | 昌邑市龙池镇白塔村 | 第二批 | 潍政发〔2007〕36号 | 2007年6月26日 | |
| 64 | 姜泊村古建筑群 | 清、民国 | 古建筑 | 昌邑市夏店镇姜泊村 | 第二批 | 潍政发〔2007〕36号 | 2007年6月26日 | 已升格为第四批省保单位 |
| 65 | 刘鄩墓碑刻 | 后梁 | 石窟寺及石刻 | 安丘市刘家尧镇西石马坟庄 | 第二批 | 潍政发〔2007〕36号 | 2007年6月26日 | 已升格为第三批省保单位 |
| 66 | 石佛堂磐石造像 | 宋 | 石窟寺及石刻 | 临朐县寺头镇石佛堂村 | 第二批 | 潍政发〔2007〕36号 | 2007年6月26日 | |
| 67 | 公冶长书院碑刻 | 明、清 | 石窟寺及石刻 | 安丘市庵上镇孟家村 | 第二批 | 潍政发〔2007〕36号 | 2007年6月26日 | 已升格为第四批省保单位 |
| 68 | 南仲寨石坊 | 清 | 石窟寺及石刻 | 寒亭区泊子乡南仲寨村 | 第二批 | 潍政发〔2007〕36号 | 2007年6月26日 | |
| 69 | 乐道院暨西方侨民集中营旧址 | 清末、民国 | 近现代重要史迹及代表性建筑 | 奎文区广文街办 | 第二批 | 潍政发〔2007〕36号 | 2007年6月26日 | 已升格为第四批省保单位 |
| 70 | 天主教堂 | 民国 | 近现代重要史迹及代表性建筑 | 昌邑市宋庄镇黄埠村 | 第二批 | 潍政发〔2007〕36号 | 2007年6月26日 | |

（续表）

| 序号 | 名称 | 时代 | 类别 | 位置 | 批次 | 公布文号 | 公布日期 | 备注 |
|---|---|---|---|---|---|---|---|---|
| 71 | 中共潍坊特别市委旧址 | 民国 | 近现代重要史迹及代表性建筑 | 潍城区向阳路 | 第二批 | 潍政发〔2007〕36号 | 2007年6月26日 | |
| 72 | 李戈庄一村化石遗址 | 中新世 | 古遗址 | 昌邑市北孟镇李戈庄一村 | 第三批 | 潍政发〔2012〕47号 | 2012年12月 | |
| 73 | 姜家沟遗址 | 新石器时代 | 古遗址 | 青州市谭坊镇姜家沟村 | 第三批 | 潍政发〔2012〕47号 | 2012年12月 | |
| 74 | 岳庄遗址 | 新石器时代中晚期、西周、东周 | | 临朐县辛寨镇大岳庄村 | 第三批 | 潍政发〔2012〕47号 | 2012年12月 | |
| 75 | 吴家辛兴村西北遗址 | 北辛文化至周 | 古遗址 | 临朐县龙岗镇吴家辛兴村西北 | 第三批 | 潍政发〔2012〕47号 | 2012年12月 | 已升格为第四批省保单位 |
| 76 | 东上林村东南遗址 | 北辛文化至周 | 古遗址 | 临朐县龙岗镇东上林村东南 | 第三批 | 潍政发〔2012〕47号 | 2012年12月 | 已升格为第四批省保单位 |
| 77 | 狮子行遗址 | 大汶口文化、龙山文化、商 | 古遗址 | 寒亭区朱里街办狮子行村 | 第三批 | 潍政发〔2012〕47号 | 2012年12月 | 已升格为第五批省保单位 |
| 78 | 上院遗址 | 大汶口文化至汉 | 古遗址 | 青州市弥河镇上院村西 | 第三批 | 潍政发〔2012〕47号 | 2012年12月 | 已升格为第四批省保单位 |
| 79 | 马庄遗址 | 大汶口文化至汉 | 古遗址 | 青州市高柳镇马庄村西南 | 第三批 | 潍政发〔2012〕47号 | 2012年12月 | |

（续表）

| 序号 | 名　称 | 时　代 | 类　别 | 位　置 | 批　次 | 公布文号 | 公布日期 | 备　注 |
|---|---|---|---|---|---|---|---|---|
| 80 | 北高遗址 | 大汶口文化至汉 | 古遗址 | 青州市谭坊镇北高村 | 第三批 | 潍政发〔2012〕47 号 | 2012 年 12 月 | |
| 81 | 董家庄村遗址 | 大汶口文化至汉 | 古遗址 | 昌邑市石埠经济发展区董家庄村 | 第三批 | 潍政发〔2012〕47 号 | 2012 年 12 月 | 已升格为第五批省保单位 |
| 82 | 王盘石遗址 | 大汶口文化、周、汉 | 古遗址 | 青州市谭坊镇王盘石村 | 第三批 | 潍政发〔2012〕47 号 | 2012 年 12 月 | |
| 83 | 东岳庄村遗址 | 龙山文化 | 古遗址 | 临朐县辛寨镇东岳庄村 | 第三批 | 潍政发〔2012〕47 号 | 2012 年 12 月 | |
| 84 | 郑家沟村西遗址 | 龙山文化 | 古遗址 | 临朐县龙岗镇郑家沟村 | 第三批 | 潍政发〔2012〕47 号 | 2012 年 12 月 | |
| 85 | 下卜落沟遗址 | 龙山文化 | 古遗址 | 临朐县东城街办下卜落沟村 | 第三批 | 潍政发〔2012〕47 号 | 2012 年 12 月 | |
| 86 | 石惧牛子遗址 | 龙山文化 | 古遗址 | 临朐县柳山镇石惧牛子村 | 第三批 | 潍政发〔2012〕47 号 | 2012 年 12 月 | |
| 87 | 左家河村东遗址 | 龙山文化至商、周 | 古遗址 | 临朐县东城街办左家河村 | 第三批 | 潍政发〔2012〕47 号 | 2012 年 12 月 | |
| 88 | 东古庙村遗址 | 龙山文化、岳石文化、商、周 | 古遗址 | 安丘市柘山镇东古庙村南 | 第三批 | 潍政发〔2012〕47 号 | 2012 年 12 月 | |
| 89 | 南港渶遗址 | 龙山文化、商、周 | 古遗址 | 寒亭区朱里街办南港渶村 | 第三批 | 潍政发〔2012〕47 号 | 2012 年 12 月 | |

（续表）

| 序号 | 名　称 | 时　代 | 类　别 | 位　置 | 批　次 | 公布文号 | 公布日期 | 备　注 |
|---|---|---|---|---|---|---|---|---|
| 90 | 杨姑桥北遗址 | 龙山文化、商、周 | 古遗址 | 青州市黄楼镇杨姑桥村西 | 第三批 | 潍政发〔2012〕47号 | 2012年12月 | |
| 91 | 敢家沟村东南遗址 | 龙山文化、商、周、汉 | 古遗址 | 临朐县柳山镇敢家沟村 | 第三批 | 潍政发〔2012〕47号 | 2012年12月 | |
| 92 | 西上林村北遗址 | 龙山文化、东周 | 古遗址 | 临朐县龙岗镇西上林村北 | 第三批 | 潍政发〔2012〕47号 | 2012年12月 | |
| 93 | 和庄遗址 | 龙山文化、东周 | 古遗址 | 临朐县龙岗镇和庄村西 | 第三批 | 潍政发〔2012〕47号 | 2012年12月 | 已升格为第五批省保单位 |
| 94 | 东田峪遗址 | 龙山文化、东周 | 古遗址 | 临朐县沂山镇东田峪村南 | 第三批 | 潍政发〔2012〕47号 | 2012年12月 | |
| 95 | 龙岗村东南遗址 | 龙山文化、东周 | 古遗址 | 临朐县龙岗镇龙岗村 | 第三批 | 潍政发〔2012〕47号 | 2012年12月 | |
| 96 | 范家庄遗址 | 龙山文化至汉 | 古遗址 | 坊子区坊城街办范家庄村 | 第三批 | 潍政发〔2012〕47号 | 2012年12月 | 已升格为第五批省保单位 |
| 97 | 郑母吉林遗址 | 龙山文化至汉 | 古遗址 | 青州市谭坊镇吉林村 | 第三批 | 潍政发〔2012〕47号 | 2012年12月 | |
| 98 | 北霍陵遗址 | 龙山文化至汉 | 古遗址 | 青州市黄楼镇北霍陵西 | 第三批 | 潍政发〔2012〕47号 | 2012年12月 | |
| 99 | 马家庄北遗址 | 龙山文化至汉 | 古遗址 | 青州市黄楼镇马家庄北 | 第三批 | 潍政发〔2012〕47号 | 2012年12月 | |

（续表）

| 序号 | 名称 | 时代 | 类别 | 位置 | 批次 | 公布文号 | 公布日期 | 备注 |
|---|---|---|---|---|---|---|---|---|
| 100 | 古城村南遗址 | 龙山文化、东周、秦、汉 | 古遗址 | 临朐县辛寨镇古城村 | 第三批 | 潍政发〔2012〕47号 | 2012年12月 | |
| 101 | 桑犊故城遗址 | 龙山文化、东周、汉 | 古遗址 | 坊子区坊城街办才子官庄村南、东房仕村北 | 第三批 | 潍政发〔2012〕47号 | 2012年12月 | 已升格为第四批省保单位 |
| 102 | 潘家庄子遗址 | 龙山文化、汉 | 古遗址 | 临朐县龙岗镇潘家庄村 | 第三批 | 潍政发〔2012〕47号 | 2012年12月 | |
| 103 | 西盘阳遗址 | 龙山文化、汉、南北朝 | 古遗址 | 临朐县辛寨镇西盘阳村西北 | 第三批 | 潍政发〔2012〕47号 | 2012年12月 | |
| 104 | 鲍家河遗址 | 龙山文化、南北朝 | 古遗址 | 临朐县龙岗镇鲍家河村 | 第三批 | 潍政发〔2012〕47号 | 2012年12月 | |
| 105 | 石埠西村遗址 | 商、周 | 古遗址 | 昌邑市石埠经济发展区石埠西村 | 第三批 | 潍政发〔2012〕47号 | 2012年12月 | |
| 106 | 姜家庙遗址 | 商至汉 | 古遗址 | 青州市东夏镇姜家庙村 | 第三批 | 潍政发〔2012〕47号 | 2012年12月 | |
| 107 | 关帝庙村遗址 | 商至汉 | 古遗址 | 青州市谭坊镇关帝庙村 | 第三批 | 潍政发〔2012〕47号 | 2012年12月 | |
| 108 | 付家庄村南遗址 | 商至汉 | 古遗址 | 临朐县东城街办付家庄村南 | 第三批 | 潍政发〔2012〕47号 | 2012年12月 | |

（续表）

| 序号 | 名 称 | 时 代 | 类 别 | 位 置 | 批 次 | 公布文号 | 公布日期 | 备 注 |
|---|---|---|---|---|---|---|---|---|
| 109 | 明家台子遗址 | 商、周、秦、汉 | 古遗址 | 临朐县龙岗镇明家台子村南60米处 | 第三批 | 潍政发〔2012〕47号 | 2012年12月 | |
| 110 | 西苇园村遗址 | 商、周、汉 | 古遗址 | 安丘市兴安街办西苇园村南 | 第三批 | 潍政发〔2012〕47号 | 2012年12月 | |
| 111 | 大辛中村西遗址 | 商、周、汉 | 古遗址 | 临朐县辛寨镇大辛中村西 | 第三批 | 潍政发〔2012〕47号 | 2012年12月 | |
| 112 | 陈家河村东遗址 | 商、周、汉 | 古遗址 | 临朐县东城街办陈家河村 | 第三批 | 潍政发〔2012〕47号 | 2012年12月 | |
| 113 | 柳山寨村西南遗址 | 商、周、汉、南北朝 | 古遗址 | 临朐县柳山镇柳山寨村西南 | 第三批 | 潍政发〔2012〕47号 | 2012年12月 | |
| 114 | 前合水村西南遗址 | 商、周、汉、宋元 | 古遗址 | 临朐县东城街办前合水村西南 | 第三批 | 潍政发〔2012〕47号 | 2012年12月 | |
| 115 | 王家庄子盐业遗址群 | 西周、东周 | 古遗址 | 寿光市羊口镇王家庄子村周围 | 第三批 | 潍政发〔2012〕47号 | 2012年12月 | 已升格为第四批省保单位 |
| 116 | 大荒北央盐业遗址群 | 西周、东周 | 古遗址 | 寿光市羊口镇郭井子村周围 | 第三批 | 潍政发〔2012〕47号 | 2012年12月 | 已升格为第四批省保单位 |
| 117 | 鄑邑故城 | 西周至汉 | 古遗址 | 昌邑市龙池镇东利渔村 | 第三批 | 潍政发〔2012〕47号 | 2012年12月 | 已升格为第四批省保单位 |
| 118 | 山阳遗址 | 周至汉 | 古遗址 | 昌邑市饮马镇山阳村 | 第三批 | 潍政发〔2012〕47号 | 2012年12月 | 已升格为第四批省保单位 |

（续表）

| 序号 | 名称 | 时代 | 类别 | 位置 | 批次 | 公布文号 | 公布日期 | 备注 |
|---|---|---|---|---|---|---|---|---|
| 119 | 田庄遗址 | 周至汉 | 古遗址 | 青州市王坟镇田庄村南 | 第三批 | 潍政发〔2012〕47号 | 2012年12月 | |
| 120 | 营子埠村遗址 | 西周、东周、汉 | 古遗址 | 昌邑市龙池镇营子埠村 | 第三批 | 潍政发〔2012〕47号 | 2012年12月 | |
| 121 | 丰台盐业遗址群 | 东周 | 古遗址 | 滨海区央子街办丰台村 | 第三批 | 潍政发〔2012〕47号 | 2012年12月 | 已升格为第七批国保单位 |
| 122 | 单家庄子盐业遗址群 | 东周 | 古遗址 | 寿光市羊口镇单家庄子村西 | 第三批 | 潍政发〔2012〕47号 | 2012年12月 | |
| 123 | 七贤店遗址 | 东周 | 古遗址 | 临朐县东城街办七贤店村 | 第三批 | 潍政发〔2012〕47号 | 2012年12月 | |
| 124 | 谢家营遗址 | 东周 | 古遗址 | 临朐县龙岗镇谢家营村 | 第三批 | 潍政发〔2012〕47号 | 2012年12月 | |
| 125 | 西桃花遗址 | 东周至汉 | 古遗址 | 临朐县龙岗镇西桃花村 | 第三批 | 潍政发〔2012〕47号 | 2012年12月 | |
| 126 | 密乡故城 | 东周至汉 | 古遗址 | 昌邑市围子街办古城里村 | 第三批 | 潍政发〔2012〕47号 | 2012年12月 | |
| 127 | 半截楼村西遗址 | 东周、汉 | 古遗址 | 临朐县龙岗镇半截楼村 | 第三批 | 潍政发〔2012〕47号 | 2012年12月 | 已升格为第五批省保单位 |
| 128 | 东亭子村东遗址 | 东周、汉 | 古遗址 | 临朐县城关街办东亭子村 | 第三批 | 潍政发〔2012〕47号 | 2012年12月 | |

（续表）

| 序号 | 名　称 | 时　代 | 类　别 | 位　置 | 批　次 | 公布文号 | 公布日期 | 备　注 |
|---|---|---|---|---|---|---|---|---|
| 129 | 庄庙北遗址 | 东周、汉 | 古遗址 | 青州市谭坊镇庄庙村 | 第三批 | 潍政发〔2012〕47号 | 2012年12月 | |
| 130 | 都昌故城 | 东周至唐 | 古遗址 | 昌邑市都昌街办 | 第三批 | 潍政发〔2012〕47号 | 2012年12月 | 已升格为第四批省保单位 |
| 131 | 广县城城址 | 汉 | 古遗址 | 青州市王府街办下圈村东 | 第三批 | 潍政发〔2012〕47号 | 2012年12月 | |
| 132 | 平城城址 | 汉 | 古遗址 | 昌邑市饮马镇徐家庙子村 | 第三批 | 潍政发〔2012〕47号 | 2012年12月 | |
| 133 | 下密故城 | 汉 | 古遗址 | 昌邑市围子街办密城村 | 第三批 | 潍政发〔2012〕47号 | 2012年12月 | |
| 134 | 北安家河遗址 | 汉 | 古遗址 | 临朐县东城街办北安家河村 | 第三批 | 潍政发〔2012〕47号 | 2012年12月 | |
| 135 | 斟灌城址 | 汉 | 古遗址 | 寿光市洛城街办 | 第三批 | 潍政发〔2012〕47号 | 2012年12月 | |
| 136 | 高阳城址 | 汉至南北朝 | 古遗址 | 昌邑市北孟镇高阳村 | 第三批 | 潍政发〔2012〕47号 | 2012年12月 | |
| 137 | 明道寺遗址 | 北魏晚期至隋朝 | 古遗址 | 临朐县沂山镇上寺院村 | 第三批 | 潍政发〔2012〕47号 | 2012年12月 | |
| 138 | 五井窑址 | 唐、宋、元 | 古遗址 | 临朐县五井镇五井东村东北 | 第三批 | 潍政发〔2012〕47号 | 2012年12月 | |

（续表）

| 序号 | 名称 | 时代 | 类别 | 位置 | 批次 | 公布文号 | 公布日期 | 备注 |
|---|---|---|---|---|---|---|---|---|
| 139 | 黑山红丝石洞遗址 | 唐至近代 | 古遗址 | 青州市邵庄镇黑山 | 第三批 | 潍政发〔2012〕47号 | 2012年12月 | |
| 140 | 孙膑庙遗址 | 宋至民国 | 古遗址 | 昌邑市龙池镇瓦北村 | 第三批 | 潍政发〔2012〕47号 | 2012年12月 | |
| 141 | 遇仙园遗址 | 金、清、民国 | 古遗址 | 昌邑市石埠经济发展区石埠西村 | 第三批 | 潍政发〔2012〕47号 | 2012年12月 | |
| 142 | 摘药山老子庙遗址 | 明、清 | 古遗址 | 安丘市柘山镇华家宅村南摘药山顶 | 第三批 | 潍政发〔2012〕47号 | 2012年12月 | |
| 143 | 留山围子遗址 | 清 | 古遗址 | 安丘市辉渠镇与凌河镇交界处留山 | 第三批 | 潍政发〔2012〕47号 | 2012年12月 | 已升格为第四批省保单位 |
| 144 | 城顶山围子遗址 | 清 | 古遗址 | 安丘市石埠子镇孟家旺村北城顶山顶 | 第三批 | 潍政发〔2012〕47号 | 2012年12月 | |
| 145 | 八角山寨址 | 清 | 古遗址 | 青州市王府街办夏庄村东 | 第三批 | 潍政发〔2012〕47号 | 2012年12月 | 已升格为第六批省保单位 |
| 146 | 南王孔墓 | 东周 | 古墓葬 | 青州市邵庄镇南王孔村南 | 第三批 | 潍政发〔2012〕47号 | 2012年12月 | |
| 147 | 西王墓 | 东周 | 古墓葬 | 青州市邵庄镇西王村北 | 第三批 | 潍政发〔2012〕47号 | 2012年12月 | |
| 148 | 兴旺庄墓 | 东周 | 古墓葬 | 青州市邵庄镇兴旺庄村东南 | 第三批 | 潍政发〔2012〕47号 | 2012年12月 | |

（续表）

| 序号 | 名　称 | 时　代 | 类　别 | 位　置 | 批　次 | 公布文号 | 公布日期 | 备　注 |
|---|---|---|---|---|---|---|---|---|
| 149 | 小辛墓 | 东周 | 古墓葬 | 青州市邵庄镇小辛村西北 | 第三批 | 潍政发〔2012〕47 号 | 2012 年 12 月 | |
| 150 | 西朱鹿墓 | 东周 | 古墓葬 | 青州市高柳镇西朱鹿村北 | 第三批 | 潍政发〔2012〕47 号 | 2012 年 12 月 | |
| 151 | 孟尝君墓 | 东周 | 古墓葬 | 青州市高柳镇段村南 100 米 | 第三批 | 潍政发〔2012〕47 号 | 2012 年 12 月 | |
| 152 | 张家寨墓群 | 东周 | 古墓葬 | 临朐县东城街办西寨村 | 第三批 | 潍政发〔2012〕47 号 | 2012 年 12 月 | |
| 153 | 马石西墓群 | 战国 | 古墓葬 | 青州市邵庄镇马石西村西部 | 第三批 | 潍政发〔2012〕47 号 | 2012 年 12 月 | |
| 154 | 台头墓 | 战国 | 古墓葬 | 青州市邵庄镇东台头村西 | 第三批 | 潍政发〔2012〕47 号 | 2012 年 12 月 | |
| 155 | 西石塔墓 | 战国 | 古墓葬 | 青州市高柳镇西石塔村西 500 米 | 第三批 | 潍政发〔2012〕47 号 | 2012 年 12 月 | |
| 156 | 北辛村西北墓 | 战国 | 古墓葬 | 青州市益都街办北辛村西北 | 第三批 | 潍政发〔2012〕47 号 | 2012 年 12 月 | |
| 157 | 河南村古墓 | 战国 | 古墓葬 | 临朐县龙岗镇河南村 | 第三批 | 潍政发〔2012〕47 号 | 2012 年 12 月 | 已升格为第四批省保单位 |
| 158 | 东肖墓 | 汉 | 古墓葬 | 昌乐县开发区街办东肖庄 | 第三批 | 潍政发〔2012〕47 号 | 2012 年 12 月 | 已升格为第四批省保单位 |
| 159 | 三元孙墓葬群 | 汉 | 古墓葬 | 寿光市孙家集街办三元孙村南 | 第三批 | 潍政发〔2012〕47 号 | 2012 年 12 月 | |

（续表）

| 序号 | 名称 | 时代 | 类别 | 位置 | 批次 | 公布文号 | 公布日期 | 备注 |
|---|---|---|---|---|---|---|---|---|
| 160 | 张高墓 | 汉 | 古墓葬 | 青州市何官镇张高村北500米 | 第三批 | 潍政发〔2012〕47号 | 2012年12月 | |
| 161 | 刘镇墓 | 汉 | 古墓葬 | 青州市谭坊镇刘镇村东南150米 | 第三批 | 潍政发〔2012〕47号 | 2012年12月 | |
| 162 | 高阳侯墓 | 汉 | 古墓葬 | 昌邑市北孟镇高阳村 | 第三批 | 潍政发〔2012〕47号 | 2012年12月 | |
| 163 | 南兴福村墓地 | 汉 | 古墓葬 | 昌邑市都昌街办南兴福村 | 第三批 | 潍政发〔2012〕47号 | 2012年12月 | 已升格为第四批省保单位 |
| 164 | 山子坡村东南墓群 | 汉、晋、南北朝、隋唐、宋、清 | 古墓葬 | 临朐县辛寨镇山子坡村 | 第三批 | 潍政发〔2012〕47号 | 2012年12月 | |
| 165 | 张陆河墓群 | 南北朝 | 古墓葬 | 临朐县辛寨镇南张陆河村 | 第三批 | 潍政发〔2012〕47号 | 2012年12月 | |
| 166 | 泊庄墓群 | 唐 | 古墓葬 | 昌乐县鄌郚镇泊庄村北 | 第三批 | 潍政发〔2012〕47号 | 2012年12月 | 已升格为第四批省保单位 |
| 167 | 唐鲁墓 | 五代 | 古墓葬 | 青州市高柳镇青家子村东北200米处 | 第三批 | 潍政发〔2012〕47号 | 2012年12月 | |
| 168 | 西楼墓地 | 宋、元 | 古墓葬 | 青州市黄楼街办西楼村北1000米 | 第三批 | 潍政发〔2012〕47号 | 2012年12月 | |
| 169 | 王瑛墓 | 元 | 古墓葬 | 青州市王坟镇赵家峪村西 | 第三批 | 潍政发〔2012〕47号 | 2012年12月 | |

（续表）

| 序号 | 名 称 | 时 代 | 类 别 | 位 置 | 批 次 | 公布文号 | 公布日期 | 备 注 |
|---|---|---|---|---|---|---|---|---|
| 170 | 李铉家族墓地 | 元、明、清 | 古墓葬 | 寿光市上口镇东北上口村后 | 第三批 | 潍政发〔2012〕47号 | 2012年12月 | |
| 171 | 侯王庄墓群 | 明 | 古墓葬 | 青州市王坟镇侯王庄村村北 | 第三批 | 潍政发〔2012〕47号 | 2012年12月 | |
| 172 | 孙吕家古墓葬 | 明 | 古墓葬 | 奎文区二十里堡街办孙吕家涧头院村 | 第三批 | 潍政发〔2012〕47号 | 2012年12月 | 已升格为第四批省保单位 |
| 173 | 钟羽正墓 | 明 | 古墓葬 | 青州市邵庄镇钟家庄村东北 | 第三批 | 潍政发〔2012〕47号 | 2012年12月 | |
| 174 | 衡宪王墓 | 明 | 古墓葬 | 临朐县寺头镇王坟沟村 | 第三批 | 潍政发〔2012〕47号 | 2012年12月 | 已升格为第六批省保单位 |
| 175 | 黄元御墓 | 清 | 古墓葬 | 昌邑市都昌街办黄家辛戈村 | 第三批 | 潍政发〔2012〕47号 | 2012年12月 | 已升格为第四批省保单位 |
| 176 | 东阳城城墙 | 东晋至明 | 古建筑 | 青州市王府街办顺河街路北 | 第三批 | 潍政发〔2012〕47号 | 2012年12月 | 已升格为第四批省保单位 |
| 177 | 南阳城城墙 | 南北朝至清 | 古建筑 | 青州市王府街办 | 第三批 | 潍政发〔2012〕47号 | 2012年12月 | 已升格为第五批省保单位 |
| 178 | 马驿门旧址 | 北魏至清 | 古建筑 | 青州市王府街办赵家庄村北 | 第三批 | 潍政发〔2012〕47号 | 2012年12月 | |
| 179 | 潍县城墙 | 隋至民国 | 古建筑 | 潍城区城关街办北马道街 | 第三批 | 潍政发〔2012〕47号 | 2012年12月 | 已升格为第六批省保单位 |

（续表）

| 序号 | 名称 | 时代 | 类别 | 位置 | 批次 | 公布文号 | 公布日期 | 备注 |
|---|---|---|---|---|---|---|---|---|
| 180 | 玉清宫 | 金 | 古建筑 | 潍城区北宫西街潍坊第一职业学院院内 | 第三批 | 潍政发〔2012〕47号 | 2012年12月 | |
| 181 | 方山庙 | 元 | 古建筑 | 昌乐县城南街办方山 | 第三批 | 潍政发〔2012〕47号 | 2012年12月 | 已升格为第四批省保单位 |
| 182 | 修真宫旧址 | 元、明、清 | 古建筑 | 青州市弥河镇上院村西 | 第三批 | 潍政发〔2012〕47号 | 2012年12月 | 已升格为第四批省保单位 |
| 183 | 西金台村民居 | 明 | 古建筑 | 昌邑市石埠经济发展区西金台村 | 第三批 | 潍政发〔2012〕47号 | 2012年12月 | 已升格为第四批省保单位 |
| 184 | 井塘古村 | 明、清 | 古建筑 | 青州市王府街办井塘村南 | 第三批 | 潍政发〔2012〕47号 | 2012年12月 | 已升格为第五批省保单位 |
| 185 | 玄帝阁 | 明、清 | 古建筑 | 青州市益都街办西店村北 | 第三批 | 潍政发〔2012〕47号 | 2012年12月 | |
| 186 | 白云洞建筑群 | 明、清 | 古建筑 | 青州市邵庄镇刁庄村东雀山之上 | 第三批 | 潍政发〔2012〕47号 | 2012年12月 | |
| 187 | 省立四师旧址 | 明、清、民国 | 古建筑 | 青州市云门山街办东门街中段 | 第三批 | 潍政发〔2012〕47号 | 2012年12月 | |
| 188 | 北大于河村古石桥 | 清 | 古建筑 | 潍城区乐埠山生态园 | 第三批 | 潍政发〔2012〕47号 | 2012年12月 | |
| 189 | 刘君台民居 | 明 | 古建筑 | 青州市谭坊镇刘君台村中部偏北 | 第三批 | 潍政发〔2012〕47号 | 2012年12月 | |

（续表）

| 序号 | 名　称 | 时　代 | 类　别 | 位　置 | 批　次 | 公布文号 | 公布日期 | 备　注 |
|---|---|---|---|---|---|---|---|---|
| 190 | 王家圈村元帅楼 | 明 | 古建筑 | 临朐县辛寨镇西王家圈村 | 第三批 | 潍政发〔2012〕47号 | 2012年12月 | 已升格为第六批省保单位 |
| 191 | 育秀桥 | 清 | 古建筑 | 昌邑市围子镇于家部村 | 第三批 | 潍政发〔2012〕47号 | 2012年12月 | |
| 192 | 黑山庙建筑群 | 清 | 古建筑 | 青州市邵庄镇王家碾村西南 | 第三批 | 潍政发〔2012〕47号 | 2012年12月 | |
| 193 | 李家官庄李氏祠堂 | 清 | 古建筑 | 青州市经济开发区李家官庄村内 | 第三批 | 潍政发〔2012〕47号 | 2012年12月 | |
| 194 | 北门街古民居 | 清 | 古建筑 | 青州市王府街办北门街 | 第三批 | 潍政发〔2012〕47号 | 2012年12月 | |
| 195 | 北关街古民居 | 清 | 古建筑 | 青州市王府街办北关街 | 第三批 | 潍政发〔2012〕47号 | 2012年12月 | |
| 196 | 骁骑校衙门 | 清 | 古建筑 | 青州市益都街办南一街东首路北 | 第三批 | 潍政发〔2012〕47号 | 2012年12月 | |
| 197 | 抚宁堤 | 清 | 古建筑 | 昌邑市卜庄镇北张村 | 第三批 | 潍政发〔2012〕47号 | 2012年12月 | |
| 198 | 傅振邦故居及墓 | 清 | 古建筑 | 昌邑市都昌街办虫埠村 | 第三批 | 潍政发〔2012〕47号 | 2012年12月 | 已升格为第四批省保单位 |
| 199 | 五井桥 | 清 | 古建筑 | 临朐县五井镇五井东村 | 第三批 | 潍政发〔2012〕47号 | 2012年12月 | |

（续表）

| 序号 | 名　称 | 时　代 | 类　别 | 位　置 | 批　次 | 公布文号 | 公布日期 | 备　注 |
| --- | --- | --- | --- | --- | --- | --- | --- | --- |
| 200 | 太平崮古建 | 清 | 古建筑 | 临朐县城关街办寨子崮村 | 第三批 | 潍政发〔2012〕47 号 | 2012 年 12 月 | 已升格为第五批省保单位 |
| 201 | 朱位状元祠堂 | 清 | 古建筑 | 临朐县东城街办朱位村 | 第三批 | 潍政发〔2012〕47 号 | 2012 年 12 月 | |
| 202 | 张佩环村民居 | 清 | 古建筑 | 临朐县龙岗镇张佩环村 | 第三批 | 潍政发〔2012〕47 号 | 2012 年 12 月 | |
| 203 | 马家辛兴村南石桥 | 清 | 古建筑 | 临朐县龙岗镇马家辛兴村 | 第三批 | 潍政发〔2012〕47 号 | 2012 年 12 月 | |
| 204 | 李家崖头石桥 | 清 | 古建筑 | 临朐县东城街办李家崖头村 | 第三批 | 潍政发〔2012〕47 号 | 2012 年 12 月 | |
| 205 | 三皇庙 | 清 | 古建筑 | 临朐县龙岗镇孙家庄村 | 第三批 | 潍政发〔2012〕47 号 | 2012 年 12 月 | |
| 206 | 马庄摩崖造像 | 唐 | 石窟寺及石刻 | 临朐县五井镇马庄村 | 第三批 | 潍政发〔2012〕47 号 | 2012 年 12 月 | 已升格为第四批省保单位 |
| 207 | 许公邢氏先茔宝塔 | 明 | 石窟寺及石刻 | 青州市邵庄镇陈家车马村东北 | 第三批 | 潍政发〔2012〕47 号 | 2012 年 12 月 | |
| 208 | 高克仕墓碑 | 清 | 石窟寺及石刻 | 昌邑市柳疃镇东高村 | 第三批 | 潍政发〔2012〕47 号 | 2012 年 12 月 | |
| 209 | 北石庙教堂 | 清同治元年（1862） | 近现代重要史迹及代表性建筑 | 临朐县东城街办北石庙村 | 第三批 | 潍政发〔2012〕47 号 | 2012 年 12 月 | |

（续表）

| 序号 | 名 称 | 时 代 | 类 别 | 位 置 | 批 次 | 公布文号 | 公布日期 | 备 注 |
|---|---|---|---|---|---|---|---|---|
| 210 | 培真书院 | 清末 | 近现代重要史迹及代表性建筑 | 青州市王府街办潍坊教育学院院内 | 第三批 | 潍政发〔2012〕47号 | 2012年12月 | |
| 211 | 奎文区二十里堡火车站 | 清末 | 近现代重要史迹及代表性建筑 | 奎文区二十里堡街办车站村西 | 第三批 | 潍政发〔2012〕47号 | 2012年12月 | |
| 212 | 偶园街天主教堂 | 清末 | 近现代重要史迹及代表性建筑 | 青州市王府街办偶园街路西南段 | 第三批 | 潍政发〔2012〕47号 | 2012年12月 | |
| 213 | 广德医院旧址 | 清末 | 近现代重要史迹及代表性建筑 | 青州市王府街办益都中心医院院内 | 第三批 | 潍政发〔2012〕47号 | 2012年12月 | |
| 214 | 偶园街基督教堂 | 清末 | 近现代重要史迹及代表性建筑 | 青州市王府街办偶园街路西 | 第三批 | 潍政发〔2012〕47号 | 2012年12月 | 已升格为第四批省保单位 |

（续表）

| 序号 | 名称 | 时代 | 类别 | 位置 | 批次 | 公布文号 | 公布日期 | 备注 |
|---|---|---|---|---|---|---|---|---|
| 215 | 徐长庚故居 | 清末 | 近现代重要史迹及代表性建筑 | 昌邑市都昌街道峠埠村 | 第三批 | 潍政发〔2012〕47号 | 2012年12月 | 已升格为第四批省保单位 |
| 216 | 益都火车站德日建筑群 | 清末、民国 | 近现代重要史迹及代表性建筑 | 青州市益都街办火车站街路北侧，青州货运站台正北 | 第三批 | 潍政发〔2012〕47号 | 2012年12月 | |
| 217 | 齐西民居群 | 清末、民国 | 近现代重要史迹及代表性建筑 | 昌邑市龙池镇齐西村 | 第三批 | 潍政发〔2012〕47号 | 2012年12月 | 已升格为第四批省保单位 |
| 218 | 夏店村民居 | 清末、民国 | 近现代重要史迹及代表性建筑 | 昌邑市卜庄镇夏店村 | 第三批 | 潍政发〔2012〕47号 | 2012年12月 | 已升格为第四批省保单位 |
| 219 | 奎文区大英烟公司旧址 | 1917年 | 近现代重要史迹及代表性建筑 | 奎文区二十里堡街办车站村西 | 第三批 | 潍政发〔2012〕47号 | 2012年12月 | 已升格为第四批省保单位 |

（续表）

| 序号 | 名 称 | 时 代 | 类 别 | 位 置 | 批 次 | 公布文号 | 公布日期 | 备 注 |
|---|---|---|---|---|---|---|---|---|
| 220 | 范企奭大院 | 民国 | 近现代重要史迹及代表性建筑 | 潍城区乐埠山生态经济发展区范家庄村 | 第三批 | 潍政发〔2012〕47 号 | 2012 年 12 月 | 已升格为第五批省保单位 |
| 221 | 南校场烧锅遗址 | 民国 | 近现代重要史迹及代表性建筑 | 安丘市景芝镇景酒大道 010 号 | 第三批 | 潍政发〔2012〕47 号 | 2012 年 12 月 | 已升格为第五批省保单位 |
| 222 | 云门桥 | 民国 | 近现代重要史迹及代表性建筑 | 青州市云门山街办朱家庄村东北 | 第三批 | 潍政发〔2012〕47 号 | 2012 年 12 月 | |
| 223 | 史家大屋 | 1932 年 | 近现代重要史迹及代表性建筑 | 昌邑市柳疃镇史家庄村 | 第三批 | 潍政发〔2012〕47 号 | 2012 年 12 月 | 已升格为第五批省保单位 |
| 224 | 李福泽故居 | 民国 | 近现代重要史迹及代表性建筑 | 昌邑市下营镇火道村 | 第三批 | 潍政发〔2012〕47 号 | 2012 年 12 月 | 已升格为第五批省保单位 |

（续表）

| 序号 | 名称 | 时代 | 类别 | 位置 | 批次 | 公布文号 | 公布日期 | 备注 |
| --- | --- | --- | --- | --- | --- | --- | --- | --- |
| 225 | 陈干故居（含墓园） | 民国 | 近现代重要史迹及代表性建筑 | 昌邑市龙池镇东白塔村 | 第三批 | 潍政发〔2012〕47号 | 2012年12月 | 已升格为第四批省保单位 |
| 226 | 东冢区抗战烈士墓园 | 民国 | 近现代重要史迹及代表性建筑 | 昌邑市卜庄镇马疃村 | 第三批 | 潍政发〔2012〕47号 | 2012年12月 | |
| 227 | 张书绅墓 | 民国 | 近现代重要史迹及代表性建筑 | 昌邑市卜庄镇义气村 | 第三批 | 潍政发〔2012〕47号 | 2012年12月 | |
| 228 | 高传惠墓 | 民国 | 近现代重要史迹及代表性建筑 | 昌邑市柳疃镇南西高村 | 第三批 | 潍政发〔2012〕47号 | 2012年12月 | |
| 229 | 小营口古堤 | 民国 | 近现代重要史迹及代表性建筑 | 昌邑市都昌街办后伍塔村东、潍河小营口段 | 第三批 | 潍政发〔2012〕47号 | 2012年12月 | |

（续表）

| 序号 | 名 称 | 时 代 | 类 别 | 位 置 | 批 次 | 公布文号 | 公布日期 | 备 注 |
|---|---|---|---|---|---|---|---|---|
| 230 | 卧虎山侵华日军据点遗址 | 1942年 | 近现代重要史迹及代表性建筑 | 安丘市郚山镇妈朗沟村西卧虎山上 | 第三批 | 潍政发〔2012〕47号 | 2012年12月 | |
| 231 | 抗日殉国烈士祠 | 近现代 | 近现代重要史迹及代表性建筑 | 昌邑市龙池镇北白塔村 | 第三批 | 潍政发〔2012〕47号 | 2012年12月 | 已升格为第八批全国重点文物保护单位 |
| 232 | 饮马烈士祠 | 近现代 | 近现代重要史迹及代表性建筑 | 昌邑市饮马镇 | 第三批 | 潍政发〔2012〕47号 | 2012年12月 | |
| 233 | 坊子水利设施 | 20世纪六七十年代 | 近现代重要史迹及代表性建筑 | 坊子区九龙街办、坊安街办 | 第三批 | 潍政发〔2012〕47号 | 2012年12月 | |
| 234 | 嵩山水库西干渠 | 1970年 | 近现代重要史迹及代表性建筑 | 临朐县五井镇嵩山水库西干渠 | 第三批 | 潍政发〔2012〕47号 | 2012年12月 | |

（续表）

| 序号 | 名称 | 时代 | 类别 | 位置 | 批次 | 公布文号 | 公布日期 | 备注 |
| --- | --- | --- | --- | --- | --- | --- | --- | --- |
| 235 | 张庄渡槽 | 1978 年 | 近现代重要史迹及代表性建筑 | 青州市庙子镇西滴水张庄村东北 | 第三批 | 潍政发〔2012〕47 号 | 2012 年 12 月 | |
| 236 | 淌水崖水库 | 1979 年 | 近现代重要史迹及代表性建筑 | 临朐县九山镇宋家王庄村西南黑松林风景区内 | 第三批 | 潍政发〔2012〕47 号 | 2012 年 12 月 | |
| 237 | 伏留村周毓英墓 | 20 世纪八十年代 | 近现代重要史迹及代表性建筑 | 安丘市景芝镇伏留村西南洪沟河西岸公墓 | 第三批 | 潍政发〔2012〕47 号 | 2012 年 12 月 | |
| 238 | 西锅框遗址 | 新石器时代 | 古遗址 | 高密市密水街办西锅框村东 | 第四批 | 潍政字〔2018〕35 号 | 2018 年 10 月 23 日 | |
| 239 | 李家山东遗址 | 新石器时代至西周 | 古遗址 | 高密市阚家镇李家山东村 | 第四批 | 潍政字〔2018〕35 号 | 2018 年 10 月 23 日 | |
| 240 | 金宝山遗址 | 汉 | 古遗址 | 高密市井沟镇金宝山村西 | 第四批 | 潍政字〔2018〕35 号 | 2018 年 10 月 23 日 | |
| 241 | 故献遗址 | 西周 | 古遗址 | 高密市柏城镇故献村北 | 第四批 | 潍政字〔2018〕35 号 | 2018 年 10 月 23 日 | |

（续表）

| 序号 | 名 称 | 时 代 | 类 别 | 位 置 | 批 次 | 公布文号 | 公布日期 | 备 注 |
|---|---|---|---|---|---|---|---|---|
| 242 | 石泉故城遗址 | 汉 | 古遗址 | 高密市柴沟镇李家埠村西南 | 第四批 | 潍政字〔2018〕35号 | 2018年10月23日 | |
| 243 | 杨家山前遗址 | 新石器时代至商周 | 古遗址 | 安丘市景芝镇杨家山前村西 | 第四批 | 潍政字〔2018〕35号 | 2018年10月23日 | |
| 244 | 庵顶遗址 | 新石器时代至商周 | 古遗址 | 安丘市大汶河旅游开发区庵顶村西北300米汶河南岸 | 第四批 | 潍政字〔2018〕35号 | 2018年10月23日 | |
| 245 | 峒峪遗址 | 新石器时代 | 古遗址 | 安丘市辉渠镇老峒峪村 | 第四批 | 潍政字〔2018〕35号 | 2018年10月23日 | |
| 246 | 七贤店村南遗址 | 新石器时代、商周、汉、南北朝 | 古遗址 | 临朐县东城街道七贤店村 | 第四批 | 潍政字〔2018〕35号 | 2018年10月23日 | |
| 247 | 孟家庄遗址 | 新石器时代、商周 | 古遗址 | 临朐县辛寨镇孟家庄村 | 第四批 | 潍政字〔2018〕35号 | 2018年10月23日 | |
| 248 | 后合水村东南遗址 | 新石器时代、商周 | 古遗址 | 临朐县东城街道后合水村 | 第四批 | 潍政字〔2018〕35号 | 2018年10月23日 | |
| 249 | 丁家焦窦村东南遗址 | 商周、汉 | 古遗址 | 临朐县东城街道丁家焦窦村 | 第四批 | 潍政字〔2018〕35号 | 2018年10月23日 | |
| 250 | 苏家河遗址 | 新石器时代、周 | 古遗址 | 临朐县辛寨镇苏家河村 | 第四批 | 潍政字〔2018〕35号 | 2018年10月23日 | |

（续表）

| 序号 | 名　称 | 时　代 | 类　别 | 位　置 | 批　次 | 公布文号 | 公布日期 | 备　注 |
|---|---|---|---|---|---|---|---|---|
| 251 | 小时家庄寺院遗址 | 南北朝、隋唐 | 古遗址 | 临朐县寺头镇小时家庄村 | 第四批 | 潍政字〔2018〕35 号 | 2018 年 10 月 23 日 | |
| 252 | 丁村孟家遗址 | 新石器时代、商周、汉 | 古遗址 | 坊子区九龙街道丁村孟家村 | 第四批 | 潍政字〔2018〕35 号 | 2018 年 10 月 23 日 | |
| 253 | 北流遗址 | 新石器时代至汉 | 古遗址 | 坊子区九龙街道北流村 | 第四批 | 潍政字〔2018〕35 号 | 2018 年 10 月 23 日 | |
| 254 | 兴复院遗址 | 宋祥符五年（1012) | 古遗址 | 奎文区廿里堡街道孙吕家涧头院村 | 第四批 | 潍政字〔2018〕35 号 | 2018 年 10 月 23 日 | |
| 255 | 益都城遗址 | 商、汉 | 古遗址 | 寿光市古城街道古城一村以南 | 第四批 | 潍政字〔2018〕35 号 | 2018 年 10 月 23 日 | |
| 256 | 都吉台遗址 | 新石器时代、商周、唐、宋 | 古遗址 | 诸城市石桥子镇都吉台村 | 第四批 | 潍政字〔2018〕35 号 | 2018 年 10 月 23 日 | |
| 257 | 崇家沟遗址 | 汉 | 古遗址 | 青州市谭坊镇崇家沟村东 50 米 | 第四批 | 潍政字〔2018〕35 号 | 2018 年 10 月 23 日 | |
| 258 | 南杨家庄子遗址 | 新石器时代 | 古遗址 | 诸城市桃林镇南杨家庄子村东北 50 米岭上 | 第四批 | 潍政字〔2018〕35 号 | 2018 年 10 月 23 日 | |
| 259 | 昌安故城遗址 | 汉 | 古遗址 | 峡山生态经济开发区王家庄街道李家古城村 | 第四批 | 潍政字〔2018〕35 号 | 2018 年 10 月 23 日 | |

（续表）

| 序号 | 名 称 | 时 代 | 类 别 | 位 置 | 批 次 | 公布文号 | 公布日期 | 备 注 |
|---|---|---|---|---|---|---|---|---|
| 260 | 高密李氏先茔 | 明 | 古墓葬 | 高密市醴泉街道老木田村东北 | 第四批 | 潍政字〔2018〕35号 | 2018年10月23日 | |
| 261 | 水城村汉墓 | 汉 | 古墓葬 | 高密市井沟镇水城村西 | 第四批 | 潍政字〔2018〕35号 | 2018年10月23日 | |
| 262 | 薄姑冢 | 西周 | 古墓葬 | 高密市柴沟镇张林村北 | 第四批 | 潍政字〔2018〕35号 | 2018年10月23日 | |
| 263 | 綦汝楫墓 | 清 | 古墓葬 | 高密市夏庄镇綦家村南 | 第四批 | 潍政字〔2018〕35号 | 2018年10月23日 | |
| 264 | 张理汉墓 | 汉 | 古墓葬 | 高密市井沟镇张理庄村西北 | 第四批 | 潍政字〔2018〕35号 | 2018年10月23日 | |
| 265 | 李沁墓 | 清 | 古墓葬 | 安丘市辉渠镇东辉渠村 | 第四批 | 潍政字〔2018〕35号 | 2018年10月23日 | |
| 266 | 召忽墓 | 春秋 | 古墓葬 | 安丘市石埠子镇东召忽村 | 第四批 | 潍政字〔2018〕35号 | 2018年10月23日 | 已升格为第六批省保单位 |
| 267 | 泉头墓群 | 西周、汉 | 古墓葬 | 临朐县嵩山生态旅游区泉头村 | 第四批 | 潍政字〔2018〕35号 | 2018年10月23日 | |
| 268 | 郑崇墓 | 汉 | 古墓葬 | 峡山生态经济开发区郑公街道 | 第四批 | 潍政字〔2018〕35号 | 2018年10月23日 | |
| | | | 古墓葬 | 刘家沟村 | 第四批 | 潍政字〔2018〕35号 | 2018年10月23日 | |

（续表）

| 序号 | 名称 | 时代 | 类别 | 位置 | 批次 | 公布文号 | 公布日期 | 备注 |
|---|---|---|---|---|---|---|---|---|
| 269 | 方台墓 | 汉 | 古墓葬 | 青州市东夏镇前方台村 | 第四批 | 潍政字〔2018〕35 号 | 2018 年 10 月 23 日 | |
| 270 | 公孙弘墓 | 汉 | 古墓葬 | 潍城区望留街道麓台村东南角 | 第四批 | 潍政字〔2018〕35 号 | 2018 年 10 月 23 日 | |
| 271 | 平柳院家族墓地 | 清 | 古墓葬 | 坊子区坊城街道平柳院村西 | 第四批 | 潍政字〔2018〕35 号 | 2018 年 10 月 23 日 | |
| 272 | 于始瞻及其家族墓地 | 清 | 古墓葬 | 昌邑市饮马镇徐家庙子村 | 第四批 | 潍政字〔2018〕35 号 | 2018 年 10 月 23 日 | |
| 273 | 才子坟 | 明 | 古墓葬 | 昌邑市围子街道董家隅庄村 | 第四批 | 潍政字〔2018〕35 号 | 2018 年 10 月 23 日 | |
| 274 | 陈官俊墓 | 清 | 古墓葬 | 潍城区北关街道郝家村 | 第四批 | 潍政字〔2018〕35 号 | 2018 年 10 月 23 日 | |
| 275 | 金牛冢 | 战国 | 古墓葬 | 诸城市贾悦镇龙宿村东北 500 米 | 第四批 | 潍政字〔2018〕35 号 | 2018 年 10 月 23 日 | |
| 276 | 东亮马墓群 | 汉 | 古墓葬 | 诸城市桃林镇东亮马村北 300 米和村东 1000 米岭顶处 | 第四批 | 潍政字〔2018〕35 号 | 2018 年 10 月 23 日 | |
| 277 | 郑家坡民居 | 清末民初 | 古建筑 | 昌邑市卜庄镇郑家坡村 | 第四批 | 潍政字〔2018〕35 号 | 2018 年 10 月 23 日 | |
| 278 | 兴会村民居 | 清至民国 | 古建筑 | 昌邑市饮马镇兴会村 | 第四批 | 潍政字〔2018〕35 号 | 2018 年 10 月 23 日 | |

（续表）

| 序号 | 名　称 | 时　代 | 类　别 | 位　置 | 批　次 | 公布文号 | 公布日期 | 备　注 |
|---|---|---|---|---|---|---|---|---|
| 279 | 周戈庄古桥 | 清 | 古建筑 | 高密市大牟家镇周戈庄村北 | 第四批 | 潍政字〔2018〕35号 | 2018年10月23日 | 已升格为第六批省保单位 |
| 280 | 暖水泉古石桥 | 清 | 古建筑 | 临朐县九山镇下城隍村 | 第四批 | 潍政字〔2018〕35号 | 2018年10月23日 | |
| 281 | 宋氏先祠 | 清 | 古建筑 | 寒亭区朱里街道宋家双庙村 | 第四批 | 潍政字〔2018〕35号 | 2018年10月23日 | |
| 282 | 南傅民居群 | 清至民国 | 古建筑 | 寒亭区朱里街道南傅村 | 第四批 | 潍政字〔2018〕35号 | 2018年10月23日 | |
| 283 | 牟家庄民居群 | 清 | 古建筑 | 峡山生态经济开发区牟家庄村 | 第四批 | 潍政字〔2018〕35号 | 2018年10月23日 | |
| 284 | 上黄峪村清真寺 | 清 | 古建筑 | 青州市王府街道上黄峪村西 | 第四批 | 潍政字〔2018〕35号 | 2018年10月23日 | |
| 285 | 陈家车马卧龙桥 | 清 | 古建筑 | 青州市邵庄镇陈家车马村西 | 第四批 | 潍政字〔2018〕35号 | 2018年10月23日 | |
| 286 | 黄鹿井古村落 | 清 | 古建筑 | 青州市庙子镇黄鹿井村 | 第四批 | 潍政字〔2018〕35号 | 2018年10月23日 | |
| 287 | 金斗山玄帝行宫 | 明清 | 古建筑 | 青州市邵庄镇北薛家庄村西北 | 第四批 | 潍政字〔2018〕35号 | 2018年10月23日 | |
| 288 | 马司刘氏祠堂 | 清 | 古建筑 | 坊子区坊城街道马司一村 | 第四批 | 潍政字〔2018〕35号 | 2018年10月23日 | |

（续表）

| 序号 | 名　称 | 时　代 | 类　别 | 位　置 | 批　次 | 公布文号 | 公布日期 | 备　注 |
| --- | --- | --- | --- | --- | --- | --- | --- | --- |
| 289 | 围子村合盛老宅 | 清 | 古建筑 | 昌邑市围子街道围子村 | 第四批 | 潍政字〔2018〕35号 | 2018年10月23日 | |
| 290 | 高隆盛村三官庙 | 清 | 古建筑 | 昌邑市柳疃镇高隆盛村 | 第四批 | 潍政字〔2018〕35号 | 2018年10月23日 | |
| 291 | 大南孟村吴氏家庙 | 清 | 古建筑 | 昌邑市北孟镇大南孟村 | 第四批 | 潍政字〔2018〕35号 | 2018年10月23日 | |
| 292 | 安致远“晚读堂” | 清 | 古建筑 | 寿光市纪台镇安家村中部 | 第四批 | 潍政字〔2018〕35号 | 2018年10月23日 | |
| 293 | 徐会沣故居 | 清 | 古建筑 | 诸城市龙都街道孔戈庄二村村委会院内 | 第四批 | 潍政字〔2018〕35号 | 2018年10月23日 | |
| 294 | 马疃村广济桥 | 清 | 古建筑 | 昌邑市卜庄镇马疃村 | 第四批 | 潍政字〔2018〕35号 | 2018年10月23日 | |
| 295 | 刘瀛海故居及墓 | 清 | 古建筑 | 昌邑市北孟镇北孟一村 | 第四批 | 潍政字〔2018〕35号 | 2018年10月23日 | |
| 296 | 凤凰山题刻群 | 元 | 石窟寺及石刻 | 青州市邵庄镇陈家车马村东凤凰山上 | 第四批 | 潍政字〔2018〕35号 | 2018年10月23日 | |
| 297 | 齐公堂造像 | 唐 | 石窟寺及石刻 | 青州市邵庄镇刁庄西村 | 第四批 | 潍政字〔2018〕35号 | 2018年10月23日 | |

（续表）

| 序号 | 名　称 | 时　代 | 类　别 | 位　置 | 批　次 | 公布文号 | 公布日期 | 备　注 |
|---|---|---|---|---|---|---|---|---|
| 298 | 醴泉浸信会教堂 | 民国 | 近现代重要史迹及代表性建筑 | 高密市醴泉街道小王庄村党校西北角 | 第四批 | 潍政字〔2018〕35 号 | 2018 年 10 月 23 日 | |
| 299 | 修道院 | 民国 | 近现代重要史迹及代表性建筑 | 高密市第一中学学校院内 | 第四批 | 潍政字〔2018〕35 号 | 2018 年 10 月 23 日 | |
| 300 | 拒城河烈士陵园 | 民国 | 近现代重要史迹及代表性建筑 | 高密市密水街道拒城河村北 | 第四批 | 潍政字〔2018〕35 号 | 2018 年 10 月 23 日 | |
| 301 | 克兰抗德斗争遗址 | 清 | 近现代重要史迹及代表性建筑 | 高密市阚家镇克兰村 | 第四批 | 潍政字〔2018〕35 号 | 2018 年 10 月 23 日 | |
| 302 | 临朐县烈士陵园 | 1958 年 | 近现代重要史迹及代表性建筑 | 临朐县东城街道朐山南麓 | 第四批 | 潍政字〔2018〕35 号 | 2018 年 10 月 23 日 | |

（续表）

| 序号 | 名称 | 时代 | 类别 | 位置 | 批次 | 公布文号 | 公布日期 | 备注 |
|---|---|---|---|---|---|---|---|---|
| 303 | 寨子崮传统村落 | 近现代 | 近现代重要史迹及代表性建筑 | 临朐县城关街道寨子崮村 | 第四批 | 潍政字〔2018〕35号 | 2018年10月23日 | |
| 304 | 中国共产党临朐县委员会诞生地 | 民国 | 近现代重要史迹及代表性建筑 | 临朐县寺头镇瑞庄村 | 第四批 | 潍政字〔2018〕35号 | 2018年10月23日 | |
| 305 | 北黄谷传统村落 | 近现代 | 近现代重要史迹及代表性建筑 | 临朐县嵩山生态旅游区北黄谷村 | 第四批 | 潍政字〔2018〕35号 | 2018年10月23日 | |
| 306 | 白塔水库扬水站 | 1970年 | 近现代重要史迹及代表性建筑 | 临朐县冶源镇白塔村 | 第四批 | 潍政字〔2018〕35号 | 2018年10月23日 | |
| 307 | 嵩山水库东干渠 | 1970年 | 近现代重要史迹及代表性建筑 | 临朐县嵩山生态旅游区、五井镇、冶源镇 | 第四批 | 潍政字〔2018〕35号 | 2018年10月23日 | |

（续表）

| 序号 | 名 称 | 时 代 | 类 别 | 位 置 | 批 次 | 公布文号 | 公布日期 | 备 注 |
|---|---|---|---|---|---|---|---|---|
| 308 | 隐士村传统村落 | 近现代 | 近现代重要史迹及代表性建筑 | 临朐县五井镇隐士村 | 第四批 | 潍政字〔2018〕35号 | 2018年10月23日 | |
| 309 | 卢志英烈士故居 | 近代 | 近现代重要史迹及代表性建筑 | 峡山生态经济开发区太保庄街道望仙埠村 | 第四批 | 潍政字〔2018〕35号 | 2018年10月23日 | |
| 310 | 潍泉扬水站 | 近现代 | 近现代重要史迹及代表性建筑 | 峡山生态经济开发区王家庄街道潍泉村 | 第四批 | 潍政字〔2018〕35号 | 2018年10月23日 | |
| 311 | 潍北县政府（天齐庙旧址）及各机关旧址 | 元至近代 | 近现代重要史迹及代表性建筑 | 寒亭区开元街道孙家杨孟村 | 第四批 | 潍政字〔2018〕35号 | 2018年10月23日 | 已升格为第四批省保单位 |
| 312 | 后沟西门石桥 | 清 | 近现代重要史迹及代表性建筑 | 寒亭区高里街道后沟西村 | 第四批 | 潍政字〔2018〕35号 | 2018年10月23日 | |

（续表）

| 序号 | 名　称 | 时　代 | 类　别 | 位　置 | 批　次 | 公布文号 | 公布日期 | 备　注 |
|---|---|---|---|---|---|---|---|---|
| 313 | 上院天主堂 | 清 | 近现代重要史迹及代表性建筑 | 青州市弥河镇上院村村东部 | 第四批 | 潍政字〔2018〕35号 | 2018年10月23日 | |
| 314 | 青年会旧址 | 清 | 近现代重要史迹及代表性建筑 | 青州市王府街道办事处北门街中段路西 | 第四批 | 潍政字〔2018〕35号 | 2018年10月23日 | |
| 315 | 横地村石桥 | 1921年 | 近现代重要史迹及代表性建筑 | 昌邑市柳疃镇横地村 | 第四批 | 潍政字〔2018〕35号 | 2018年10月23日 | |
| 316 | 李润芬及其家族故宅 | 民国 | 近现代重要史迹及代表性建筑 | 昌邑市卜庄镇李家扶宁村 | 第四批 | 潍政字〔2018〕35号 | 2018年10月23日 | |
| 317 | 葛庄村石桥 | 1951年 | 近现代重要史迹及代表性建筑 | 昌邑市石埠经济发展区葛庄村 | 第四批 | 潍政字〔2018〕35号 | 2018年10月23日 | |

（续表）

| 序号 | 名称 | 时代 | 类别 | 位置 | 批次 | 公布文号 | 公布日期 | 备注 |
|---|---|---|---|---|---|---|---|---|
| 318 | 万里桥 | 1924年 | 近现代重要史迹及代表性建筑 | 昌邑市龙池镇东白塔村 | 第四批 | 潍政字〔2018〕35号 | 2018年10月23日 | |
| 319 | 东白塔村阜盛茂老宅 | 民国 | 近现代重要史迹及代表性建筑 | 昌邑市龙池镇东白塔村 | 第四批 | 潍政字〔2018〕35号 | 2018年10月23日 | |
| 320 | 张智忠故居 | 清 | 近现代重要史迹及代表性建筑 | 昌邑市卜庄镇集东村 | 第四批 | 潍政字〔2018〕35号 | 2018年10月23日 | |
| 321 | 杨茂春墓碑 | 民国 | 近现代重要史迹及代表性建筑 | 昌邑市都昌街道南裴村 | 第四批 | 潍政字〔2018〕35号 | 2018年10月23日 | |
| 322 | 魏坚毅故居 | 民国 | 近现代重要史迹及代表性建筑 | 昌邑市龙池镇马渠村 | 第四批 | 潍政字〔2018〕35号 | 2018年10月23日 | 合并升格为第六批省保单位 |

（续表）

| 序号 | 名 称 | 时 代 | 类 别 | 位 置 | 批 次 | 公布文号 | 公布日期 | 备 注 |
|---|---|---|---|---|---|---|---|---|
| 323 | 王金镛墓碑 | 民国 | 近现代重要史迹及代表性建筑 | 昌邑市饮马镇窑湾村 | 第四批 | 潍政字〔2018〕35号 | 2018年10月23日 | |
| 324 | 瓦西村民居 | 清至民国 | 近现代重要史迹及代表性建筑 | 昌邑市龙池镇瓦西村 | 第四批 | 潍政字〔2018〕35号 | 2018年10月23日 | |
| 325 | 马殿纲故居及墓 | 民国 | 近现代重要史迹及代表性建筑 | 昌邑市柳疃镇马家庄村 | 第四批 | 潍政字〔2018〕35号 | 2018年10月23日 | |
| 326 | 虫埠村烈士碑 | 民国 | 近现代重要史迹及代表性建筑 | 昌邑市奎聚街道虫埠村 | 第四批 | 潍政字〔2018〕35号 | 2018年10月23日 | |
| 327 | 陆升勋故居 | 民国 | 近现代重要史迹及代表性建筑 | 昌邑市卜庄镇大陆村 | 第四批 | 潍政字〔2018〕35号 | 2018年10月23日 | |

（续表）

| 序号 | 名 称 | 时 代 | 类 别 | 位 置 | 批 次 | 公布文号 | 公布日期 | 备 注 |
|---|---|---|---|---|---|---|---|---|
| 328 | 寿光市烈士陵园 | 1959 年 | 近现代重要史迹及代表性建筑 | 寿光市文圣街 5263 号 | 第四批 | 潍政字〔2018〕35 号 | 2018 年 10 月 23 日 | |
| 329 | 张玉山故居 | 民国 | 近现代重要史迹及代表性建筑 | 寿光市台头镇张家村内 | 第四批 | 潍政字〔2018〕35 号 | 2018 年 10 月 23 日 | |
| 330 | 潍县战役纪念地（1. 玉清宫战斗遗址；2. 潍县城墙遗址；3. 荷花湾战斗遗址；4. 中共潍坊特别市委旧址；5. 潍县战役胜利纪念碑；6. 南大营战斗遗址） | 1948 年 | 近现代重要史迹及代表性建筑 | 1. 潍城区北宫西街潍坊职业学院（原潍坊第一职业学院）院内；2. 潍城区向阳路中段北马道街北侧；3. 潍城区城关街道曹家巷社区内；4. 潍城区向阳路潍坊商业学校老校区院内；5. 潍城区东风西街与和平路交叉口以北 100 米路东（白浪河西岸）；6. 潍城区青年路 1789 号（南大营 1789 文化艺术区）院内 | 第四批 | 潍政字〔2018〕35 号 | 2018 年 10 月 23 日 | 已升格为第四批省保单位 |

（续表）

| 序号 | 名　称 | 时　代 | 类　别 | 位　置 | 批　次 | 公布文号 | 公布日期 | 备　注 |
|---|---|---|---|---|---|---|---|---|
| 331 | 下涝坡村古村落 | 清至民国 | 近现代重要史迹及代表性建筑 | 安丘市辉渠镇下涝坡村 | 第四批 | 潍政字〔2018〕35号 | 2018年10月23日 | |
| 332 | 峻青旧居 | 20世纪40年代 | 近现代重要史迹及代表性建筑 | 昌邑市卜庄镇广刘村 | 第四批 | 潍政字〔2018〕35号 | 2018年10月23日 | |
| 333 | 中共胶北特委旧址 | 民国 | 近现代重要史迹及代表性建筑 | 昌邑市卜庄镇西董村 | 第四批 | 潍政字〔2018〕35号 | 2018年10月23日 | |
| 334 | 八路军七支队联络处旧址 | 民国 | 近现代重要史迹及代表性建筑 | 昌邑市龙池镇马渠村 | 第四批 | 潍政字〔2018〕35号 | 2018年10月23日 | 合并升格为第六批省保单位 |
| 335 | 昌南县委旧址 | 民国 | 近现代重要史迹及代表性建筑 | 昌邑市北孟镇太平社区北一村 | 第四批 | 潍政字〔2018〕35号 | 2018年10月23日 | |

（续表）

| 序号 | 名　称 | 时　代 | 类　别 | 位　置 | 批　次 | 公布文号 | 公布日期 | 备　注 |
|---|---|---|---|---|---|---|---|---|
| 336 | 昌潍县委宣传部旧址 | 民国 | 近现代重要史迹及代表性建筑 | 昌邑市龙池镇马渠村 | 第四批 | 潍政字〔2018〕35号 | 2018年10月23日 | 合并升格为第六批省保单位 |
| 337 | 东冢区抗战殉国烈士墓园 | 民国 | 近现代重要史迹及代表性建筑 | 昌邑市卜庄镇马疃村 | 第四批 | 潍政字〔2018〕35号 | 2018年10月23日 | |
| 338 | 孙汉三故居 | 民国 | 近现代重要史迹及代表性建筑 | 昌邑市龙池镇瓦北村 | 第四批 | 潍政字〔2018〕35号 | 2018年10月23日 | |
| 339 | 魏惜珍故居 | 民国 | 近现代重要史迹及代表性建筑 | 昌邑市龙池镇马渠村 | 第四批 | 潍政字〔2018〕35号 | 2018年10月23日 | 合并升格为第六批省保单位 |
| 340 | 徐洪亭故居 | 清末民初 | 近现代重要史迹及代表性建筑 | 昌邑市卜庄镇前卜村 | 第四批 | 潍政字〔2018〕35号 | 2018年10月23日 | |

## 附录6：

# 潍坊市国家级非物质文化遗产名录

| 1-1 第一批国家级非物质文化遗产名录（共518项） | | | |
|---|---|---|---|
| 序号 | 编号 | 项目名称 | 申报地区或单位 |
| 4 传统戏剧（共计92项） | | | |
| 211 | Ⅳ -671 | 茂腔 | 山东省高密市 |
| 7 民间美术（共计51项） | | | |
| 304 | Ⅶ—5 | 杨家埠木版年画 | 山东省潍坊市 |
| 305 | Ⅶ—6 | 高密扑灰年画 | 山东省高密市 |
| 传统手工技艺（共计89项） | | | |
| 438 | Ⅷ—88 | 风筝制作技艺 | 山东省潍坊市 |
| 1-2 第一批国家级非物质文化遗产扩展项目名录（共147项） | | | |
| 2 传统音乐（民间音乐，共计17项） | | | |
| 65 | Ⅱ—34 | 古琴艺术诸城派 | 山东省诸城市 |
| 7 传统美术（民间美术，共计16项） | | | |
| 315 | Ⅶ—16 | 剪纸（高密剪纸） | 山东省高密市 |
| 346 | Ⅶ—47 | 泥塑（聂家庄泥塑） | 山东省高密市 |
| 2 第二批国家级非物质文化遗产名录（共510项） | | | |
| 序号 | 编号 | 项目名称 | 申报地区或单位 |
| 1 民间文学（共计53项） | | | |
| 533 | Ⅰ—46 | 秃尾巴老李的传说 | 山东省诸城市 |
| 7 传统美术（民间美术，共计45项） | | | |
| 835 | Ⅶ—59 | 核雕（潍坊核雕） | 山东省潍坊市 |

（续表）

| | | | |
|---|---|---|---|
| 3-1 第三批国家级非物质化遗产名录（共计 191 项） | | | |
| 1 民间文学（共计 41 项） | | | |
| 1034 | Ⅰ—90 | 舜的传说 | 山东省诸城市 |
| 1039 | Ⅰ—95 | 柳毅传说 | 山东省潍坊市寒亭区 |
| 6 传统体育、游艺与杂技（共计 15 项） | | | |
| 1143 | Ⅵ—60 | 孙膑拳 | 山东省安丘市 |
| 1152 | Ⅵ—69 | 花健 | 山东省青州市 |
| 3-2 国家级物质文化遗产扩展项目名录（共计 164 项） | | | |
| 8 传统技艺（共计 28 项） | | | |
| 910 | Ⅷ—127 | 潍坊嵌银髹漆技艺 | 山东省潍坊市 |
| 4-1 第四批国家级物质化遗产名录（共计 153 项） | | | |
| 序号 | 编号 | 项目名称 | 申报地区或单位 |
| 无 | | | |
| 4-2 国家级非物质文化遗产代表性项目名录扩展项目名录（共 153 项） | | | |
| 8 传统技艺（共计 32 项） | | | |
| 936 | Ⅷ—153 | 晒盐技艺（卤水制盐技艺） | 山东省寿光市 |
| 10 民俗（共计 21 项） | | | |
| 992 | X-85 | 东镇沂山祭仪 | 山东省临朐县 |

## 附录 7：

# 潍坊市省级非物质文化遗产名录

| 第一批：（山东省人民政府 2006 年 12 月 30 日公布） | | | |
|---|---|---|---|
| 序号 | 编号 | 项目名称 | 申报地区或单位 |
| 一、民间文学（7 项） | | | |
| 14 | 1—14 | 秃尾巴老李传说 | 诸城市 |
| 二、民间美术（29 项） | | | |
| 18 | 2—1 | 杨家埠木版年画 | 潍坊市寒亭区 |
| 19 | 2—2 | 高密扑灰年画 | 高密市 |
| 28 | 2—11 | 聂家庄泥塑 | 高密市 |
| 35 | 2—18 | 高密剪纸 | 高密市 |
| 38 | 2—21 | 潍坊核雕 | 王绪德（潍坊市） |
| 三、民间音乐（14 项） | | | |
| 60 | 3—14 | 诸城派古琴 | 诸城市 |
| 五、戏曲（23 项） | | | |
| 84 | 5—3 | 茂腔 | 高密市 |
| 八、民间手工技艺（18 项） | | | |
| 118 | 8—1 | 潍坊风筝 | 潍坊市寒亭区 |
| 129 | 8—12 | 潍坊嵌银漆器 | 潍坊市 |
| 131 | 8—14 | 柳疃丝绸技艺 | 昌邑市 |
| 132 | 8—15 | 潍坊刺绣 | 邓华（潍坊市） |
| 134 | 8—17 | 景芝酒传统酿造技艺 | 安丘市 |
| 第二批：（山东省人民政府 2009 年 9 月 28 日公布） | | | |

（续表）

| 序号 | 编号 | 项目名称 | 申报地区或单位 |
|---|---|---|---|
| 一、民间文学（24 项） | | | |
| 158 | Ⅰ—18 | 大舜传说 | 诸城市 |
| 168 | Ⅰ—28 | 公冶长传说 | 诸城市、安丘市 |
| 170 | Ⅰ—30 | 柳毅传说 | 潍坊市寒亭区 |
| 二、传统音乐（12 项） | | | |
| 189 | Ⅱ—22 | 挫琴 | 青州市 |
| 三、传统舞蹈（19 项） | | | |
| 195 | Ⅲ—23 | 地秧歌 | 高密市 |
| 198 | Ⅲ—26 | 小章竹马 | 昌邑市 |
| 200 | Ⅲ—28 | 月宫图 | 寿光市 |
| 208 | Ⅲ—36 | 闹海 | 寿光市 |
| 四、传统戏剧（2 项） | | | |
| 213 | Ⅳ—24 | 周姑戏 | 临朐县 |
| 五、曲艺（7 项） | | | |
| 217 | Ⅴ—13 | 东路大鼓 | 安丘市 |
| 六、传统体育、游艺与杂技（19 项） | | | |
| 227 | Ⅵ—13 | 孙膑拳 | 安丘市 |
| 234 | Ⅵ—20 | 青州花毽 | 青州市 |
| 七、传统美术（9 项） | | | |
| 248 | Ⅶ—37 | 高密半印半画年画 | 高密市 |
| 八、传统技艺（41 项） | | | |
| 250 | Ⅷ—23 | 崔字小磨香油传统技艺 | 潍坊市 |
| 251 | Ⅷ—24 | 棒槌花边技艺（青州府花边大套） | 青州市 |
| 257 | Ⅷ—30 | 潍坊仿古铜铸造技艺（潍坊仿古青铜器铸造技艺、潍坊市奎文区仿古铜印铸造技艺） | 潍坊市、潍坊市奎文区 |
| 263 | Ⅷ—36 | 高密菜刀工艺 | 高密市 |
| 267 | Ⅷ—40 | 桑皮纸制作技艺 | 临朐县 |
| 272 | Ⅷ—45 | 青州井塘村石砌房民居建筑技艺 | 青州市 |
| 283 | Ⅷ—56 | 宏源白酒传统酿造技艺 | 寿光市 |

（续表）

| | | | |
|---|---|---|---|
| 九、传统医药（7 项） | | | |
| 296 | Ⅸ—7 | 董家骨科正骨疗法 | 安丘市 |
| 第三批：（山东省人民政府 2013 年 5 月 8 日公布） | | | |
| 序号 | 编号 | 项目名称 | 申报地区或单位 |
| 一、民间文学（11 项） | | | |
| 313 | Ⅰ—47 | 李左车传说 | 安丘市 |
| 三、传统舞蹈（8 项） | | | |
| 321 | Ⅲ—41 | 百鸟朝凤 | 寿光市 |
| 322 | Ⅲ—42 | 阴阳鼓 | 潍坊市 |
| 五、传统体育、游艺与杂技（6 项） | | | |
| 330 | Ⅵ—27 | 地龙经拳 | 高密市 |
| 331 | Ⅵ—28 | 地功拳 | 安丘市 |
| 六、传统美术（6 项） | | | |
| 337 | Ⅶ—40 | 布玩具（潍县布玩具） | 潍坊市寒亭区 |
| 七、传统技艺（24 项） | | | |
| 342 | Ⅷ—64 | 砚台制作技艺（临朐红丝砚制作技艺、青州红丝砚制作技艺） | 临朐县、青州市 |
| 345 | Ⅷ—67 | 陶器烧制技艺（昌邑土陶烧制技艺） | 昌邑市 |
| 349 | Ⅷ—71 | 木杆秤制作技艺 | 安丘市 |
| 352 | Ⅷ—74 | 剪刀锻制技艺（青州剪刀锻制技艺） | 青州市 |
| 354 | Ⅷ—76 | 金银细工制作技艺（梦金园金首饰制作技艺） | 昌乐县 |
| 355 | Ⅷ—77 | 卤水制盐技艺 | 寿光市 |
| 359 | Ⅷ—81 | 蒸馏酒传统酿造技艺（乾隆杯酒传统酿造技艺、云门春酒传统酿造技艺） | 昌邑市、青州市 |
| 360 | Ⅷ—82 | 肉食传统制作技艺（潍坊朝天锅制作技艺） | 潍坊市奎文区 |
| 362 | Ⅷ—84 | 面食传统制作技艺(隆盛糕点制作技艺） | 青州市 |
| 九、民俗（3 项） | | | |
| 367 | Ⅹ—24 | 民间信俗（东镇沂山祭仪） | 临朐县 |
| 扩展项目名录（共计 21 项） | | | |

（续表）

| | | | |
|---|---|---|---|
| 六、传统体育、游艺与杂技（4项） | | | |
| 145 | Ⅵ—2 | 查拳（安丘查拳） | 安丘市 |
| 七、传统美术（4项） | | | |
| 28 | Ⅶ—11 | 泥塑（安丘泥人） | 安丘市 |
| 第四批：（山东省人民政府2016年3月25日公布） | | | |
| 序号 | 编号 | 项目名称 | 申报地区或单位 |
| 一、民间文学（7项） | | | |
| 372 | Ⅰ—55 | 酒祖传说 | 安丘市 |
| 373 | Ⅰ—56 | 姜太公传说 | 昌乐县 |
| 三、传统舞蹈（6项） | | | |
| 381 | Ⅲ—51 | 洼子跑麒麟 | 临朐县 |
| 八、传统技艺（16项） | | | |
| 413 | Ⅷ—93 | 传统古琴制作技艺（诸城派古琴斫琴技艺、传统古琴制作技艺） | 诸城市 |
| 414 | Ⅷ—94 | 锔艺（尚氏锔艺） | 潍坊市 |
| 422 | Ⅷ—102 | 院庄风箱手工技艺 | 安丘市 |
| 九、民俗（4项） | | | |
| 426 | Ⅹ—29 | 民间习俗（寿光蔬菜生产习俗、青州宣卷） | 寿光市、青州市 |
| 427 | Ⅹ—30 | 民间习俗（孙膑崇拜） | 昌邑市 |
| 扩展项目名录（共计59项） | | | |
| 六、传统美术（11项） | | | |
| 18 | Ⅶ—1 | 年画（临朐手绘年画、安丘木板年画） | 临朐县、安丘市 |
| 39 | Ⅶ—22 | 昌邑砖雕 | 昌邑市 |
| 七、传统技艺（21项） | | | |
| 346 | Ⅷ—68 | 茧绸织染技艺 | 潍坊市 |
| 360 | Ⅷ—82 | 肉食传统制作技艺（临朐全羊制作工艺） | 临朐县 |
| 八、传统医药（3项） | | | |

（续表）

| | | | |
|---|---|---|---|
| 295 | Ⅸ—6 | 中医正骨疗法（华疃正骨） | 潍坊市寒亭区 |
| 第五批：（山东省人民政府 2021 年 11 月 22 日公布） | | | |
| 序号 | 编号 | 项目名称 | 申报地区或单位 |
| 一、民间文学（13 项） | | | |
| 431 | Ⅰ—63 | 留山传说 | 安丘市 |
| 432 | Ⅰ—64 | 仓颉造字传说 | 寿光市 |
| 433 | Ⅰ—65 | 嫦娥奔月传说 | 潍坊市寒亭区 |
| 434 | Ⅰ—66 | 杞国的故事 | 潍坊市坊子区 |
| 435 | Ⅰ—67 | 苏东坡在密州的传说 | 诸城市 |
| 六、传统体育、游艺与杂技（16 项） | | | |
| 457 | Ⅵ—46 | 九五拳 | 高密市 |
| 458 | Ⅵ—47 | 太祖长拳 | 临朐县 |
| 459 | Ⅵ—48 | 潍坊四通捶拳 | 潍坊市潍城区 |
| 七、传统美术（15 项） | | | |
| 475 | Ⅶ—58 | 葫芦烙画 | 潍坊市 |
| 476 | Ⅶ—59 | 焚香烙画 | 青州市 |
| 477 | Ⅶ—60 | 农民画（青州农民画） | 青州市 |
| 八、传统技艺（36 项） | | | |
| 500 | Ⅷ—120 | 高密大红纸制作工艺 | 高密市 |
| 扩展项目名录（共计 74 项） | | | |
| 四、传统戏剧（7 项） | | | |
| 84 | Ⅳ—3 | 茂腔（诸城茂腔） | 诸城市 |
| 五、曲艺（5 项） | | | |

（续表）

| | | | |
|---|---|---|---|
| 216 | Ⅴ—12 | 渔鼓（渔鼓书） | 临朐县 |
| 六、传统体育、游艺与杂技（5 项） | | | |
| 231 | Ⅵ—19 | 形意拳（尚派形意拳） | 安丘市 |
| 七、传统美术（15 项） | | | |
| 18 | Ⅶ—1 | 木板年画（高密木板年画） | 高密市 |
| 24 | Ⅶ—7 | 葫芦雕刻 | 寿光市 |
| 249 | Ⅶ—38 | 鲁绣（麻布绒绣） | 潍坊市 |
| 八、传统技艺（27 项） | | | |
| 344 | Ⅷ—66 | 毛笔制作技艺（同文堂毛笔制作技艺） | 昌邑市 |
| 358 | Ⅷ—80 | 酒传统酿造技艺（山果酒酿造技艺） | 青州市 |
| 362 | Ⅷ—84 | 传统面食制作技艺（潍县糕点制作技艺、恒盛斋点心制作技艺、乐春传统面食制作技艺） | 潍坊市寒亭区、潍坊市奎文区、昌邑市 |
| 408 | Ⅷ—93 | 传统古琴制作技艺（古琴制作技艺） | 潍坊市奎文区 |
| 416 | Ⅷ—96 | 茶传统制作技艺（诸城绿茶制作技艺） | 诸城市 |
| 九、传统医药（3 项） | | | |
| 295 | Ⅸ—6 | 中医正骨疗法（殷氏金铠甲正骨、永胜堂中医骨伤疗法） | 安丘市、寿光市 |

附录 8：

# 潍坊市市级非物质文化遗产名录[①]

<table>
<tr><td rowspan="3">类别</td><td rowspan="3">批次</td><td rowspan="3">潍坊市全部非遗项目（保护名录）232 项</td><td colspan="4">一般官方报道非遗项目数为：潍坊市级以上非遗名录为国家级 16 项、省级 68 项、市级 232 项。<br>实际情况是：潍坊市级以上非遗名录现有 227 项（232－5），其中国家级 16 项、省级 47 项、市级 164 项。<br>减少 5 项的原因是省里合并了同类所致，具体是：（1）民间习俗由“寿光蔬菜生产”与“青州宣卷”合二为一；（2）蒸馏酒传统酿造技艺由“乾隆杯酒传统酿造技艺”与“云门春酒传统酿造技艺”合二为一；（3）肉食传统制作技艺由“临朐全羊制作工艺”与“潍坊朝天锅制作技艺”合二为一；（4）潍坊仿古铜铸造技艺由“潍坊仿古青铜器技艺”与“仿古铜印铸造技艺”合二为一；（5）砚台制作技艺由“临朐红丝砚制作技艺”与“青州红丝砚制作技艺”合二为一。这样合并后 10 项就成了 5 项，减少了 5 项。</td></tr>
<tr><td rowspan="2">国家级 16 项</td><td rowspan="2">省级 47 项</td><td colspan="2">市级 164</td></tr>
<tr><td>市级 92 项（本平台已录用）</td><td>市级 72 项（本平台未录入）</td></tr>
</table>

（续表）

| | | | | | | |
|---|---|---|---|---|---|---|
| 一<br>民<br>间<br>文<br>学<br>52 | 一<br>8 | 1 仓颉造字的传说、2 庄农日用杂字、3 秃尾巴老李的传说、4 云门献寿的传说、5 梁祝的传说、6 方山爷的传说、7 常山雩泉的传说、8 黑龙沟的传说 | 3 秃尾巴老李的传说 | | 2 庄农日用杂字、5 梁祝的传说 | 1 仓颉造字的传说、4 云门献寿的传说、6 方山爷的传说、7 常山雩泉的传说、8 黑龙沟的传说 |
| | 二<br>20 | 1 大舜的传说、2 柳毅的传说、3 公冶长的传说、4 孝子王裒的传说、5 伯夷、叔齐与首阳山的传说、6 玉皇大帝在峡山的传说、7 白浪河源头的传说、8 饮马池的传说、9 没尾巴老李在高密的传说、10 姜太公与营丘故城的传说、11 牛沐寺与牛沐钟的传说、12 二郎神担山的传说、13 李清照买书、14 状元与貔子精、15 范公井的传说、16 敞口山楂的传说、17 刘伯温在峡山的传说、18 李左车的传说、19 姜太公垂钓九龙涧、20 汉武帝躬耕巨淀的传说 | 1 大舜的传说、2 柳毅的传说 | 3 公冶长传说、10 姜太公传说、18 李左车传说 | 4 孝子王裒的传说、19 姜太公垂钓九龙涧 | 5 伯夷、叔齐与首阳山的传说、6 玉皇大帝在峡山的传说、7 白浪河源头的传说、8 饮马池的传说、9 没尾巴老李在高密的传说、11 牛沐寺与牛沐钟的传说、12 二郎神担山的传说、13 李清照买书、14 状元与貔子精、15 范公井的传说、16 敞口山楂的传说、17 刘伯温在峡山的传说、20 汉武帝躬耕巨淀的传说 |

（续表）

| | | | | | | |
|---|---|---|---|---|---|---|
| 一民间文学52 | 三11 | 1张择端的传说（诸城市）、2丁耀亢的传说（诸城市）、3窦光鼐的传说（诸城市、安丘市）、4阎氏五世七进士的故事（昌乐县）、5尧与朱丹的传说（昌乐县）、6嫦娥奔月的传说（寒亭区）、7杞国的故事（坊子区）、8蚕丝韵言（临朐县）、9寿光民谣（寿光市）、10孟姜女的传说（安丘市）、11凤凰山的传说（坊子区） | | | 2丁耀亢的传说（诸城市）、3窦光鼐的传说（诸城市、安丘市）、4阎氏五世七进士的故事（昌乐县）、6嫦娥奔月的传说（寒亭区）、7杞国的故事(坊子区)、8蚕丝韵言（临朐县）、9寿光民谣（寿光市） | 1张择端的传说（诸城）、5尧与朱丹的传说（昌乐）、10孟姜女的传说(安丘）、11凤凰山的传说（坊子） |
| | 四10 | 1杨家埠年画唱卖（寒亭区）、2冯惟敏的传说（临朐县）、3老龙湾的传说（临朐县）、4大禹的传说（高密市）、5留山传说（安丘市）、6赵八缸活财神的传说（峡山区）、7酒祖的传说（安丘市）、8药王邓青云的传说（昌乐县）、9常令公山的传说(坊子区)、10禹王台传说(寒亭区） | | 7酒祖的传说（安丘市） | 2冯惟敏的传说（临朐县） | 1杨家埠年画唱卖（寒亭）、3老龙湾的传说（临朐）、4大禹的传说（高密）、5留山传说(安丘）、6赵八缸活财神的传说（峡山）、8药王邓青云的传说（昌乐）、9常令公山的传说（坊子）、10禹王台传说(寒亭) |
| | 五3 | 1汉王山的传说、2苏东坡在密州的传说、3沂山传说 | | | 2苏轼在密州的传说、3沂山传说 | 1汉王山的传说 |

（续表）

| | | | | | | |
|---|---|---|---|---|---|---|
| 二传统音乐7 | 一 4 | 1 诸城派古琴、2 龙虎斗打击乐、3 诸城孟疃民歌、4 汉王山民歌 | 1 古琴艺术（诸城派．国家扩展） | | 2 龙虎斗打击乐、3 诸城孟疃民歌、4 汉王山民歌 | |
| | 二 2 | 1 青州挫琴艺术（筑琴）、2 诸城喇叭吹打乐 | | 1 挫琴 | 2 诸城喇叭吹打乐 | |
| | 三 | | | | | |
| | 四 1 | 1 潍县锣鼓（奎文区） | | | 1 锣鼓艺术（潍县锣鼓） | |
| | 五 | | | | 锣鼓艺术（闹台锣鼓）扩展与上相同项合并 | |
| 三民俗18 | 一 4 | 1 祭舜大典、2 寒亭盐神节、3 二月二龙抬头、4 诸城财神节 | | 2 民间信俗——孙膑崇拜（昌邑市） | 3 羊口开海节（寿光市） | 1 祭舜大典、2 寒亭盐神节、3 二月二龙抬头、4 诸城财神节 |
| | 二 6 | 1 安丘婚礼、2 孙膑崇拜、3 羊口开海节、4 云门山庙会、5 灵山庙会、6 枳沟庙山庙会 | 2 东镇沂山祭仪（临朐扩展） | | | 1 安丘婚礼、4 云门山庙会、5 灵山庙会、6 枳沟庙山庙会 |
| | 三 5 | 1 年俗——高密年俗（高密市）、2 沂山祭祀文化（临朐县）、3 景芝大集（安丘市）、4 寿光礼仪习俗（寿光市）、5 崇山栓孩子习俗（昌乐县） | | 民间习俗（1 寿光蔬菜生产、2 青州宣卷） | | 1 年俗——高密年俗（高密）、3 景芝大集（安丘）、4 寿光礼仪习俗（寿光市）、5 崇山拴孩子习俗（昌乐） |
| | 四 3 | 1 生产习俗——寿光蔬菜生产习俗（寿光市）、2 青州宣卷（青州市）、3 老师父信仰（城区） | | | | 3 老师父信仰（潍城） |

（续表）

| | | | | | | |
|---|---|---|---|---|---|---|
| 四传统舞蹈18 | 一 4 | 1小章竹马、2高密地秧歌、3月宫图、4昌乐大葛狮子 | | 1小章竹马、2地秧歌、3月宫图 | 4昌乐大葛狮子 | |
| | 二 4 | 1芯子灯、2撅灯官、3闹海、4花棍舞 | | 3闹海 | 2撅灯官、4花棍舞 | 1芯子灯 |
| | 三 4 | 1庄氏九头船（奎文区）、2荷花秧歌（寿光市）、3百鸟朝凤（寿光市）、4阴阳鼓（高新区） | | 3百鸟朝凤（寿光市）、4阴阳鼓（潍坊） | 1庄氏九头船（奎文）、2荷花秧歌（寿光） | |
| | 四 6 | 1潍县后门街龙灯（奎文区）、2郭家庄打秧歌（昌邑市）、3扑蝴蝶（青州市）、4洼子跑麒麟（临朐县）、5张兴马灯（临朐县）、6祥和鼓（高新区） | | 4洼子跑麒麟（临朐县） | 1潍县后门街龙灯（奎文）、2郭家庄打秧歌（昌邑）、3扑蝴蝶（青州）、5张兴马灯（临朐） | 6祥和鼓（高新） |
| | 五 | | | | | |
| 五戏剧4 | 一 2 | 1茂腔、2临朐周姑戏 | 1茂腔 | 2周姑戏 | | |
| | 二 | | | | | |
| | 三 | | | | | |
| | 四 | | | | | |
| | 五 2 | 1青州清音、2荆山悠腔 | | | | 1青州清音、2荆山悠腔 |

（续表）

| | | | | | | |
|---|---|---|---|---|---|---|
| 六曲艺5 | 一 2 | 1 东路大鼓（安丘派、诸城派）、2 诸城竹板快书 | | 1 东路大鼓 | 2 诸城竹板快书 | |
| | 二 1 | 1 青州满族八角鼓 | | 1 青州八角鼓 | | |
| | 三 | | | | | |
| | 四 1 | 1 渔鼓书（临朐县） | | | 1 渔鼓书（临朐） | |
| | 五 1 | 1 西河大鼓 | | | 1 西河大鼓 | |
| 七传统美术27 | 一 9 | 1 杨家埠木版年画、2 高密扑灰年画、3 高密剪纸、4 聂家庄泥塑、5 潍坊核雕、6 高密半印半画年画、7 昌邑剪纸、8 鸟字头字画、9 青州石雕工艺 | 1 杨家埠木版年画、2 高密扑灰年画、3 剪纸（高密剪纸）、4 泥塑（聂家庄泥塑）、5 核雕（潍坊核雕） | 6 高密半印半画年画 | 7 昌邑剪纸、9 青州石雕工艺 | 8 鸟字头字画 |
| | 二 2 | 1 青州根雕艺术、2 安丘泥人 | | 2 泥塑一安丘泥人 | 1 青州根雕艺术 | |
| | 三 9 | 1 潍县砖雕（寒亭）、2 潍坊布玩具（寒亭）、3 草编——寿光草编草碾子（寿光）、4 柳编——高密柳编（高密）、5 龙灯扎制——仉家龙灯扎制技艺（寿光）、6 高密割花（高密）、7 面艺——昌邑面艺、诸城面艺（昌邑、诸城）、8 盆景技艺——青州桂花盆景艺术（青州）、9 潍坊面塑（潍城） | | 1 砖雕——昌邑砖雕、2 布玩具（寒亭） | 3 草编——寿光草编草碾子（寿光）、4 柳编——高密柳编（高密）、5 龙灯扎制——仉家龙灯扎制技艺（寿光）、6 高密割花（高密）、诸城面艺（昌邑、诸城）、9 潍坊面塑（潍城） | 7 面艺——昌邑面艺、8 盆景技艺——青州桂花盆景艺术（青州） |

（续表）

| | | | | | | |
|---|---|---|---|---|---|---|
| 七传统美术27 | 四 3 | 1 烙画——泷匏葫芦画、葫芦画、火笔烙画（诸城、潍城、昌邑）、2 羽毛画（安丘）、3 农民画——临朐手绘年画（临朐） | | 3 年画（临朐手绘年画、安丘木版年画） | 1 烙画——泷匏葫芦画、葫芦烙画、火笔烙画（诸城、潍城、昌邑）、2 羽毛画（安丘） | |
| | 五 4 | 1 骨雕（安丘骨雕）、2 玛瑙雕刻（安丘玛瑙雅刻）、3 麻布绒绣、4 葫芦雕刻 | | | 1 骨雕（安丘骨雕）、2 玛瑙雕刻（安丘玛瑙雕刻）、3 麻布绒绣、4 葫芦雕刻 | |
| 八传统体育17 | 一 1 | 1 安丘五棍棋 | | | | |
| | 二 3 | 1 青州花键、2 高密地龙经拳、3 孙膑拳 | 1 青州花键、3 孙膑拳 | 2 地龙经拳 | | |
| | 三 3 | 1 潍坊地功拳（潍城）、2 潍坊四通捶拳（潍城、奎文）、3 赛鹤拳（安丘） | | 1 地功拳（安丘）、3 查拳（安丘） | 2 潍坊四通捶拳（潍城、奎文） | |
| | 四 5 | 1 孙仓转秋千（诸城）、2 九五拳（高密）、3 太乙拳（临朐）、4 武手拳（昌邑）、5 抖空竹（青州） | | | 1孙仓转秋干（诸城）、3 太乙拳（临朐）、5 抖空竹（青州） | 2 九五拳（高密）、4 武手拳（昌邑） |
| | 五 5 | 1 小虎燕拳、2 尚派形意拳、3 太祖长拳、4 梅花拳、5 乾坤圈术 | | | 2 尚派形意拳、5 乾坤圈术 | 1 小虎燕拳、3 太祖长拳、4 梅花拳 |

（续表）

| | | | | | | |
|---|---|---|---|---|---|---|
| 九传统技艺72 | —26 | 1潍坊风筝、2潍坊嵌银工艺、3景芝酒酿造工艺、4柳疃丝绸工艺、5潍坊刺绣工艺、6潍坊仿古铜工艺、7红丝砚制作工艺、8黑陶制作工艺、9高密菜刀制作工艺、10高密大蜜枣制作工艺、11高密大红纸制作工艺、12诸城邱家庄条编工艺、13安丘花磕子工艺、14潍城小磨香油工艺、15寒亭猪鬃加工工艺、16坊子白酒酿造工艺、17云门陈酿工艺、18昌邑白酒酿造工艺、19临朐全羊宴制作工艺、20高密炉包制作工艺、21景芝三页饼制作工艺、22烧肉制作工艺、23昌乐马宋饼制作工艺、25诸城汉王山刘罗锅辣丝制作工艺、26安丘年糕制作工艺、26诸城杠子头碗碗大火烧制作工艺 | 1风筝制作技艺（潍坊风筝）、2潍坊嵌银髹漆技艺 | 3景芝酒传统酿造技艺、4柳疃丝绸技艺、5潍坊刺绣、6潍坊仿古铜铸造技艺（潍坊仿古青铜器铸造技艺、仿古铜印铸造技艺）、7砚台制作（临朐红丝砚制作技艺、青州红丝砚制作技艺）、9高密菜刀工艺、14崔字小磨香油传统技艺、17—18蒸馏酒传统酿造技艺（乾隆杯酒传统酿造技艺、云门春酒传统良造技艺）19肉食传统制作技艺（临朐全羊制作工艺） | 8黑陶制作工艺、12诸城邱家庄条编工艺、15寒亭猪繁加工工艺、10高密大蜜枣制作工艺 | 11高密大红纸制作工艺、13安丘花磕子工艺、16坊子白酒酿造工艺、20高密炉包制作工艺、21景芝三页饼制作工艺、22烧肉制作工艺、23昌乐马宋饼制作工艺、24诸城汉王山刘罗锅辣丝制作工艺、25安丘年糕制作工艺、26诸城杠子头碗碗大火烧制作工艺 |

（续表）

| | | | | | | |
|---|---|---|---|---|---|---|
| 九传统技艺72 | 二14 | 1寿光传统制盐技艺、2青州红丝砚技艺、3青州井塘村石砌房民居建筑技艺、4纸坊桑皮纸制作技艺、5潍坊铜印铸造技艺、6青州府花边大套、7侯镇神曲制作技艺、8清真酱牛肉制作技艺、9无忌席编织技艺、10王高虎头鸡制作技艺、11莲馨香传统技艺、12岔道口小篓八宝咸菜制作技艺，13齐民大宴享饪技艺、14望留全驴宴制作技艺 | 1晒西盐技艺（卤水制盐技艺，寿光扩展） | 2青州红丝砚技艺、3青州井塘村石砌房民居建筑技艺、4桑皮纸制作技艺、5潍坊铜印铸造技艺、6棒槌花边技艺（青州府花边大套）、7宏源白酒传统酿造点艺。第2、5两项与上栏分别合并 | 9无忌席编织技艺、10王高虎头鸡制作技艺、11莲馨香传统技艺、12岔道口小篓八宝咸菜制作技艺、13齐民大宴烹饪技艺、14望留全驴宴制作技艺 | 8清真酱牛肉制作技艺 |
| | 三11 | 1青州剪刀制作技艺（青州）、2传统糕点制作技艺、春堂八宝糕．隆盛清真糕点、潍县糕点（昌乐、青州、寒亭）、3土陶制作技艺(寿光、昌邑)、4方吕鸟笼制作技艺（寿光）、5营丘太公香制作技艺（昌乐）、6昌乐金首饰制作技艺（昌乐）、7葛家烟火制作技艺（坊子）、8花丝首饰制作技艺（潍城）、9潍坊朝天锅制作技艺（奎文）、10盛氏木杆秤制作技艺（安丘）、11朱汉手工地毯制作技艺（昌乐） | | 1剪刀锻制技艺、2面食传统制作技艺（隆盛糕点制作技艺）、3昌邑土陶烧制技艺、6金银细工制作技艺——梦金园（昌乐）、9肉食传统制作技艺（潍坊朝天锅制作技艺）与本栏一、19项合算一项、10木杆秤制作技艺(安丘) | 4方吕鸟笼制作技艺(寿光）、5营丘太公香制作技艺（昌乐）、8花丝首饰制作技艺（潍城）、7葛家烟火制作技艺（坊子）、11朱汉手工地毯制作技艺（昌乐） | |

（续表）

| | | | | | | |
|---|---|---|---|---|---|---|
| 九传统技艺72 | 四12 | 1古琴制作技艺——诸城派古琴斫琴技艺、中国古琴制作技艺（诸城、奎文）、2锔艺（市艺术馆）、3装裱修复技艺——字画装裱修复技艺、丁氏装裱技艺、传统字画装裱技艺、手工装裱字画（高密、诸城、寒亭、青州）、4传拓技艺（潍城）、5灯彩扎制技艺（寒亭）、6毛笔制作技艺——同文堂毛笔制作技艺（昌邑）、7茧绸织造技艺（市艺术馆）、8蓝印花布印染技艺（潍城）、9布艺盘扣手工技艺（安丘）、10标本制作技艺（寒亭、奎文）、11木雕——临朐红木雕刻技艺（临朐）、12院庄风箱制技艺（安丘） | | 1传统古琴制作技艺（诸城派古琴斫琴技艺、传统古琴制作技艺）、2锔艺（潍坊市）、7茧绸织染技艺（市艺术馆） | 3装裱修复技艺——字画装裱修复技艺、丁氏装裱技艺、传统字画装裱技艺、手工装裱字画（高密、诸城、寒亭、青州）、4传拓技艺（潍城）、5灯彩扎制技艺（寒亭）、6毛笔制作技艺——同文堂毛笔制作技艺（昌邑）、8蓝印花布印染技艺（潍城）、9布艺盘扣手工技艺（安丘）、10标本制作技艺（寒亭、奎文），11木雕——临朐红木雕刻技艺（临朐） | 12院庄风箱制作技艺（安丘） |
| | 五9 | 1高密银饰錾刻技艺、2山果酒酿制技艺、3鲜花饼制作技艺、4富郭庄芥茉鸡制作技艺、5绿茶制作技艺、6红炉锻制技艺、7城隍庙肉火烧制作技艺、8茧纸制作技艺、9阳纹彩绘嵌银技艺 | | | 1高密银饰錾刻技艺、2山果酒酿制技艺、3鲜花饼制作技艺、4富郭庄芥茉鸡制作技艺、5绿茶制作技艺、6红炉锻制技艺、7城隍庙肉火烧制作技艺、8茧纸制作技艺、9阳纹彩绘嵌银艺 | |

（续表）

| | | | | | | |
|---|---|---|---|---|---|---|
| 十传统医药12 | 一 | | | | | |
| | 二2 | 1李氏艾灸疗法、2董家骨科正骨疗法 | | 中医正骨疗法（2董家骨科正骨疗法） | | 1李氏艾灸疗法 |
| | 三7 | 1通经引药法（青州市）、2偏瘫丸制作技艺（青州市）、3溢圣膏药制作技艺（青州市）、4中医正骨疗法——庄氏正骨（奎文区）、华疃正骨，殷氏金铠甲正骨（寒亭区）、徐氏手法正骨，张氏接骨散（安丘市、青州市、坊子区）、5将军丹制作技艺（潍城区）、6郄秋浦医术医方医案（昌乐县）、7桃园黄病丸子制作技艺（青州市） | | 中医正骨疗法（4华疃正骨）与上项合为算1项 | 1通经引药法（青州市）、2偏瘫丸制作技艺（青州市）、4中医正骨疗法——庄氏正骨（奎文区）、殷氏金铠甲正骨（寒亭区）、徐氏手法正骨、张氏接骨散（安丘市、青州市、坊子区）、5将军丹制作技艺（潍城区）、6郄秋浦医术医方医案（昌乐县）、7桃园黄病丸子制作技艺（青州市） | 3溢圣膏药制作技艺（青州市） |
| | 四3 | 1中医诊疗法——张氏祖传中医医术、郭家刮蛊疗法、中医药灸疗法、赵家祖传癫痫病医法、燕青门医术医药（安丘市、寒亭区、昌乐县）、2中医传统制剂方法——金蟾膏制作技艺、保坤丹制作技艺（高密市、坊子区）、3针灸——葛氏针灸（奎文区） | | | 1中医诊疗法——张氏祖传中医医术、郭家刮蛊疗法、中医药灸疗法、赵家祖传癫痫病医法、燕青门医术医药（安丘市、寒亭区、昌乐县）、3针灸——葛氏针灸（奎文区） | 2中医传统制剂方法——金蟾膏制作技艺、保坤丹制作技艺（高密市、坊子区） |

（续表）

①资料来源：http://wffy.sinawf.com/Article/detail/id/1001.html。非遗潍坊网原创 2019.8.12。有改动。潍坊市前五批（市级）非遗名录共 232 项，按批次划分，其中第一批 60 项，第二批 54 项，第三批 50 项，第四批 44 项，第五批 24 项；按类别划分，其中民间文学 52 项，传统音乐 7 项，民俗 18 项，传统舞蹈 18 项，戏剧 4 项，曲艺 5 项，传统美术 27 项，传统体育 17 项，传统技艺 72 项，传统医药 12 项。

附录 9：

# 《潍坊通史（八卷本）》编后语

潍坊历史悠久，文化灿烂，远古尧舜，三代风流，两汉经学，直至明清近现代的金石学、文学，可谓一脉相承，辉煌至今。潍坊文化既是中华文明的重要组成部分，也是齐鲁文化的重要源头之一。潍坊是历史上著名的手工业城市，清乾隆年间潍县知县郑燮便有“潍州原是小苏州”之称。在当今，潍坊是誉满全球的世界风筝都，潍坊社会经济的全面发展和提升，使之成为山东乃至全国的发达地区之一。在进入 21 世纪已 20 多年的今天，全面、深入研究潍坊地区五千年文明史，以《潍坊通史》全景展现潍坊各个历史时期经济、社会、文化等领域的状貌，为潍坊社会发展提供镜鉴，具有重要的学术价值和时代意义。

作为中共潍坊市委、市人民政府确立的一项文化工程，《潍坊通史》于 2017 年初开始酝酿、策划。2017 年 12 月，项目正式启动，成立编纂委员会，签订编撰协议。2019 年 1 月，项目获批为山东省社会科学规划研究重点课题。在编撰过程中，编委会明确本书的定位，确立撰写纲目，就工作分工、体例格式、质量要求、延伸成果的开发等问题多次召开会议，与中共潍坊市委宣传部通力合作，在工作进度、文献支持、出版等方面加强调度，以保障项目的质量。

《潍坊通史》卷数较多，涉及面广，要在限定的时间内高质量地完成研究任务，既非一人或几人所能承担，亦非一校或一二学科的力量可以完成。为了保证《潍坊通史》的编纂质量，编委会注重校内外结合、学科交叉，先后聘请学术水平较高、对潍坊历史素有研究的专家学者及青年才俊，组成了 20 多人的作者队伍。人员组成和分工如下：

总主编：

孙文亮　中共潍坊学院原党委书记、教授。

执行总主编：

任怀国　《潍坊学院学报》主编、教授。

尹建民　潍坊学院传媒学院原院长、教授。

杜传深　潍坊市广播电视台主任编辑。

总论：

孙文亮

尹建民

先秦秦汉卷：

鲁春晓　山东女子学院旅游学院副院长、博士、教授。

赵瑞军　潍坊学院文史学院博士。

马清源　山东省图书馆博士。

毕晓乐　山东省图书馆历史文献部副研究馆员。

魏晋至宋元卷：

侯桂运　潍坊学院文史学院博士、副教授。

陈冬梅　《潍坊学院学报》编辑部博士、副编审。

杨　洁　潍坊学院文史学院博士。

明清卷：

赵红卫　潍坊学院文史学院副院长、博士、副教授。

牛鹏志　安丘市教育和体育局宣传科科员。

刘甲良　故宫博物院博士、研究员。

民国卷：

杜传深

张吉刚　潍坊七中原副校长、中学高级教师。

宋志东　山东女子学院旅游学院博士、副教授。

现代卷（1948—1978）：

高龙彬　黑龙江大学历史文化学院博士、副教授。

谢金勇　潍坊学院文史学院博士。

吕俊峰　中共潍坊市委党史研究院常务副院长。

当代卷（1979—2020）：

马焕明　潍坊学院文史学院教授。

孙　勇　潍坊医学院副教授。

杜传深

历史文化遗存卷（上）：

任怀国

李宝垒　潍坊市乐道院博物馆副研究馆员。

李秀英　潍坊学院传媒学院副教授。

姚灵忠　潍坊学院北海国际学院讲师。

历史文化遗存卷（下）：

任怀国

李亮亮　青州市文化和旅游局青州文化研究院副研究员。

迟永满　潍坊学院文史学院讲师。

李兴杰　潍坊市建筑设计研究院教授级高级工程师。

此外，崔永胜（潍坊市寒亭区文管所）、邓光著（潍坊市文联）、郭长波（青岛市黄岛区博物馆）、吴志刚（山东省文物考古研究院）、曾伟（山西大学中国社会史研究中心）、王凤青（中共山东省委党校文史教研部）、冯振华（潍坊医学院）诸先生，曾参加过前期的编撰工作。

为了保障稿件质量，我们召开了多次编委会和全体作者会议讨论有关事宜。为明确责任，在 2017 年 12 月召开的第一次全体作者会议上，我们商定了每卷三位撰稿人分工负责部分篇章，主编最后逐章通审的原则，从而建立了从作者撰稿到主编定稿的编撰过程保障机制。

在全书提纲审定过程中，特请著名学者王志民先生、孙敬明先生、徐义华先生、王伟波先生、马道远先生审查论证，他们提出了许多指导意见。在审稿过程中，除了主编各尽其职、认真审改外，还聘请了徐义华（中国历史研究院）、陈新岗（山东大学）、赵树国（山东师范大学）、朱英（潍坊市博物馆）、王伟波（昌邑市博物馆）、马道远（潍坊报业集团）、孙延波（《潍坊学院学报》编辑部）、张增国（潍坊学院）、王明德（潍坊学院）等专家参与了全书的审稿工作。曲阜师范大学原校长傅永聚先生、曲阜师范大学研究生处原处长王洪军先生、中共潍坊学院党委原副书记牛钟顺先生、昌潍师范专科学校原副校长张克云先生、潍坊学院发展规划处原处长曲振国教授对《潍坊通史》的撰写非常关注，从提纲拟定到撰稿工作给予多方面指导。书稿编撰期间，张其亮（潍坊市市场监管局）、张志霄（潍坊市档案馆）、张耀东（潍坊市海洋渔业局）、张俊志（潍坊市国家农业开放发展综合试验区推进办公室）、吴明（潍坊学院）、肖孟强（潍坊学院）、王维志（潍坊学院）、张松（潍坊学院）诸先生，也曾提出宝贵意见并给予程度不一的支持。

本书的立项、运作、结题直至出版，始终得到山东省社科规划办和中共潍坊市委宣传部的关心与大力支持。政协潍坊市委文史委、潍坊市财政局、潍坊市档案馆、潍坊市党史研究院、潍坊市文化与旅游局、潍坊市住房与建设局、潍坊市园林局、潍坊市图书馆、潍坊市博物馆和潍坊市各县市区博物馆及相关单位为编纂好这部通史提供了积极的支持。由于各种原因，书中采用的个别图片未能与原作者取得联系，在此深表歉意！

全书付梓之际，心中颇为忐忑，知我罪我，其惟是乘！从作者选聘、提纲的拟定到稿件撰写与审定等工作都是在任怀国的主持下完成的，尹建民、杜传深协助并分工负责部分作者的组织联络及审稿、定稿，迟永满、赵慧英拨冗承担了学术秘书工作。此外，知名书法家张其亮先生为本书题签增色。

我们承担编纂《潍坊通史》，深感责任重大，不敢有丝毫懈怠。五年来，全体编纂人员焚膏继晷，为书稿的完成付出了艰辛的汗水。由于时间跨度长，内容浩繁，面对宏富的史料，于搜集和鉴别难免有疏虞之处；在历史分析方面抑或思路狭窄、观点粗浅，难以完全达到客观与主观统一；虽力求文字表述平实、明快，由于书成众手，难以消弭各卷叙述风格的差异。在此，诚望方家、读者不吝赐教，以匡不逮。

编　者

2022年12月22日

# 后 记

为方便读者概览潍坊的历史，《潍坊通史》编委会决定在已撰成的先秦至秦汉、魏晋至宋元、明清、民国及附卷的基础上编纂一部简明版本的通史，此项任务由任怀国、杜传深承担。

本书对《潍坊通史》原著6卷的章、节、目重新进行了调整和编排，内容上删繁就简，订正错讹，查漏补缺。在书稿初定后，先后请孙敬明、徐义华、王伟波、朱英、陈新岗、尹建民、王宪明、李洪武、张增国、马道远、牛鹏志、李宝垒、任怀坤、徐树芝、李兴杰、李春城、李晓松、李秀英以及《潍坊学院学报》编辑部的王家忠、孙延波、王玲玲、肖恩忠、马水松、牛继勇等进行审读，在斟酌采纳诸家审读意见的基础上定稿。最后，中国先秦史学会会长宫长为先生欣然应约赐序简端，知名书法家张其亮先生为本书题签增色。书稿付梓之际，谨向宫长为先生、张其亮先生、责任编辑孔帅先生、原《潍坊通史》参编人员和本书所有审读者表示诚挚的谢意！感谢山东省社会科学规划管理办公室、中共潍坊市委宣传部、潍坊学院为本书出版给予的经费支持！

由于本书编者学力不逮，挂一漏万、扞格不通之处多有，敬请方家不吝赐教，以便来日修正。

编 者

2023年5月1日